공무원 영어의 시작과 끝

2025 이동기 영어
신경향 하루 프로젝트

프로젝트 2. Completion / Vol. 1

정답과 해설

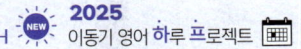

실전 Vol.1 빠른 정답

DAY 01
| 01 | ③ | 02 | ② | 03 | ① | 04 | ④ | 05 | ② |
| 06 | ② | 07 | ② | 08 | ④ | 09 | ④ | 10 | ① |

DAY 02
| 01 | ② | 02 | ① | 03 | ③ | 04 | ④ | 05 | ① |
| 06 | ① | 07 | ④ | 08 | ① | 09 | ④ | 10 | ① |

DAY 03
| 01 | ① | 02 | ④ | 03 | ① | 04 | ② | 05 | ④ |
| 06 | ③ | 07 | ④ | 08 | ① | 09 | ② | 10 | ④ |

DAY 04
| 01 | ① | 02 | ③ | 03 | ① | 04 | ④ | 05 | ② |
| 06 | ④ | 07 | ③ | 08 | ① | 09 | ④ | 10 | ③ |

DAY 05
| 01 | ① | 02 | ② | 03 | ③ | 04 | ② | 05 | ④ |
| 06 | ④ | 07 | ③ | 08 | ④ | 09 | ③ | 10 | ④ |

DAY 06
| 01 | ④ | 02 | ① | 03 | ④ | 04 | ② | 05 | ④ |
| 06 | ② | 07 | ④ | 08 | ② | 09 | ① | 10 | ③ |

DAY 07
| 01 | ③ | 02 | ③ | 03 | ① | 04 | ④ | 05 | ① |
| 06 | ③ | 07 | ① | 08 | ② | 09 | ③ | 10 | ③ |

DAY 08
| 01 | ④ | 02 | ① | 03 | ② | 04 | ④ | 05 | ② |
| 06 | ① | 07 | ① | 08 | ④ | 09 | ② | 10 | ④ |

DAY 09
| 01 | ① | 02 | ③ | 03 | ② | 04 | ③ | 05 | ④ |
| 06 | ④ | 07 | ② | 08 | ④ | 09 | ④ | 10 | ③ |

DAY 10
| 01 | ④ | 02 | ② | 03 | ① | 04 | ④ | 05 | ② |
| 06 | ④ | 07 | ② | 08 | ③ | 09 | ③ | 10 | ① |

DAY 11
| 01 | ① | 02 | ④ | 03 | ④ | 04 | ② | 05 | ③ |
| 06 | ② | 07 | ① | 08 | ④ | 09 | ① | 10 | ② |

DAY 12
| 01 | ③ | 02 | ① | 03 | ② | 04 | ④ | 05 | ④ |
| 06 | ③ | 07 | ④ | 08 | ① | 09 | ① | 10 | ② |

DAY 13
| 01 | ④ | 02 | ④ | 03 | ③ | 04 | ① | 05 | ② |
| 06 | ② | 07 | ① | 08 | ③ | 09 | ① | 10 | ④ |

DAY 14
| 01 | ③ | 02 | ④ | 03 | ② | 04 | ④ | 05 | ② |
| 06 | ④ | 07 | ④ | 08 | ③ | 09 | ② | 10 | ④ |

실전동형 모의고사 1 (DAY 15~16)
01	①	02	③	03	④	04	③	05	③
06	②	07	②	08	④	09	①	10	②
11	④	12	④	13	①	14	③	15	①
16	④	17	②	18	③	19	①	20	②

DAY 17
| 01 | ③ | 02 | ① | 03 | ② | 04 | ③ | 05 | ③ |
| 06 | ② | 07 | ④ | 08 | ① | 09 | ④ | 10 | ③ |

DAY 18
| 01 | ④ | 02 | ② | 03 | ④ | 04 | ④ | 05 | ③ |
| 06 | ② | 07 | ④ | 08 | ① | 09 | ④ | 10 | ① |

DAY 19
| 01 | ② | 02 | ③ | 03 | ④ | 04 | ② | 05 | ① |
| 06 | ① | 07 | ② | 08 | ④ | 09 | ① | 10 | ③ |

DAY 20
| 01 | ② | 02 | ③ | 03 | ④ | 04 | ③ | 05 | ③ |
| 06 | ④ | 07 | ① | 08 | ② | 09 | ② | 10 | ④ |

DAY 21
| 01 | ③ | 02 | ③ | 03 | ② | 04 | ② | 05 | ① |
| 06 | ④ | 07 | ② | 08 | ④ | 09 | ② | 10 | ④ |

DAY 22
| 01 | ② | 02 | ① | 03 | ② | 04 | ② | 05 | ④ |
| 06 | ③ | 07 | ② | 08 | ④ | 09 | ② | 10 | ① |

DAY 23
| 01 | ② | 02 | ① | 03 | ④ | 04 | ② | 05 | ③ |
| 06 | ② | 07 | ③ | 08 | ④ | 09 | ① | 10 | ② |

DAY 24
| 01 | ② | 02 | ④ | 03 | ② | 04 | ④ | 05 | ① |
| 06 | ③ | 07 | ② | 08 | ② | 09 | ③ | 10 | ① |

DAY 25
| 01 | ③ | 02 | ③ | 03 | ① | 04 | ② | 05 | ④ |
| 06 | ② | 07 | ④ | 08 | ④ | 09 | ① | 10 | ② |

DAY 26
| 01 | ② | 02 | ① | 03 | ② | 04 | ④ | 05 | ③ |
| 06 | ④ | 07 | ③ | 08 | ① | 09 | ④ | 10 | ② |

DAY 27
| 01 | ① | 02 | ② | 03 | ② | 04 | ③ | 05 | ① |
| 06 | ④ | 07 | ③ | 08 | ① | 09 | ④ | 10 | ② |

DAY 28
| 01 | ② | 02 | ② | 03 | ① | 04 | ③ | 05 | ① |
| 06 | ② | 07 | ③ | 08 | ④ | 09 | ④ | 10 | ① |

DAY 29
| 01 | ① | 02 | ④ | 03 | ③ | 04 | ② | 05 | ① |
| 06 | ③ | 07 | ③ | 08 | ④ | 09 | ② | 10 | ① |

DAY 30
| 01 | ② | 02 | ② | 03 | ② | 04 | ② | 05 | ④ |
| 06 | ② | 07 | ① | 08 | ③ | 09 | ③ | 10 | ② |

실전동형 모의고사 2 (DAY 31~32)
01	②	02	④	03	④	04	②	05	②
06	④	07	①	08	④	09	①	10	④
11	①	12	③	13	②	14	④	15	①
16	④	17	①	18	③	19	②	20	②

DAY 01

01	③	02	②	03	①	04	④	05	②
06	②	07	②	08	④	09	④	10	①

[1~3] 밑줄 친 부분에 들어갈 말로 가장 적절한 것을 고르시오.

1

The witness's testimony seemed to _____ the evidence presented by the prosecution, leading to further confusion in the trial.

① confirm
② enhance
③ contradict
④ support

어휘

witness 증인   testimony 증언   evidence 증거   present 제시하다
prosecution 검찰 측   lead to ~을 야기하다   confusion 혼란   trial 재판
confirm 확인하다   enhance 향상시키다   contradict 모순되다
support 지지하다

해석

증인의 증언은 검찰 측이 제시한 증거와 모순되는 것처럼 보였고, 재판에서 더욱 혼란을 야기했다.

정답 ③

2

Before the family gathered to celebrate her 20th wedding anniversary, she had her house thoroughly _____ to perfection.

① clean and prepare
② cleaned and prepared
③ cleaning and preparing
④ was cleaned and prepared

어휘

gather 모이다   celebrate 축하하다   anniversary 기념일
thoroughly 철저히   to perfection 완벽하게

해석

그녀의 결혼 20주년 기념일을 축하하기 위해 가족들이 모이기 전에 그녀는 집을 철저히 청소하고 완벽하게 준비했다.

해설

[문법포인트] 불완전타동사와 동작의 목적격보어   사역동사 have는 목적어와 목적격보어의 관계가 수동일 때 목적격보어에 과거분사를 써야 한다. 목적어 her house와 목적격보어 clean and prepare는 수동의 관계이여야 하므로 정답은 ② cleaned and prepared이다.

정답 ②

3

Daniel Rogers: I recently ordered a Wellness Kit from your service, but I haven't received it yet. Can you help?
ZenBox Customer Support: I'm sorry to hear that! Could I have your order number to check the status?
Daniel Rogers: Sure, it's #34251.
ZenBox Customer Support: Thanks for that information. It seems your kit is delayed due to unexpected demand.
Daniel Rogers: _____?
ZenBox Customer Support: It should arrive within the next two days. I'll keep you updated.

① How soon can I expect the delivery
② Is it possible to get a refund right now
③ Will I receive an additional item as compensation
④ When did the shipping delay begin

어휘

status (진행 과정상의) 상황   delay 지연시키다; 지연
unexpected 예상치 못한   demand 수요   delivery 배달   refund 환불
additional 추가의   compensation 보상   shipping 배송

해석

Daniel Rogers: 최근에 귀하의 서비스에서 건강 키트를 하나 주문했는데 아직 받지 못했습니다. 도와주실 수 있나요?
ZenBox 고객 지원: 유감이네요! 상황 확인을 위해 주문 번호를 알려주실 수 있나요?
Daniel Rogers: 물론이죠, #34251입니다.
ZenBox 고객 지원: 정보 감사합니다. 예상치 못한 수요로 인해 키트가 지연된 것 같습니다.
Daniel Rogers: 배송은 얼마나 빨리 될까요?
ZenBox 고객 지원: 앞으로 이틀 이내에 도착할 예정입니다. 계속 업데이트해 드리겠습니다.

② 지금 바로 환불받을 수 있나요
③ 보상으로 추가 품목을 받게 되나요
④ 배송 지연은 언제 시작되었나요

정답 ①

4
밑줄 친 부분 중 어법상 옳지 않은 것은?

> Securing a residence in one of America's luxurious coastal cities ① has historically been unattainable, even for ② the rich. However, recent trends indicate that property values in two of the trendiest beach towns have decreased notably over the past year. In the popular surf spot of Malibu in California, prices ③ have dropped by 7.5%, according to a recent report. Meanwhile, in the exclusive neighborhood of The Hamptons known for being one of the priciest areas in the US, prices ④ declining by 4.3%.

어휘

secure 확보하다   residence 주거지   luxurious 호화로운
coastal 해안의   historically 역사적으로   unattainable 실현하기 어려운
trend 추세   indicate 보여주다   property 부동산   trendy 유행하는
decrease 감소하다   notably 눈에 띄게   meanwhile 한편
exclusive 고급의   neighborhood 단지   pricy 비싼   decline 하락하다

해석

미국의 호화로운 해안 도시 중 한 곳에 주거지를 확보하는 것은 부자들에게조차 역사적으로 실현하기 어려웠다. 그러나 최근 추세는 가장 유행하는 해변 도시 중 두 곳의 부동산 가치가 지난 한 해 동안 눈에 띄게 감소했음을 보여준다. 최근 보고에 따르면 캘리포니아의 인기 서핑 명소인 말리부의 경우 가격이 7.5% 하락했다. 한편, 미국에서 가장 비싼 지역 중 하나로 유명한 햄튼즈의 고급 단지에서는 가격이 4.3% 하락했다.

해설

④ [문법포인트] 문장의 구성 Meanwhile은 부사, in the exclusive neighborhood of The Hamptons는 장소 부사구이고, known ~ in the US는 The Hamptons를 후치 수식하는 분사구이다. prices는 문장의 주어이다. 따라서 주어 뒤에 문장의 동사가 필요하므로 declining을 have declined 또는 declined로 고쳐야 한다. (declining → have declined / declined)

① [문법포인트] 주어 – 동사 수 일치 핵심 주어는 동명사인 Securing으로 단수로 취급되므로 동사 역시 단수형을 쓴다. 따라서 단수 동사인 has been이 바르게 쓰였다. 또한 부사가 완료형의 동사를 수식할 때 have와 p.p. 사이에 위치할 수 있으므로 historically도 바르게 쓰였다.

② [문법포인트] 관사의 역할 「the + 형용사/분사」는 '~하는 사람들'이란 뜻으로 복수 보통명사로 취급한다. 전치사 for의 목적어로 명사구가 올바르며, '부자들'이란 의미로 the rich가 바르게 쓰였다.

③ [문법포인트] 완료시제 과거에 일어난 일이 현재까지 일어나거나 영향을 미칠 때 현재완료를 사용하는데 over the past year와 같이 과거부터 현재까지의 기간을 나타내는 표현이 있고 지금까지 7.5% 낮아졌다는 의미이므로 현재완료 시제로 바르게 쓰였다.

정답 ④

[5~6] 다음 글을 읽고 물음에 답하시오.

> To: Cooking Enthusiasts Group
> From: Natalie Wright
> Date: January 3
> Subject: Exciting Developments Ahead
>
> Dear Cooking Enthusiasts,
>
> I hope all is well with you. I wanted to connect with you regarding our recent activities. As a member of the Cooking Enthusiasts Group, I'm eager to hear your thoughts and insights.
>
> I'm particularly interested in your impressions of our last gathering, where we tried some new recipes. Your feedback will be invaluable in helping us improve future events and ensure that everyone has an enjoyable experience. Any suggestions would be greatly appreciated.
>
> Please take a moment to share your feedback with me. Thank you for your participation, and I look forward to hearing from you soon.
>
> Best regards,
> Natalie Wright

5
윗글의 목적으로 가장 적절한 것은?
① 지난달 요리 모임의 참가자 명단을 요청하려고
② 지난달 요리 모임에 대한 의견을 요청하려고
③ 다음 달 요리 모임의 일정 변경을 공지하려고
④ 다음 달 요리 모임의 주제를 제안하려고

6
밑줄 친 "invaluable"의 의미와 가장 가까운 것은?
① worthless
② priceless
③ negligible
④ limited

어휘

enthusiast 애호가   regarding ~에 관하여   eager ~하고 싶어 하는
thought 생각   insight 통찰   particularly 특히   impression 인상
gathering 모임   invaluable 매우 귀중한   enjoyable 즐거운
suggestion 제안   appreciate 감사하다   participation 참여
look forward to ~을 기대하다   worthless 가치 없는
priceless 매우 귀중한   negligible 무시해도 될 정도의   limited 제한된

해석

수신: 요리 애호가 그룹
발신: Natalie Wright
날짜: 1월 3일
제목: 앞으로의 흥미로운 발전

요리 애호가 여러분께,

모든 일이 잘되시기를 바랍니다. 저희의 최근 활동에 관해 여러분과 소통하고 싶었습니다. 요리 애호가 그룹의 일원으로서 저는 여러분의 생각과 통찰을 듣고 싶습니다.

특히 몇 가지 새로운 레시피를 시도했던 지난 모임에 대한 여러분의 인상에 관심이 있습니다. 여러분의 피드백은 향후 행사를 개선하고 모두가 즐거운 경험을 할 수 있도록 하는 데 매우 귀중할 것입니다. 어떤 제안이든 해주시면 대단히 감사하겠습니다.

잠시 시간을 내어 여러분의 피드백을 공유해 주세요. 참여해 주셔서 감사드리며 곧 여러분의 소식 듣기를 기대합니다.

안부를 전하며.
Natalie Wright

해설

5 첫 번째 문단의 마지막 문장에서 회원들의 생각과 통찰을 듣고 싶다고 했고, 두 번째 문단의 두 번째 문장에서 이를 피드백이라고 지칭하고 마지막 문단에서 피드백을 공유해달라고 하고 있다. 따라서 글의 목적으로 가장 적절한 것은 ② '지난달 요리 모임에 대한 의견을 요청하려고'이다.

정답 5 ② 6 ②

7
다음 글의 내용과 일치하는 것은?

> **Office of Digital Literacy (ODL) Responsibilities**
>
> The ODL is the primary agency dedicated to enhancing digital skills among residents of all ages. Its responsibilities include offering training programs in digital tools, providing resources for online safety, and promoting critical thinking in digital media consumption. The ODL's mission is to ensure that individuals can navigate the digital landscape effectively and responsibly. It also collaborates with local libraries and community centers to expand access to digital literacy programs. When challenges related to technology arise, the ODL works with educators to create tailored solutions.

① It focuses on improving digital literacy of experts.
② It promotes safe online practices and critical thinking.
③ It develops digital literacy programs for libraries.
④ It oversees print media education in schools.

어휘

digital literacy 디지털 활용 능력 responsibility 책무 primary 주요한 agency 기관 dedicated to ~에 전념하는 enhance 향상시키다 resource 자원 promote 장려하다 critical 비판적인 consumption 소비 ensure (반드시) ~하게 하다 navigate 탐색하다 landscape 환경 effectively 효과적으로 responsibly 책임감 있게 collaborate 협력하다 expand 확대하다 access 접근 challenge 문제 arise 발생하다 educator 교육자 tailored 맞춤의 expert 전문가 oversee 감독하다

해석

디지털 활용 능력 사무국(ODL) 책무

ODL은 모든 연령대의 주민들 간에 디지털 기술을 향상시키는 데 전념하는 주요 기관이다. ODL의 책무는 디지털 도구에 대한 교육 프로그램을 제공하고, 온라인 안전을 위한 자원을 제공하며, 디지털 미디어 소비에 있어 비판적 사고를 장려하는 것이다. ODL의 사명은 개인이 디지털 환경을 효과적이고 책임감 있게 탐색할 수 있도록 하는 것이다. 또한 디지털 활용 능력 프로그램에 대한 접근을 확대하기 위하여 지역 도서관 및 주민센터와 협력한다. 기술에 관련된 문제가 발생하면 ODL은 맞춤형 해결책을 만들기 위해 교육자와 협력한다.

① 전문가의 디지털 활용 능력을 개선하는 데 중점을 둔다.
② 안전한 온라인 관행과 비판적 사고를 장려한다.
③ 도서관용 디지털 활용 능력 프로그램을 개발한다.
④ 학교의 인쇄 매체 교육을 감독한다.

해설

② 두 번째 문장에서 ODL의 책무는 온라인 안전을 위한 자원 제공과 디지털 미디어 소비에 대한 비판적 사고를 장려하는 것이라고 했으므로 글의 내용과 일치한다.
① 첫 번째 문장에서 주민들 간에 디지털 기술을 향상시키는 데 전념한다고 하므로 글의 내용과 일치하지 않는다.
③ 네 번째 문장에서 디지털 활용 능력 프로그램의 접근을 확대하기 위해 도서관과 협력한다고 했으므로 글의 내용과 일치하지 않는다.
④ 이 글은 주민들의 디지털 활용 능력을 키우는 것에 관한 글로, 학교의 인쇄 매체 교육에 관해서는 언급되어 있지 않으므로 오답이다.

정답 ②

8
다음 주어진 문장 다음에 이어질 글의 순서로 가장 적절한 것은?

> For at least a century, psychologists have assumed that terrible events — such as losing a loved one to death or becoming the victim of a crime — must have a powerful, devastating, and enduring impact on those who experience them.

(A) In other words, while most bereaved people are quite sad for a while, very few become chronically depressed and most experience relatively low levels of relatively short-lived distress.

(B) But recent research suggests that the absence of grief is quite normal, and that rather than being the fragile flowers a century of psychologists have made us out to be, most people are surprisingly resilient.

(C) This assumption has been so deeply embedded in our conventional wisdom that people who don't have dire reactions to events such as these are sometimes diagnosed as having a pathological condition known as "absent grief."

① (B) – (A) – (C)   ② (B) – (C) – (A)
③ (C) – (A) – (B)   ④ (C) – (B) – (A)

어휘

assume 가정하다 victim 희생자 crime 범죄 devastating 파괴적인

enduring 지속적인   impact 영향   bereave 사별하다
chronically 만성적으로   depressed 우울한   relatively 비교적
distress 고통   recent 최근의   absence 부재   grief 슬픔   quite 상당히
fragile 연약한   make A out to be B A를 B라고 묘사하다
resilient 회복력이 있는   assumption 가정   embed 깊이 새기다
conventional wisdom 일반적 통념   dire 엄청난   reaction 반응
diagnose 진단하다   pathological 병적인   condition 질환
absent 부재의

해석
적어도 한 세기 동안, 심리학자들은 끔찍한 사건들은 — 사랑하는 사람이 죽어 잃거나 범죄의 희생자가 되는 것과 같은 — 그것들을 경험하는 사람들에게 틀림없이 강력하고, 파괴적이며, 지속적인 영향을 끼친다고 가정해 왔다. (C) 이러한 가정은 우리의 일반적인 통념 속에 너무나 깊이 새겨져 있어서 이와 같은 사건들에 엄청난 반응을 보이지 않는 사람들은 '슬픔의 부재'라고 알려진 병적 질환을 앓는 것으로 때로 진단받는다. (B) 하지만 최근의 연구는 슬픔의 부재가 상당히 정상적이고 한 세기의 심리학자들이 우리를 묘사해 왔던 연약한 꽃이 되는 것이라기보다, 대부분의 사람들은 놀라울 정도로 회복력이 있다는 점을 시사하고 있다. (A) 다른 말로 하면, 대부분의 사별한 사람들은 얼마 동안은 상당히 슬퍼하지만 만성적으로 우울해지는 사람은 거의 없고, 대부분은 비교적 낮은 수준의 비교적 단기간의 고통을 경험한다.

해설
글의 중심 소재는 끔찍한 사건이 주는 영향이다. 주어진 문장은 끔찍한 사건은 강력하고 파괴적이고 지속적인 영향을 끼친다는 심리학자들이 한 세기 동안 믿어왔던 가정을 제시하고 있다. 주어진 문장을 This assumption으로 받아 끔찍한 사건에 충분히 반응하지 않은 상태를 '슬픔의 부재'라는 병증으로 지칭한다는 (C)가 곧바로 이어지는 것이 자연스럽다. (B)는 앞에 나왔던 슬픔의 부재가 병적이라는 가정을 부인하는 최근 연구에 대해 말하고 있고, (A)는 In other words로 (B)의 내용을 부연 설명하고 있다. 따라서 글의 순서로 가장 적절한 것은 ④ (C) - (B) - (A) 이다.

정답 ④

9
다음 글의 제목으로 가장 적절한 것은?

Illustrations in picture books invite children to engage with the text and motivate them to find hidden objects or predict what will happen next. Young children enjoy activities like hide-and-seek, which enhances their excitement when exploring pictures. Picture books can effectively promote creativity by allowing children to use their imaginations to interpret and create mental representations of stories. They often connect illustrations to their life experiences, constructing meaning based on their background knowledge. For instance, in David Wiesner's *Tuesday*, the limited text provides a time frame, while the illustrations invite readers to predict the pigs' future adventures. This interactive element encourages children to invent their own stories and develop unique interpretations of plots, settings, and characters. By doing so, picture books foster creativity, critical thinking, and a love for reading that can last a lifetime. Ultimately, these stories help shape children's understanding of narrative while providing a rich foundation for their imaginative play and exploration.

① The Miracle of Storytelling
② The History of Picture Books
③ Why Early Education Matters
④ The Roles of Illustrations in Picture Books

어휘
illustration 삽화   motivate 동기를 부여하다   predict 예측하다
hide-and-seek 숨바꼭질   excitement 흥분   effectively 효과적으로
promote 촉진하다   interpret 해석하다   representation 표현
construct 구성하다   invite 유인하다   encourage 장려하다
invent 만들어내다   unique 독특한   interpretation 해석   plot 줄거리
setting 배경   shape 형성하다   narrative 이야기   foundation 기반
imaginative 상상력 있는   exploration 탐구   miracle 기적
matter 중요하다

해석
그림책의 삽화는 어린이들이 텍스트에 참여하도록 초청하고 숨겨진 물체를 찾거나 다음에 일어날 일을 예측하도록 동기를 부여한다. 어린아이들은 숨바꼭질과 같은 활동을 즐기는데, 이 활동은 그림을 탐색할 때 흥분을 더해준다. 그림책은 아이들이 상상력을 발휘하여 이야기를 해석하고 정신적으로 표현할 수 있도록 함으로써 창의력을 효과적으로 촉진할 수 있다. 그들은 종종 삽화를 자신들의 삶의 경험과 연결하여 배경지식에 근거하여 의미를 구성한다. 예를 들어, David Wiesner의 <화요일>에서는 제한적인 텍스트가 시간대를 제공하는 반면, 삽화는 독자들이 돼지의 미래 모험을 예측하도록 유인한다. 이러한 상호작용적인 요소는 어린이가 자신만의 이야기를 만들어내고 줄거리, 배경, 등장인물에 대한 독특한 해석을 발전시키도록 장려한다. 그렇게 함으로써 그림책은 창의력, 비판적 사고, 평생 지속될 수 있는 독서에 대한 사랑을 키운다. 궁극적으로 이러한 (그림책의) 이야기들은 상상력 있는 놀이와 탐구를 위한 풍부한 기반을 제공하면서 이야기에 대한 어린이의 이해를 형성하는 데 도움이 된다.

① 스토리텔링의 기적
② 그림책의 역사
③ 조기교육이 중요한 이유
④ 그림책에서 삽화의 역할

해설
글의 중심 소재는 그림책 속의 삽화이다. 주제문은 첫 번째 문장으로 그림책의 삽화가 아이들이 텍스트에 능동적으로 반응하고 다음 일을 예측하게 한다고 주장한다. 이후 삽화의 기능과 효과를 자세히 부연 설명하고 있다. 따라서 글의 제목으로 가장 적절한 것은 ④ '그림책에서 삽화의 역할'이다. 스토리텔링, 그림책의 역사, 조기교육의 중요성 등은 모두 글에 언급되지 않았다.

정답 ④

10
밑줄 친 부분에 들어갈 말로 가장 적절한 것은?

> One important feature of perceptions is that they are rarely exact copies of the real world. To study how _____, researchers asked 20 college students who liked rock music and 20 who disliked it to listen to a 10-second sample of rock music. Then, the subjects in each group were asked to adjust the volume of the rock-music sample to match different levels of intensity, ranging from very soft to extremely loud. Researchers reported that subjects who liked rock music consistently set the volume louder than the reference level, while subjects who disliked rock music consistently set the volume lower.

① experience can bias our perceptions
② perceptions can affect musical preferences
③ our perceptions can distort consistent behavior
④ expertises in music can influence performances

어휘
feature 특징   perception 지각   rarely 거의 ~ 않는   exact 정확한
subject 피실험자   adjust 조절하다   intensity 강도   range 범위가 ~이다
consistently 꾸준히   reference 기준   bias 편향시키다   preference 선호
distort 왜곡하다   consistent 일관된   expertise 전문 지식

해석
지각의 한 가지 중요한 특징은 그것이 현실 세계의 정확한 복제인 경우가 드물다는 것이다. 어떤 식으로 경험이 우리의 지각을 편향시킬 수 있는지를 연구하기 위해, 연구원들은 록 음악을 좋아하는 대학생 20명과 싫어하는 (대학생) 20명에게 10초 분량의 록 음악 샘플을 청취하도록 요청했다. 그 후, 각 집단의 피실험자들은 록 음악 샘플의 볼륨을 매우 여린 수준부터 극도로 시끄러운 수준까지 다양한 강도에 맞추어 조절해 보도록 요청받았다. 연구자들은 록 음악을 좋아하는 피실험자들이 기준치보다 꾸준히 음량을 더 높게 설정하는 반면, 록 음악을 싫어하는 피실험자들은 음량을 지속적으로 더 낮게 설정한다는 점을 보고했다.

② 지각이 음악적 선호도에 영향을 미칠 수 있는지
③ 우리의 지각이 일관된 행동을 왜곡할 수 있는지
④ 음악에 대한 전문 지식이 연주에 영향을 미칠 수 있는지

해설
주제를 설명하는 부분에 빈칸이 있고 뒤에서 예가 제시되는 유형이므로, 예시의 결론을 일반화하여 빈칸에 들어갈 말을 추론해야 한다. 마지막 문장에 따르면 록 음악에 대한 호불호의 경험이 록 음악 샘플의 볼륨 강도를 지각하고 조절하는 데 영향을 끼쳐, 록 음악을 선호하는 피실험자들은 기준치보다 더 크게, 비선호하는 피실험자들은 기준치보다 더 낮게 조절했다고 했다. 즉 경험(음악에 대한 선호)이 사람들이 소리를 어떻게 지각하고 설정하는지에 영향을 준다는 것이므로 빈칸 들어갈 말로 가장 적절한 것은 ① '경험이 우리의 지각을 편향시킬 수 있는지'이다. ②의 경우 예시의 키워드인 '지각'과 '음악적 선호'를 포함하고 있지만 글의 내용과 반대이므로 오답이다. ③과 ④는 본문에 언급되어 있지 않다.

 ①

DAY 02
2025 이동기 영어 하루 프로젝트

| 01 | ② | 02 | ① | 03 | ③ | 04 | ④ | 05 | ① |
| 06 | ① | 07 | ④ | 08 | ③ | 09 | ④ | 10 | ① |

[1~3] 밑줄 친 부분에 들어갈 말로 가장 적절한 것을 고르시오.

1

> The community praised the philanthropist for his _____ efforts, which included funding education programs and supporting local charities.

① selfish   ② benevolent
③ negligent   ④ hostile

어휘
praise 칭찬하다   philanthropist 자선가   effort 활동
fund 자금을 지원하다   charity 자선 단체   selfish 이기적인
benevolent 자비로운   negligent 태만한   hostile 적대적인

해석
커뮤니티는 교육 프로그램에 자금을 지원하고 지역 자선 단체를 지원하는 것을 포함한 그의 자비로운 활동에 대해 그 자선가를 칭찬했다.

 ②

2

> When asked, he said he didn't know _____.

① who had broken the window
② had who broken the window
③ who had been broken the window
④ had who been broken the window

어휘
break 깨뜨리다

해석
질문을 들었을 때, 그는 누가 창문을 깨뜨렸는지 모른다고 말했다.

해설
[문법포인트] 의문문의 어순 간접의문문의 어순은 「의문사+주어+동사」이다. who는 의문사이면서 동시에 주어가 될 수 있으므로 뒤에 동사가 와야 한다. 이때 동사인 break는 자동사와 타동사가 모두 가능하지만, 목적어 the window가 동사 뒤에 있으므로 타동사의 능동형으로만 쓸 수 있다. 따라서 정답은 ① who had broken the window이다.

정답 ①

3

A: I had such a hard time keeping up with the project schedule last week. Everything kept getting delayed, and it was really stressful.
B: I've had a similar experience. So, I shifted my focus to more important tasks.
A: How did you do that?
B: I focused on the urgent tasks first and delegated the rest to my team members.
A: _____
B: It made things much more efficient. I got the important things done early, and handling the less urgent ones more slowly eased the pressure.
A: That sounds like a good idea. I'll try that next time!

① Did you aim for perfection in every task?
② I know project delays can be really stressful.
③ Did that have any effect on the situation?
④ Urgent issues can make you miss smaller details.

어휘

have a hard time -ing ~하는 데 어려움을 겪다
keep up with ~을 따라잡다   stressful 스트레스가 많은   shift 바꾸다
urgent 급한   delegate 위임하다   efficient 효율적인   handle 처리하다
ease 덜어주다   pressure 부담   perfection 완벽

해석

A: 지난주에 프로젝트 일정을 따라잡느라 너무 힘들었어요. 모든 것이 계속 지연되고 정말 스트레스가 많았어요.
B: 저도 비슷한 경험을 했어요. 그래서 더 중요한 업무로 초점을 옮겼어요.
A: 어떻게 그렇게 했나요?
B: 급한 업무에 먼저 집중하고 나머지는 팀원들에게 위임했어요.
A: 그게 상황에 어떤 영향을 미쳤나요?
B: 덕분에 일이 훨씬 더 효율적이게 되었어요. 중요한 일은 일찍 처리했고, 덜 급한 일은 더 천천히 처리하는 게 부담을 덜어줬어요.
A: 좋은 생각 같네요. 다음에 시도해 볼게요!

① 모든 일에서 완벽을 목표로 삼았나요?
② 프로젝트 지연이 정말 스트레스가 될 수 있다는 것 알고 있어요.
④ 긴급한 문제로 인해 작은 세부 정보를 놓칠 수 있어요.

정답 ③

4

밑줄 친 부분 중 어법상 옳지 않은 것은?

Coral reefs ① have also been sacrificed by the tourist industry. Coral and shells are hot tourist commodities, and ② they have been collected in large quantities for sale to souvenir-hungry tourists. The most violent assault on the reefs ③ has come from nuclear testing. France, for example, has exploded more than 100 nuclear devices in Polynesian waters once rich with coral reefs that ④ are rapidly disappeared.

어휘

coral reef 산호초   sacrifice 희생시키다   commodity 상품
quantity 수량   souvenir 기념품   violent 폭력적인   assault 공격
nuclear 핵의   explode 폭발시키다   device 장치

해석

산호초도 관광 산업에 의해 희생되었다. 산호와 조개껍데기는 인기 관광 상품이며, 기념품에 굶주린 관광객에게 판매하기 위해 대량으로 수집되었다. 산호초에 대한 가장 폭력적인 공격은 핵실험으로 인해 발생했다. 예를 들어, 프랑스는 폴리네시아 해역에서 100개 이상의 핵 장치를 폭발시켰는데 이 지역은 한때 산호초가 많았는데 빠르게 사라지고 있다.

해설

④ [문법포인트] 동사의 유형별 수동태 disappear는 자동사로 수동태가 불가능하다. 또한 문맥상 현재 사라지고 있는 상황을 나타내므로 현재진행형으로 쓸 수 있다. 따라서 과거분사 disappeared를 현재분사 disappearing으로 고쳐야 한다. 부사 rapidly는 동사를 수식할 수 있으므로 바르게 쓰였다. (disappeared → disappearing)

① [문법포인트] 능동태 vs. 수동태 구분 타동사 sacrifice가 목적어 없이 쓰였으며 주어와 관계가 희생되다라는 수동의 관계이므로 현재완료 수동태가 바르게 사용되었다. 또한 부사 also는 과거분사 앞에 위치할 수 있으므로 바르게 쓰였다.

② [문법포인트] 인칭대명사 명사의 반복을 피하기 위해 대명사를 사용했으며 Coral and shells라는 복수 명사를 지칭하므로 they가 바르게 쓰였다.

③ [문법포인트] 주어 – 동사 수 일치 주어가 reefs가 아니라 assault이므로 현재완료의 단수 동사형이 바르게 쓰였다.

정답 ④

[5~6] 다음 글을 읽고 물음에 답하시오.

(A)

We are excited to announce the Community Career Fair! This event provides a platform for job seekers and employers to connect, offering a variety of career opportunities across multiple industries. Whether you're looking for a new job or considering a career change, this fair is the perfect place to start!

Event Details
- When: Saturday, March 10 – Sunday, March 11
- Where: Vista Venue, 300 Foxglove St.

Event Highlights
- Employer Booths
  Meet with recruiters from various companies, learn about job openings, and submit your resume on the spot.

- Workshops and Panels
  Attend informative sessions on resume writing, interview skills, and networking strategies to enhance your job search.

For more information, visit www.communitycareerfair.org or call us at (222) 555-0198.

5
(A)에 들어갈 윗글의 제목으로 가장 적절한 것은?
① Discover Your Dream Job Opportunities
② Network with Industry Professionals
③ Enhance Your Resume and Interview Skills
④ Participate in a Community Volunteer Day

6
위 안내문의 내용과 일치하지 않는 것은?
① 구직자들이 서로 소통할 수 있는 기회가 제공된다.
② 이틀 동안 진행되는 행사이다.
③ 다양한 기업에 이력서를 제출할 수 있다.
④ 면접 기술에 대한 세션이 있다.

어휘
fair 박람회 job seeker 구직자 employer 고용주 connect 소통하다 a variety of 다양한 multiple 여럿의 recruiter 채용 담당자 submit 제출하다 resume 이력서 on the spot 현장에서 informative 유익한 networking 인맥 쌓기 enhance 강화하다 professional 전문가 participate in ~에 참여하다

해설
(A) 당신의 꿈의 직업 기회를 찾아보세요

지역사회 직업 박람회를 발표하게 되어 기쁩니다! 이 행사는 구직자와 고용주가 소통할 수 있는 플랫폼을 제공하여 여러 업계의 다양한 취업 기회를 제공합니다. 새로운 일자리를 찾고 있든, 직업 변경을 고려하고 있든, 이 박람회는 완벽한 출발점입니다!

행사 세부 정보
• 날짜: 3월 10일 토요일 – 3월 11일 일요일
• 장소: Foxglove 거리 300번지 Vista Venue

행사 주요 볼거리
• 고용주 부스
  다양한 기업의 채용 담당자를 만나 채용 일자리에 대해 알아보고 이력서를 현장에서 제출하세요.

• 워크숍 및 패널
  구직 활동을 강화하기 위해 이력서 작성, 면접 기술, 인맥 전략에 대한 유익한 세션에 참석하세요.

더 많은 정보는 www.communitycareerfair.org를 방문하거나 (222) 555-0198로 전화하세요.

5 ② 업계 전문가와의 인맥을 쌓으세요
③ 이력서와 면접 기술을 향상시키세요
④ 지역사회 자원봉사자의 날에 참여하세요

해설
5 첫 번째 문장에서 직업 박람회에 관한 안내문인 것을 알 수 있고, 두 번째 문장에서 이 행사는 구직자와 고용주가 소통할 수 있는 플랫폼을 제공하여 다양한 취업 기회를 제공한다고 하므로 글의 제목으로 가장 적절한 것은 ① '꿈에 그리던 취업 기회를 찾아보세요'이다.
6 ① 첫 번째 단락의 두 번째 문장에서 구직자와 고용주가 소통할 수 있는 플랫폼을 제공한다고 하므로 글의 내용과 일치하지 않는다.
② <행사 세부 정보>의 '날짜'에서 토요일과 일요일 이틀 동안 진행된다고 하므로 글의 내용과 일치한다.
③ <행사 주요 볼거리>의 '고용주 부스'에서 구직자는 다양한 기업의 채용 일자리를 알아보고 현장에서 이력서를 제출할 수 있다고 하므로 글의 내용과 일치한다.
④ <행사 주요 볼거리>의 <워크숍 및 패널>에서 면접 기술에 관한 세션이 있다고 하므로 글의 내용과 일치한다.

정답 5 ① 6 ①

7
Dengue Fever Overview에 관한 다음 글의 내용과 일치하지 않는 것은?

Dengue Fever Overview

Dengue fever is a serious mosquito-borne viral infection that poses a significant global health threat, particularly in tropical regions. The World Health Organization (WHO) has identified dengue as a major health concern due to ongoing outbreaks worldwide. The disease, caused by any of four related viruses, ranges from mild symptoms to severe cases requiring hospitalization and can even be fatal. Dengue epidemics often follow seasonal patterns, peaking during and after rainy seasons when mosquito populations are high. Environmental factors, such as temperature, humidity, and precipitation, along with challenges in mosquito control and staffing, contribute to its spread.

① Dengue fever is a infectious disease caused by a virus.
② Dengue epidemics are ongoing and occurring globally.
③ The spread of dengue fever is affected by rainfall and humidity.
④ Mosquito control is responsible for the spread of dengue fever.

어휘

fever 열   overview 개요   mosquito-borne 모기가 옮기는
viral 바이러스의   infection 전염병   pose a threat 위협을 가하다
significant 중요한   particularly 특히   tropical 열대의   region 지역
organization 기구   identify A as B A를 B로 인정하다   concern 문제
ongoing 지속적인   outbreak 발병
range from A to B A에서 B에 이르기까지 다양하다   mild 경미한
symptom 증상   severe 심각한   require 필요로 하다
hospitalization 입원   fatal 치명적인   epidemic 유행병
peak 정점을 찍다   rainy season 장마철   mosquito 모기
population 개체 수   factor 요인   humidity 습도   precipitation 강수량
staffing 인력 확보   contribute to ~의 원인이 되다   spread 확산
responsible for ~의 원인이 되는

해석

뎅기열 개요

뎅기열은 특히 열대 지역에서 전 세계적으로 심각한 건강 위협을 가하는 모기가 옮기는 심각한 바이러스성 전염병이다. 세계보건기구(WHO)는 전 세계에서의 지속적인 발병으로 인해 뎅기열을 중요한 건강 문제로 인정했다. 네 가지 관련 바이러스 중 하나에 의해 발생하는 이 질병은 경미한 증상부터 입원이 필요한 심각한 사례까지 다양하며 치명적일 수도 있다. 뎅기열 유행병은 모기 개체 수가 많아지는 장마철과 그 이후에 정점을 찍으며 계절적 패턴을 종종 따른다. 온도, 습도, 강수량과 같은 환경적 요인과 모기 방제와 인력 확보의 어려움이 확산의 원인이 된다.

① 뎅기열은 바이러스에 의해 발생하는 전염병이다.
② 뎅기열 유행병은 지속적이고 전 세계적으로 발생하고 있다.
③ 뎅기열의 확산은 강우량과 습도의 영향을 받았다.
④ 모기 방제가 뎅기열 확산의 원인이다.

해설

④ 마지막 문장에서 모기 방제와 인력 확보의 어려움이 뎅기열 확산의 원인으로 지적되고 있으므로 글의 내용과 일치하지 않는다.
① 첫 문장에서 뎅기열은 바이러스성 전염병이라고 했으므로 글의 내용과 일치한다.
② 두 번째 문장에서 전 세계에서 지속적으로 발병하고 있다고 했으므로 글의 내용과 일치한다.
③ 마지막 문장에서 뎅기열은 온도, 습도, 강수량과 같은 환경적 요인이 확산의 원인이 된다고 하므로 글의 내용과 일치한다.

정답 ④

8

주어진 문장이 들어갈 위치로 가장 적절한 것은?

There is only one unit in the brain, the neuron, which must somehow carry out both functions.

The basic structure of a digital computer consists of a central processing unit (CPU) and a memory store. The CPU retrieves items from memory, carries out a sequence of operations, such as addition and subtraction, and then transfers the result back to memory. (①) The brain, however, is organized very differently. (②) For one thing, there is no obvious distinction in the brain between the processing of information and its storage. (③) When a neuron is stimulated, it produces an electrical impulse that is transmitted along the long part of the cell called the axon. (④) When this impulse arrives at the axon terminal, it causes the release of neuro-transmitter chemicals that move across the synaptic gap to the next neuron in the chain. The arrival of these neurotransmitters causes the second neuron to produce an electrical impulse, and so on.

* axon: 축삭 돌기

어휘

somehow 어떻게든   carry out 수행하다   function 기능   structure 구조
consist of ~로 구성되다   central 중앙의   processing 처리   store 저장고
retrieve 검색하다   sequence 연속적인 사건   operation 작업
addition 덧셈   subtraction 뺄셈   transfer 전달하다
organize 구조화하다   for one thing 우선 한 가지는   obvious 분명한
distinction 구분   process 처리하다   storage 저장   stimulate 자극하다
impulse 자극   transmit 전달하다   cell 세포   terminal 말단
release 분비   chemical 화학 물질   synaptic gap 시냅스 간극
chain 체인: 연속적인 계산 명령 또는 기억 영역

해설

디지털 컴퓨터의 기본 구조는 중앙처리장치(CPU)와 메모리 저장소로 구성된다. CPU는 메모리에서 항목을 검색하고 덧셈과 뺄셈과 같은 연속적인 작업을 수행한 다음 그 결과를 메모리로 다시 전달한다. (①) 그러나 뇌는 매우 다르게 구조화되어 있다. (②) 우선 한 가지는, 뇌에 정보 처리와 그것의 저장 사이에 분명한 구분이 없다. (③) 뇌에는 두 가지 기능을 어떻게든 모두 수행해야 하는 단 하나의 단위인 뉴런만 있다. 뉴런이 자극을 받으면 축삭 돌기라고 불리는 세포의 긴 부분을 따라 전달되는 전기적 자극을 만들어낸다. (④) 이 자극이 축삭 돌기 말단에 도달하면 그것은 시냅스 간극을 가로질러 그 체인 안에 있는 다음 뉴런으로 이동하는 신경전달 화학 물질의 분비를 일으킨다. 이러한 신경 전달 물질의 도달은 두 번째 뉴런이 전기적 자극을 생성하도록 만들고, 그리고 이렇게 계속 이어진다.

해설

디지털 컴퓨터와 인간 뇌의 구조와 기능을 비교한 글이다. 주어진 문장에서 두 가지 기능을 모두 해야 하는 뇌의 단위는 뉴런밖에 없다고 하므로 주어진 문장 앞에는 두 가지 기능이 각각 언급되어 있어야 하고, 뒤에서는 뉴런에 대한 추가적 언급이 나올 것으로 예상할 수 있다. ③의 앞에서 정보 처리와 그것의 저장이라는 두 가

지 기능이 언급되고 ③의 뒤에서는 뉴런이 각각 어떻게 작용하는지를 설명하고 있다. 따라서 주어진 문장은 ③에 위치해야 한다.

정답 ③

9

밑줄 친 부분에 들어갈 말로 가장 적절한 것은?

Social relationships variables represent the social connections and interpersonal interactions among people that influence media effects. Communication researches noted that people play a role in the flow of mass communication. Interested people pay attention to specialized media and pass along that information to others to whom they are socially connected. Social relationships variables are also represented in the influential role of the social context of media exposure. The social facilitation hypothesis suggests that people enjoy media content more in group settings than when alone. Television producers have recognized the impact of an audience on enjoyment and routinely add studio audience applause and laugh tracks to programs. These elements may increase enjoyment because they help reduce uncertainty about whether something is supposed to be funny, hence _____.

① focus on the specialized media
② deliver the information to others
③ enjoy the media content and laugh
④ reinforce in-group cohesion

어휘

variable 변수 represent 나타내다 interpersonal 대인 관계의
interaction 상호작용 influence 영향을 미치다 effect 효과
play a role in ~에서 역할을 하다 flow 흐름
mass communication 매스컴 specialized 특화된 pass 전달하다
influential 중요한 exposure 노출 facilitation 촉진 impact 영향
routinely 언제나 applause 박수갈채 uncertainty 불확실성
reinforce 강화하다 in-group 내(內)집단 cohesion 응집력

해석

사회적 관계 변수는 미디어 효과에 영향을 미치는 사람들 간의 사회적 연결과 대인 상호작용을 나타낸다. 커뮤니케이션 연구는 사람들이 매스컴의 흐름에서 역할을 한다고 언급했다. 관심 있는 사람들은 특화된 미디어에 관심을 기울이고 해당 정보를 자신과 사회적으로 연결된 다른 사람들에게 전달한다. 사회적 관계 변수는 미디어 노출의 사회적 맥락이 하는 중요한 역할에서도 보여진다. 사회적 촉진 가설은 사람들은 혼자 있을 때보다 그룹 환경에서 미디어 콘텐츠를 더 즐긴다고 말한다. 텔레비전 제작자는 즐거움에 미치는 청중의 영향을 인식하고 스튜디오 청중의 박수갈채와 웃음 트랙을 언제나 프로그램에 추가한다. 이러한 요소는 무엇이 재밌다고 여겨지는지에 대한 불확실성을 줄이는 데에 도움을 주어 즐거움을 증가시킬 수 있고, 그러므로 내집단의 응집력을 강화할 수 있다.

① 특화된 미디어에 집중할
② 다른 사람에게 정보를 전달할
③ 미디어 콘텐츠를 즐기고 웃을

해설

글의 중심 소재는 사회적 관계가 미디어의 효과에 미치는 영향이고 주제문은 첫 번째 문장이며, 이후 주제를 세 가지 측면에서 설명한다. 즉, 매스 커뮤니케이션의 흐름, 사회적 맥락의 역할, 그리고 제작자의 사회적 단서 사용은 모두 사회적 관계가 어떻게 미디어 경험을 더 즐겁고 의미 있게 만드는지를 보여준다. 특히, 그룹 환경에서 더 큰 즐거움을 느낀다는 사회적 촉진 가설은 사회적 연결이 중요하다는 주제를 명확히 드러내므로 빈칸이 있는 마지막 문장 역시 이와 동일한 맥락에서 완성하면 된다. 따라서 정답은 ④ '내집단의 응집력을 강화할'이다.

정답 ④

10

다음 글의 주제로 가장 적절한 것은?

Obesity has a strong genetic component, and this plays an important role in explaining why a given individual is obese. But genetic characteristics in the population change very slowly, and so they clearly cannot explain why obesity has increased so rapidly in recent decades. Researchers have instead sought to explain obesity by looking at technological changes, changes in consumer habits, and changes in the social environment. Economists have taken the lead in these efforts. According to them, technological advances in agriculture have caused grocery prices to fall, and these declines have caused consumers to demand more groceries. The increase of food consumption has contributed to a surge in caloric intake that can account for as much as 40 percent of the increase in the body mass index of adults since 1980.

① reasons for recent rapid growth in obesity
② worldwide efforts to reduce caloric intake
③ risks overweight people might struggle with
④ the main culprit of increased food consumption

어휘

obesity 비만 genetic 유전적인 component 요소 individual 개인
obese 비만인 recent 최근의 decade 10년 seek 찾다
look at ~을 고려하다 consumer 소비자 environment 환경
take the lead 선도하다 effort 노력 advance 발달 consumption 소비
contribute to ~의 원인이 되다 surge 급등 intake 섭취량
account for ~을 설명하다 body mass index 체질량 지수 reduce 줄이다
risk 위험 overweight 과체중의 struggle 싸우다 culprit 범인

해석

비만은 강력한 유전적 요소를 가지고 있는데, 이는 특정 개인이 왜 비만인이 되는지를 설명하는 데 중요한 역할을 한다. 그러나 인구의 유전적인 특성들은 매우 느리게 변화하고, 따라서 그것들은(유전적 특성으로는) 최근 몇십 년 사이에 비만이 왜 그토록 급격히 증가했는지를 명확하게 설명해 주지는 못한다. 대신 연구자들은 기술적인 변화, 소비 습관의 변화, 사회적 환경의 변화를 고려하여 비만을 설명하려고 노력해 왔다. 경제학자들이 이러한 노력을 선도해 왔다. 그들에 의하면, 농업에서 기술의 발달은 식료품 가격이 하락하도록 했고, 이러한 (가격의) 하락은 소비

자들이 더 많은 식료품을 요구하게 만들었다. 식품 소비의 증가는 1980년 이후 성인의 체질량 지수 증가의 40퍼센트 정도까지 설명할 수 있는 열량 섭취량의 급증의 원인이 되어 왔다.

① 최근의 급격한 비만 증가의 원인들
② 칼로리 섭취를 줄이기 위한 전 세계적인 노력들
③ 과체중인 사람들이 싸워야 하는 위험 요소들
④ 증가된 음식 소비의 주범

해설
이 글의 중심 소재는 비만 증가의 원인이고 주제문은 두 번째 문장으로 유전적 요인을 배제한 후 비만 증가를 다른 요인들에서 설명할 필요가 있다는 아이디어로 글의 방향을 설정한다. 이를 바탕으로, 비만 증가의 원인을 기술 발전, 소비 습관의 변화, 사회 환경의 변화 같은 비유전적 요인에서 찾으려 한 연구자들의 노력을 강조하고, 특히 경제학자들의 설명에 초점을 맞춘다. 농업 기술 발전으로 식료품 가격이 하락했고, 소비자들이 더 많은 식료품을 구매하게 되면서 음식 섭취량이 증가해 성인의 BMI 증가에 큰 영향을 미쳤다고 강조한다. 따라서 글의 주제로 가장 적절한 것은 ① '최근의 급격한 비만 증가의 원인들'이다.

정답 ①

DAY 03

2025 이동기 영어 하루 프로젝트

| 01 | ① | 02 | ④ | 03 | ① | 04 | ② | 05 | ④ |
| 06 | ③ | 07 | ④ | 08 | ① | 09 | ② | 10 | ④ |

[1~3] 밑줄 친 부분에 들어갈 말로 가장 적절한 것을 고르시오.

1

Her poem conveyed a deep _____ of longing and melancholy, reflecting her personal experiences.

① sentiment   ② statistics
③ experiment   ④ technique

어휘
poem 시   convey 전달하다   longing 그리움   melancholy 우울함
reflect 반영하다   sentiment 정서   statistics (pl.) 통계   experiment 실험
technique 기법

해석
그녀의 시는 그리움과 우울함이라는 깊은 정서를 전달하며, 그녀의 개인적인 경험을 반영했다.

정답 ①

2

By the time you _____ your product to the market, many competitors will have already entered the market.

① will have introduced   ② is introducing
③ will introduce   ④ introduce

어휘
product 제품   competitor 경쟁자   introduce 소개하다

해석
당신이 제품을 시장에 소개할 때쯤이면 경쟁자들이 시장에 이미 진입했을 것이다.

해설
[문법포인트] 시제일치와 예외 시간, 조건의 부사절에서 미래 시제는 현재 시제로 표현해야 한다. By the time이 시간의 부사절을 이끌고 있으므로 미래의 will introduce가 아닌 현재 시제 introduce로 표현해야 한다. ②는 우선 주어의 수에 일치하는 are가 아니라 is가 사용되어서 문법에 맞지 않는다. 또한 종속절인 by the time은 미래의 특정 순간을 의미하고 주절의 동작은 종속절의 순간보다 더 이전부터 진행되어 완료된 상태를 나타내므로 종속절에서 진행시제를 쓰는 것은 적절하지 않다. 따라서 정답은 ④ introduce이다.

정답 ④

3

Alice Halland: Hi, I need an oil change for my car. Are you able to do it today?
City Auto Repair: Yes, we can fit you in this afternoon. Could you bring the car by at 3 PM?
Alice Halland: Sure, I'll be there. Also, I noticed my tires look worn out.
City Auto Repair: We can inspect them for you and recommend replacements if needed.
Alice Halland: _____?
City Auto Repair: It depends on the tire type, but usually it's around $80 each.

① How much would new tires cost
② How long does an oil change take
③ Are there any additional free checks
④ Will I need to pay for the oil up front

어휘

repair 수리   fit ~ in 시간을 내어 ~을 만나다   bring by ~을 가져오다
worn out 닳은   inspect 점검하다   recommend 권하다
replacement 교체   depend on ~에 달려있다   inspection 점검
up front 선불로

해석

Alice Halland: 안녕하세요, 제 차에 오일 교환이 필요해요. 오늘 해주실 수 있나요?
시티 자동차 수리: 네, 오늘 오후에 시간 내어 만날 수 있습니다. 오후 3시까지 차를 가져오실 수 있나요?
Alice Halland: 물론이죠. 갈게요. 그리고 제 타이어가 닳아 있는 것을 발견했어요.
시티 자동차 수리: 저희가 점검하고 필요하면 교체를 권할 수 있습니다.
Alice Halland: 새 타이어의 가격은 얼마일까요?
시티 자동차 수리: 타이어 종류에 따라 다르지만 보통 개당 약 80달러입니다.

② 오일 교체에 얼마나 시간이 걸리나요
③ 추가적인 무료 점검 서비스가 있나요
④ 오일 값을 선불로 지불해야 하나요

정답 ①

4

밑줄 친 부분 중 어법상 옳지 않은 것은?

The study of the effects of climate change ① has become increasingly urgent, as they become more evident. Scientists now observe significant changes in weather patterns, which affect ecosystems worldwide. With a growing amount of evidence ② highlighted the impact of human activity, many researchers advocate immediate action. These findings ③ are presented at various global forums, emphasizing the need for collaboration. Addressing climate change requires understanding the complex interactions within our environment, making it essential ④ for all stakeholders to engage in sustainable practices.

어휘

effect 영향   increasingly 점점 더   urgent 시급한   evident 명백한
observe 관찰하다   significant 중요한   ecosystem 생태계
evidence 증거   highlight 강조하다   advocate 옹호하다
immediate 즉각적인   action 조치   finding 연구 결과   present 발표하다
emphasize 강조하다   collaboration 협력   address 해결하다
interaction 상호 작용   stakeholder 이해관계자   engage in ~에 참여하다

해석

기후 변화의 영향이 더 명백해짐에 따라 그에 관한 연구가 점점 더 시급해졌다. 과학자들은 전 세계 생태계에 영향을 미치는 기상 패턴의 중요한 변화를 이제 관찰하고 있다. 인간 활동의 영향을 강조하는 증거가 점점 더 많아지고 있는 가운데, 많은 연구자가 즉각적인 조치를 옹호하고 있다. 이러한 연구 결과는 다양한 글로벌 포럼에서 발표되며 협력의 필요성을 강조한다. 기후 변화를 해결하려면 환경 내의 복잡한 상호 작용을 이해해야 하므로 모든 이해관계자가 지속 가능한 관행에 참여하는 것이 필수적이다.

해설

② [문법포인트] 분사구문 「with + 목적어 + 분사」 형태의 with 분사구문이다. highlight가 타동사로 뒤에 목적어가 있고, 목적어(a growing amount of evidence)와의 관계가 능동이므로 현재분사인 highlighting으로 고쳐야 한다. (highlighted → highlighting)
① [문법포인트] 주어 - 동사 수 일치 핵심 주어가 The study이므로 단수 취급하여 동사 has become이 바르게 쓰였다.
③ [문법포인트] 능동태 vs. 수동태 구분 타동사 present와 주어의 관계가 '연구 결과가 발표되다'라는 수동의 관계이므로 수동태가 되어야 한다. 주어가 복수이므로 복수 be동사 are presented가 바르게 쓰였다.
④ [문법포인트] 준동사의 형태 변화 to부정사의 의미상 주어는 「for + 목적격」으로 쓴다. 진목적어인 to engage의 의미상 주어로 「for + 목적격」이 바르게 쓰였다. 참고로, 5형식 동사의 경우 명사절이나 to부정사가 목적어로 쓰일 때 반드시 가목적어를 써서 「make(5형식 동사) + 가목적어(it) + 목적격보어 + 진목적어(to부정사 명사절)」의 형태가 되어야 한다.

정답 ②

[5~6] 다음 글을 읽고 물음에 답하시오.

Educational Resources Office

Purpose
Our office provides support programs for both students and educators to enhance the quality and accessibility of educational resources. We work closely with schools and academic institutions to ensure resources meet current educational standards and promote lifelong learning.

Goals
We aim to increase access to quality educational

materials, support online and in-person learning environments, and encourage active engagement from educators and students alike. By fostering collaboration among educational institutions, we work to build a learning experience that is both congruous and inclusive.

Principles
- Inclusivity & Accessibility: We prioritize resources that cater to diverse learning needs and promote equal opportunities for all students.
- Continuous Improvement: We continually assess and upgrade our resources to stay aligned with evolving educational trends and student needs.

5 윗글에서 Educational Resources Office에 관한 내용과 일치하는 것은?
① It innovates existing educational standards for lifelong learning.
② It supports face-to-face learning environments over online ones.
③ It respects institutional individuality to unify learning experiences.
④ It evolves resources to match changing educational trends and needs.

6 밑줄 친 congruous의 의미와 가장 가까운 것은?
① ancillary   ② intense
③ harmonious   ④ contrasting

목표
우리는 양질의 교육 자료에 대한 접근성을 높이고, 온라인 및 대면 학습 환경을 지원하며, 교육자와 학생 모두의 적극적인 참여를 장려하는 것을 목표로 합니다. 교육 기관 간의 협력을 촉진하여 조화롭고 포용적인 학습 경험을 구축하기 위해 노력합니다.

원칙
- 포용성 및 접근성: 우리는 다양한 학습 요구에 맞추고 모든 학생에게 동등한 기회를 제공하는 자원을 우선시합니다.
- 지속적인 개선: 우리는 변모하는 교육 추세와 학생들의 요구에 맞추기 위해 지속적으로 자원을 평가하고 업그레이드합니다.

5 ① 평생 학습을 위해 기존의 교육 표준을 혁신한다.
② 온라인 교육 환경보다 대면 교육 환경을 지원한다.
③ 교육 경험을 통일하기 위해 기관의 독자성을 존중한다.
④ 변화하는 교육 추세와 요구에 맞추어 자원을 발전시킨다.

5 ④ <원칙>의 두 번째 항목에서 변모하는 교육 추세와 학생들의 요구에 발맞추기 위해 지속적으로 자원을 평가하고 업그레이드한다고 하므로 글의 내용과 일치한다.
① <목적>의 두 번째 문장에서 자원이 현재의 교육 표준을 충족하고 평생 학습을 촉진할 수 있도록 학교 및 학술 기관과 긴밀히 협력한다고 하므로 글의 내용과 일치하지 않는다.
② <목표>의 첫 번째 문장에서 온라인 및 대면 학습 환경을 지원한다고 했으므로 글의 내용과 일치하지 않는다.
③ <목표>의 두 번째 문장에서 교육 기관 간의 협력을 촉진하여 조화롭고 포용적인 학습 경험을 구축한다고 했으므로 글의 내용과 일치하지 않는다.

 5 ④ 6 ③

7 다음 글의 목적으로 가장 적절한 것은?

To: poetry@litfestival.com
From: organizer@litfestival.com
Date: April 12, 2024
Subject: Important information for participants

Dear Poetry Enthusiasts,

We are thrilled to welcome you to this year's Poetry Recitation Competition. To ensure a smooth and enjoyable experience, please review the following:

- Choose a meaningful poem and practice with emotion.
- Memorize the poem to keep it engaging.
- Focus on pace, tone, and volume for impact.
- Dress well to enhance your presentation.
- Arrive 30 minutes early to check in and relax.

Visit our website to learn more about judging criteria and tips from previous winners. With passion and preparation, we believe you can captivate the audience

어휘
purpose 목적   educator 교육자   enhance 높이다   accessibility 접근성
academic 학술의   institution 기관   meet 충족시키다   current 현재의
lifelong 평생의   in-person 대면의   encourage 장려하다
engagement 참여   alike 둘 다   foster 촉진하다   collaboration 협력
congruous 조화로운   inclusive 포용적인   principle 원칙
inclusivity 포용성   prioritize 우선시하다   cater to ~에 맞추다
diverse 다양한   promote 촉진하다   continuous 지속적인
improvement 개선   assess 평가하다   align 맞추다
educational 교육적인   innovate 혁신하다   existing 기존의
face-to-face 대면의   respect 존중하다   individuality 독자성
unify 통일하다   evolve 발전시키다   ancillary 보조적인   intense 강렬한
harmonious 조화로운   contrasting 대조적인

해석
교육자원실

목적
우리 사무실은 교육 자원의 질과 접근성을 높이기 위해 학생과 교육자 모두를 위한 지원 프로그램을 제공합니다. 우리는 자원이 현재의 교육 표준을 충족하고 평생 학습을 촉진할 수 있도록 학교 및 학술 기관과 긴밀히 협력합니다.

and judges alike. Best of luck!

Warm regards,
Literary Festival Organizing Committee

① to inform participants of far-famed poems
② to inform participants of great recitation skills
③ to inform participants of the event's dress code
④ to inform participants of participation tips

어휘

poetry 시　**participant** 참가자　**enthusiast** 애호가　**thrilled** 설레는
recitation 낭송　**competition** 대회　**ensure** 보장하다　**smooth** 원활한
review 검토하다　**emotion** 감정　**memorize** 암송하다
engaging 사람의 마음을 끄는　**pace** 속도　**tone** 어조　**impact** 영향
enhance 향상시키다　**judge** 심사하다; 심사위원
criteria (*pl.*) 기준(criterion)　**previous** 이전의　**passion** 열정
preparation 준비　**captivate** 사로잡다　**audience** 청중　**literary** 문학의
committee 위원회　**far-famed** 널리 알려진　**dress code** 복장 규정

해석

수신: poetry@litfestival.com
발신: organizer@litfestival.com
날짜: 2024년 4월 12일
제목: 참가자를 위한 중요한 정보

시 애호가 여러분,

올해 시 낭송 대회에 오신 것을 환영하게 되어 설렙니다. 원활하고 즐거운 경험을 위해 다음 사항을 검토해 주세요:

• 의미 있는 시를 선택하고 감정을 담아 연습하세요.
• 사람들의 마음을 끌기 위해 시를 암송하세요.
• 효과를 위해 속도, 어조, 볼륨에 집중하세요.
• 발표를 향상시키기 위해 옷을 잘 입으세요.
• 확인과 휴식을 위해 30분 일찍 오세요.

심사 기준과 이전 수상자의 팁에 대해 자세히 알아보려면 웹사이트를 방문하세요. 저희는 열정과 준비를 통해 여러분이 청중과 심사위원 모두를 사로잡을 수 있다고 믿습니다. 행운을 빕니다!

따뜻한 안부를 전하며,
문학 축제 조직위원회

① 참가자들에게 널리 알려진 시를 알리려고
② 참가자들에게 훌륭한 암송 기술을 알리려고
③ 참가자들에게 행사의 복장 규정을 알리려고
④ 참가자에게 참가 요령을 알리려고

해설

제목에서 참가자를 위한 중요한 정보라고 했고 첫 단락의 첫 문장에서 시 낭송 대회라고 하면서 다섯 가지 항목의 요령을 제시하고 있다. 따라서 글의 목적으로 가장 적절한 것은 ④ '참가자에게 참가 요령을 알리려고'이다.

 ④

8

주어진 글 다음에 이어질 글의 순서로 가장 적절한 것은?

You'll see a good example of science in action every time a police car with its siren blaring passes you in the street. Everyone knows that the sound changes as it passes you.

(A) Something similar happens with light waves as well as other electromagnetic radiation such as X-rays and microwaves. Things moving away from you get redder while things moving toward you get bluer.
(B) It's not that the siren changes its tune but it is because of something known as the Doppler Effect, in which the sound waves coming from moving objects get squashed or stretched depending on whether something is moving toward or away from you.
(C) As a result, this effect is known as red or blue shift. You can't normally notice this effect with light because the object has to be moving at huge speeds but you can with distant galaxies.

① (B) – (A) – (C)　② (B) – (C) – (A)
③ (C) – (A) – (B)　④ (C) – (B) – (A)

어휘

in action 작동하는　**blare** (소리가) 요란하게 울리다
electromagnetic radiation 전자기 방사선　**microwave** 극초단파
tune 음조　**effect** 효과　**object** 물체　**squash** 찌그러뜨리다
stretch 늘리다　**shift** 편이(偏移): 음파나 전파가 이동함에 따라 각각의 주파수가 커지거나 작아지는 효과　**notice** 알아차리다　**distant** 멀리 떨어진
galaxy 은하

해석

길에서 경찰차가 사이렌을 요란하게 울리며 당신 옆을 지나갈 때마다 당신은 과학이 작동하는 좋은 예시를 보게 될 것이다. 경찰차가 당신을 지나갈 때 누구나 그 소리가 변한다는 것을 안다. (B) 그것은 사이렌이 음조를 변화시키는 것이 아니라 '도플러 효과'라고 알려진 것 때문인데, 이 현상에서 물체가 당신에게 다가오느냐 아니면 당신에게서 멀어지느냐에 따라 움직이는 물체로부터 나오는 음파는 찌그러지거나 늘려진다. (A) 유사한 것이 X-ray와 극초단파와 같은 다른 전자기 방사선뿐만 아니라 광파에서도 발생한다. 당신에게 가까이 오는 것은 더 파랗게 되지만 당신에게서 멀어지는 것은 더 빨갛게 된다. (C) 결과적으로 이 효과는 적색 또는 청색 편이 효과로 알려져 있다. 물체는 엄청난 속도로 움직이고 있어야 해서 빛을 가지고는 이 효과를 일반적으로 알아차릴 수 없지만 멀리 있는 은하들을 가지고는 알아차릴 수 있다.

해설

중심 소재는 도플러 효과(Doppler Effect)이다. 주어진 글에서는 사이렌을 울리며 지나가는 경찰차가 과학이 실제로 작동하는 좋은 예시이며 경찰차가 옆을 지나갈 때 사이렌 소리의 변화를 언급한다. (B)는 주어진 문장의 siren을 the siren으로 받아 소리 변화의 원인으로 도플러 효과라는 개념에 대해 언급하므로 자연스럽게 이어진다. (A)는 '유사한 것'이라고 이어받으며 (B)에서 언급한 소리뿐 아니라 전자기 방사선과 광파에도 도플러 효과가 적용된다고 하며 도플러 효과에 대한 설명을 확대해 나간다. (C)는 '결과적으로'라고 시작하며 (A)에 나온 현상을 '이 효과'로 받아

서 정리하고 있으므로 마지막에 위치하는 것이 자연스럽다. 따라서 글의 순서로 가장 적절한 것은 ① (B) - (A) - (C)이다.

정답 ①

9
밑줄 친 부분에 들어갈 말로 가장 적절한 것은?

A traffic sign could make the difference between a driver making a life-saving stop and possibly running into oncoming cars. Therefore, it might seem logical to have a traffic sign for something this important, so that it can really grab your attention. Then, why not make stop signs orange or square or with blue flashing lights, to keep drivers on their toes? It turns out that signs are standardized not just because of government regulations, but because they're actually much more effective when you don't focus on them. A standardized set means you'll glance at a sign ever so briefly, get the message, and then go back to concentrating on not hitting anyone. At an unconscious level, common road signs function just like brands — you know exactly what to expect, just like you do when you see a McDonald's arch. In fact, some signs exist because they have assumed _____.

① drivers will be attentive enough to catch them
② most drivers will ignore them completely
③ standardization is the only way to be noticed
④ they will always require extra attention from drivers

어휘
run into ~에 충돌하다   oncoming 다가오는   logical 논리적인
grab 붙잡다   flash 점멸하다   keep on one's toes 긴장을 늦추지 않다
turn out 밝혀지다   standardize 표준화하다   regulation 규정
effective 효과적인   glance at ~을 흘깃 보다   briefly 잠시
concentrate 집중하다   unconscious 무의식적인   function 기능하다
expect 예상하다   arch 아치형 구조물   exist 존재하다   assume 추정하다
attentive 주의를 기울이는   ignore 무시하다   against ~와 대비를 이루며

해석
교통 표지판은 운전자가 생명을 구하는 정차를 하는 것과 다가오는 차에 충돌하는 것 사이에 차이를 만들 수 있다. 따라서 이렇게 중요한 것에 대한 교통 표지판을 설치하여 운전자의 주의를 정말로 끌 수 있도록 하는 것이 논리적으로 보일 수 있다. 그렇다면 운전자가 긴장을 늦추지 않도록 하기 위해 정지 표지판을 주황색이나 정사각형으로 만들거나 파란색 점멸등으로 만드는 것이 어떤가? 표지판은 정부 규제 때문만이 아니라 실제로 그것(표지판)에 집중하지 않을 때 훨씬 더 효과적이기 때문에 표준화되어 있는 것으로 밝혀졌다. 표준화된 세트는 표지판을 아주 짧게 흘깃 보고 내용을 파악한 다음 다시 아무도 (차로) 치지 않는 데 집중한다는 뜻이다. 무의식적인 수준에서 일반적인 도로 표지판은 브랜드처럼 기능한다 — 당신이 맥도날드의 아치형 구조물을 볼 때와 마찬가지로 정확히 무엇을 기대해야 하는지 알 수 있다. 실제로 일부 표지판은 대부분의 운전자가 그것들을 완전히 무시한다고 가정했기 때문에 존재한다.

① 운전자는 그것들(표지판들)을 알아차릴 만큼 충분히 주의를 기울일 것이다
③ 표준화는 눈에 띄는 유일한 방법이다
④ 그것들은 항상 운전자로부터 별도의 주의를 요할 것이다

해설
글의 중심 소재는 교통 표지판이고 주제문은 네 번째 문장으로 표지판은 운전자의 주의를 끌지 않을 때 훨씬 효과적이기 때문에 표준화되어 있다고 주장한다. 빈칸이 마지막 문장에 있고, 빈칸 앞에 실제로 일부 표지판이 어떤 가정 때문에 존재한다고 설명하고 있으므로, 주제문과 일맥상통하는 내용이 되도록 빈칸을 완성하면 된다. 즉, 빈칸에는 운전자의 주의를 끌지 않는다는 의미가 들어가야 한다. 따라서 정답은 ② '대부분의 운전자가 그것들을 완전히 무시한다'이다.

정답 ②

10
다음 글에서 필자가 주장하는 바로 가장 적절한 것은?

Creating a culture that inspires out-of-the-box thinking is ultimately about inspiring people to stretch and empowering them to drive change. As a leader, you need to provide support for those times when change is hard, and that support is about the example you set, the behaviors you encourage and the achievements you reward. First, think about the example you set. Do you consistently model out-of-the-box behaviors yourself? Do you step up and take responsibility and accountability, focus on solutions and display curiosity? Next, find ways to encourage and empower the people who are ready to step out of the box. Let them know that you recognize their efforts; help them refine their ideas and decide which risks are worth taking. And most importantly, be extremely mindful of which achievements you reward. Do you only recognize the people who play it safe? Or, do you also reward the people who are willing to stretch, display out-of-the-box behaviors and fall short of an aggressive goal?

* mindful: 신경을 쓰는, 염두에 두는

① 책임감 있는 지도자가 되기 위해서는 보편적 윤리관을 가져야 한다.
② 구성원에 따라 다양한 전략과 전술을 수립하고 적용해야 한다.
③ 팀들의 근무 환경 개선을 위해 외부의 평가를 받아야 한다.
④ 팀원에게 창의적인 사고를 할 수 있는 토대를 만들어줘야 한다.

어휘
inspire 고무하다   out-of-the-box 틀에 박히지 않은
ultimately 궁극적으로   stretch 최대한 발휘하다   empower 권한을 주다
encourage 권장하다   achievement 성취   reward 보상하다
consistently 지속적으로   responsibility 책임   accountability 의무
solution 해결책   display 드러내다   curiosity 호기심
step out of the box 틀에서 벗어나다   recognize 인정하다   effort 수고
refine 정교하게 하다   risk 위험   be willing to 기꺼이 ~하다
fall short of ~에 미치지 못하다   aggressive 과감한

해석
틀에서 벗어난 사고를 고무하는 문화를 만드는 것은 사람들이 능력을 최대한 발휘

하도록 고무하고 그들에게 변화를 이끌도록 권한을 주는 것과 궁극적으로 관련된 일이다. 지도자로서 당신은 변화가 힘들 때 지원을 제공해 줄 필요가 있고, 그 지원은 당신이 설정한 본보기, 당신이 장려하는 행동, 그리고 당신이 보상하는 성취에 관한 것이다. 우선, 당신이 설정한 본보기에 대해 생각해 보아라. 당신은 스스로 지속적으로 틀에서 벗어난 행동의 본을 보이는가? 당신은 나서서 책임과 의무를 떠맡고, 해결책에 집중하며, 호기심을 표현하는가? 그다음, 틀에서 벗어날 준비가 된 사람들을 격려하고 권한을 줄 방법을 찾아라. 당신이 그들의 노력을 알고 있다는 것을 그들이 알게 하라; 그들의 생각을 다듬고 어떤 위험이 감수할 만한 가치가 있는지 결정하도록 그들을 도와라. 그리고 무엇보다도, 당신이 어떤 성과에 보상을 하는지에 대해 극히 신경 써라. 당신은 오직 신중을 기하는 사람들만 인정하는가? 아니면 당신은 기꺼이 능력을 최대한 발휘하고, 틀에서 벗어난 행동을 보여주고 과감한 목표에는 미치지 못하는 사람들 또한 보상하는가?

해설
중심 소재는 틀에서 벗어난 사고를 고무하는 문화 만들기이고, 주제문은 첫 문장으로 지도자가 창의적인 사고를 장려하고 변화를 이끌기 위해 구성원들을 어떻게 지원해야 좋은지를 말하고 있다. 이후 창의적인 사고를 장려하는 문화를 만들기 위한 지도자의 구체적인 실천 방법을 나열하고 있다. 따라서 필자가 주장하는 바로 가장 적절한 것은 ④ '팀원에게 창의적인 사고를 할 수 있는 토대를 만들어줘야 한다.'가 가장 적절하다.

정답 ④

DAY 04

2025 이동기 영어 하루 프로젝트

| 01 | ① | 02 | ③ | 03 | ① | 04 | ④ | 05 | ② |
| 06 | ④ | 07 | ③ | 08 | ① | 09 | ④ | 10 | ③ |

[1~3] 밑줄 친 부분에 들어갈 말로 가장 적절한 것을 고르시오.

1

He tends to _____ about his achievements, often talking about his success to anyone who wants to listen.

① boast ② disguise
③ hesitate ④ modify

어휘
tend to ~하는 경향이 있다   achievement 업적   success 성공
boast 자랑하다   disguise 변장하다   hesitate 주저하다   modify 수정하다

해석
그는 자신의 업적을 자랑하는 경향이 있고, 듣고 싶어 하는 사람이라면 누구에게든 자신의 성공에 대해 종종 이야기한다.

정답 ①

2

It is generous _____ to offer his time and resources to help the community rebuild after the recent disaster.

① his ② him
③ of him ④ to him

어휘
generous 관대한   resource 재원   rebuild 재건하다   disaster 재난

해석
최근의 재난 이후 지역사회 재건을 돕기 위해 그가 시간과 자원을 제공하는 것은 관대한 일이다.

해설
[문법포인트] 준동사의 형태 변화 to부정사의 의미상의 주어는 기본적으로 「for + 목적격」이지만 generous와 같은 인성 형용사와 쓰일 때는 「of + 목적격」의 형태로 써야 한다. 따라서 정답은 ③ of him이다.

정답 ③

3

A: The big presentation is coming up. Are you ready for it?
B: Not quite yet. I just finished the slides last night. Didn't get much sleep.
A: No wonder you look so tired.
B: I still have a few things left — rehearsing, printing materials, and setting up the meeting room.
A: I can help you with the setup if you'd like.
B: Thanks, but _____.
A: All right. Let me know if there's anything else.
B: Appreciate it, really.

① I already arranged for Sarah to handle that
② I think I need to finalize my slides first
③ the meeting room will be ready
④ I want to go over my points once more

어휘
come up 다가오다   No wonder ~하는 게 당연하다   rehearsing 예행연습
set up 준비하다   setup 준비   appreciate 고마워하다   arrange 준비하다
handle 처리하다   finalize 마무리하다   go over ~을 검토하다

해석
A: 중요한 프레젠테이션이 다가옵니다. 준비되셨나요?
B: 아직은 못했어요. 어젯밤에 슬라이드(준비)를 막 끝냈어요. 잠을 별로 못 잤어요.
A: 그렇게 피곤해 보이는 게 당연하군요.
B: 예행연습, 자료 인쇄, 회의실 준비 등 몇 가지가 아직 남아 있어요.
A: 원하신다면 준비를 도와드릴 수 있습니다.
B: 감사합니다. 하지만 Sarah가 처리할 수 있도록 이미 준비했어요.
A: 알겠습니다. 다른 일이 있으면 알려주세요.
B: 고마워요, 정말로.

② 먼저 슬라이드를 마무리해야 할 것 같아요
③ 회의실이 준비될 거예요
④ 제 요점을 한번 더 검토하고 싶어요

정답 ①

4

밑줄 친 부분 중 어법상 옳지 않은 것은?

If the demise of his campaign underscores anything, it is the increasingly intense pressure ① that candidates are under to raise enormous sums of money not only for their political operations but also ② for their "super PACs." The former governor of Florida raised more than $100 million in the first half of 2015, providing him ③ with enormous resources to ④ competing in a potentially long and costly nomination fight.

어휘
demise 종료   campaign 선거 운동   underscore 강조하다
increasingly 점점   intense 강한   pressure 압박   candidate 후보
raise 모금하다   enormous 엄청난   sum 금액   political 정치적인
operation 활동   super PACs 슈퍼 팩: 미국에서 정치자금을 지원하는 외곽 후원단체   former 전   governor 주지사   resource 자원
compete 경쟁하다   potentially 잠재적으로   costly 비용이 많이 드는
nomination 지명

해석
그의 선거 운동 종료가 무언가를 강조한다면, 그것은 후보자들이 그들의 정치 활동뿐만 아니라 그들의 '슈퍼 팩'을 위해 엄청난 돈을 모금해야 한다는 그들이 받는 점점 더 강해지는 압박이다. 플로리다의 전 주지사는 Bush는 2015년 상반기에 1억 달러 이상을 모금했고 이는 그에게 잠재적으로 길고 비용이 많이 드는 (후보) 지명전에서 경쟁할 엄청난 자원을 제공했다.

해설
④ [문법포인트] to부정사의 역할 to는 앞의 명사 resources를 수식하는 형용사적 용법의 to부정사이므로 competing을 compete로 고쳐야 한다. (competing → compete)
① [문법포인트] 관계대명사의 선택 전치사 under의 목적어로 관계대명사 that이 쓰였고 이 that의 선행사가 the increasingly intense pressure이므로 문법적으로 바르게 쓰였다.
② [문법포인트] 등위접속사의 병렬 구조 'A뿐만 아니라 B도'라는 뜻의 「not only A but also B」의 구문에서 for their political operations와 병렬되고 있으므로, 같은 형태의 for 전치사구 구조가 바르게 병렬되었다.
③ [문법포인트] 타동사와 함께하는 주요 전치사 provide는 수여동사가 아니므로 'A에게 B를 제공하다'라는 뜻은 「provide A(사람) with B(사물)」의 형태로 표현해야 한다. 타동사 provide와 함께 전치사 with가 바르게 사용되었다.

 ④

[5~6] 다음 글을 읽고 물음에 답하시오.

(A)

Hello, residents! Our planet faces challenges, especially like climate change and pollution, which affect us all. We should each play a part in addressing these issues. So we're reaching out to raise awareness about key environmental issues and invite you to join us in making a positive impact.

Simple Actions to Take
- Reduce, Reuse, Recycle: Cut down on waste and choose reusable options.
- Conserve Resources: Save energy and water by adopting mindful habits.
- Support Sustainable Local Products: Reduce emissions and support local economies.
- Get Involved: Join our community events and learn more about sustainable practices.

Upcoming Events
- Community Clean-Up Day: May 15 at Lobby of the Community Center
- Recycling Workshop: May 16 at Conference Room 2 of the Community Center
- Sustainable Living Fair: May 17 at Parking Lot of the Community Center

Residents interested in joining the event should reserve in advance by visiting the community center website or contacting us at 515-826-7832.
Together, we can create a greener, healthier community.

5
(A)에 들어갈 윗글의 제목으로 가장 적절한 것은?
① Celebrate Your Days In Your Own Way: Carpe diem
② Make a Difference: Environmental Action in Our Community
③ Build Bridges Beyond Fences: Reaching Out to Neighbors
④ Remove the Cobwebs of Yesterday: Cleaning the Surroundings

6
위 안내문의 내용과 일치하지 않는 것은?
① People need to have a role to combat climate change and pollution.
② There are four basic steps residents are encouraged to initiate.
③ There will be three events which residents can get involved in.
④ Residents can participate on site on the day of each event.

어휘
planet 세상 pollution 오염 affect 영향을 미치다 address 해결하다
reach out 연락하다 raise 높이다 awareness 인식
environmental 환경의 recycle 재활용하다 cut down on ~을 줄이다
waste 쓰레기 reusable 재사용할 수 있는 conserve 보존하다
adopt 채택하다 mindful 사려 깊은 sustainable 지속 가능한
emission 배기가스 clean-up 청소 reserve 예약하다
in advance 사전에 carpe diem 현재를 즐겨라 fence 울타리
cobweb 거미줄 surroundings (pl.) 주변 combat 맞서다
initiate 시작하다 on site 현장에서

해석
(A) 변화를 만들어보세요: 지역사회의 환경과 관련된 행동

안녕하세요, 주민 여러분! 우리의 세상은 특히 기후 변화와 오염과 같은 도전에 직면해 있으며, 이는 우리 모두에게 영향을 미칩니다. 우리는 이러한 문제를 해결하는 데 각자 역할을 해야 합니다. 그래서 우리는 주요 환경 문제에 대한 인식을 높이고 긍정적인 영향을 미치는 데 동참해 주실 것을 요청하기 위해 연락을 드리고 있습니다.

간단한 조치들
- 줄이고, 재사용하고, 재활용하기: 쓰레기를 줄이고 재사용할 수 있는 옵션을 선택하세요.
- 자원 보존하기: 사려 깊은 습관을 채택하여 에너지와 물을 절약하세요.
- 지속 가능한 지역 제품 지원하기: 배기가스를 줄이고 지역 경제를 지원하세요.
- 참여하기: 지역사회 행사에 참여하여 지속 가능한 실천에 대해 더 알아보세요.

다가오는 행사들
- 지역사회 청소의 날: 5월 15일 주민센터 로비에서
- 재활용 워크숍: 5월 16일 주민센터 회의실 2에서
- 지속 가능한 생활 박람회: 5월 17일 주민센터 주차장에서

행사 참여에 관심이 있는 주민은 주민센터 홈페이지를 방문하거나 515-826-7832로 문의하여 사전에 예약하시길 바랍니다. 함께라면 더 친환경적이고 건강한 지역사회를 만들 수 있습니다.

5 ① 자신만의 방식으로 하루를 축하하세요: 현재를 즐기세요
③ 울타리 너머의 다리를 만들어보세요: 이웃에게 다가가기
④ 어제의 거미줄을 제거하세요: 주변 청소하기
6 ① 사람들은 기후 변화와 오염에 맞서는 역할을 해야 한다.
② 주민들이 시작하도록 권장되는 네 가지 기본적인 단계가 있다.
③ 주민들이 참여할 수 있는 세 가지 행사가 있을 것이다.
④ 주민들은 각 행사 당일 현장에서 참여할 수 있다.

해설
5 첫 번째 단락의 두 번째 문장에서 지구의 기후 변화와 오염이라는 문제를 언급하고, 세 번째 문장에서 그러한 문제를 해결하기 위해 역할을 해야 한다고 말한다. 그리고 네 번째 문장에서 환경 문제에 대한 인식을 높이고 긍정적인 영향을 끼치기 위해 동참해 줄 것을 주민들에게 권하고 있으므로 공지문의 제목으로 가장 적절한 것은 ② '변화를 만들어보세요: 지역사회의 환경과 관련된 행동'이다.

6 ④ 마지막 단락에서 참여하려면 사전에 예약하라고 하므로 글의 내용과 일치하지 않는다.
① 첫 번째 단락의 두 번째 문장에서 기후 변화와 오염이 영향을 끼치고 있다고 하여 말하고 세 번째 문장에서 이에 맞서기 위해 각자 역할을 해야 한다고 말하므로 글의 내용과 일치한다.
② <간단한 조치들>에서 주민들이 실천할 수 있는 네 가지 조치를 말하고 있으므로 글의 내용과 일치한다.
③ <다가오는 행사들>에서 주민이 참여할 수 있는 세 가지 행사를 소개하고 있으므로 글의 내용과 일치한다.

 5 ② 6 ④

7
Public Health and Safety Agency에 관한 다음 글의 내용과 일치하는 것은?

Public Health and Safety Agency (PHSA) Responsibilities

The Public Health and Safety Agency (PHSA) is the state's leading authority on public health issues. Its primary responsibility is to monitor and control the spread of diseases, ensure safe food and water supplies, and promote overall community health. The PHSA works closely with hospitals, schools, and local organizations to provide education on health risks and preventive measures, stating that "community engagement is crucial for effective public health initiatives." In emergencies, the PHSA coordinates response efforts to protect public health, highlighting its role as "the backbone of the state's health response team." It also enforces health regulations to maintain sanitation standards in public spaces and food establishments, ensuring that "all public facilities adhere to strict health guidelines."

① Its main job is to oversee hospital operations throughout the state.
② It establishes legal provisions related to health regulations.
③ It partners with different organizations to enhance public health.
④ It focuses on emergencies, rather than daily health matters.

어휘

agency (조직) 국   leading 선도적인   authority 공공사업 기관
primary 주된   responsibility 책무   monitor 감시하다   overall 전반적인
organization 단체   preventive 예방의   measure 조치
engagement 참여   crucial 중요한   initiative 계획
emergency 긴급 상황   coordinate 조정하다   response 대응
highlight 강조하다   backbone 중추   enforce 시행하다
regulation 규제   maintain 유지하다   sanitation 위생
establishment 시설   facility 시설   adhere to ~을 준수하다
strict 엄격한   oversee 감독하다   operation 운영
throughout ~ 전역에서   establish 제정하다   legal 법의   provision 조항
partner with ~와 협력하다   enhance 강화하다   matter 문제

해설

공중보건안전국(PHSA)의 책무

공중보건안전국(PHSA)은 공중 보건 문제에 대한 주 정부의 선도적인 공공사업 기관이다. PHSA의 주요 책임은 질병의 확산을 감시하고 통제하며, 안전한 식량과 물 공급을 보장하고, 전반적인 지역사회의 건강을 증진하는 것이다. PHSA는 건강 위험 및 예방 조치에 대한 교육을 제공하기 위해 병원, 학교, 지역 단체와 긴밀히 협력하며, "효과적인 공중 보건 계획을 위해 지역사회의 참여가 중요하다"라고 명시하고 있다. PHSA는 긴급 상황에서 공중 보건을 보호하기 위한 대응 노력을 조정하여 '주 보건 대응팀의 중추'로서의 역할을 강조한다. 또한 공공장소 및 식품시설에서 위생 표준을 유지하도록 보건 규제를 시행하여 "모든 공공시설이 엄격한 보건 지침을 준수"하도록 한다.

① 주요 업무는 주 전역의 병원 운영을 감독하는 것이다.
② 보건 규제에 관련된 법 조항을 제정한다.
③ 공중 보건을 강화하기 위해 다양한 조직과 협력한다.
④ 일상적인 건강 문제보다는 응급 상황에 초점을 맞추고 있다.

③ 세 번째 문장에서 PHSA는 건강 위험 및 예방 조치에 대한 교육을 제공하기 위해 병원, 학교, 지역 단체와 긴밀히 협력한다고 하므로 글의 내용과 일치한다.
① 첫 번째 문장에서 공중 보건 문제에 대한 주 정부의 선도적인 기관이라고 하였고 세 번째 문장에서 병원과 협력한다고 했을 뿐 병원 감독에 대한 언급은 없으므로 글의 내용과 일치하지 않는다.
② 다섯 번째 문장에서 PHSA는 공공장소와 식품 시설에서 위생 기준을 유지하도록 보건 규제를 시행한다고 했을 뿐 법 조항을 제정한다고 하지 않았으므로 글의 내용과 일치하지 않는다.

④ 두 번째 문장에서 질병의 확산을 감시하고 통제하며, 안전한 식량과 물 공급을 보장하고, 전반적인 지역사회 건강을 증진한다고 하고, 네 번째 문장에서 긴급 상황에서 공중 보건을 보호하기 위한 대응 노력을 조정하여 "주 보건 대응팀의 중추"로서의 역할을 강조한다고 하므로 글의 내용과 일치하지 않는다.

정답 ③

8

주어진 글 다음에 이어질 글의 순서로 가장 적절한 것은?

We've all heard the phrase "the family that plays together, stays together." The wisdom in this phrase is that social play builds ties between people that are lasting and consequential.

(A) In crying out, the danger-spotting squirrel draws attention to itself, which may well attract the predator. Scientists used to think that animals would risk their lives like this only for kin with whom they shared common genes.

(B) This wisdom holds outside the human family circle as well. For example, when one ground squirrel sees a predator in the distance, it will sound an alarm call that alerts other squirrels to run for cover. It's a risky move.

(C) New evidence suggests, however, that squirrels also sound alarm calls for former playmates, not genetically related. These squirrels developed a social resource while playing — and these buddies will put their lives on the line to save their playmates.

① (B)-(A)-(C)   ② (B)-(C)-(A)
③ (C)-(A)-(B)   ④ (C)-(B)-(A)

어휘

phrase 구절   tie 유대   lasting 지속적인   consequential 중대한
spot 발견하다   squirrel 다람쥐   may well 충분히 ~할 수 있다
attract 끌다   predator 포식자   risk 위험을 무릅쓰다   kin 친족
gene 유전자   hold 적용되다   circle 사회   ground squirrel 얼룩다람쥐
distance 먼 곳   sound 소리를 내다
alarm call (새·동물의) 경고성 울부짖음   alert (위험 등을) 알리다
cover 숨을 곳   risky 위험한   evidence 증거   genetically 유전적으로
related 친족의   resource 자원
put one's life on the line 죽음을 무릅쓰다

해설

우리는 모두 "함께 노는 가족은 함께 있게 된다."는 말을 들어보았다. 이 구절 속에 담긴 지혜는 사회적인 놀이는 사람들 사이에 지속적이고 중대한 유대를 형성한다는 것이다. (B) 이러한 지혜는 인간 가족 사회의 밖에서도 적용된다. 예를 들면, 얼룩다람쥐 한 마리가 멀리 있는 포식자를 발견하면, 그것은 다른 다람쥐들이 숨을 곳을 찾아 달리도록 알리는 경고성 울부짖음 소리를 낸다. 그것은 위험한 행동이다. (A) 큰 소리를 낼 때, 위험을 감지한 그 다람쥐는 자신에게 주의가 쏠리도록 하는데, 그것은 포식자를 끌 수도 있다. 과학자들은 동물들이 오직 공통 유전자를 나눠 가진 친족을 위해서만 이처럼 생명의 위험을 무릅쓸 것으로 생각했었다. (C) 그

러나 새로운 증거는 다람쥐들이 유전적으로 관련 없는 이전의 놀이 동무를 위해서도 경고성 울부짖음 소리를 낸다고 시사한다. 이 다람쥐들은 놀면서 사회 자원을 개발하였고 — 이 친구들은 놀이 동무를 구하기 위하여 죽음을 무릅쓸 것이다.

해설

글의 중심 소재는 놀이와 사회적 유대감 형성이다. 사회적 놀이가 유대를 형성한다는 지혜를 주어진 글에서 언급했고, 이를 This wisdom으로 받아서 이러한 지혜가 동물에게까지 확장됨을 언급하면서 그 예로 얼룩다람쥐를 들고 있는 (B)로 연결되는 것이 자연스럽다. (B)에서 언급한 다람쥐의 경고성 울부짖음이 (A)의 In crying out으로 연결되고, 포식자의 주의를 자신에게 끌 수 있는 이 위험한 경고성 울부짖음의 수혜 대상이 가족이고 유전자를 공유하는 kin으로 표현된다. 따라서 (A)가 (B) 다음에 이어져야 한다. 이후 However로 죽음을 무릅쓰는 경고성 울부짖음을 가족뿐 아니라 친구를 위해서도 낸다는 (C)가 마지막에 와야 한다. 따라서 정답은 ① (B) - (A) - (C)이다.

정답 ①

9

밑줄 친 부분에 들어갈 말로 가장 적절한 것은?

Humans generally prefer the culture they have been exposed to throughout their lives, which makes it difficult to evaluate cultural changes objectively. For example, how can we determine the cultural rank order of rock, jazz, and classical music when preferences are shaped by personal and generational familiarity? When it comes to public opinion polls about whether cultural changes are for the better or the worse, looking forward would lead to one answer and looking backward would lead to a very different answer. Our children would be horrified if they were told they had to go back to the culture of their grandparents. Our parents would be horrified if they were told they had to participate in the culture of their grandchildren. Humans tend to _____ _____. After a certain age, anxieties arise when sudden cultural changes are coming. Our culture is part of who we are and where we stand, and we don't like to think that who we are and where we stand are short-lived.

① seek cooperation between generations
② be forgetful of what they experienced
③ make efforts to remember what their ancestors did
④ like what they have grown up in and gotten used to

어휘

expose 노출하다 evaluate 평가하다 objectively 객관적으로
determine 결정하다 rank order 순위 preference 선호도
shape 형성하다 generational 세대적인 familiarity 익숙함
public opinion 여론 poll 여론 조사 horrified 질겁하는
participate 참여하다 tend to ~하는 경향이 있다 anxiety 불안감
arise 발생하다 sudden 갑작스러운 short-lived 오래가지 못하는
ancestor 조상 forgetful 잘 잊는 seek 추구하다 cooperation 협력
generation 세대

해석

인간은 자신이 평생토록 노출되어온 문화를 대체로 선호하고, 이는 문화적 변화를 객관적으로 평가하는 것을 어렵게 만든다. 예를 들어, 개인적 및 세대적 익숙함에 의해 선호도가 형성될 때 우리는 록, 재즈, 그리고 클래식 음악의 문화적 순위를 어떻게 정할 수 있을까? 문화적 변화가 더 나아지는 것인지 더 나빠지는 것인지에 관한 여론 조사에 관한 한, 앞쪽을(미래를) 바라보는 것과 뒤쪽을(과거를) 바라보는 것에 따라 매우 다른 답이 나올 것이다. 우리 아이들은 조부모의 문화로 되돌아가야 한다는 말을 들으면 질겁할 것이다. 우리 부모님은 손주들의 문화에 참여해야 한다고 들으면 질겁할 것이다. 인간은 자신이 자라고 익숙해진 것을 좋아하는 경향이 있다. 특정한 나이 이후에는 갑작스러운 문화적 변화가 다가오고 있을 때 불안감이 생긴다. 우리 문화는 우리의 정체성과 우리가 있는 위치의 일부이고, 우리는 우리의 정체성과 우리의 위치가 오래가지 못한다고 생각하는 것을 좋아하지 않는다.

① 세대 간 협력을 추구하는
② 자신들이 경험했던 것을 잘 잊는
③ 자신들의 조상이 무엇을 했는지를 기억하려고 노력하는

해설

글의 중심 소재는 문화 선호도와 문화 변화에 대한 인식이고 주제문은 첫 번째 문장으로, 사람들은 익숙한 문화를 선호하기 때문에 문화적 변화를 제대로 평가하지 못한다고 주장한 뒤, 예시와 부연 설명을 이어간다. 빈칸이 있는 문장은 인간에게 어떤 경향이 있다고 말하고 그다음 문장에서 구체적인 나이가 지나면 문화적 변화를 불안해한다고 부연 설명한다. 즉, 빈칸이 있는 문장은 글의 주제문을 보강하는 내용이 되어야 함을 알 수 있다. 따라서 정답은 ④ '자신이 자라오고 익숙해진 것을 좋아하는'이다.

정답 ④

10

다음 글의 주제로 가장 적절한 것은?

The rise of cities and kingdoms and the improvement in transport infrastructure brought about new opportunities for specialization. Densely populated cities provided full-time employment not just for professional shoemakers and doctors, but also for carpenters, priests, soldiers and lawyers. Villages that gained a reputation for producing really good wine, olive oil or ceramics discovered that it was worth their while to specialize nearly exclusively in that product and trade it with other settlements for all the other goods they needed. This made a lot of sense. Climates and soils differ, so why drink mediocre wine from your backyard if you can buy a smoother variety from a place whose soil and climate is much better suited to grape vines? If the clay in your backyard makes stronger and prettier pots, then you can make an exchange.

① how climates and soils influence the local products
② ways to gain a good reputation for local specialties
③ what made people engage in specialization and trade
④ the rise of cities and full-time employment for professionals

Day 04 21

어휘

rise 번성 improvement 개선 transport 운송 infrastructure 기반 시설
bring about ~을 가져오다 opportunity 기회 specialization 전문화
densely 밀집하여 employment 일자리 carpenter 목수 priest 성직자
gain 얻다 reputation 명성 ceramics (pl.) 도자기류
be worth one's while 시간을 들일 가치가 있다 exclusively 독점적으로
trade 거래하다 settlement 정착지 goods 상품 make sense 타당하다
climate 기후 soil 토양 differ 다르다 mediocre 평범한 variety 품종
suited 적합한 grape vine 포도나무 clay 점토 speciality 특산물
engage in ~에 참여하다

해석

도시와 왕국의 번성과 교통 기반 시설의 개선은 전문화를 위한 새로운 기회를 가져왔다. 인구가 조밀한 도시들은 전문 제화공과 의사들뿐 아니라 목수, 성직자, 군인, 변호사들에게도 정규직 일자리를 제공했다. 정말 품질 좋은 와인, 올리브유 또는 도자기류 생산으로 명성을 얻은 마을들은 그들의 상품을 거의 독점적으로 전문화하고 그들이 필요로 하는 다른 모든 상품을 위해 그것을 다른 정착지와 거래하는 것이 시간을 들일 가치가 있다는 것을 알게 됐다. 이것은 아주 타당한 일이었다. 기후와 토양이 다르기 때문에, 토양과 기후가 포도나무에 훨씬 더 적합한 곳에서 나온 부드러운 품종을 살 수 있다면 왜 여러분의 뒷뜰에서 나온 평범한 와인을 마시겠는가? 만약 뒷마당에 있는 진흙이 더 강하고 예쁜 항아리를 만든다면, 그렇다면 당신은 (다른 물건과) 교환을 할 수 있다.

① 기후와 토양이 지역 상품에 영향을 미치는 방식
② 지역 특산품에 대한 좋은 평판을 얻기 위한 방법
③ 사람들을 전문화와 거래에 참여하게 했던 것
④ 도시의 부상과 전문직을 위한 정규직 일자리

해설

중심 소재는 도시화와 전문화이고 첫 문장이 주제문으로 도시의 부상과 운송 기반 시설의 개선이 전문화를 위한 새로운 기회를 가져왔다고 설명한다. 뒤이어 이를 뒷받침하는 부연 설명이 등장한다. 다양한 직업군에게 정규직 일자리를 제공했으며, 특정 상품의 독점적 전문화를 통해 다른 지역과 어떻게 거래가 이루어졌는지를 설명한다. 따라서 글의 주제로 가장 적절한 것은 ③ '사람들을 전문화와 거래에 참여하게 했던 것'이다. ④는 글 전체의 내용을 모두 포함하고 있지 못하며, 단순하게 도시와 전문직업의 정규직 발생만을 언급하고 있으므로 답이 될 수 없다.

정답 ③

DAY 05

2025 이동기 영어 하루 프로젝트

| 01 | ① | 02 | ② | 03 | ③ | 04 | ② | 05 | ④ |
| 06 | ④ | 07 | ③ | 08 | ④ | 09 | ③ | 10 | ④ |

[1~2] 밑줄 친 부분에 들어갈 말로 가장 적절한 것을 고르시오.

1

Her _____ nature was evident when she took extra time to help her colleague, even though she had her own tight deadlines.

① considerate   ② candid
③ lukewarm   ④ hasty

어휘

nature 성격 evident 분명한 colleague 동료 tight 촉박한
deadline 마감일 considerate 사려 깊은 candid 솔직한
lukewarm 미온적인 hasty 성급한

해석

그녀의 사려 깊은 성격은 자신의 촉박한 마감일에도 불구하고 동료를 돕기 위해 추가 시간을 들였을 때 분명하게 드러났다.

정답 ①

2

I wish I _____ harder for the exam during the last weekend; now I'm worried about my grades and how they will affect my future.

① studied   ② had studied
③ has studied   ④ would study

어휘

grade 성적 worry 걱정하다 affect 영향을 주다

해석

지난 주말에 시험공부를 좀 더 열심히 했다면 좋을 텐데; 지금 나는 내 성적과 그것이 나의 미래에 어떻게 영향을 줄 것인지를 걱정하고 있다.

해설

[문법포인트] 기타 가정법 during the last weekend가 과거를 나타내는 시간 표현 부사구이고, 지난 일에 대한 아쉬움은 I wish 가정법 과거완료로 쓴다. 빈칸에는 가정법 과거완료 동사의 시제인 had p.p.가 들어가야 하므로 ② had studied가 정답이다.

정답 ②

3
밑줄 친 부분 중 어법상 옳지 않은 것은?

War, often ① perceived as an inevitable aspect of human conflict, embodies both the destructive power of violence and the profound impact on societies. Historical accounts reveal ② that wars are frequently fueled by political ambitions, economic interests, or cultural clashes, each factor intertwining to create a complex tapestry of motivations. ③ Although the devastation that ensues, wars can lead to significant advancements in technology and medicine, which illustrate a paradox ④ where destruction begets innovation.

어휘

perceive ~로 여기다　inevitable 불가피한　aspect 측면　conflict 갈등
embody 포함하다　destructive 파괴적인　violence 폭력
profound 엄청난　society 사회　account 설명　reveal 드러내다
fuel 부채질하다　political 정치적　ambition 야망　interest 이해
clash 충돌　intertwine 뒤얽히다
tapestry 태피스트리(여러 가지 색실로 그림을 짜 넣은 직물)
motivation 동기　devastation 대대적인 파괴　ensue 뒤따르다
significant 중대한　advancement 발전　illustrate 분명히 보여주다
paradox 역설　destruction 파괴　beget 야기하다

해석

인간 갈등의 불가피한 측면으로 종종 여겨지는 전쟁은 폭력의 파괴적인 힘과 사회에 대한 엄청난 영향 모두를 포함한다. 역사적인 설명은 전쟁이 종종 정치적 야망, 경제적 이해 또는 문화적 충돌에 의해 부채질 되며, 각 요소들이 복잡하게 얽혀 동기의 복잡한 태피스트리를 만들어낸다는 것을 드러낸다. 뒤따르는 대대적인 파괴에도 불구하고 전쟁은 기술과 의학에서 중대한 발전으로 이어질 수 있는데, 이는 파괴가 혁신을 야기한다는 역설을 분명히 보여준다.

해설

③ **[문법포인트] 부사절 접속사의 선택** Although는 접속사인데 뒤에 명사구만 나와 있으므로 같은 의미의 전치사인 Despite로 고쳐야 한다. (Although → Despite)
① **[문법포인트] 분사구문** perceived의 의미상의 주어는 주어인 War로 이 War가 여겨진다는 수동의 의미이므로 perceived가 바르게 쓰였다.
② **[문법포인트] 명사절 접속사의 선택** 뒤의 절이 완전하고, 동사 reveal의 목적절을 이끌고 있으므로 명사절 접속사 that이 바르게 왔다.
④ **[문법포인트] 관계부사** where 뒤의 절이 완전하고 추상적인 상황을 의미하는 paradox를 수식하고 있어 장소의 관계부사 where가 바르게 쓰였다.

정답 ③

4
밑줄 친 부분에 들어갈 말로 가장 적절한 것은?

Saint Paul said the invisible must be understood by the visible. That was not a Hebrew idea, it was Greek. In Greece alone in the ancient world people were preoccupied with the visible; they were finding the satisfaction of their desires in what was actually in the world around them. The sculptor watched the athletes contending in the games and he felt that nothing he could imagine would be as beautiful as those strong young bodies. So he made his statue of Apollo. The storyteller found Hermes among the people he passed in the street. He saw the god "like a young man at that age when youth is loveliest," as Homer says. Greek artists and poets realized how splendid a man could be, straight and swift and strong. He was the fulfillment of their search for beauty. They had no wish to create some fantasy shaped in their own minds. All the art and all the thought of Greece _____.

① had no semblance of reality
② put human beings at the center
③ were concerned with an omnipotent God
④ represented the desire for supernatural power

어휘

invisible 보이지 않는　visible 보이는　ancient 고대의
be preoccupied with ~에 집착하다　satisfaction 충족　desire 욕망
sculptor 조각가　athlete 운동선수　contend 겨루다　statue 조각상
realize 깨닫다　splendid 멋진　straight 곧은　swift 민첩한
fulfillment 성취　search 추구　fantasy 환상　semblance 외관
be concerned with ~에 관계가 있다　omnipotent 전능한
represent 표현하다　supernatural 초자연적인

해설

성 바울은 보이지 않는 것들은 보이는 것에 의해서 이해되어야 한다고 말했다. 그것은 히브리의 사상이 아닌, 그리스의 사상이었다. 고대 세계에서 그리스에서만 사람들이 가시적인 것에 집착했다; 그들은 그들의 욕망들에 대한 충족을 그들의 주변 세계에 실제로 있는 것에서 찾고 있었다. 조각가는 경기에서 겨루는 운동선수들을 보고 그가 상상할 수 있는 어떤 것도 그 강인한 젊은 신체들만큼 아름다울 수 없을 것이라고 느꼈다. 그래서 그는 아폴로의 조각상을 만들었다. 이야기꾼은 그가 거리에서 지나쳤던 사람들 중에서 헤르메스를 발견했다. 그는 호메로스가 말한 것처럼 '젊음이 가장 사랑스러울 나이의 젊은이 같은' 신을 보았다. 그리스의 예술가들과 시인들은 인간이 얼마나 멋질 수 있는지, 즉, 곧고 민첩하며 강할 수 있는지를 깨달았다. 인간은 미에 대한 그들의 추구의 성취였다. 그들은 자기 마음속에 형성된 어떤 환상을 만들어내려는 바람이 없었다. 그리스의 모든 예술과 사상은 인간을 중심에 두었다.

① 현실의 외관을 가지고 있지 않았다
③ 전지전능한 신과 관계가 있었다
④ 초자연적인 힘에 대한 욕구를 표현했다

해설

빈칸이 마지막 문장에 있으므로 글의 주제를 찾아 일맥상통하는 내용이 되도록 문

장을 완성해야 한다. 빈칸 앞에 그리스의 모든 예술과 사상이라는 주어가 제시되어 있으므로 그리스의 예술과 사상을 아우르는 주제가 무엇인지 파악하면 된다. 처음 두 문장에서 글의 중심 소재인 가시적인 것을 제시하고, 주제문인 세 번째 문장에서 그리스인은 가시적인 것에 집착해서 실제로 존재하는 것에서 욕망을 충족하려 했다고 주장한다. 이후 조각가와 이야기꾼 등의 구체적인 예시를 통해 그리스의 예술가들과 시인이 추구한 것은 가시적인 것, 즉 인간의 아름다움이었음을 설명한다. 따라서 빈칸에는 ② '인간을 중심에 두었다'가 들어가는 것이 가장 적절하다.

정답 ②

5

밑줄 친 부분에 들어갈 말로 가장 적절한 것은?

> Emma White: Hi, I'd like to borrow some books, but I can't come to the library. Do you offer online borrowing?
> City Library: Yes, we do! Members can borrow e-books and audiobooks through our website.
> Emma White: Great! How do I log in to access the online collection?
> City Library: Just use your library card number and password to sign in.
> Emma White: _____
> City Library: If you don't have a password, you can set one up by clicking "Forgot Password" on the login page.
> Emma White: Thank you! That helps a lot.
> City Library: You're welcome. Enjoy reading!

① Do I need a special app to borrow e-books?
② You can set up a password if you don't already have one.
③ Is there a separate fee for online borrowing?
④ I forgot my password. What should I do?

어휘

borrow 빌리다   borrowing 대출   collection 장서   set up ~을 설정하다
separate 별도의   fee 수수료

해석

Emma White: 안녕하세요. 책 몇 권을 빌리고 싶지만, 도서관에 갈 수 없어요. 온라인 대출을 제공하시나요?
시립도서관: 예, 제공하고 있습니다! 회원은 전자책과 오디오북을 저희 웹사이트에서 빌릴 수 있습니다.
Emma White: 잘됐네요! 온라인 장서에 접근하려면 어떻게 로그인해야 하나요?
시립도서관: 로그인하시려면 그저 도서관 카드 번호와 비밀번호를 사용하시면 됩니다.
Emma White: 비밀번호를 잊어버렸어요. 어떻게 해야 하나요?
시립도서관: 만일 비밀번호가 없으시면 로그인 페이지에서 '비밀번호 분실'을 클릭하여 비밀번호를 설정하실 수 있습니다.
Emma White: 고맙습니다! 많은 도움이 되었어요.
시립도서관: 천만에요. 즐거운 독서 생활하세요!

① 전자책을 빌리려면 특별한 앱이 필요한가요?
② 비밀번호를 이미 가지고 있지 않다면 설정하실 수 있습니다.
③ 온라인 대출에 별도의 수수료가 있나요?
④ 비밀번호를 잊어버렸어요. 어떻게 해야 하나요?

정답 ④

6

글의 흐름상 가장 어색한 것은?

> One of the many strengths of the African American community is an intrinsic support for the athletic endeavors of African American girls and women. ① Since African American culture appreciates a greater flexibility of gender roles and accepts a broader range of gender-appropriate behaviors, African American women are not as bound as white women by gender role stereotypes. ② Athletics for girls and women is not perceived as conflicting with an African American female's gender role. ③ Hall and Bower's study of African American females found that African American women defined themselves as "softly strong" — owning both strength and femininity without conflict. ④ African American males have played an increasingly important role in global politics. Welcome support from the African American community has energized many African American girls and women to participate in sports.

어휘

strength 강점   intrinsic 본질적인   athletic 체육의   endeavor 활동
appreciate 이해하다   flexibility 유연성   gender role 성 역할
accept 수용하다   broad 넓은   range 범위   appropriate 적합한
bound 구속된   stereotype 고정관념   athletics 운동 경기
perceive 인식하다   conflicting 상충하는   define 규정하다
own 소유하다   fermininity 여자다움   conflict 갈등
energize 활기를 돋우다   participate 참여하다

해석

아프리카계 미국인 사회의 많은 강점 중 하나는 아프리카계 미국인 소녀들과 여성들의 체육 활동에 대한 본질적인 지지이다. ① 아프리카계 미국인 문화가 성 역할의 더 많은 유연성을 이해하고 보다 넓은 범위의 성별에 적합한 행위를 수용하므로, 아프리카계 미국인 여성들은 백인 여성만큼 성 역할 고정관념에 구속받지 않는다. ② 소녀와 여성들을 위한 운동 경기는 아프리카계 미국인 여성의 성 역할에 상충한다고 인식되지 않는다. ③ Hall과 Bower의 아프리카계 미국인 여성에 관한 연구는 아프리카계 미국인 여성들이 — 힘과 여자다움을 서로 상충하지 않게 둘 다 지니면서 — 자신들을 '부드럽게 강하다'고 규정한다는 것을 밝혀냈다. ④ <u>아프리카계 미국인 남성들은 세계 정치에서 점점 더 중요한 역할을 해왔다.</u> 아프리카계 미국인 사회로부터의 환영의 지지는 많은 아프리카계 미국인 소녀와 여성들이 스포츠에 참여하도록 활기를 돋우어 왔다.

해설

중심 소재는 아프리카계 미국인 여성의 스포츠 참여이고, 주제문은 첫 번째 문장이다. 아프리카계 미국인 사회는 여성들이 스포츠 활동에 참여하는 것에 대해 관대하고 지지를 보낸다는 내용의 글이다. 그런데 ④는 아프리카계 미국인 남성이 세계 정치에서 점차로 중요한 역할을 해왔다는 내용이어서 전체 글의 흐름에서 벗어난다. 따라서 정답은 ④이다.

정답 ④

[7~8] 다음 글을 읽고 물음에 답하시오.

To: Fountain Pen Enthusiasts Club Members
From: John Cartwright
Date: March 15
Subject: Fountain Pen Handwriting Gathering

To All Members,

I am reaching out to express my excitement regarding the upcoming Fountain Pen Handwriting Gathering. As an exuberant member of the fountain pen community, I have long awaited such an opportunity to gather with others who share a love for the craftsmanship of writing by hand.

I am interested in contributing to the event, whether by organizing activities or offering materials to enhance the gathering experience. This event is an excellent chance for us to share tips, showcase our pens, and celebrate the art of handwriting together.

Please let me know if there is a way for me to assist with the preparations. Thank you for considering my offer, and I look forward to hearing from you soon.

Sincerely,
John Cartwright

7
윗글의 목적으로 가장 적절한 것은?
① 만년필 필기 모임의 개최 일정을 안내하려고
② 간년필 필기 모임의 참석 여부를 확인하려고
③ 만년필 필기 모임에 기여하고 싶다고 알리려고
④ 만년필 필기 모임의 개선점에 대해 조언하려고

8
밑줄 친 "exuberant"의 의미와 가장 가까운 것은?
① callous
② lethargic
③ abundant
④ enthusiastic

9
다음 글의 내용과 일치하는 것은?

The Mars Research and Visitor Center is open daily from 10:00 a.m. to 5:30 p.m. (October to April) and 10:00 a.m. to 7:00 p.m. (May to September). Visitors can purchase tickets for exhibitions online through our official website. After purchasing tickets, you will receive a confirmation email, which must be presented — either printed or shown on a digital device — upon arrival to enter.

• Online tickets: buy.marscenter.com/events

The Mars Research and Visitor Center also offers guided tours. These include the Discovery Lab and the Astronaut Training Exhibit. Tickets for each tour must be bought separately at the ticket counter during regular hours. Admission fees are $15.00 per adult.

• Closed Days: The center is closed on all holidays.

Please note that access to the Research Library is available at no charge for visitors, and no appointment is necessary. If you need further details, call (555) 123-4567.

① The center closes at 7:00 p.m. during winter.
② Children are charged an admission fee of $15.00.
③ The verification email allows you entry to the center.
④ Visitors enter the Research Library at a discount price.

present 제시하다   upon arrival 도착하면
guided tour 안내인이 있는 관람   astronaut 우주 비행사
separately 별도로   regular hours 정규 영업시간   admission 입장
fee 요금   access 이용   charge 요금; 부과하다   verification 확인
discount 할인

해석

화성 연구와 방문자 센터는 오전 10시부터 오후 5시 30분까지(10월부터 4월까지), 그리고 오전 10시부터 오후 7시까지(5월부터 9월까지) 매일 엽니다. 방문자들은 전시 입장권을 공식 웹사이트를 통해 온라인으로 구매할 수 있습니다. 입장권을 구매한 후에 확인 이메일을 받을 것이고, 도착해서 입장하려면 이는 — 인쇄되거나 디지털 기기상으로 — 제시되어야 합니다.

• 온라인 입장권: buy.marscenter.com/events

화성 연구와 방문자 센터는 또한 안내원이 있는 관람을 제공합니다. 이 관람은 발견 연구소와 우주 비행사 훈련 전시물을 포함합니다. 각 관람을 위한 입장권은 정규 영업시간 동안 입장권 매표소에서 별도로 구매해야 합니다. 입장료는 성인 1인당 15달러입니다.

• 휴관일: 센터는 모든 공휴일에 휴관합니다.

연구 도서관은 방문객에 대한 요금 없이 이용할 수 있으며 예약이 필요하지 않다는 점을 참고하시길 바랍니다. 상세한 안내를 원하시면 (555) 123-4567로 전화해 주세요.

① 겨울 동안 센터는 오후 7시에 닫는다.
② 어린이들은 15달러의 입장료가 부과된다.
③ 확인 이메일이 있어야 센터에 입장할 수 있다.
④ 방문자는 할인된 가격으로 연구 도서관에 들어간다.

해설

③ 첫 번째 문단의 세 번째 문장에서 입장하기 위해서는 확인 이메일이 인쇄되거나 디지털 기기상에서 제시되어야 한다고 했으므로 글의 내용과 일치한다.
① 첫 번째 문단의 첫 번째 문장에서 10월에서 4월에는 오후 5시 30분에 닫는다고 했으므로 글의 내용과 일치하지 않는다.
② 두 번째 문단의 마지막 문장에서 성인이 1인당 15달러라고 했고 어린이에 대한 요금은 별도로 언급하지 않았으므로 글의 내용과 일치하지 않는다.
④ 마지막 문단의 첫 번째 문장에서 연구 도서관은 별도의 비용 없이 들어갈 수 있다고 했으므로 글의 내용과 일치하지 않는다.

 ③

10
주어진 글에 이어질 글의 순서로 알맞은 것은?

> Timing is especially important when it comes to business transactions and how they are recorded on the financial statements. Businesses use two types of methods to record transactions: cash and accrual.

(A) However, most large businesses use accrual accounting, which is more complex than the cash basis. The purpose of the accrual method is to match revenues with the expenses that were used to earn them. To accomplish this, transactions are recorded when an economic event has occurred, such as a product being shipped or a machine being repaired, rather than when they are paid.

(B) Small businesses often use cash accounting because of its simplicity. For these businesses, revenue is recorded when the customer pays and expenses are recorded when the company pays for them.

(C) The cash accounting method records transactions only when money exchanges hands. Accrual accounting, on the other hand, records transactions when the transaction is complete, whether or not the transaction has been paid for yet.

* accrual: 발생주의

① (B) – (A) – (C)   ② (B) – (C) – (A)
③ (C) – (A) – (B)   ④ (C) – (B) – (A)

어휘

timing 시기 선택   when it comes to ~에 관한 한   transaction 거래
financial statement 재무제표   accounting 회계   complex 복잡한
purpose 목적   match 일치시키다   revenue 수입   expense 비용
accomplish 완수하다   ship 선적하다   repair 수리하다   simplicity 간단함
money exchanges hands 돈이 오고 가다

해석

사업 거래와 그 거래들이 재무제표에 어떻게 기록되는가에 관한 한 시기 선택은 특히 중요하다. 기업은 두 가지 방식의 거래 기록 방법을 사용한다: 현금주의와 발생주의이다. (C) 현금주의 회계 방법은 돈이 오갈 때에만 거래를 기록한다. 그와는 달리, 발생주의 회계는 거래에 비용이 지급되었든 아직 지급되지 않았든 간에 거래가 완료되었을 때 기록한다. (B) 작은 기업은 종종 그 단순함 때문에 현금주의 회계를 사용한다. 이런 기업의 경우, 수입은 고객이 지급할 때 기록되고 비용은 회사가 그것들에 대해 지급할 때 기록된다. (A) 그러나 대부분의 대기업은 발생주의 회계를 사용하는데, 이는 현금주의 기반보다 더 복잡하다. 발생주의 방식의 목적은 수입과 수입을 얻기 위해 사용된 비용을 일치시키기 위한 것이다. 이것을 완수하기 위해서 거래는 거래 비용이 지불될 때가 아닌 상품이 선적되거나 기계가 수리되는 것 같은 경제적 사건이 일어날 때 기록된다.

해설

글의 중심 소재는 현금주의 회계와 발생주의 회계이며 두 개념을 비교 설명하는 글이다. 주어진 글에서는 두 가지 회계 방식 즉 현금주의와 발생주의가 있다고 말한다. 이어 (C)에서 이 두 가지 방식의 개념을 각각 소개하고, (B)에서는 현금주의 회계가 작은 기업에서 사용되는 예를 설명한다. 마지막으로 (A)에서는 대기업에서 사용하는 발생주의 회계의 예가 설명되는데, however로 시작하므로 (B) 다음에 이어져야 한다. 따라서 정답은 ④ (C) – (B) – (A)이다.

 ④

DAY 06

| 01 | ③ | 02 | ① | 03 | ④ | 04 | ② | 05 | ④ |
| 06 | ② | 07 | ④ | 08 | ② | 09 | ① | 10 | ③ |

[1~3] 밑줄 친 부분에 들어갈 말로 가장 적절한 것을 고르시오.

1

His ability to solve complex problems with little effort seemed _____ as though he was simply born to do it.

① cultivated
② transient
③ innate
④ secondary

어휘
complex 복잡한   with little effort 노력을 거의 하지 않고
cultivated 배양된   transient 일시적인   innate 타고난
secondary 부차적인

해석
노력을 거의 하지 않고 복잡한 문제를 풀어내는 그의 능력은 타고난 것처럼 보였는데, 마치 그는 단순히 그것을 하기 위해 태어난 것 같았다.

정답 ③

2

The library, the walls _____ took over two years to complete with local architects' and designers' contributions, now serves as a cultural hub.

① of which
② which
③ whose
④ that

어휘
library 도서관   complete 완성하다   architect 건축가   contribution 공헌
serve 역할을 하다   hub 중심지

해석
그 벽이 지역의 건축가와 디자이너들의 공헌으로 완성되는 데 2년이 넘게 걸린 도서관은 현재 문화의 중심지 역할을 하고 있다.

해설
[문법포인트] 관계대명사의 선택 완전한 절이 삽입된 형태이므로 빈칸에는 접속사의 역할을 할 수 있는 요소가 들어가야 한다. 문맥상 도서관의 벽이라는 소유의 의미가 되어야 하고 앞의 명사에 한정사가 있으므로 빈칸에는 ① of which가 들어가야 한다. 참고로, the walls of which 대신 whose walls라고 쓸 수 있다.

정답 ①

3

A: Did you have dinner?
B: Not yet. I'm starving.
A: Let's go out and get something to eat. What about Mexican food?
B: I'd love to but _____.
A: If so, I can pick up some food for you.
B: Would you? I'd appreciate that.

① I have already had dinner
② my order hasn't come yet
③ I should call and cancel the order
④ I have no time to go out for dinner

어휘
starving 몹시 배고픈   pick up 사다주다   appreciate 고마워하다

해석
A: 저녁 먹었어?
B: 아직. 너무 배고파.
A: 나가서 뭔가 좀 먹자. 멕시코 음식은 어때?
B: 그거 좋지, 그런데 나는 저녁 먹으러 나갈 시간이 없어.
A: 그렇다면, 내가 음식을 좀 사다줄 수 있어.
B: 그래 주겠어? 그럼 정말 고맙지.

① 난 저녁을 이미 먹었어
② 내 주문이 아직 안 나왔어
③ 전화해서 내 주문을 취소해야겠어

정답 ④

4

밑줄 친 부분 중 어법상 옳은 것은?

The great question of philosophy has always been, "How shall we live in order to be happy?" The greatest minds of all time have dedicated years, often entire lifetimes, ① to seek the answers to this question. Your ability to ask and answer this question correctly for yourself is the key to everything that happens to you and to everything that you accomplish. The worst use of time and life is to work hard to climb the ladder of success ② only to find that it is leaning against the wrong building. I did not ③ graduate high school. Because of my limited education, the only work I could find was at laboring jobs. For years, I traveled from place to place, washing dishes, working in sawmills and on construction sites, ④ slashed brush with a chain saw as part of a logging crew, and working on farms and ranches.

어휘
philosophy 철학   mind 지성   of all time 역사상   dedicate 바치다
correctly 정확하게   accomplish 성취하다   climb 오르다   ladder 사다리
lean against ~에 기대다   graduate 졸업하다   laboring 힘든
sawmill 제재소   construction site 건설 현장   slash 베다   brush 잡목
chain saw 전기톱   part 일원   logging crew 벌목반   farm 농장
ranch 목장

해석
철학의 가장 거대한 질문은 항상 "행복해지기 위해서 우리는 어떻게 살아야 할까?"이다. 역사상 가장 위대한 지성들은 이 문제에 대한 답을 찾기 위해 수년을, 종종 일생을 바쳤다. 당신 스스로 이 질문을 하고 정확하게 답하는 능력이 당신에게 일어나는 모든 것에 그리고 당신이 성취하는 모든 것의 비결이다. 시간과 일생에 대한 최악의 사용은 열심히 일해서 성공의 사다리를 올랐지만 그것이 잘못된 건물에 기대고 있다는 것을 발견하는 것이다. 나는 고등학교를 졸업하지 않았다. 나의 제한된 교육 때문에 내가 찾을 수 있었던 유일한 일은 힘든 일들이었다. 수년 동안 나는 이곳저곳을 옮겨 다니며, 접시를 닦고, 제재소와 건설 현장에서 일하고, 벌목반의 일원으로서 전기톱으로 잡목을 베었고, 농장과 목장에서 일했다.

해설
② **[문법포인트] to부정사의 역할** 「only to부정사」는 to부정사의 부사적 용법으로 '하지만 결국 ~하다'라는 결과를 의미한다. to부정사의 부사적 용법으로 바르게 쓰였다.
① **[문법포인트] 전치사의 목적어** 「dedicate A to B」의 구문으로 이때 to는 전치사이므로 전치사의 목적어로 동사원형이 아닌 동명사를 써야 한다. (to seek → to seeking)
③ **[문법포인트] 완전자동사** graduate는 자동사이므로 목적어를 쓰려면 전치사와 함께 써야 한다. '~을 졸업하다'라는 의미일 때는 from과 함께 써야 한다. (graduate → graduate from)
④ **[문법포인트] 분사구문** slashed는 분사구문으로 의미상의 주어는 주절의 주어인 I이다. 내가 자르는 능동의 의미이므로 현재분사형인 slashing으로 고쳐야 한다. 뒤에 목적어가 있는 것으로도 능동임을 알 수 있다. 분사구문 네 개 (washing, working, slashing, working)가 등위접속사 and로 병렬 연결되었다. (slashed → slashing)

정답 ②

5
다음 글의 내용과 일치하지 않는 것은?

The Mountain Adventure Festival will take place from June 5th to June 10th at Rocky Ridge Park. This event features thrilling outdoor activities, including guided hikes, rock climbing, and mountain biking. The festival is open daily from 8:00 a.m. to 6:00 p.m. All activities are open to the public, but some require pre-registration on the official website. Once registered, participants will receive a confirmation email, a hard copy of which should be presented upon arrival for any booked activity.

• Activity Registration: rockyadventures.com/register

The festival also offers Night Campfire gatherings and Storytelling Sessions in the evenings. These special sessions are free but have limited seating, and spots are available on a first-come, first-served basis. Registration for these is only available on site from 7:00 p.m. each evening.

For more information or inquiries, call (555) 456-7890.

① The Mountain Adventure Festival is going to run for six days.
② Some activities require advance registration on the website.
③ Night Campfire parties require in-person registration at the venue.
④ Attending activities is allowed without a printed confirmation email.

어휘
take place 열리다   feature 특별히 포함하다   thrilling 신나는
outdoor 야외의   rock climbing 암벽 등반
mountain biking 산악자전거 타기   registration 등록   register 등록하다
confirmation 확인   hard copy 출력본   present 제시하다
upon arrival 도착하여   gathering 모임
on a first-come, first-served basis 선착순으로   on site 현장에서
advance 사전의   in-person 직접   venue 현장

해석
산악 모험 축제가 6월 5일부터 6월 10일까지 Rocky Ridge 공원에서 열릴 것입니다. 이번 행사는 가이드 동반 등산, 암벽 등반, 산악자전거 타기와 같은 신나는 야외 활동이 특별히 포함됩니다. 이 축제는 매일 오전 8시에서 오후 6시까지 열립니다. 모든 활동은 대중에게 공개되어 있지만, 일부는 공식 웹사이트에서 사전 등록이 필요합니다. 등록되면 참가자는 확인 이메일을 받게 될 것이고, 도착하여 어떠한 예약된 활동에라도 참여하려면 도착해서 (확인 이메일의) 출력본을 제시해야 합니다.

• 활동 등록: rockyadventures.com/register

이 축제는 또한 저녁에 야간 캠프파이어 모임과 스토리텔링 시간을 제공합니다. 이들 특별한 시간은 무료이지만 좌석이 제한되어 있어, 자리는 선착순으로 이용할 수 있습니다. 이것들의 등록은 매일 저녁 7시부터 현장에서만 가능합니다.

더 상세한 정보 또는 문의가 필요하면 (555) 456-7890으로 전화해 주세요.

① 산악 모험 축제는 6일 동안 운영될 것이다.
② 일부 활동은 웹사이트에서 사전 등록이 필요하다.
③ 야간 캠프파이어 모임은 현장에서 직접 등록이 필요하다.
④ 활동 참여는 인쇄된 확인 이메일 없이 허용된다.

해설
④ 첫 번째 문단의 마지막 문장에서 활동에 참여하려면 출력 자료를 제시해야 한다고 했으므로 글의 내용과 일치하지 않는다.
① 첫 번째 문단의 첫 번째 문장에서 6월 5일부터 6월 10일까지 열린다고 했으므로 글의 내용과 일치한다.
② 첫 번째 문단의 네 번째 문장에서 일부 활동은 공식 웹사이트에서 사전 등록이 필요하다고 했으므로 글의 내용과 일치한다.
③ 두 번째 문단 세 번째 문장에서 이들의 등록은 현장에서만 가능하다고 했으므

로 글의 내용과 일치한다.

정답 ④

다. ②의 앞에서 자기중심적인 특징이 있는 비합리적인 행위도 합리성에 포함된다고 했고 ②의 뒤부터 이성에 대한 설명이 제시된다. 따라서 주어진 문장은 ②에 들어가야 한다.

정답 ②

6
주어진 문장이 들어갈 위치로 가장 적절한 것은?

> However, the concept of a rational action also incorporates the concept of a reason, and reasons need not be egocentric.

> The concept of a rational action can be seen to be quite complex: it is a hybrid concept. A rational action is one that is not irrational. Any action that is not irrational counts as rational; that is, any action that does not have (is not believed to have) harmful consequences for you or those for whom you care is rational. (①) So rationality does involve, if only indirectly, the egocentric character of an irrational action. (②) The fact (belief) that anyone will benefit from your actions is a reason. (③) Reasons are not limited to facts (beliefs) about benefits to you or those for whom you care. (④) Thus an action that has (is believed to have) harmful consequences for you can be rational if (you believe) there are compensating benefits for others, even if you do not care about them.

어휘

concept 개념   rational 합리적인   incorporate 포함하다   reason 이성
egocentric 자기중심적인   character 특징   complex 복잡한
hybrid 혼종의   irrational 비합리적인   count 간주하다
consequence 결과   care 아끼다   rationality 합성   involve 수반하다
indirectly 간접적으로   benefit 이익을 얻다; 이득   compensate 상쇄하다

해석

합리적 행위라는 개념은 상당히 복합적인 것으로 인식될 수 있다: 그것은 혼종의 개념이다. 합리적 행위는 비합리적이지 않은 행위이다. 비합리적이지 않은 그 어떤 행위도 합리적이라고 간주한다; 즉, 당신이나 당신이 아끼는 사람들을 향해 해로운 결과를 가져오지 않는 (가져올 것이라고 여겨지지 않는) 그 어떤 행위도 합리적이다. (①) 그래서 합리성은, 간접적이라 하더라도, 비합리적인 행위의 자기중심적인 특징을 수반한다. (②) <u>그러나, 합리적 행위라는 개념은 또한 이성이라는 개념을 포함하고 있으며, 이성은 자기중심적일 필요는 없다.</u> 누구라도 당신의 행위에 의해서 이익을 얻는다는 사실(믿음)은 이성이다. (③) 이성은 당신에게 혹은 당신이 아끼는 사람들에게 주어지는 이익에 대한 사실(믿음)들로 한정되지 않는다. (④) 따라서 당신에게 해로운 결과를 가져다주는 (가져다준다고 여겨지는) 어떤 행위는 만약 타인들에게 상쇄할 만한 이득이 있다(고 당신이 믿는다)면, 당신이 그들에게 마음을 쓰지 않는다고 하더라도, 합리적일 수 있다.

해설

글의 중심 소재는 합리적 행위이다. 역접의 연결어로 시작하는 주어진 문장에서 합리적 행위에는 자기중심적이지 않은 이성이라는 개념 또한 포함된다고 했다. 그러므로 이 문장의 앞에는 합리적 행위에 포함되는 자기중심적인 다른 개념이 언급되어야 하고, 이 문장의 뒤에는 이성에 대한 부연 설명이 이어질 것으로 예측할 수 있

[7~8] 다음 글을 읽고 물음에 답하시오.

> **International Red Cross**
>
> **Mission**
> The International Red Cross, established in 1863, is a leading humanitarian organization dedicated to providing emergency aid and disaster relief globally. Its mission is to <u>alleviate</u> human suffering during crises, conflicts, and natural disasters. Guided by principles of neutrality, impartiality, and independence, the Red Cross ensures that aid reaches those in need regardless of nationality, race, or religion.
>
> **Core Activities**
> The Red Cross engages in a wide range of activities, such as emergency relief, medical care, and support for displaced persons. Its efforts encompass disaster response and promoting humanitarian law. The organization operates globally through the International Committee of the Red Cross (ICRC) and 192 National Societies, each contributing to local and international relief efforts.
>
> **Global Reach and Impact**
> The Red Cross operates worldwide, providing crucial humanitarian aid and fostering global cooperation. Its extensive network ensures effective relief in emergencies and conflicts, significantly benefiting affected communities.

7
International Red Cross에 관한 윗글의 내용과 일치하지 않는 것은?
① It works through ICRC and National Societies.
② Founded in 1863, it provides global humanitarian aid.
③ It provides aid to those in need without bias or favoritism.
④ It focuses on building medical center during crises.

8
밑줄 친 "alleviate"의 의미와 가장 가까운 것은?
① advocate   ② relieve
③ aggravate   ④ implement

어휘

establish 설립하다   humanitarian 인도주의적인
emergency aid 긴급 원조   disaster relief 재난 구조   alleviate 완화하다
crisis 위기   conflict 분쟁   natural disaster 자연재해   neutrality 중립
impartiality 공정   independence 독립성   ensure 보장하다
in need 어려움에 처한   regardless of ~와 관계없이   nationality 국적

race 인종　**engage** 관여하다　**range** 범위　**emergency relief** 긴급 구조
displaced person 난민　**encompass** 포함하다
disaster response 재난 대응　**health service** 공공의료 서비스
crucial 중요한　**foster** 조성하다　**cooperation** 협력　**extensive** 광범위한
affected 피해를 입은　**bias** 편견　**favoritism** 편애　**advocate** 지지하다
relieve 완화하다　**aggravate** 악화시키다　**implement** 시행하다

국제 적십자

사명
1863년 설립된 국제 적십자사는 전 세계적으로 긴급원조와 재난구조를 제공하는 데 헌신하는 선두적인 인도주의적 기구이다. 그것의 사명은 위기, 분쟁, 자연재해 동안 인간의 고통을 완화하는 것이다. 중립, 공정, 독립성의 원칙에 의해 적십자사는 원조가 국적, 인종, 종교와 관계없이 어려움에 처한 사람들에게 도달하는 것을 보장한다.

핵심 활동
적십자사는 긴급구조, 의료, 난민에 대한 지원 같은 다양한 활동에 관여한다. 적십자사의 활동은 재난 대응과 인도주의적 법의 홍보를 포함한다. 기구는 전 세계적으로 국제적십자위원회(ICRC)와 192개국의 국가 협회를 통해 운영되며, 각각은 지역과 국제적인 구호 활동에 기여한다.

세계적인 범위와 영향력
적십자사는 전 세계적으로 운영되며 중요한 인도주의적 원조를 제공하고 국제적인 협력을 조성한다. 조직의 광범위한 네트워크는 피해를 입은 지역 사회에 큰 혜택을 주며 긴급 상황과 분쟁 지역에서 효과적인 구조를 보장한다.

7　① 국제 적십자위원회와 국가 협회를 통해 일한다.
　　② 1863에 설립되어, 전 세계적인 인도주의적 원조를 제공한다.
　　③ 편견이나 편애 없이 어려움에 처한 사람들에게 원조를 제공한다.
　　④ 위기 동안 병원을 건설하는 데 중점을 둔다.

해설

7　④ <핵심 활동>의 처음 두 문장에서 적십자사는 긴급 구조, 의료, 난민 지원, 재난 대응, 인도주의 법 홍보 등을 한다고 했지만 병원 건설은 언급되지 않았으므로 글의 내용과 일치하지 않는다.
　　① <핵심 활동>의 세 번째 문장에서 조직은 전 세계적으로 국제 적십자위원회(ICRC)와 192개국의 국가 협회를 통해 운영된다고 했으므로 글의 내용과 일치한다.
　　② <사명>의 첫 번째 문장에서 1863년 설립된 국제 적십자사는 앞서가는 인도주의적 기구로 지구적인 긴급 원조와 재난 구조를 제공하는 데 헌신한다고 했으므로 글의 내용과 일치한다.
　　③ <사명>의 세 번째 문장에서 적십자사는 원조가 국적, 인종, 종교와 관계없이 어려움에 처한 사람들에게 도달하는 것을 보장한다고 했으므로 글의 내용과 일치한다.

정답 7 ④　8 ②

9
다음 글의 제목으로 가장 적절한 것은?

If you are the sort of parent who frowns when you hear the word "messy," then relax. No one is suggesting that you spread mud or baked beans all over the walls of your home. Messy play can quite easily be confined to one part of a room. With plenty of newspaper, trash bags, and aprons, any untidiness can be cleaned up in no time. Messy play at home will help your child develop his creative skills, as he experiments with different materials and textures and learns about colors by mixing paints together. And don't worry too much about clearing up afterwards. The benefits of messy play far outweigh the disadvantages of a few spots of paint or mud.

① Messy Play: A Way of Enhancing Kids' Creativity
② Negative Effects of Children's Messy Play at Home
③ Painting: A Cure for Lack of Concentration
④ Parenting as a Way of Self-Discipline

어휘
sort 유형　**frown** 눈살을 찌푸리다　**messy** 어질러진, 어지르는
baked beans 베이크드 빈즈: 토마토소스에 넣어 삶은 콩
confine 국한시키다　**trash bag** 쓰레기봉투　**untidiness** 지저분함
in no time 즉시　**material** 재료　**texture** 질감　**afterwards** 나중에
benefit 이득　**outweigh** ~보다 더 크다　**disadvantage** 손해　**spot** 점
effect 효과　**enhance** 향상시키다　**cure** 치료법　**concentration** 집중력
parenting 육아　**self-discipline** 자기 훈련

당신이 '어질러진'이라는 말을 들었을 때 눈살을 찌푸리는 부류의 부모라면, 여유를 가져라. 아무도 당신이 진흙이나 베이크드 빈즈로 당신 집 벽 전체에 펴 바르라고 제안하지 않을 것이다. 어지르기 놀이는 아주 쉽게 방의 한 부분에 국한할 수 있다. 많은 신문지, 쓰레기봉투와 앞치마가 있으면 어떤 지저분함도 즉시 치워질 수 있다. 집에서의 어지르기 놀이는 여러 재료와 질감으로 실험을 하고 물감을 함께 혼합하면서 색에 대해 배울 수 있기 때문에 당신의 자녀가 창의적인 능력을 개발하는 데 도움을 줄 것이다. 그리고 나중에 청소하는 것에 대해 너무 염려하지 말아라. 어지르기 놀이의 이점은 물감이나 진흙 얼룩 몇 개의 손해보다 더 크다.

① 어지르기 놀이: 아이의 창의력을 향상시키는 방법
② 집에서의 아이들의 어지르기 놀이의 부정적 영향
③ 그림 그리기: 집중력 부족의 치료법
④ 자기 훈련의 한 방식으로서의 육아

해설
중심 소재는 어지르기 놀이로, 이 놀이가 아이들의 창의력 계발에 도움이 된다는 것이 이 글의 요지이다. 본문 중간의 다섯 번째 문장(Messy play at home will help your child develop his creative skills ~)이 이 글의 주제문이다. 따라서 이 글의 제목으로 ① '어지르기 놀이: 아이의 창의력을 향상시키는 방법'이 가장 적절하다.

 ①

10

밑줄 친 부분에 들어갈 가장 적절한 것은?

> Information stored in the short-term memory lasts only a few seconds, 30 seconds at most. Try recalling how many lunches you ate over the last week. Can you recall what you even had for lunch? I think it will take a moment's effort. It's not so much that your memories regarding your lunches have disappeared, rather, they go directly to your short-term memory storage. That's where images you see, sounds you hear, odors you smell, taste sensations, and emotional reactions are stored along with your lunch memories. Information in this storage is temporarily forgotten because if you remember everything you saw, heard, tasted, touched, or smelt, your memory system would be overwhelmed and unable to function properly. You can always recall them later as long as you have the right cue, like where, when and with whom you had lunch. To sum up, you need not panic if you don't remember a certain thing that happened only a few days or weeks ago because the memory is not necessarily gone; you just need a few seconds and _____.
>
> ① the channel to let the memory flow into the pool of short-term memories
> ② the glue to attach the memory to just another short-term memory
> ③ the right hook to pull the memory out of sea of short-term memories
> ④ the memory capacity to store a bunch of lunchtime memories

어휘

store 저장하다 short-term memory 단기기억 last 지속되다
at most 많아야 recall 기억해 내다 effort 노력 regarding ~에 관한
disappear 사라지다 storage 저장고 odor 냄새 taste sensation 미각
reaction 반응 temporarily 일시적으로 overwhelm 압도하다
function 기능하다 properly 제대로 cue 단서 to sum up 요약하면
necessarily 반드시 channel 통로 pool 깊은 곳 glue 접착제
attach 붙이다 hook 갈고리 capacity 용량 a bunch of 많은

해석

단기기억에 저장된 정보는 단지 수 초 동안 지속되는데, 많아야 30초 정도이다. 지난주에 점심을 몇 번이나 먹었는지 기억하는 것을 시도해보라. 심지어 점심으로 무엇을 먹었는지 기억할 수 있는가? 내 생각엔 잠깐의 노력이 필요할 것이다. 이것은 당신의 점심에 관한 기억이 사라졌기 때문이라기보다 기억들이 당신의 단기기억 저장고에 곧바로 들어갔기 때문이다. 그곳이 바로 당신이 본 이미지, 들은 소리, 맡은 냄새, 미각, 감정적 반응이 당신의 점심 기억과 함께 저장되는 곳이다. 이 저장소의 정보는 일시적으로 잊게 되는데 만일 당신이 보거나, 듣거나, 맛보거나, 만지거나, 냄새 맡은 모든 것을 당신이 기억한다면 당신의 기억 시스템은 압도되어 제대로 기능할 수 없기 때문이다. 당신은 어디서, 언제, 누구와 점심을 먹었는지와 같은 알맞은 단서가 있기만 하다면 후에 그 기억들을 항상 기억해낼 수 있다. 요약하자면 당신이 단지 며칠 혹은 몇 주 전에 일어난 특정 일을 기억하지 못한다고 하더라도 당황할 필요가 없는데 그 기억이 반드시 사라진 것은 아니기 때문이다; 단지 몇 초와 그 기억을 단기기억이라는 바다로부터 끌어낼 알맞은 갈고리만 필요할 뿐이다.

① 기억이 단기기억이라는 깊은 곳으로 흘러 들어가게 하는 통로
② 기억을 또 다른 단기기억에 붙이는 접착제
④ 많은 점심시간 기억을 저장할 기억 용량

해설

중심 소재는 단기기억이고 주제문은 to sum up으로 시작하는 마지막 문장이다. 빈칸 바로 앞의 문장에서 단기기억에 들어가 잊은 것으로 보이지만 정확한 단서만 있다면 정보를 기억해 낼 수 있다고 말한다. 그래서 며칠 전에 일어난 일을 기억하지 못한다고 하더라도 당황할 필요가 없고 단지 몇 초와 빈칸의 내용이 필요하다고 말한다. 앞에서 정확한 단서만 있다면 기억해 낼 수 있다고 했으므로 그와 동일한 내용인 ③ '그 기억을 단기기억이라는 바다로부터 끌어낼 알맞은 갈고리'가 들어가는 것이 가장 적절하다.

정답 ③

DAY 07

| 01 | ③ | 02 | ③ | 03 | ① | 04 | ④ | 05 | ① |
| 06 | ③ | 07 | ① | 08 | ② | 09 | ③ | 10 | ③ |

[1~3] 밑줄 친 부분에 들어갈 말로 가장 적절한 것을 고르시오.

1

> After months of dedicated training, the athlete showed a _____ improvement in performance, breaking several personal records in the recent competition.

① marginal
② negligible
③ substantial
④ futile

어휘

dedicated 헌신적인   athlete 운동선수   improvement 향상
performance 수행   break 깨다   personal 개인의   competition 대회
marginal 미미한   negligible 무시해도 될 정도의   substantial 상당한
futile 헛된

해석

몇 개월간의 헌신적인 훈련 끝에, 그 운동선수는 최근 대회에서 몇 개의 개인 기록을 깨며 수행에 상당한 향상을 보였다.

정답 ③

2

> She saved a portion of her earnings each month _____ she could afford to travel abroad to broaden her experiences.

① as that
② such that
③ so that
④ so as to

어휘

save 저축하다   portion 일부   earning 수입   afford ~할 수 있다
broaden 넓히다

해석

그녀는 경험을 넓히기 위해 해외 여행을 할 수 있도록 매월 그녀의 수입 중 일부를 저축했다.

해설

[문법포인트] 부사절 접속사의 선택 앞과 뒤의 절이 모두 완전하므로 빈칸에는 등위접속사 또는 부사절 접속사가 들어가야 한다. 문맥상 앞 절이 주절이고, 뒤 절은 '~하기 위하여'를 의미하는 목적의 부사절 접속사인 ③ so that이 들어가야 한다. 참고로, 같은 의미를 so as to /in order to + 동사원형으로 나타낼 수도 있다.

정답 ③

3

> Sammy Jackson: Are you attending the new product launch presentation tomorrow?
> Jake Gyllenhaal: I wasn't planning on it. What's it about?
> Sammy Jackson: They'll present new product and discuss the launch strategy and timeline. It's pretty exciting.
> Jake Gyllenhaal: Hmm, sounds interesting. Do you think it's worth attending?
> Sammy Jackson: Well, _____. So it might be worth your time.
> Jake Gyllenhaal: In that case, I'll make sure to be there.

① they'll share key product launch details
② it's mandatory for all team members
③ the launch details will be minimal for our team
④ there will be free entrance and parking

어휘

attend 참석하다   launch 출시   strategy 전략   timeline 시간 계획
worth ~할 가치가 있는   mandatory 의무의   entrance 입장

해석

Sammy Jackson: 내일 신제품 출시 발표회에 참석할 거야?
Jake Gyllenhaal: 그건 계획에 없는데. 무슨 내용인데?
Sammy Jackson: 신제품을 소개하고 출시 전략과 시간 계획을 논의할 거야. 좀 흥미진진해.
Jake Gyllenhaal: 음, 흥미롭게 들리네. 참석할 가치가 있다고 생각해?
Sammy Jackson: 글쎄, 중요한 신제품 출시 세부사항을 공유할 거야. 그러니 네 시간을 들일 가치가 있을 것 같아.
Jake Gyllenhaal: 그런 경우라면 난 확실히 거기 갈 거야.

② 그건 모든 팀 구성원들에게 의무야
③ 그 출시 세부사항은 우리에게 최소한일 거야
④ 무료입장과 주차가 있을 예정이야

정답 ①

4

밑줄 친 부분 중 어법상 옳지 않은 것은?

> Individuals unaccustomed to extreme temperatures ① may struggle to adapt to the cold in the Arctic, as the frigid conditions can leave them ② feeling weak and dizzy, or even cause them ③ to lose consciousness if they are not properly prepared. Therefore, taking necessary precautions and ④ adapt gradually to the cold can be essential for survival in such an extreme climate.

어휘

unaccustomed ~에 익숙하지 않은   extreme 극한의   temperature 기온
struggle 힘들게 나아가다   Arctic 북극   frigid 몹시 추운   dizzy 어지러운

consciousness 의식   caution 예방책   adapt 적응하다

해석
극한 기온에 익숙하지 않은 사람들은 그들이 제대로 대비되어 있지 않으면 몹시 추운 환경이 그들을 약하고 어지러움을 느끼게 할 수 있거나, 심지어 의식을 잃게 만들 수 있기 때문에 북극에서 추위에 적응하는 데 힘들 수도 있다. 따라서 필요한 예방책을 마련하고 추위에 서서히 적응하는 것이 그러한 극한 날씨에서 생존에 필수적일 수 있다.

해설
④ [문법포인트] 등위접속사의 병렬 구조 adapt는 동사인데 앞에 주어가 없고 문장의 동사는 뒤의 can be이므로 문법적으로 맞지 않다. 등위접속사 and로 앞의 taking과 병렬로 연결하여 동명사 주어가 되게 하는 것이 가장 적절하다. (adapt → adapting)

① [문법포인트] 조동사의 선택 추측을 의미하는 조동사 may가 뒤에 동사원형을 취해 바르게 쓰였다.

② [문법포인트] 불완전타동사와 동작의 목적격보어 leave는 분사를 목적격보어로 취하는 불완전타동사로 목적어인 them이 느낀다는 능동의 의미이므로 현재분사 feeling이 바르게 쓰였다.

③ [문법포인트] 불완전타동사의 동작의 목적격보어 cause는 to부정사를 목적격보어로 취하는 불완전타동사로 to lose라는 목적격보어가 바르게 쓰였다.

정답 ④

[5~6] 다음 글을 읽고 물음에 답하시오.

(A)

As a valued member of the community, you should be aware of the new policies that may affect you.

Starting next month, the town council will implement several changes to improve public safety. These updates will include enhanced street lighting, additional security cameras, and new traffic regulations in key areas. Residents are encouraged to attend the upcoming town hall meeting to learn more.

This is your opportunity to ask questions, voice concerns, and provide feedback directly to council members. Your opinion matters, and the decisions made at this meeting will shape the future of our town.

Join us and ensure your voice is heard!

- Location: Wythfield Community Center, Main Hall
- Date: Thursday, January 23, 2025
- Time: 6:30 p.m.

For more information, visit our website at www.wythfieldtown.gov or call (789) 555-1234.

5
(A)에 들어갈 윗글의 제목으로 가장 적절한 것은?
① Important Changes to Public Safety
② Home Safety Tips for the Winter Season
③ Your Local Council's Financial Report
④ The Benefits of Community Volunteering

6
위 안내문의 내용과 일치하지 않는 것은?
① 공공 안전을 위한 새로운 정책이 다음 달부터 시행된다.
② 회의에 지역 주민이 의견을 낼 기회가 있다.
③ 회의는 Wythfield 시청에서 열린다.
④ 지역에 방범 카메라가 추가될 예정이다.

어휘
valued 중요한   policy 정책   affect 영향을 주다   council 의회
implement 시행하다   additional 추가의   security camera 방범 카메라
regulation 규정   town hall meeting 주민 공청회   voice 표명하다
matter 중요하다   shape 정하다

해석
(A) 공공 안전에 대한 중요한 변경사항

지역 사회의 중요한 구성원으로서 당신은 당신에게 영향을 줄 수도 있는 새로운 정책을 알고 있어야만 합니다.

다음 달부터 시작되는 지역 의회는 공공 안전을 위해 몇 가지 변경사항을 시행할 것입니다. 이번 개선은 주요 지역에 개선된 가로등, 추가적인 방범 카메라, 새로운 교통 규정을 포함할 것입니다. 더 많은 것을 알기 위해 주민들은 다가오는 주민 공청회에 참석할 것이 권장됩니다.

이것은 의회 구성원들에게 직접 질문하고, 관심사를 표명하고, 피드백을 제공할 당신의 기회입니다. 당신의 의견은 중요하고, 이번 공청회에서 이루어지는 결정은 우리 시의 미래를 정할 것입니다.

우리와 함께하고 당신의 목소리가 꼭 들려지게 하세요!

- 장소: Wythfield 주민 센터, 중앙 강당
- 날짜: 2025년 1월 23일, 목요일
- 시간: 오후 6시 30분

더 많은 정보를 원하시면, 우리의 웹사이트 www.wythfieldtown.gov를 방문하시거나 (789) 555-1234로 전화해 주세요.

5 ② 겨울철 대비 가정 안전 조언
③ 당신 지역 의회의 재정 보고
④ 지역 자원봉사의 장점

해설
5 두 번째 문단의 첫 번째 문장에서 새로운 정책이 공공 안전을 개선하기 위해 시행될 것이며 이후 그에 해당하는 구체적인 사항이 나오므로 글의 제목으로 가장 적절한 것은 ① '공공 안전에 대한 중요한 변경사항'이다.

6 ③ <장소>에서 Wythfield 주민 센터, 중앙 강당에서 연다고 했으므로 글의 내용과 일치하지 않는다.
① 두 번째 문단의 첫 번째 문장에서 새로운 정책이 공공 안전을 위해 시행될 것이라고 했으므로 글의 내용과 일치한다.
② 세 번째 문단의 첫 번째 문장에서 이것은 의회 구성원들에게 직접 질문하고,

관심사를 표명하고, 피드백을 제공할 당신의 기회라고 했으므로 글의 내용과 일치한다.

④ 두 번째 문단의 두 번째 문장에서 방범 카메라가 추가될 것이라고 했으므로 글의 내용과 일치한다.

정답 5 ① 6 ③

7

National Oceanic and Atmospheric Administration에 관한 다음 글의 내용과 일치하는 것은?

Overview of the National Oceanic and Atmospheric Administration

The National Oceanic and Atmospheric Administration (NOAA) is a key agency of the U.S. government responsible for monitoring and studying the oceans, atmosphere, and climate. NOAA aims to provide accurate weather forecasts, manage ocean resources, and protect the environment to ensure public safety. Key responsibilities of NOAA include weather monitoring to provide timely forecasts and warnings. Additionally, NOAA manages marine ecosystems to promote the sustainable use of ocean resources. It also conduct climate research to affect policies related to climate change. Through its efforts, NOAA plays a vital role in safeguarding lives and property while enhancing understanding of environmental changes.

① It seeks to ensure public safety through weather monitoring.
② It provides accurate weather forecasts for the safety of the navy.
③ It prohibits the use of marine resources to protect the ecosystem.
④ It establishes policies related to climate change.

어휘

oceanic 해양의 atmospheric 대기의 administration 청
responsible for ~에 책임이 있는 monitor 추적 관찰하다
accurate 정확한 forecast 예보 resource 자원 responsibility 책임
timely 시기적절한 warnings 경고 ecosystem 생태계
sustainable 지속 가능한 conduct 수행하다 safeguard 보호하다
prohibit 금지하다 establish 수립하다

해석

국립해양대기청 개요

국립해양대기청(NOAA)은 해양, 대기, 기후를 추적 관찰하고 연구하는 책임이 있는 미국 정부의 주요 기관이다. 국립해양대기청은 공공 안전을 보장하기 위해 정확한 일기예보를 제공하고, 해양자원을 관리하고, 환경을 보호하는 것을 목표로 한다. 국립해양대기청의 중요한 책무에는 시기적절한 예보와 경보를 제공하기 위해 기상을 추적 관찰하는 것이 포함된다. 추가로 국립해양대기청은 해양자원의 지속 가능한 이용을 촉진하기 위해 해양 생태계를 관리한다. 그들은 또한 기후변화와 관련된 정책에 영향을 미치기 위해 기후 조사를 수행한다. 노력을 통해 국립해양대기청은 환경의 변화에 대한 이해를 증진하면서 생명과 재산을 보호하는 데 중요한 역할을 한다.

① 기후 추적 관찰을 대중 안전을 보장하는 것을 추구한다.
② 그것은 해군의 안전을 위해 정확한 일기예보를 제공한다.
③ 그것은 생태계 보호를 위해 해양 자원의 사용을 금지한다.
④ 그것은 기후 변화와 관련된 정책을 수립한다.

해설

① 첫 번째 문장에서 기후를 추적 관찰한다고 하고, 두 번째 문장에서 공공의 안전을 보장한다고 했으므로 글의 내용과 일치한다.
② 두 번째 문장에서 공공 안전을 보장하기 위해 정확한 일기예보를 제공한다고 했으므로 글의 내용과 일치하지 않는다.
③ 네 번째 문장에서 해양자원의 지속 가능한 이용을 촉진하기 위해 해양 생태계를 관리한다고 했으므로 글의 내용과 일치하지 않는다.
④ 다섯 번째 문장에서 기후 변화와 관련된 정책에 영향을 미치기 위해 기후 조사를 수행한다고 했으므로 글의 내용과 일치하지 않는다.

정답 ①

8

밑줄 친 부분에 들어갈 말로 가장 적절한 것은?

Hindsight bias occurs in a variety of settings, with all sorts of people. Most of the time, people are not aware of the way their explanations are distorted by the fact that the outcome is already known. The research on hindsight bias offers a rich array of findings on how the knowledge of an outcome biases the way people think about its causes. For example, when college students were told the results of hypothetical experiments, each group of students could "explain" why the studies turned out the way they did, even though different groups were given opposite results to explain. The students believed that the results of the studies were obvious when they were told what the experimenter found, but when they were given only the information that was available before the outcome was known, it was not obvious at all. This bias is also called the "_____" effect.

* hindsight bias: 후판단 편파

① I wish I had their luck
② I knew it all along
③ knowledge is power
④ it doesn't make sense

어휘

setting 상황 explanation 설명 distort 왜곡하다 outcome 결과
a rich array of 다수의 finding 연구 결과 knowledge 지식
bias 편견을 가지게 하다 cause 원인 hypothetical 가상의
turn out 나타나다 opposite 정반대의 experimenter 실험자
obvious 분명한 make sense 말이 되다

해석

describe 설명하다 suspicion 의심 search for ~을 조사하다
curve 곡선

19세기 후반 알렉상드르 구스타브 에펠이 파리에 그의 유명한 지지대 없이 서 있는 986피트짜리 강철 탑을 설계했을 때, 그는 현대의 과학이나 공학 없이 그렇게 했다. 그러나 수학자들은 명쾌한 논리가 역사적인 건축물의 우아한 모습 뒤에 놓여있다고 오랫동안 의심했다. (C) 그 의심은 공학자 Patrick Weidman으로 하여금 탑의 곡선 뒤에 있는 수학적 공식을 조사하는 것으로 이어졌다. (A) 처음에는 좌절했지만, Weidman의 깨달음의 순간은 1885년의 에펠의 오랫동안 간과되어온 메모가 발견되었을 때 왔다. (B) 이 문서는 Weidman에게 그 탑을 설명하는 수학적 공식을 해결하는 데에 필요한 통찰력을 주었다.

해설

주어진 글에서는 에펠탑을 디자인할 때 과학이나 공학 없이 디자인했는데 이는 명쾌한 논리가 숨겨져 있다는 수학자들의 의심을 받아왔다고 말하고 있다. 이 의심이 (C)의 의심으로 이어졌고, 그 결과 Patrick Weidman이 수학적 공식을 조사한 것으로 이어졌다고 말한다. (A)는 Weidman의 메모를 발견했을 때 깨달음의 순간이 왔다고 하여 (C)의 조사 과정을 말하고 있다. 마지막으로 (A)의 메모를 (B)에서 document로 받아 그 메모에 관해 설명하고 있다. 따라서 정답은 ③ (C) - (A) - (B)이다.

 ③

후판단 편파는 다양한 상황에서 모든 종류의 사람들에게 일어난다. 대부분의 경우, 사람들은 결과가 이미 알려졌다는 사실에 의해 그들의 설명이 어떻게 왜곡되는지를 깨닫지 못한다. 후판단 편파에 관한 연구는 결과에 대한 지식이 사람들이 그 원인을 생각하는 방식에 편견을 가지게 한다는 많은 연구 결과를 제공한다. 예를 들어, 대학생들은 가상 실험에 관한 결과를 듣게 되면, 다른 집단은 설명해야 할 정반대의 결과를 받았다 하더라도 각각의 집단은 그들이 한 것과 같은 연구 결과가 왜 나타나게 되었는지 '설명'할 수 있다. 학생들은 실험자가 발견한 것을 들었을 때, 연구 결과가 확실하다고 믿었지만 그들이 결과가 알려지기 전에 이용 가능한 정보만을 받았을 때는, 그것이 전혀 확실하지 않다고 믿었다. 이 편견은 또한 "나는 그것을 내내 알고 있었어" 효과라고 불리기도 한다.

① 내가 그들의 운을 가졌더라면
③ 아는 것이 힘이다
④ 이것은 말이 되지 않는다

해설

글의 중심 소재는 후판단 편파이고 그 개념을 설명하고 있다. 이 글에서 설명하는 후판단 편파는 어떤 사건의 결과를 알게 되면 그 사건의 원인도 이미 알고 있는 것처럼 행동한다는 것이다. 빈칸 앞에는 이 편파는 또한 빈칸의 효과로도 알려졌다고 했으므로 글이 설명하는 내용과 유사한 내용이 들어가야 한다. 따라서 빈칸에 들어갈 말로 ② '나는 그것을 내내 알고 있었어'가 가장 적절하다.

 ②

9

주어진 글 다음에 이어질 글의 순서로 가장 적절한 것은?

> When Alexandre-Gustave Eiffel designed his famous free-standing 986-foot iron tower in Paris in the late 19th century, he did so without modern science or engineering. Mathematicians, though, have long suspected that an elegant logic lies behind the monument's graceful shape.

> (A) Initially frustrated, Weidman's eureka moment came when he found a long-overlooked memo written by Eiffel in 1885.
> (B) The document gave Weidman the insights he needed to work out the mathematical formula that describes the tower.
> (C) That suspicion led engineer Patrick Weidman to search for the mathematical formula behind the tower's curve.

① (B) - (A) - (C) ② (B) - (C) - (A)
③ (C) - (A) - (B) ④ (C) - (B) - (A)

어휘

free-standing 지지대 없이 서 있는 mathematician 수학자
suspect 의심하다 elegant 명쾌한 logic 논리
monument 역사적인 건축물 graceful 우아한 initially 처음에
frustrated 좌절한 eureka moment 깨달음의 순간 overlook 간과하다
insight 통찰력 work out ~을 해결하다 formula 공식

10

다음 글의 제목으로 가장 적절한 것은?

> When accepted and expressed, envy can be beneficial, and even pleasant. It's an emotion which carries the power to motivate change combined with a clearly defined goal. It is a desire which induces competitiveness, pushes us out of our comfort zone, and drives us to try harder and pursue greater things. When accepted and dealt with consciously, envy may also transform into respect. With the understanding and appreciation of the challenges and difficulties of reaching some goals, we also learn to appreciate the efforts which the object of our envy must have invested. And it is that exact same desire for someone else's achievements, joint with understanding and appreciation, which bring forth the emotion of respect.

① The Consequences of Suppressing Envy
② Envy: The Double-Edged Sword
③ Can Envy Be a Positive Emotion?
④ How to Overcome Envy

어휘

accept 받아들이다 express 표현하다 envy 질투 beneficial 유익한
pleasant 즐거운 motivate 동기를 부여하다 combine 결합하다
define 정의하다 desire 욕구 induce 유도하다
competitiveness 경쟁력 comfort 편안 zone 지역 pursue 추구하다
deal with ~을 처리하다 consciously 의식적으로 transform 변형시키다
appreciation 인정 appreciate 인정하다 effort 노력 object 대상
invest 투자하다 exact 정확한 achievement 업적 joint 결합된
bring forth ~을 낳다 respect 존경 consequence 결과

Day 07 35

suppress 억누르다   double-edged 양날의   overcome 극복하다

해석
받아들여지고 표현될 때, 질투는 유익할 수 있고, 심지어 즐거울 수도 있다. 그것은 명확하게 정의된 목표와 결합한 변화에 동기를 부여하는 힘을 지니고 있는 감정이다. 그것은 경쟁력을 유도하고, 우리를 편안한 지역에서 밀어내며, 더 열심히 노력하고 더 큰 것을 추구하도록 우리를 이끄는 욕망이다. 받아들여지고 의식적으로 처리되었을 때, 질투는 존경으로 변할 수도 있다. 어떤 목표에 도달하는 것의 도전과 어려움에 대한 이해와 인정으로, 우리는 우리의 질투의 대상이 투자했음이 틀림없는 노력을 인정하는 법도 배운다. 그리고 이해와 인정과 결합되어 존경의 감정을 낳는 것은 바로 다른 사람의 업적에 대한 정확히 동일한 욕망이다.

① 질투를 억누른 것의 결과
② 질투: 양날의 검
③ 질투가 긍정적인 감정이 될 수 있는가?
④ 질투를 극복하는 방법

해설
글의 중심 소재는 질투의 유익함이고, 첫 번째 문장이 주제문으로 질투가 유익할 수도 있고 즐거울 수도 있다고 말하며 질투의 긍정적인 측면이라는 주제를 드러낸다. 이 긍정적인 측면은 크게 두 가지로 설명되고 있는데 첫째는 질투가 우리에게 동기를 부여하여 더 열심히 노력하고 더 큰 것을 추구하도록 하는 것이고, 둘째는 질투의 대상이 투자했을 노력을 이해하고 인정함으로 그 감정이 존경으로 변할 수 있다는 것이다. 따라서 이 글의 제목으로 ③ '질투가 긍정적인 감정이 될 수 있는가?'가 적절하다. 질투를 억누르라는 것이 아니라 이 감정이 받아들여지고 의식적으로 처리되었을 때 긍정적인 결과가 도출될 수 있다는 글이므로 억누른다는 내용의 ①이나 극복한다는 내용의 ④는 적절하지 않다. 양날의 검이라는 표현은 좋은 의미와 나쁜 의미 두 가지를 다 가지고 있다는 뜻인데 이 글에서는 긍정적인 면만을 언급했으므로 ②도 제목으로 적절하지 않다.

정답 ③

DAY 08

| 01 | ③ | 02 | ③ | 03 | ② | 04 | ④ | 05 | ② |
| 06 | ① | 07 | ① | 08 | ④ | 09 | ② | 10 | ④ |

[1~3] 밑줄 친 부분에 들어갈 말로 가장 적절한 것을 고르시오.

1

She needed to _____ her presentation to include the latest data and ensure its relevance to the audience.

① overlook   ② suppress
③ refine   ④ diminish

어휘
presentation 발표   include 포함하다   relevance 연관성
overlook 간과하다   suppress 억제하다   refine 다듬다   diminish 줄이다

해석
그녀는 최신 데이터를 포함하고 그것의 청중과의 연관성을 보장하기 위해 발표를 다듬을 필요가 있었다.

정답 ③

2

Not until she faced challenges in managing multiple projects at work _____ the importance of staying organized.

① she realized   ② she didn't realize
③ did she realize   ④ did she realized

어휘
challenge 어려움   multiple 여럿의   at work 직장에서
organized 정리된

해석
직장에서 여러 프로젝트를 다루는 어려움에 직면한 후에야 그녀는 정리된 상태를 유지하는 것의 중요함을 깨달았다.

해설
[문법포인트] 시제 관련 표현 / 도치 「not until B A(동사+주어)」는 '~가 되어서야 (비로소) …하다'는 의미의 시제 관련 표현이다. 이때 not until ~ 부정부사구 뒤의 주어와 동사는 도치되어야 한다. realize가 일반동사이므로 do 동사를 사용해 도치한 ③ did she realize가 들어가야 한다.

정답 ③

3

A: Have you heard about the early leave Fridays starting next month?
B: No, I haven't. What's that about?
A: On the second and fourth Fridays of each month, you can leave two hours early! I saw it on the company bulletin board.
B: That sounds great. I hope we get more benefits like this.
A: What other benefits would you like to see?
B: _____
A: That's a great idea!

① We already have early leave on Wednesdays, don't we?
② I'd love it if we could also leave early on our birthdays.
③ The last time we had early leave, I couldn't finish all my work.
④ My work-life balance will improve a lot with the early leave day.

어휘
bulletin board 게시판   benefit 혜택
work-life balance 워라밸: 일과 삶의 균형

해석
A: 다음 달부터 시작하는 조기 퇴근 금요일에 대해 들어봤어?
B: 아니, 못 들었어. 그게 뭔데?
A: 매월 두 번째와 네 번째 금요일에 두 시간 일찍 퇴근할 수 있어! 회사 게시판에서 봤어.
B: 정말 좋은 소식이네. 우리가 이런 혜택을 더 많이 받을 수 있기를 바라.
A: 다른 어떤 혜택을 받고 싶어?
B: 생일에도 일찍 퇴근하면 좋겠어.
A: 그거 좋은 생각이네!

① 우린 이미 수요일에도 조기 퇴근하잖아, 그렇지 않아?
③ 지난번 조기 퇴근했을 때, 난 모든 일을 다 마칠 수는 없었어.
④ 내 워라밸은 조기 퇴근의 날로 인해 많이 향상될 거야.

정답 ②

4

다음 밑줄 친 부분 중 어법이 바르지 않은 것은?

Climate change, or global warming, is the process of ① our planet heating up. Scientists estimate ② that since the Industrial Revolution, human activity ③ has caused the Earth to warm by approximately 1°C. While that might not sound like much, it means big things for people and wildlife around the globe. The changing climate will actually make our weather ④ more unpredictably.

어휘
heat up 뜨거워지다   estimate 추정하다   approximately 대략
big thing 대단한 것   wild life 야생 동물   unpredictably 예측 불가능하게

해석
기후변화, 즉 지구 온난화는 우리 지구가 뜨거워지는 과정이다. 과학자들은 산업혁명 이후로 인간의 활동이 지구를 대략 섭씨 1도 정도 더 따뜻하게 만들었다고 추정한다. 비록 그게 대단한 것처럼 들리지 않을 수 있지만, 지구의 인간과 야생 동물에게 대단한 것이다. 변화하는 기후는 실제로 우리 날씨를 더 예측 불가능하게 만들 것이다.

해설
④ [문법포인트] 불완전타동사의 목적격보어 unpredictably가 문장을 수식하는 부사가 아니라, 불완전타동사 make의 목적격보어로 쓰여야 문맥에 맞는다. 부사는 보어가 될 수 없으므로 형용사인 unpredictable로 고쳐야 한다. (more unpredictably → more unpredictable)
① [문법포인트] 전치사의 목적어 / 동명사의 역할 heating up은 동명사로 전치사 of의 목적어로 바르게 쓰였다. our planet은 동명사 heating up의 의미상의 주어이다.
② [문법포인트] 명사절 접속사의 선택 '추정하다'의 의미가 있는 타동사 estimate는 목적어로 that 명사절을 쓸 수 있고, that 이후의 절이 완전하므로 명사절 접속사 that이 바르게 쓰였다.
③ [문법포인트] 완료시제 「since + 과거 시점」과 함께 쓰일 때 현재완료로 써야 한다. 현재완료 has caused가 바르게 쓰였다.

정답 ④

5

다음 글의 내용과 일치하는 것은?

The Square Fitness Center offers various facilities for local residents, including a gym, swimming pool, and yoga studio. The center is open Monday through Saturday from 6:00 a.m. to 9:00 p.m. and on Sundays from 8:00 a.m. to 6:00 p.m. Membership is required for access, with monthly and yearly options available. Non-members may purchase a day pass for $15.

All fitness classes, such as yoga, Pilates, and aerobics, require advance booking online. Members receive a 20% discount on class fees. The swimming pool is available for open swim daily, except during reserved class times, which are listed on the center's website.

CLOSED: New Year's Day, Thanksgiving, and Christmas Day.

There is no additional charge for parking at the fitness center.

For more details, visit squarefitness.com or call (820) 573-9426.

① The fitness center is open year-round without any days off.
② Non-members can use the facilities by buying a day pass.

③ You need to pay an extra fee to park at the fitness center.
④ Reservations are not needed for any fitness classes.

 어휘

facility 시설   swimming pool 수영장   membership 회원 자격
day pass 1일권   advance 사전의   booking 예약   open swim 자유 수영
reserved 예약된   year-round 1년 내내의   reservation 예약

해석
Square 피트니스 센터는 체육관, 수영장, 요가 스튜디오를 포함한 다양한 시설을 지역 주민들에게 제공합니다. 센터는 월요일부터 토요일까지는 아침 6시부터 오후 9시까지 개장하며, 일요일에는 오전 8시부터 오후 6시까지 개장합니다. 이용하려면 회원권이 필요하며 월간 및 연간 옵션이 있습니다. 비회원은 15달러짜리 1일권을 구매할 수 있습니다.

요가, 필라테스, 에어로빅 등 모든 피트니스 강좌는 사전 온라인 예약이 필요합니다. 회원은 수강료의 20%를 할인받습니다. 수영장은 예약된 수업 시간 외에는 매일 자유수영을 위해 이용할 수 있으며, (예약된) 시간은 센터 웹사이트에 있습니다.

폐장: 설날, 추수감사일, 크리스마스

피트니스 센터에 주차하는 데 추가의 비용은 없습니다.

더 자세한 사항은 squarefitness.com을 방문하시거나 (820) 573-9426으로 전화해 주세요.

① 피트니스 센터는 쉬는 날 없이 1년 내내 연다.
② 비회원은 1일권을 구매하여 시설을 이용할 수 있다.
③ 피트니스 센터에 주차하기 위해 추가의 비용을 지급해야 한다.
④ 어떤 피트니스 강좌도 예약이 필요하지 않다.

해설
② 첫 번째 문단의 네 번째 문장에서 비회원은 1일권으로 이용할 수 있다고 했으므로 글의 내용과 일치한다.
① <폐장>에서 설날, 추수감사절, 크리스마스에는 폐장한다고 했으므로 글의 내용과 일치하지 않는다.
③ 아래에서 두 번째 문장에서 피트니스 센터에 주차하는 데 추가 비용이 없다고 했으므로 글의 내용과 일치하지 않는다.
④ 두 번째 문단의 첫 번째 문장에서 모든 피트니스 강좌는 온라인 예약이 필요하다고 했으므로 글의 내용과 일치하지 않는다.

정답 ②

6
밑줄 친 부분에 들어갈 말로 가장 적절한 것은?

Less well known is the paradox of tolerance: unlimited tolerance must lead to the disappearance of tolerance. If we extend unlimited tolerance even to those who are intolerant, if we are not prepared to defend a tolerant society against the onslaught of the intolerant, then the tolerant will be destroyed, and tolerance with them. In this formulation, I do not imply, for instance, that we should always suppress the utterance of intolerant philosophies; as long as we can counter them by rational argument and keep them in check by public opinion, suppression would certainly be unwise. But we should claim the right to suppress them if necessary even by force; for it may easily turn out that they are not prepared to meet us on the level of rational argument, but begin by denouncing all argument; they may forbid their followers to listen to rational argument, because it is deceptive, and teach them to answer arguments by the use of their fists or pistols. We should therefore claim, in the name of tolerance, the right _____ _____.

① not to tolerate the intolerant
② not to suppress a tolerant society
③ to tolerate unlimited tolerance
④ to forbid rational argument

 어휘

paradox 역설   tolerance 관용   unlimited 무한한
disappearance 사라짐   extend 베풀다   intolerant 비관용적인
defend 방어하다   tolerant 관용적인   onslaught 맹공격
destroy 말살하다   formulation 공식   imply 시사하다   suppress 억압하다
utterance 언사   philosophy 철학   counter 대응하다   rational 타당한
argument 주장   keep ~ in check ~을 견제하다   suppression 억제
claim 주장하다   turn out 밝혀지다   denounce 비난하다
forbid 금지하다   deceptive 기만적인   fist 주먹   pistol 권총
tolerate 용인하다

해석
관용의 역설은 덜 잘 알려져 있다: 무한한 관용은 꼭 관용의 소멸로 이어진다는 것이다. 만일 우리가 비관용적인 이들에게까지 무한한 관용을 베푼다면, 즉 우리가 비관용적인 이들의 맹공격에 대항하여 관용적인 사회를 방어할 준비가 되어있지 않다면, 관용적인 사람들은 말살될 것이고, 관용도 그들과 함께 그리될 것이다. 이러한 공식에서, 나는 예컨대 우리가 비관용적 철학의 언사를 항상 억압해야 함을 시사하는 것은 아니다; 우리가 타당한 주장으로 그들에게 대응할 수 있고 여론으로 그들을 견제할 수 있는 한, 억압은 분명 현명하지 않을 것이다. 하지만 우리는 필요하다면 힘으로라도 그들을 억압할 권리를 주장해야 한다; 왜냐하면 그들이 타당한 주장의 수준에서 우리를 만날 준비가 되어있지 않고 모든 주장을 비난하기 시작할 것임이 쉽게 밝혀질 수도 있기 때문이다; 그들은 타당한 주장이 기만적이라는 이유로 추종자들이 그것을 듣는 것을 금지할 것이며, 그들에게 주먹이나 권총을 사용하여 주장에 답하도록 가르칠 것이다. 그러므로 우리는 관용의 이름으로 비관용적인 이들을 용인하지 않을 권리를 주장해야 한다.

② 관용적인 사회를 억압하지 않을
③ 무한한 관용을 용인할
④ 타당한 주장을 금할

해설
글의 중심 소재는 관용의 역설이다. 첫 문장에서 제한 없는 관용은 관용의 소멸을 부르게 된다는 관용의 역설을 소개하고 부연 설명한 뒤, 후반부에서 관용의 소멸을 막기 위해 우리가 취할 태도를 제안하는 구조의 글이다. 빈칸이 마지막 문장에 있으므로 글의 결론이자 핵심 주장을 요약하는 말이 빈칸에 들어갈 것을 알 수 있다. 중반부의 But we should claim 이하에서 비관용적인 이들을 물리적으로 억압할

권리의 필요성을 주장한다. 따라서 답으로 가장 적절한 것은 ① '비관용적인 이들을 용인하지 않을'이다.

 ①

[7~8] 다음 글을 읽고 물음에 답하시오.

> To: Techwave Customers
> From: info@techwave.com
> Date: January 12, 2025
> Subject: Important Notice
>
> Dear TechWave Customers,
>
> At TechWave, your security is our top priority. As part of our commitment to keeping your accounts and information safe, we are introducing a new mandatory security update for all users. This update includes enhanced encryption protocols, improved Two-Factor Authentication options, and additional security features to protect your personal and financial information.
>
> Here's what you need to do:
> 1. Log in to your TechWave account.
> 2. Follow the prompts to install the latest security update.
> 3. Set up the new security features, including updated Two-Factor Authentication.
>
> Please complete this update by February 1, 2025, to ensure your account remains secure.
>
> For more information, visit our Security Help Center or contact our customer support team.
>
> Thank you for helping us protect your data.
>
> Sincerely,
> The TechWave Team

7
윗글의 목적으로 가장 적절한 것은?
① 고객에게 새로운 보안 업데이트의 설치에 관해 알려주려고
② 고객에게 정기적인 비밀번호 재설정의 필요성을 알려주려고
③ 고객에게 새로운 제품의 출시 일정과 서비스 개선을 알려주려고
④ 고객에게 이중 인증을 설정하고 해제하는 방법을 알려주려고

8
밑줄 친 "mandatory"의 의미와 가장 가까운 것은?
① optional   ② territorial
③ obtained   ④ required

security 보안   priority 우선순위   commitment 헌신   account 계정
mandatory 의무의   encryption protocol 암호화 프로토콜

Two-Factor Authentication 이중 인증   feature 기능
prompt 프롬프트: 운영 체제에서 사용자에게 보내는 메시지   install 설치하다
complete 완료하다   secure 안전한   optional 선택적인
territorial 영토의   obtain 입수하다   required 필수의

수신: TechWave 고객님들
발신: info@techwave.com
날짜: 2025년 1월 12일
제목: 중요 공지

TechWave 고객님들께,

TechWave에서는 귀하의 보안이 최우선순위입니다. 귀하의 계정과 정보를 안전하게 지키려는 저희 헌신의 일환으로 저희는 모든 사용자들에게 새로운 의무적인 보안 업데이트를 도입하고 있습니다. 이 업데이트는 귀하의 개인 및 금융정보를 보호하기 위해 향상된 암호화 프로토콜, 개선된 이중 인증 선택, 그리고 추가적인 보안 기능을 포함합니다.

여기 귀하께서 해야 할 것이 있습니다:
1. 귀하의 TechWave 계정에 로그인하십시오.
2. 최신 보안 업데이트를 설치하기 위해 프롬프트를 따라하세요.
3. 업데이트된 이중 인증을 포함하여 새로운 보안 기능을 설치하세요.

귀하의 계정이 계속 안전할 수 있도록 이 업데이트를 2025년 2월 1일까지 끝내주시길 바랍니다.

더 많은 정보를 원하시면 저희의 보안 도움센터를 방문하시거나 저희 고객지원팀에 연락 바랍니다.

저희가 귀하의 데이터를 보호하도록 도와주셔서 감사합니다.

진심을 담아,
TechWave 팀

7 첫 번째 문단의 두 번째 문장에서 새로운 필수 보안 업데이트가 있다고 했고 두 번째 문단에서 업데이트 설치 방법을 알려주고 있으며 세 번째 문단에서 업데이트를 완료하라고 하므로 이 글의 목적으로는 ① '고객에게 새로운 보안 업데이트의 설치에 관해 알려주려고'가 가장 적절하다.

 **7** ① **8** ④

9
다음 글의 주제로 가장 적절한 것은?

> Libraries are becoming increasingly interested in the services they are providing for their users. This is an important focus — especially as more and more information becomes available electronically. However, the traditional strengths of libraries have always been their collections. This is true still today — especially in research libraries. Collection makeup is the hardest thing to change quickly. For example, if a library has a long tradition of heavily collecting materials published in

Mexico, then even if that library stops purchasing all Mexican imprints, its Mexican collection will still be large and impressive for several years to come unless they start withdrawing books. Likewise, if a library has not collected much in a subject, and then decides to start collecting heavily in that area, it will take several years for the collection to be large enough and rich enough to be considered an important research tool.

① online services as a key to the success of research libraries
② lasting significance of library collections even in the digital age
③ rare book collectors' contributions to a library's reputation
④ growing needs for analyzing a large volume of library data

어휘
increasingly 점점 더   available 이용 가능한   electronically 전자적으로
traditional 전통적인   strength 강점   collection 소장 도서[소장품]
research library 학술 도서관   makeup 구성   tradition 전통
collect 수집하다   material 자료   publish 출판하다   purchase 구매하다
imprint 인쇄물   impressive 인상적인   withdraw 빼내다
likewise 마찬가지로   subject 주제   tool 도구   lasting 지속적인
significance 중요성   rare 희귀한   contribution 기여   reputation 명성
analyze 분석하다   volume 양

해설
도서관들은 이용자들에게 제공하고 있는 서비스에 점점 더 많은 관심을 두고 있다. 이것은 중요한 중점 사항인데 — 점점 더 많은 정보가 전자적으로 이용 가능하게 됨에 따라 특히 그러하다. 하지만 도서관들의 전통적인 강점은 항상 소장 도서에 있었다. 이것은 오늘날에도 여전히 사실이며 — 학술 도서관에서 특히 그러하다. 소장 도서 구성은 신속하게 바꾸기가 가장 어려운 것이다. 예를 들어 어떤 도서관이 멕시코에서 출판되는 자료를 다량으로 수집하는 오랜 전통을 갖고 있다면, 그 도서관이 모든 멕시코 인쇄물을 구매하는 것을 그만둘지라도, 그곳의 멕시코 소장 도서는 책들을 빼내기 시작하지 않는다면, 향후 여러 해 동안 여전히 대규모이고 인상적일 것이다. 마찬가지로 한 도서관이 한 주제에서 많은 것을 수집하지 않았고, 그래서 그 분야에서 다량으로 수집하기 시작하기로 결정한다면, 그 소장 도서가 중요한 연구 도구로 여겨질 만큼 충분히 대규모이고 충분히 풍부하게 되는 데에는 여러 해가 걸릴 것이다.

① 학술 도서관 성공의 열쇠로서의 온라인 서비스
② 디지털 시대에조차도 지속되는 도서관 소장 도서의 중요성
③ 도서관 명성에 대한 희귀 도서 수집가들의 기여
④ 다량의 도서관 데이터 분석에 대한 필요성 증가

해설
중심 소재는 도서관의 소장 도서이며 주제문은 however로 시작되는 세 번째와 네 번째 문장으로 도서관의 소장 도서가 강점이었고 디지털 시대인 지금도 강점이라고 말한다. 정보가 점점 더 전자적으로 이용 가능하게 되는 오늘날에도 도서관들의 전통적인 힘은 항상 소장 도서에 있었으며, 그 소장 도서는 쉽게 없어지거나 새롭게 구성할 수 없으므로 현재도 각 도서관의 핵심을 구성한다고 말한다. 따라서 글의 주제로 가장 적절한 것은 ② '디지털 시대에조차도 지속되는 도서관 소장 도서의 중요성'이다.

정답 ②

10
주어진 문장에 이어질 글의 순서로 알맞은 것은?

There are many similar characteristics between comets and asteroids, such as structure materials, orbits that circle the Sun, etc. But comets are distinguished from asteroids by the presence of an extended, gravitationally unbound atmosphere surrounding their central nucleus.

(A) The discovery of asteroid-like comets has blurred the distinction between asteroids and comets. In the early 21st century, the discovery of some minor bodies with long-period comet orbits, but characteristics of inner solar system asteroids, were called Manx comets. They are still classified as comets.

(B) However, extinct comets that have passed close to the Sun many times have lost nearly all of their volatile gases and dusts and may come to resemble small asteroids. Asteroids are thought to have a different origin from comets, having formed inside the orbit of Jupiter rather than in the outer Solar System.

(C) This atmosphere has parts termed the coma, which is the central part immediately surrounding the nucleus, and the tail which is a typically linear section consisting of dusts or gases blown out from the coma by the Sun's light pressure or outstreaming solar wind plasma.

① (A) – (B) – (C)   ② (A) – (C) – (B)
③ (C) – (A) – (B)   ④ (C) – (B) – (A)

어휘
characteristic 특징   comet 혜성   asteroid 소행성
structure material 구성 물질   orbit 궤도   circle 돌다
be distinguished from ~와 구별되다   presence 존재함
extend 연장하다   gravitationally 중력으로   unbound 구속되지 않은
atmosphere 대기   nucleus 핵   blur 모호하게 만들다   distinction 구별
inner 내부의   classify 분류하다   extinct 활동을 멈춘   volatile 휘발성의
resemble 닮다   origin 기원   Jupiter 목성   outer 외부의   term 일컫다
immediately 가까이서   linear 직선 모양의   consist of ~으로 구성되다
blow out 내뿜다   light pressure 광압   outstream 방출되다

해설
혜성과 소행성 사이에는 구성 물질, 태양을 도는 궤도 등과 같은 많은 유사한 특징들이 있다. 그러나 혜성은 그들의 중심핵을 둘러싼 중력으로 구속되지 않은 연장된 대기가 존재한다는 것에서 소행성과 구별된다. (C) 이 대기는 코마라고 일컬어지는 부분이 있는데 그것은 핵을 가까이서 감싸는 중심부이고, 꼬리는 태양 광압 또는 방출되는 태양풍 플라즈마에 의해 코마로부터 뿜어져 나오는 먼지나 기체로 구성된 전형적으로 직선 모양이다. (B) 그러나 태양 가까이를 여러 차례 지나온 활동을 멈춘 혜성은 그들의 휘발성 기체와 먼지를 거의 모두 잃고 작은 소행성을 닮게 될 수도 있다. 소행성은 혜성과는 다른 기원을 가지고 있는 것으로 여겨지는데 태양계 외곽이 아닌 목성 궤도 안에서 형성되었다. (A) 소행성을 닮은 혜성의 발견은 소행성과 혜성 사이의 구분을 흐

려놓았다. 21세기 초에 혜성의 장주기 궤도를 가졌지만, 태양계 내부의 소행성의 특징을 가진 작은 천체들의 발견은 Manx 혜성으로 불렸다. 그것들은 여전히 혜성으로 분류된다.

해설
글의 중심 소재는 혜성과 소행성의 유사성과 차이점이다. 주어진 문장의 atmosphere를 (C)에서 This atmosphere로 받아 이를 설명하고 있으므로 (C)가 가장 먼저 이어져야 한다. 이후 (C)의 dusts or gases가 (B)의 gases and dusts로 연결되어 기체와 먼지를 잃은 혜성은 소행성과 닮았다고 말한다. 이후 (A)에서 소행성을 닮은 혜성의 발견으로 혜성과 소행성 사이의 구분이 흐려졌다고 말하며 결론을 짓고 있다. 따라서 정답은 ④ (C) - (B) - (A)이다.

정답 ④

DAY 09

2025 이동기 영어 하루 프로젝트

| 01 ① | 02 ③ | 03 ② | 04 ③ | 05 ④ |
| 06 ③ | 07 ② | 08 ④ | 09 ④ | 10 ③ |

[1~3] 밑줄 친 부분에 들어갈 말로 가장 적절한 것을 고르시오.

1

The professor appreciated the student's _____ summary of the complex topic, which made it easy for everyone to understand the key points.

① succinct
② verbose
③ vague
④ ambiguous

어휘
appreciate 높이 평가하다   summary 요약   complex 복잡한
succinct 간결한   verbose 장황한   vague 모호한
ambiguous 애매모호한

해석
교수는 학생의 복잡한 주제에 대한 간결한 요약을 높이 평가했는데, 이는 모든 사람이 핵심 사항을 쉽게 이해할 수 있게 했다.

정답 ①

2

The company, whether it is large or small, serves as a place _____ you can either engage ardently in your tasks or pursue your dreams.

① which
② what
③ where
④ of which

어휘
engage in ~에 몰두하다   ardently 열성적으로   task 업무
pursue 추구하다

해석
회사는 크든 작든 당신이 업무에 열성적으로 몰두하고 당신의 꿈을 추구할 수 있는 장소의 역할을 한다.

해설
[문법포인트] 관계부사 빈칸 뒤에 완전한 절이 왔고 빈칸 앞에 장소를 의미하는 선행사 a place가 있으므로 관계부사 ③ where가 정답이다. 참고로, 「전치사+관계대명사」인 in which도 사용할 수 있다. of which는 선행사와 소유격 또는 선행사의 부분을 나타낼 때 쓰이므로 문맥상 적절하지 않다.

정답 ③

3

Michael Roberts: Hello, I recently stayed at your hotel and left my cellphone charger in my room. Is there a way to retrieve it?
Hotel Reception: Certainly, Mr. Roberts. Could you provide the room number you stayed in?
Michael Roberts: Room 502.
Hotel Reception: Thank you. We'll check with our housekeeping team.
Michael Roberts: _____
Hotel Reception: No need for that. We'll verify the address and send it to you.

① Can you tell me if it was found?
② Should I come pick it up if you find it?
③ Can I receive a discount for my next stay?
④ What if it's not located?

어휘
recently 최근에   charger 충전기   retrieve 돌려받다   reception 접수처
check with ~에게 확인하다   housekeeping (숙박업소의) 객실 관리
verify 확인하다   locate 찾아내다

해석
Michael Roberts: 안녕하세요, 최근에 귀 호텔에 숙박했는데, 방에 휴대전화 충전기를 두고 나왔습니다. 돌려받을 방법이 있을까요?
호텔 접수처: 물론입니다, Roberts 님. 머무르신 방 번호를 알려주시겠어요?
Michael Roberts: 502호실입니다.
호텔 접수처: 감사합니다. 저희가 객실 관리팀에 확인해 보겠습니다.
Michael Roberts: 찾으면 제가 가지러 가야 하나요?
호텔 접수처: 그러실 필요는 없습니다. 주소를 확인하고 보내드리겠습니다.

① 찾았는지 알려주실 수 있나요?
③ 다음 숙박 시 할인받을 수 있나요?
④ 만약 찾지 못하면 어떻게 되나요?

정답 ②

4

밑줄 친 부분 중 어법상 옳지 않은 것은?

What many students struggled with was managing their time effectively. Teachers helped students ① develop strategies that promote organization and focus. Since the program began, students ② have shown significant progress in their study habits. Never ③ they experienced such support, which helped boost their confidence. This shift in mindset is crucial for achieving academic success. It is essential that these skills ④ be continued to be fostered for their future endeavors.

어휘
struggle with ~로 힘들어하다   effectively 효과적으로   strategy 전략
promote 기르다   organization 조직(력)   focus 집중(력)
significant 상당한   progress 진전   boost 향상시키다
confidence 자신감   shift 변화   mindset 마음가짐   crucial 매우 중요한
achieve 달성하다   academic 학업의   essential 필수적인
foster 촉진하다   endeavor 활동

해석
많은 학생들이 어려움을 겪었던 것은 시간을 효과적으로 관리하는 것이었다. 교사들은 학생들이 조직력과 집중력을 기를 수 있는 전략을 개발하도록 도왔다. 프로그램이 시작된 이후, 학생들은 학습 습관에서 상당한 진전을 보여왔다. 학생들은 이러한 지원을 경험해본 적이 없었고, 이 지원은 그들의 자신감을 향상하는 데 도움이 되었다. 마음가짐의 이러한 변화는 학업 성공을 달성하는 데 매우 중요하다. 이러한 기술들이 그들의 미래 활동을 위해 계속 촉진되는 것은 필수적이다.

해설
③ [문법포인트] 도치 부정부사인 never가 강조되어 문장의 맨 앞에 위치했으므로 주어와 동사가 도치되어야 한다. experienced는 일반동사의 과거형이므로 조동사 did를 써서 did they experience의 형태로 고쳐야 한다. (they experienced → did they experience)
① [문법포인트] 불완전타동사와 동작의 목적격보어 help는 불완전타동사이고 목적격보어로 원형부정사나 to부정사를 취한다. 따라서 원형부정사인 develop이 목적격보어로 바르게 쓰였다.
② [문법포인트] 완료시제 Since 뒤에 과거 동사로 과거 시점을 표현했으므로 주절에 현재완료가 바르게 쓰였다.
④ [문법포인트] 당위의 조동사 should 진주어로 쓰인 that 명사절의 내용에 대해 판단을 요구하는 형용사인 essential이 보어로 나왔으므로 that절의 동사로 should가 생략된 동사원형이 바르게 쓰였다.

정답 ③

5

다음 글의 목적으로 가장 적절한 것은?

To: Quality Guardians Team
From: Ethan Rivers
Date: November 23
Subject: Important Updates for Our Team

Dear Quality Guardians Team,

Recently, we've received feedback from customers expressing concerns about the quality of the Nero Smartwatch. To address these issues, please follow the simplified quality management procedures outlined below:

1. Establish Quality Standards: Define key quality standards (e.g., battery life, water resistance).
2. Conduct Product Inspections: Inspect all smartwatches before shipping.
3. Address Issues Promptly: Recall any products with quality issues and analyze root causes.

4. Regular Review: Review the procedures monthly for improvements.

By following these steps, we can ensure better quality for our customers. If you have any questions, please reach out.

Thank you for your cooperation.

Best Wishes,
Ethan Rivers
Quality Manager
Innovatech Solutions

① to promote the launch of a new product line
② to gather customer feedback on product quality
③ to request the recall of defective merchandise
④ to outline policies for enhancing quality management

어휘

guardian 관리인 recently 최근에 receive 받다 customer 고객
address 해결하다 issue 문제 simplify 간단하게 하다 procedure 절차
outline 간략히 설명하다 establish 설정하다 standard 기준
define 정의하다 water resistance 방수 inspection 검사 ship 출하하다
promptly 즉시 recall 리콜하다 analyze 분석하다 root 근본적인
improvement 개선 ensure 보장하다 reach out 연락하다
cooperation 협조 launch 출시 gather 수집하다
defective 결함이 있는 merchandise 제품 policy 방침
enhance 강화하다

해석

수신: 품질 관리팀
발신: Ethan Rivers
날짜: 11월 23일
제목: 우리 팀을 위한 중요한 업데이트

품질 관리팀 여러분께,

최근 우리는 Nero 스마트워치의 품질에 대한 우려를 표현하는 고객들의 피드백을 받았습니다. 이러한 문제를 해결하기 위해, 아래에 간략히 설명된 간단한 품질 관리 절차를 따라주십시오.

1. 품질 기준 설정: 주요 품질 기준을 정의하세요 (예: 배터리 수명, 방수 성능).
2. 제품 검사 수행: 모든 스마트워치를 출하 전에 검사하세요.
3. 문제 즉시 해결: 품질 문제가 있는 어떤 제품도 리콜하고 근본적인 원인을 분석하세요.
4. 정기적 검토: 개선을 위해 매월 절차를 검토하세요.

이 절차를 따라주시면, 고객들에게 더 나은 품질을 보장해드릴 수 있습니다. 궁금한 점이 있으시면 언제든 연락하세요.

협조에 감사드립니다.

안부를 전하며,
Ethan Rivers
품질 관리자
Innovatech Solutions

① 신제품 라인 출시를 홍보하기 위해
② 제품 품질에 대한 고객 피드백을 수집하기 위해
③ 결함이 있는 제품의 리콜을 요청하기 위해
④ 품질 관리 강화 방침을 간략히 설명하기 위해

해설

첫 문단에서 품질에 관한 고객들의 부정적 피드백을 받고 이를 해결하기 위해 품질 관리 절차를 따라 달라고 했고, 이후에 4단계로 나누어 품질 관리 절차를 설명하고 있다. 따라서 글의 목적으로 적절한 것은 ④ '품질 관리 강화 방침을 간략히 설명하기 위해'이다.

정답 ④

[6~7] 다음 글을 읽고 물음에 답하시오.

Single Mothers Support Network

Introduction
The Single Mothers Support Network (SMSN) is a non-profit organization that provides emotional, financial, and educational support for single mothers. Our mission is to empower them to lead stable lives and create a supportive community where no mother feels isolated.

What We Do
SMSN offers legal aid, financial planning workshops, and childcare assistance. We also provide individuals with housing and healthcare resources, ensuring that single mothers receive comprehensive support to meet their needs.

Sponsorship Recruitment
Our work depends on the generosity of sponsors. Sponsors can contribute financially, offer services, or donate essential items like clothing and baby supplies to help single mothers and their children <u>thrive</u>.

6
윗글에서 Single Mothers Support Network에 관한 내용과 일치하는 것은?
① It provides educational services for the children of single mothers.
② It contributes to single mothers feeling cut off from others.
③ It provides legal and financial support for single mothers.
④ It relies on government funding for its operations and activities.

7
밑줄 친 "thrive"의 의미와 가장 가까운 것은?
① prevail   ② flourish
③ weaken   ④ stagnate

어휘

single mother 미혼모 non-profit 비영리의 organization 단체
emotional 정서적인 financial 재정적인 mission 사명

empower 힘을 주다   stable 안정적인   supportive 지원적인
isolate 소외시키다   legal 법적인   childcare 육아   assistance 지원
comprehensive 전반적인   sponsorship 후원   recruitment 모집
depend on ~에 의지하다   generosity 관대함   sponsor 후원자
contribute 기부하다   donate 기부하다   essential 필수적인   item 물품
supplies (pl.) 용품   thrive 잘 자라다   cut off ~을 단절하다
rely on ~에 의존하다   government 정부   funding 자금   operation 운영
prevail 만연하다   flourish 잘 자라다   weaken 약해지다
stagnate 침체되다

해석

Single Mothers Support Network

소개
Single Mothers Support Network(SMSN)은 미혼모들에게 정서적, 재정적, 교육적 지원을 제공하는 비영리 단체입니다. 우리의 사명은 그들에게 안정적인 삶을 영위할 힘을 주고 어떤 어머니도 소외되었다고 느끼지 않는 지원적 지역사회를 만드는 것입니다.

우리가 하는 일
SMSN은 법률 지원, 재정 계획 워크숍, 그리고 육아 지원을 제공합니다. 또한 주거와 건강 관리와 관련된 자원을 제공하여, 미혼모들이 필요로 하는 전반적인 지원을 받을 수 있도록 보장합니다.

후원 모집
우리의 활동은 후원자들의 관대함에 의존하고 있습니다. 후원자들은 재정적인 기부, 서비스 제공, 의류나 아기 용품과 같은 필수품 기부를 통해 미혼모와 그 자녀들이 성공적으로 성장할 수 있도록 도울 수 있습니다.

6 ① 미혼모의 자녀들에게 교육 서비스를 제공한다.
  ② 미혼모들이 다른 사람들과 단절감을 느끼도록 돕는다.
  ③ 미혼모들을 위한 법률 및 재정 지원을 제공한다.
  ④ 운영 및 활동을 위해 정부의 자금에 의존한다.

해설

6 ③ <우리가 할 일>의 첫 번째 문장에서 SMSN은 법률 지원, 재정 계획 워크숍, 그리고 육아 지원을 제공한다고 했으므로 글의 내용과 일치한다.
 ① <소개>의 첫 번째 문장에서 미혼모들에게 교육적 지원을 제공한다고 했으므로 글의 내용과 일치하지 않는다.
 ② <소개>의 두 번째 문장에서 어떤 어머니도 소외되었다고 느끼지 않는 지역사회를 만드는 일을 한다고 했으므로 글의 내용과 일치하지 않는다.
 ④ <후원 모집>의 첫 번째 문장에서 단체의 활동은 후원자들의 관대함에 의존한다고 했으므로 글의 내용과 일치하지 않는다.

정답 6 ③ 7 ②

8
글의 흐름상 가장 어색한 것은?

The spirited shade of Living Coral has appeared everywhere, from fashion runway shows to social media influencer posts and consumer packaging. ① It evokes aspects of life — recreation, leisure, and celebration — that help balance the many challenges of today's world. ② Fittingly, Living Coral also highlights the urgency of respecting and preserving nature and natural resources. ③ Coral reefs are an essential part of the global environment, protecting marine ecosystems, supporting water filtration, and aiding marine life reproduction, among other benefits. ④ One unanswered question is whether coral bleaching is a natural signal that has been misinterpreted as a sign of climate change. With critical environmental threats taking center stage in recent months, this color and its connection to nature feel especially relevant.

어휘
spirited 생기 있는   shade 색조   coral 산호   consumer 소비자
packaging 포장재   evoke 떠오르게 하다   aspect 측면   recreation 휴양
leisure 여가   fittingly 적합하게   highlight 강조하다   urgency 시급(함)
respect 존중하다   preserve 보존하다   resources (pl.) 자원
coral reef 산호초   essential 필수적인   ecosystem 생태계   filtration 여과
reproduction 번식   bleach 백화   misinterpret 잘못 해석하다   sign 징후
critical 중대한   threat 위협   take center stage 부각되다   recent 최근의
relevant 의미 있는

해석
리빙 코랄(Living Coral)의 생기 있는 색조는 패션 런웨이 쇼에서부터 소셜 미디어 인플루언서의 게시물과 소비자 포장재까지, 어디에나 등장해왔다. ① 이것(리빙 코랄)은 오늘날 세계의 수많은 도전을 균형 있게 맞추는 데 도움을 주는 — 레크리에이션, 여가, 축하와 같은 — 삶의 여러 측면을 떠오르게 한다. ② 적합하게도, 리빙 코랄은 또한 자연과 천연자원을 존중하고 보존하는 것의 시급함을 강조한다. ③ 산호초는 세계 환경의 필수적인 부분으로, 다른 여러 혜택 중에서도 해양 생태계를 보호하고 수질 여과를 지원하며 해양 생물 번식을 돕는다. ④ 한 가지 해답이 나오지 않은 질문은 산호 백화 현상이 기후 변화의 징후로 잘못 해석되어온 자연 신호인지 아닌지이다. 최근 몇 달간 중요한 환경 위험이 부각되면서, 이 색상과 이 색상의 자연과의 연관성은 특히 의미 있게 느껴진다.

해설
글의 중심 소재는 리빙 코랄 색상이고 주제문 첫 번째 문장으로, 리빙 코랄이 광범위하게 사용되고 있다고 주장하고, 이후 환경적 중요성이 있다는 내용으로 이어져 나갈 발판을 마련하고 있다. ③은 산호초의 환경적 중요성으로 ②를 뒷받침하며 마지막 문장으로 자연스럽게 이어진다. 이에 비해 ④는 산호 백화 현상(환경 문제로 산호가 희게 변하는 현상)에 대한 설명 내용의 한 부분이므로 글의 흐름에 부합되지 않는다.

정답 ④

44 Day 09

9
밑줄 친 부분에 들어갈 말로 가장 적절한 것은?

Several species of oceanic bacteria consume methane gas that naturally seeps from the ocean floor. So after the BP blowout in spring and summer of 2010, when 172 million gallons of methane-rich oil spilled into the Gulf of Mexico, scientists wondered how much of the dissolved gas might be consumed by native microbes. To find out, oceanographers collected more than 700 water samples around the spill. They found bacteria had eliminated more than 120,000 tons of methane, essentially returning the concentrations in the area to normal. But there is still work to be done. The bacterial cleanup probably did not eliminate aromatic hydrocarbons, known as one of the most toxic and potentially dangerous ingredients in oil. "The bacteria did a nice job taking care of some of the major oil components," the researcher says, "but that doesn't mean we can _____."

① eliminate all bacteria from the ocean
② use technology to dissolve toxic chemicals
③ prevent bacteria from contaminating the ocean
④ count on nature to handle all man-made disasters

어휘
species 종 oceanic 해양의 consume 섭취하다 seep 새어 나오다
ocean floor 해저 blowout 유출 사고 spill 유출되다; 유출 gulf 만
dissolve 용해시키다 microbe 미생물 oceanographer 해양생물학자
eliminate 제거하다 essentially 본질적으로 concentration 농도
collect 수집하다 bacterial 세균의 cleanup 정화 aromatic 방향족의
hydrocarbon 탄화수소 toxic 유독한 potentially 잠재적으로
ingredient 구성 요소 take care of ~을 제거하다 component 성분
dissolve 분해하다 chemical 화학 물질 contaminate 오염시키다
count on ~에 의지하다 handle 처리하다
man-made disaster 인재(人災)

해석
몇몇 해양 박테리아 종들은 해저에서 자연적으로 새어 나오는 메탄가스를 섭취한다. 그래서 2010년 봄과 여름, 메탄이 많이 함유된 기름 1억 7천 2백만 갤런이 멕시코만에 유출된 BP의 유출 사고 후, 과학자들은 얼마나 많은 양의 용해된 기체가 토착 미생물들에 의해 섭취될 수 있을지를 궁금해했다. 이를 알아보기 위해, 해양생물학자들은 기름 유출 지점 주위에서 700개 이상의 물 샘플을 수집했다. 그들은 박테리아가 12만 톤 이상의 메탄을 없앴고, 본질적으로 그 지역의 농도를 정상으로 되돌려놓았다는 것을 발견했다. 그러나 해결해야 할 일은 여전히 남아 있다. 그 박테리아의 정화는 아마도 기름에서 가장 독성이 강하고 잠재적으로 위험한 구성 요소 중 하나로 알려진 방향족 탄화수소를 제거하지 못했다. "박테리아들은 기름의 주요 성분 중 일부를 제거하는 것을 잘 해냈지만, 그것은 우리가 모든 인재(人災) 처리를 자연에 의지할 수 있다는 것을 의미하지는 않는다."라고 연구자는 말한다.

① 바다에서 모든 박테리아를 제거할
② 독성 화학 물질을 분해하기 위해 기술을 사용할
③ 박테리아가 바다를 오염시키는 것을 막을

해설
글의 중심 소재는 박테리아의 메탄가스 섭취이고 주제문은 빈칸이 있는 마지막 문장이다. 글 전체의 내용은 박테리아가 메탄가스를 섭취해 기름 유출 사고로 오염된 바다를 정화하는 데 어느 정도 성공했지만, 그 작업은 완전하지 않았다는 것이다. 빈칸 문장은 박테리아의 유효성을 설명한 뒤 but으로 내용이 전환되므로 이후에는 그 방법에 한계가 있음이 지적된 것으로 예측할 수 있다. 다만, but 이후에 not이라는 부정어가 있으므로 빈칸에는 박테리아(자연)가 인재를 해결할 수 있다는 내용이 되어야 한다. 따라서 빈칸에는 ④ '모든 인재 처리를 자연에 의지할'이 들어가야 한다.

정답 ④

10
주어진 문장이 들어갈 위치로 가장 적절한 것은?

"Soft power" on the contrary is "the ability to achieve goals through attraction and persuasion, rather than coercion or fee."

The concept of "soft power" was formed in the early 1990s by the American political scientist, deputy defense of the Clinton's administration, Joseph Nye. The ideas of the American Professor Nye allowed to take a fresh look at the interpretation of the concept of "power," provoked scientific debate and stimulated the practical side of international politics. (①) In his works he identifies two types of power: "hard power" and "soft power." (②) He defines "hard power" as "the ability to get others to act in ways that contradict their initial preferences and strategies." (③) The "soft power" of the state is its ability to "charm" other participants in the world political process, to demonstrate the attractiveness of its own culture (in a context it is attractive to others), political values and foreign policy (if considered legitimate and morally justified). (④) The main components of "soft power" are culture, political values and foreign policy.

어휘
on the contrary 대조적으로 achieve 달성하다 attraction 매력
persuasion 설득 coercion 강압 fee 사례금
deputy defense 국방 차관 administration 행정부 interpretation 해석
provoke 유발하다 debate 논쟁 stimulate 활성화하다
practical 실용적인 work 저술 identify 식별하다 define 정의하다
contradict 모순되다 initial 처음의 preference 선호 strategy 계획
charm 사로잡다 participant 참가자 process 과정
demonstrate 입증하다 context 맥락 value 가치관 policy 정책
legitimate 합법적인 morally 도덕적으로 justify 정당화하다
component 구성 요소

해석
'소프트 파워'의 개념은 1990년대 초반 미국의 정치학자이자 클린턴 행정부의 국방 차관인 조지프 나이에 의해 형성되었다. '파워'의 개념에 대한 해석을 새롭게 보도

록 허용된, 미국 교수인 나이의 사상들은 과학적 논쟁을 불러일으켰으며 국제 정치의 실용적인 측면을 활성화했다. ① 그의 저술에서, 그는 두 유형의 파워를 구분한다: '하드 파워'와 '소프트 파워'. ② 그는 '하드 파워'를 '타인들이 그들의 처음 선호들과 전략에 모순되는 방법으로 행동하게 하는 능력'으로 정의한다. ③ 대조적으로, '소프트 파워'는 '강압이나 사례금보다 매력과 설득을 통해 목표를 달성하는 능력'이다. 국가의 '소프트 파워'는 (그것이 다른 나라들에게 매력적이라는 맥락에서) 그 자신의 문화, 그리고 (만약 합법적이고 도덕적으로 정당하다고 여겨진다면) 정치적 가치관과 외교 정책의 매력을 입증하기 위해, 세계 정치 과정의 다른 참가국들을 '사로잡는' 능력이다. ④ '소프트 파워'의 주요 구성 요소들은 문화, 정치적 가치관 그리고 외교 정책이다.

해설
주어진 문장은 소프트 파워를 정의하는 문장으로, '대조적으로'라는 대조의 연결어가 있으므로 대조적인 개념의 설명이 끝난 뒤에 삽입되어야 한다. 이 글은 '하드 파워'와 '소프트 파워'의 개념을 대비해서 설명하고 있는데, ③의 앞까지는 하드 파워에 대한 정의와 특징이 제시되었고 ③의 뒤에서 소프트 파워의 특징이 설명되고 있다. 따라서 주어진 문장은 ③에 들어가는 것이 가장 적절하다.

정답 ③

DAY 10

2025 이동기 영어 하루 프로젝트

| 01 | ④ | 02 | ② | 03 | ① | 04 | ④ | 05 | ② |
| 06 | ④ | 07 | ② | 08 | ③ | 09 | ③ | 10 | ① |

[1~3] 밑줄 친 부분에 들어갈 말로 가장 적절한 것을 고르시오.

1

The company decided to _____ unnecessary expenses in order to strengthen its financial stability and optimally prepare its long-term planning.

① impose　　　　　② multiply
③ warrant　　　　 ④ curtail

어휘
decide 결정하다　unnecessary 불필요한　expense 지출
strengthen 강화하다　financial 재정적인　stability 안정
optimally 최적으로　long-term 장기적인　impose 부과하다
multiply 늘리다　warrant 보장하다　curtail 줄이다

해석
회사는 재정적인 안정을 강화하고 장기적인 계획 수립을 최적으로 준비하기 위해 불필요한 지출을 줄이기로 결정했다.

정답 ④

2

The world-renowned violinist's captivating performance, filled with emotion and precision, left audiences in the grand concert hall completely _____ and speechless.

① astound　　　　② astounded
③ astounding　　 ④ to astound

어휘
world-renowned 세계적으로 유명한　captivating 매혹적인
performance 연주　emotion 감정　precision 정확함　audience 청중
grand 커다란　completely 완전히　speechless 말문을 잃은
astound 놀라게 하다

해석
감정과 정확함이 가득한 세계적으로 유명한 바이올리니스트의 매혹적인 연주는 커다란 공연장의 청중을 완전히 놀라게 하고 말문을 잃게 했다.

해설
[문법포인트] 불완전타동사와 동작의 목적격보어 / 현재분사 vs. 과거분사
유지동사인 leave와 keep은 불완전타동사로 사용될 경우, 목적격보어로 형용사나 분사를 자주 취한다. 목적어와 목적격보어가 능동의 관계일 경우 현재분사를, 수동의 관계일 경우 과거분사를 목적격보어로 취한다. 여기서 목적어인 audiences와

46　Day 10

astound가 의미상 수동의 관계이므로 과거분사인 ② astounded가 정답이다.

정답 ②

3

A: How would you like to pay for it?
B: By credit card. Here it is.
A: There is something wrong with your card.
B: What's going on?
A: The machine says your card was declined.
_____
B: That's my only one. I'll just come tomorrow with cash.

① Do you have another card?
② Would you like to buy on credit?
③ Your declination surprised me.
④ Let me take care of this bill.

어휘

decline 거부하다   on credit (신용카드나 외상 계정 등을 이용해) 외상으로
declination 거절   take care of a bill 계산하다

해석

A: 어떻게 계산하시겠어요?
B: 신용카드로 할게요. 여기 있습니다.
A: 손님의 카드에 문제가 있어요.
B: 무슨 일인가요?
A: 기계에서 카드 승인이 거부되었다고 나옵니다. 다른 카드가 있으신가요?
B: 그게 제 유일한 카드예요. 그냥 내일 현금을 가지고 올게요.

② 외상으로 사시겠어요?
③ 당신의 거절에 놀랐어요.
④ 이건 제가 계산할게요.

정답 ①

4

밑줄 친 부분 중 어법상 옳지 않은 것은?

The strategy, ① carried out since April 2018, integrates four forms of support: labor relocation, family reunification, temporary shelter, and the support of civil society partners that provide accommodation throughout the country. Over the past 12 months, the program ② has relocated more than 5,800 Venezuelans from Roraima to 17 Brazilian states. São Paulo is one of places ③ where the strategy is being implemented. Some 800 Venezuelans have benefited, with another 100 more migrants and asylum seekers ④ arrived in the city in the coming days.

어휘

strategy 전략   carry out 시행하다   integrate 통합하다   labor 노동
relocation 재배치   reunification 재결합   temporary 임시의
shelter 주거   civil 시민의   accommodation 숙박 시설
implement 시행하다   benefit 혜택을 받다   migrant 이주민
asylum seeker 망명 신청자

해석

2018년 4월부터 시행된 이 전략은 네 가지 형태의 지원을 통합한다: 노동 재배치, 가족 재결합, 임시 주거, 그리고 전국적으로 숙박 시설을 제공하는 시민 사회 파트너의 지원. 지난 12개월 동안, 이 프로그램은 로라이마에서 5,800명 이상의 베네수엘라 사람들을 브라질의 17개 주로 재배치했다. 상파울루는 이 전략이 시행되고 있는 지역 중 하나이다. 약 800명의 베네수엘라 사람들이 혜택을 받았고, 앞으로 며칠 내에 100명 이상의 추가 이주민과 망명 신청자들이 이 도시에 도착할 것이다.

해설

④ [문법포인트] 분사구문 「with/without+목적어+목적격보어」의 형태로 쓰이는 분사구문에서 목적어와 목적격보어의 관계가 능동이면 현재분사를, 수동이면 과거분사를 쓴다. 이주민과 망명 신청자들이 도착한다는 능동의 의미를 나타내므로 현재분사인 arriving이 쓰여야 한다. 또한 arrive는 자동사로 과거분사가 불가능하다. (arrived → arriving)
① [문법포인트] 분사구문 분사의 의미상 주어가 주절의 주어인 The strategy와 일치하고 분사와 의미상 수동의 관계이므로 과거분사인 carried out이 바르게 쓰였다.
② [문법포인트] 완료시제 과거부터 현재까지 시행되고 있는 전략에 대해 설명하는 내용에서 이 문장은 이 프로그램이 12개월 동안(Over the past 12 months) 계속해온 일에 대해 설명하고 있으므로 현재완료가 바르게 쓰였다.
③ [문법포인트] 관계부사 밑줄 뒤에 완전한 절이 왔고 밑줄 앞에 장소를 나타내는 선행사 places가 있으므로 관계부사 where가 바르게 쓰였다.

정답 ④

[5~6] 다음 글을 읽고 물음에 답하시오.

(A)

Join us for an exciting day dedicated to nature and sustainability! We are hosting a Green Guardians Program, specially designed for young learners interested in making a positive impact on the environment. Each child will have the opportunity to plant a tree and participate in hands-on activities that promote eco-friendly practices. Please bring a simple packed lunch to enjoy during the break.

Event Details:
• Date: Saturday, April 20, 2024
• Time: 10:00 a.m. – 2:00 p.m.
• Location: Pine Grove Park
• Ages: 6-12 years old

Highlights:
• Tree Planting: Children will learn about the importance of trees and plant one to take care of.

Day 10   47

- **Eco-Friendly Crafts**: Activities will be provided to teach sustainable practices and creativity.
- **Nature Scavenger Hunt**: Children can explore the park with an educational scavenger hunt.

This is a wonderful chance for kids to connect with nature and learn about protecting our planet. To register or for more information, please visit our website at www.greenguardians.org or call us at (555) 123-4567.

5

(A)에 들어갈 윗글의 제목으로 가장 적절한 것은?
① Nature Conservation Tips and Tricks
② Invitation for Young Environmental Heroes
③ Explore Pine Grove Park with Your Family
④ Join the Community Gardening Event

6

위 안내문의 내용과 일치하지 않는 것은?
① 참가자는 6~12세 연령층의 어린이들이다.
② 나무 심기 활동을 통해 환경의 중요성을 배울 수 있다.
③ 참가자들은 공원 내 자연 탐험 활동에 참여할 수 있다.
④ 활동 중간에 간단한 점심이 제공된다.

be dedicated to ~에 헌신하다   sustainability 지속 가능성
design 고안하다   positive 긍정적인   impact 영향   opportunity 기회
plant 심다   participate 참여하다   hands-on 체험의   promote 촉진하다
eco-friendly 친환경의   practice 실천   location 장소
take care of ~을 돌보다   craft 공예   scavenger hunt 보물 찾기 (게임)
explore 탐험하다   connect 친해지다   register 등록하다
conservation 보호   trick 요령   gardening 원예

(A) 어린 환경 영웅들을 위한 초대

자연과 지속 가능성에 헌신하는 신나는 하루에 함께하세요! 저희는 환경에 긍정적인 영향을 미치고자 하는 어린 학습자들을 위해 특별히 고안된 Green Guardians Program을 개최합니다. 각 어린이는 나무를 심고 친환경 실천을 촉진하는 체험 활동에 참여할 기회를 얻게 됩니다. 휴식 시간 동안 즐길 간단한 도시락을 가지고 오세요.

행사 세부 사항:
• 날짜: 2024년 4월 20일 토요일
• 시간: 오전 10시~오후 2시
• 장소: Pine Grove 공원
• 연령: 6~12세

주요 활동:
• 나무 심기: 아이들은 나무의 중요성에 대해 배우고, 돌볼 나무를 심게 됩니다.
• 친환경 공예: 지속 가능한 실천과 창의성을 가르치기 위해 고안된 활동들이 제공됩니다.
• 자연 보물찾기: 아이들은 교육적인 보물찾기를 하며 공원을 탐험합니다.

이 행사는 아이들이 자연과 친해지고 지구를 보호하는 방법을 배울 수 있는 멋진 기회입니다. 등록을 하시거나 추가 정보를 원하시면, 웹사이트 www.greenguardians.org를 방문하시거나 (555) 923-2587로 연락해 주세요.

5 ① 자연 보호를 위한 조언과 요령
③ 가족과 함께 Pine Grove 공원을 탐험하세요
④ 지역사회 원예 행사에 참여하세요

5 두 번째 문장에서 환경에 관심 있는 어린이를 대상으로 하는 프로그램을 개최한다고 했고 이후에 자세한 세부 사항이 소개되어 있다. 따라서 제목으로 가장 적절한 것은 ② '어린 환경 영웅들을 위한 초대'이다.

6 ④ 첫 번째 문단의 마지막 문장에서 도시락을 가지고 오라고 했으므로 글의 내용과 일치하지 않는다.
① <행사 세부 사항>에 '연령'에서 6~12세라고 적혀 있으므로 글의 내용과 일치한다.
② <주요 활동>의 '나무 심기'에서 나무의 중요성에 대해 배운다고 했고 마지막 문단의 첫 문장에서 아이들이 자연과 친해지고 지구를 보호하는 방법을 배운다고 했으므로 글의 내용과 일치한다.
③ <주요 활동>의 '자연 보물찾기'에서 보물찾기를 통해 공원을 탐험한다고 했으므로 글의 내용과 일치한다.

정답 5 ② 6 ④

7

Department of Environmental Protection에 관한 다음 글의 내용과 일치하는 것은?

Department of Environmental Protection Responsibilities

The Department of Environmental Protection (DEP) is the primary state agency responsible for safeguarding the environment. The DEP oversees regulations related to air and water quality, waste management, and environmental conservation. Its mission is to ensure a clean, healthy environment for all residents while balancing industrial development with environmental protection. The DEP also engages in public education, informing businesses and citizens of environmental laws and best practices. When necessary, the DEP enforces environmental regulations to prevent pollution and protect natural resources.

① It focuses primarily on global industrial development.
② It ensures air and water quality is effectively managed.
③ It creates environmental laws to protect the environment.
④ It delivers private environmental training to companies.

responsibility 책임   primary 주요의   agency 기관
responsible for ~을 책임지는   safeguard 보호하다   oversee 감독하다
regulation 규정   related to ~에 관련된   conservation 보호
mission 사명   ensure 보장하다   resident 주민   industrial 산업의
development 개발   engage in ~에 참여하다   practice 실천 방안
enforce 집행하다   prevent 방지하다   pollution 오염

resources (pl.) 자원 effectively 효과적으로 private 사설의

해석

환경 보호부의 책임

환경 보호부(DEP)는 환경을 보호하는 것을 책임지는 주요 주 정부 기관이다. DEP는 대기와 물의 질, 폐기물 관리, 그리고 환경 보존에 관련된 규정을 감독한다. DEP의 사명은 모든 주민에게 깨끗하고 건강한 환경을 보장하는 동시에 산업 개발과 환경 보호 간의 균형을 맞추는 것이다. DEP는 또한 공공 교육에 참여하여, 기업과 시민에게 환경 법규와 최선의 실천 방안에 대해 알린다. 필요할 경우, DEP는 오염을 방지하고 천연자원을 보호하기 위해 환경 규정을 집행한다.

① 주로 세계 산업 개발에 중점을 둔다.
② 대기와 물의 질이 효과적으로 관리되도록 보장한다.
③ 환경을 보호하기 위해 환경 법규를 제정한다.
④ 기업에 사설 환경 교육을 시행한다.

해설

② 두 번째 문장에서 대기와 물의 질에 관련된 규정을 감독한다고 했으므로 글의 내용과 일치한다.
① 세 번째 문장에서 산업 개발과 환경 보호 간의 균형을 맞추는 것이 사명이라고 했으므로 글의 내용과 일치하지 않는다.
③ 환경 법규 제정에 대해서는 글에 언급되지 않았고 두 번째 문장과 마지막 문장에 환경 관련 규정을 감독하고 집행한다는 언급만 있으므로 글의 내용과 일치하지 않는다.
④ 네 번째 문장에서 공공 교육에 참여해서 기업과 시민에게 환경 법규와 최선의 실천 방안을 알린다고 했으므로 글의 내용과 일치하지 않는다.

정답 ②

8

밑줄 친 부분에 들어갈 말로 가장 적절한 것은?

> The relationship between physical products and individual ownership is undergoing a profound evolution. We don't want the CD; we want the music it plays. We don't want the disc; we want the storage it holds. We don't want the answering machine; we want the messages it saves. We don't want the DVD; we want the movie it carries. In other words, we want not the stuff but the needs it meets or experiences it provides. As our possessions "dematerialize" into the intangible, our preconceptions of ownership are changing, blurring the boundaries between "what's mine," "what's yours," and "what's ours." This shift is fueling a world where _____ has more value than possession, and as Kevin Kelly, a founder of *Wired* magazine, puts it, where "access is better than ownership."
>
> ① disposal   ② donation
> ③ usage   ④ cooperation

어휘

physical 물리적인 individual 개인의 ownership 소유 undergo 겪다
profound 엄청난 evolution 진화 storage 저장 carry 지니다

stuff 물건 meet 충족시키다 possession 소유
dematerialize 비물질화되다 intangible 무형의 preconception 편견
blur 흐리게 하다 boundary 경계 shift 변화 fuel 촉진하다 value 가치
founder 설립자 access 접근 disposal 처리 donation 기부
usage 사용 cooperation 협력

해석

물리적인 제품들과 개인의 소유 사이의 관계는 엄청난 진화를 겪고 있다. 우리는 CD를 원하는 것이 아니다; 우리는 그것이 들려주는 음악을 원한다. 우리는 디스크를 원하는 것이 아니다; 그것이 가진 저장 공간을 원한다. 우리는 응답기를 원하는 것이 아니다; 그것이 저장하는 메시지를 원한다. 우리는 DVD를 원하는 것이 아니다; 그것이 지니고 있는 영화를 원한다. 즉, 우리는 물건이 아니라 그것이 충족시키는 요구나 그것에 제공하는 경험을 원한다. 우리의 소유가 무형으로 '비물질화'되면서, 소유에 대한 우리의 편견이 변화해, '나의 것', '너의 것', 그리고 '우리의 것' 사이의 경계를 흐리게 하고 있다. 이러한 변화는 사용이 소유보다 더 가치 있고, <Wired> 잡지의 설립자인 Kevin Kelly가 말하는 것처럼, "접근이 소유보다 더 나은" 세상을 촉진하고 있다.

① 처리   ② 기부   ④ 협력

해설

글의 중심 소재는 제품과 소유의 관계 변화이고 주제문은 첫 번째 문장이고 구체적인 예시를 통해 주제를 뒷받침한 이후, 빈칸이 있는 마지막 문장에서 결론을 제시한다. 빈칸 문장은 변화가 어떤 세상을 촉진한다고 주장하면서 어떤 세상인지를 두 가지 표현으로 수식하고 있으므로 뒤에 나온 수식어인 "접근이 소유보다 더 나은"과 일맥상통하는 표현이 빈칸에 들어가면 된다. 또한 앞선 예시에서 알 수 있듯이 물질이 아닌 경험과 같은 비물질적인 행위가 더 중요해졌다는 설명도 근거가 될 수 있다. 따라서 정답은 ③ '사용'이다.

정답 ③

9

주어진 문장이 들어갈 위치로 가장 적절한 것은?

> That may change, however.

> South Korea is the ideal environment for taking advantage of gender disparities. (①) Lots of brainy female graduates enter the job market each year. In time their careers are eclipsed by those of men of no greater ability. This makes them seem desirable for other employers. (②) Only 60% of female South Korean graduates aged between 25 and 64 are in work — making educated South Korean women the most underemployed in OECD countries. (③) As companies face growing competition and the need for skilled professionals, they may increasingly turn to underutilized female talent. (④) With greater recognition of women's capabilities, more businesses are likely to recruit and retain qualified women to stay competitive. If companies fail to do so, they risk losing valuable talent to more forward-thinking rivals.

어휘

ideal 이상적인 take advantage of ~을 이용하다 gender 성별
disparity 격차 brainy 똑똑한 graduate 대졸자 in time 시간이 지나면서
eclipse 가리다 desirable 매력적인
underemployed 능력 이하의 일을 하는 competition 경쟁
skilled 숙련된 increasingly 점차 turn to ~로 눈을 돌리다
underutilized 충분히 활용되지 않은 talent 인재 recognition 인정
capability 능력 recruit 채용하다 retain 보유하다 qualified 자격을 갖춘
forward-thinking 혁신적인

해석

한국은 성별 격차를 이용하기에 이상적인 환경이다. (①) 매년 수많은 똑똑한 여성 대졸자들이 노동 시장에 진출한다. 시간이 지나면서 그들의 경력은 능력이 더 나은 것도 아닌 남성들의 경력에 의해 가려진다. 이는 그들(그 여성 대졸자들)을 다른 고용주들에게 매력적으로 보이도록 만든다. (②) 25세에서 64세 사이의 한국 여성 대졸자 가운데 겨우 60퍼센트만이 취업한 상태이다 — 한국 여성들은 OECD 국가 중 가장 능력 이하의 일을 하는 사람들이다. (③) <u>그러나 그 상황은 변할 수 있다.</u> 기업들은 점점 더 커지는 경쟁과 숙련된 전문가에 대한 수요에 직면하면서, 충분히 활용되지 않은 여성 인재들에게 점차 눈을 돌릴 수 있다. (④) 여성들의 능력이 더 널리 인정되면서, 더 많은 기업들이 경쟁력을 유지하기 위해 자격 있는 여성들을 채용하고 보유하려 할 가능성이 있다. 기업들이 이렇게 하지 않으면, 더 혁신적인 경쟁사들에게 소중한 인재들을 잃을 위험이 있다.

해설

글의 중심 소재는 한국의 성 차별적 취업 환경이다. 주어진 문장은 역접의 연결사가 있고 그것이 달라질 수 있다고 했으므로, 주어진 문장 앞에는 That이 구체적으로 지칭하는 내용이 나와야 하고, 앞뒤에서 상이하게 다른 주장이나 설명을 펼치고 있어야 한다. ③의 앞에서는 여성 대졸자의 취업률이 낮다고 설명하고 ③의 뒤에서는 기업들이 충분히 활용되지 않은 이 여성 인재들에게 눈을 돌릴 수 있다고 주장한다. 이후, 기업에서 경쟁력을 유지하기 위해 여성 인력을 채용할 가능성이 커진다고 이야기한다. 따라서 정답은 ③이다.

정답 ③

어휘

deforestation 삼림벌채 destroy 파괴하다 habitat 서식지
species 종 to illustrate 예를 들면 survive ~에서 살아남다
deprive 빼앗다 canopy 임관(지붕) ray 광선 hold in ~을 유지하다
disruption 파괴 temperature 기온 swing 변화 harmful 해로운
furthermore 게다가 maintain 유지하다 atmosphere 대기 effort 노력
prevent 막다 effect 효과 process 과정 desertification 사막화
bitter 격렬한 controversy 논란

해석

삼림벌채는 수백만 종의 자연 서식지를 파괴할 수 있다. 예를 들면, 지구의 육지 동·식물의 70%가 숲에 살고 있어서, 다수가 삼림벌채에서 살아남지 못한다. 또한 삼림벌채는 낮 동안 태양 광선을 차단하고 밤에 열을 유지하는 임관(지붕)을 숲에게서 빼앗는다. 이러한 파괴는 식물과 동물들에게 해로울 수 있는 더 극단적인 기온 변화로 이어진다. 게다가, 나무는 물을 대기로 다시 환원함으로써 물의 순환을 유지하는 데 도움을 준다. 이러한 역할을 해주는 나무가 없다면, 이전에 숲이었던 많은 땅은 빠르게 사막이 될 수 있다.

① 삼림벌채가 환경에 미치는 부정적인 영향
② 전 세계의 삼림벌채를 막기 위한 노력
③ 삼림벌채에 의한 사막화 과정
④ 삼림개발에 대한 격렬한 논란

해설

글의 중심 소재는 삼림벌채이고 특별한 주제문이 없이 삼림벌채가 환경에 미치는 부정적인 영향에 대해 기술하고 있다. 삼림 벌채는 자연 서식지를 파괴하고 임관을 빼앗고, 이로 인해 극단적인 기온 변화가 생기고, 물을 순환시키는 나무의 부족으로 사막화가 진행된다고 주장한다. 따라서 정답은 ① '삼림벌채가 환경에 미치는 부정적인 영향'이다.

정답 ①

10

다음 글의 주제로 가장 적절한 것은?

> Deforestation can destroy natural habitats for millions of species. To illustrate, seventy percent of Earth's land animals and plants live in forests, and many cannot survive the deforestation. Deforestation also deprives the forest of its canopy that blocks the sun's rays during the day and holds in heat at night. This disruption leads to more extreme temperature swing that can be harmful to plants and animals. Furthermore, trees help maintain the water cycle by returning water back into the atmosphere. Without trees to fill these roles, many former forest lands can quickly become deserts.

① Negative effects of deforestation on the environment
② Efforts to prevent deforestation around the world
③ The process of desertification by deforestation
④ A bitter controversy over forest development

DAY 11

| 01 | ① | 02 | ④ | 03 | ④ | 04 | ② | 05 | ③ |
| 06 | ② | 07 | ① | 08 | ③ | 09 | ① | 10 | ② |

[1~3] 밑줄 친 부분에 들어갈 말로 가장 적절한 것을 고르시오.

1

Before starting his own business, he had to obtain a _____ from the local authorities to ensure he was operating legally.

① license
② receipt
③ suggestion
④ opposition

어휘

obtain 받다 authorities (pl.) 당국 ensure 보장하다 operate 운영하다 legally 합법적으로 license 허가증 receipt 영수증 suggestion 제안 opposition 반대

해석

그는 자신의 사업을 시작하기 전에 합법적으로 운영하고 있음을 보장하기 위해 지역 당국으로부터 허가증을 받아야만 했다.

정답 ①

2

_____, she demonstrates remarkable maturity and wisdom beyond her age in every situation she encounters.

① With her being young
② Despite she is young
③ Because being young
④ Young as she is

어휘

demonstrate 보여주다 remarkable 놀라운 maturity 성숙함 wisdom 지혜 encounter 마주하다

해석

그녀는 나이가 어림에도 불구하고 마주하는 모든 상황에서 나이를 뛰어넘는 놀라운 성숙함과 지혜를 보여준다.

해설

[문법포인트] 주요 양보구문 빈칸 뒤의 내용에 비추어 볼 때, 빈칸에는 양보의 내용이 들어가야 한다. 양보구문은 「(As) 명사(무관사)/형용사/부사/분사+as/though+S+V」로 나타낼 수 있으므로 정답은 ④ Young as she is이다. ②의 경우, 의미는 양보가 맞지만 Despite는 전치사이므로 절을 이끌 수 없다. ①은 문법적으로 with 분사구문이 맞지만 양보의 뜻이 없어서 적절하지 않다.

정답 ④

3

Passenger: I'm calling about my upcoming flight. Could you tell me if I can bring an extra bag?
SkyFly Airlines: Yes, you can bring one additional checked bag for a fee.
Passenger: Thanks. Could you also clarify the weight limit for carry-on bags?
SkyFly Airlines: Certainly. Each carry-on should not exceed 10 kg.
Passenger: _____?
SkyFly Airlines: Yes, you can upgrade for extra legroom.

① When should I pay for the extra baggage
② Will my carry-on need to be weighed
③ Are additional bags refundable if not used
④ Do you have any seats with more space

어휘

upcoming 곧 있을 flight 비행편 extra 추가의 airlines (pl.) (다중노선이 있는) 항공사 additional 추가의 fee 비용 clarify 설명하다 weight 무게 limit 제한 carry-on 기내 휴대의; 기내 휴대용 수하물 exceed 초과하다 legroom 다리 뻗는 공간 baggage 수하물 weigh 무게를 재다 refundable 환불이 가능한

해석

승객: 곧 있을 제 비행편에 대해 문의드리려고 전화드렸어요. 추가 가방을 가져갈 수 있는지 알려주시겠어요?
SkyFly 항공사: 네, 유료로 체크인한 가방을 하나 추가로 가져올 수 있습니다.
승객: 감사합니다. 기내 휴대용 가방의 무게 제한도 설명해 주시겠어요?
SkyFly 항공사: 물론입니다. 각 기내 휴대용 수하물은 10kg을 초과해서는 안 됩니다.
승객: 더 넓은 공간이 있는 좌석이 있나요?
SkyFly 항공사: 네, 추가 다리 뻗는 공간을 위해 좌석을 업그레이드할 수 있습니다.

① 추가 수하물 요금은 언제 지불해야 하나요
② 제 기내 휴대용 수하물의 무게를 재야 하나요
③ 사용하지 않은 추가 가방은 환불이 가능한가요

정답 ④

4

밑줄 친 부분 중 어법상 옳지 않은 것은?

The city, like many urban areas, ① faces challenges related to social equity, environmental sustainability, and the provision of adequate public spaces. This project addresses these challenges head-on by proposing a multi-functional public space ② what integrates green infrastructure, community facilities, and recreational areas. This holistic approach aims ③ to create a space that caters to the diverse needs of the community while ④ promoting a sense of belonging and ownership.

어휘
urban 도시의 equity 형평성 sustainability 지속 가능성 provision 제공 adequate 충분한 address 해결하다 head-on 정면으로 multi-functional 다기능의 integrate 통합하다 infrastructure 기반 시설 facilities (pl.) 시설 recreational 여가의 holistic 전체론적인 approach 접근 방식 aim 목표로 하다 cater to ~을 충족하다 diverse 다양한 promote 고취하다 sense of belonging 소속감 sense of ownership 주인의식

해석
많은 도시 지역들처럼, 이 도시는 사회적 형평성, 환경적 지속 가능성, 그리고 충분한 공공 공간 제공과 관련된 문제에 직면해 있다. 이 프로젝트는 친환경 기반 시설, 지역사회 시설, 그리고 여가 공간을 통합하는 다기능 공공 공간을 제안함으로써 이러한 문제들을 정면으로 해결한다. 이러한 전체론적 접근 방식은 공동체의 다양한 필요를 충족하는 공간을 조성하는 동시에, 소속감과 주인의식을 고취하는 것을 목표로 한다.

해설
② [문법포인트] 관계대명사의 선택 밑줄 뒤에 주어가 없는 불완전한 절이 왔고, 문맥상 a multi-functional public space가 선행사이므로 주격 관계대명사 that이나 which를 써야 한다. (what → that/which)

① [문법포인트] 주어 – 동사 수 일치 / 능동태 vs. 수동태 구분 문장의 주어는 The city라는 단수 명사이므로 동사 역시 단수형인 faces가 바르게 쓰였다. 또한 뒤에 목적어가 있으므로 능동태로 바르게 쓰였다.

③ [문법포인트] 완전타동사와 동작의 목적어 aim은 to부정사를 목적어로 취하는 완전타동사이므로 to create가 목적어로 바르게 쓰였다. 또한 뒤에 목적어가 있으므로 능동태로 바르게 쓰였다.

④ [문법포인트] 분사구문 접속사가 생략되지 않은 분사구문으로, 의미상의 주어가 문장의 주어인 This holistic approach이고 주어와 분사가 의미상 능동의 관계이며 분사 뒤에 목적어가 있으므로 현재분사인 promoting이 바르게 쓰였다.

정답 ②

[5~6] 다음 글을 읽고 물음에 답하시오.

(A)

Celebrate the wonders of science and technology at our STEM Expo, where young minds can explore exciting discoveries! This event features interactive exhibits, hands-on experiments, and inspiring talks by scientists. It is a fantastic opportunity for children to stimulate their curiosity and creativity! Don't forget to bring a notebook to jot down ideas.

Event Details:
• Date: Saturday, January 25, 2025
• Time: 10:00 a.m. – 3:00 p.m.
• Location: City Convention Center

Highlights:
• Interactive Exhibits: Explore various scientific concepts through engaging activities.
• Hands-On Experiments: Participate in fun experiments guided by experts.
• Inspiring Speakers: Listen to talks from scientists and innovators.

For more information, visit www.stemexpo.org or call (555) 111-2222.

5
(A)에 들어갈 윗글의 제목으로 가장 적절한 것은?
① Engaging Activities to Inspire Young Learners
② Annual Gathering for STEM Enthusiasts
③ Ignite Curiosity for Young Minds at the Science Fair
④ Technology in the Classroom: Innovations and Ideas

6
위 안내문의 내용과 일치하지 않는 것은?
① 어린이들이 과학과 기술을 배울 기회가 제공된다.
② 아이디어를 기록할 공책이 기념품으로 제공된다.
③ 전문가의 지도를 받으며 실험에 참여할 수 있다.
④ 참가자들은 흥미로운 전시를 관람하게 된다.

어휘
wonder 경이 mind 사람 STEM 과학, 기술, 공학, 수학 분야(Science, Technology, Engineering, and Mathematics) expo 박람회 explore 탐구하다 discovery 발견 feature 특별히 포함하다 interactive 대화형의 hands-on 체험의 inspire 영감을 주다 opportunity 기회 stimulate 자극하다 curiosity 호기심 creativity 창의성 jot down ~을 적다 engaging 흥미로운 experiment 실험 participate in ~에 참여하다 expert 전문가 innovator 혁신가 annual 연례의 gathering 모임 enthusiast 애호가 ignite 자극하다 fair 박람회

해석
(A) 과학 박람회에서 어린이의 호기심을 자극하세요

어린이들이 흥미진진한 발견을 탐구할 수 있는 STEM 박람회에서 과학과 기술의 경이로움을 기념하세요! 이 행사는 대화형 전시, 체험 실험, 그리고 과학자들의 영감을 주는 강연을 특별히 포함하고 있습니다. 아이들이 호기심과 창의성을 자극할 수 있는 환상적인 기회입니다! 아이디어를 적을 공책을 잊지 말고 가져오세요.

행사 세부 정보:
• 날짜: 2025년 1월 25일 토요일
• 시간: 오전 10시 – 오후 3시
• 장소: 시립 컨벤션 센터

주요 볼거리:
- 대화형 전시: 흥미로운 활동을 통해 다양한 과학 개념을 탐구하세요.
- 체험 실험: 전문가가 지도하는 재미있는 실험에 참여하세요.
- 영감을 주는 강연: 과학자와 혁신가들의 이야기를 들어보세요.

더 많은 정보는 www.stemexpo.org를 방문하시거나 (555) 111-2222로 문의하세요.

5 ① 어린 학습자에게 영감을 주는 흥미로운 활동
② STEM 애호가를 위한 연례 모임
④ 교실 속의 기술: 혁신과 아이디어

해설

5 첫 문장에서 어린이들이 발견을 탐구할 수 있는 박람회가 열린다고 했고 세 번째 문장에서 아이들이 호기심과 창의성을 자극할 수 있는 기회라고 소개하고 있다. 따라서 글의 제목으로 가장 적절한 것은 ③ '과학 박람회에서 어린이의 호기심을 자극하라'이다.

6 ② 첫 문단의 마지막 문장에서 공책을 가져오라고 했으므로 글의 내용과 일치하지 않는다.
① 첫 번째 문장에서 어린이들이 발견을 탐구할 수 있는 박람회에서 과학과 기술의 경이로움을 기념하라고 했으므로 글의 내용과 일치한다.
③ <주요 볼거리>의 두 번째 항목에서 전문가가 지도하는 재미있는 실험에 참여하라고 했으므로 글의 내용과 일치한다.
④ <주요 볼거리>의 첫 번째 항목의 소제목이 대화형 전시이고 흥미로운 활동을 한다고 했으므로 글의 내용과 일치한다.

정답 5 ③ 6 ②

7

EcoRide Electric Bus Service에 관한 다음 글의 내용과 일치하지 않는 것은?

Launch of the "EcoRide" Electric Bus Service

On February 15, 2025, a significant launch event for EcoRide, a new electric bus service introduced by the Ministry of Environment and the local transit authority, will take place at City Hall Plaza. EcoRide aims to reduce emissions, improve air quality, and provide quieter travel in urban areas. Following initial testing in select districts, the program's first phase begins in February 2025, with complete implementation expected by June 2027. EcoRide buses, equipped with fast-charging batteries, can charge within 30 minutes and are accessible by using existing transit cards. Designated routes prioritize high-traffic areas to maximize environmental benefits.

① EcoRide buses has been brought in by independent eco-advocacy groups.
② The EcoRide program will be fully operational within two and a half years.
③ EcoRide buses require passengers to use no special transit card.
④ EcoRide buses are designed to charge within half an hour.

어휘

electric 전기의 launch 출범 significant 중요한 transit 교통
authority 당국 take place 열리다 aim 목표로 하다 reduce 줄이다
emission 배기가스 improve 개선하다 initial 초기의 select 엄선된
district 구역 phase 단계 implementation 시행
equipped with ~을 탑재한 fast-charging 고속 충전되는
accessible 이용할 수 있는 designate 지정하다 route 노선
prioritize 우선시하다 maximize 극대화하다 high-traffic 교통량이 많은
benefit 혜택 independent 독립적인 eco-advocacy 환경 보호
operational 운행 가능한 passenger 승객 design 설계하다

해석

'EcoRide' 전기버스 노선 출범

2025년 2월 15일, 환경부와 지역 교통 당국이 도입한 새로운 전기버스 노선인 EcoRide의 중요한 출범 행사가 시청 광장에서 열린다. EcoRide는 배기가스를 줄이고, 대기질을 개선하며, 도심 지역에서 더 조용한 이동을 제공하는 것을 목표로 한다. 엄선된 구역에서의 초기 테스트 이후, 프로그램의 첫 번째 단계는 2025년 2월에 시작되며, 2027년 6월까지 완전한 시행이 예상된다. EcoRide 버스는 고속 충전 배터리를 탑재하고 있어 30분 이내에 충전할 수 있고 기존 교통카드를 사용해서 이용할 수 있다. 지정된 노선은 환경 혜택을 극대화하기 위해 교통량이 많은 지역을 우선시한다.

① EcoRide 버스는 독립적인 환경 보호 단체에 의해 도입되었다.
② EcoRide 프로그램은 2년 반 내에 완전히 운행될 것이다.
③ EcoRide 버스는 승객들이 특별한 교통카드를 사용할 필요가 없다.
④ EcoRide 버스는 30분 이내에 충전되도록 설계되었다.

해설

① 첫 번째 문장에서 환경부와 지역 교통 당국이 도입한 노선이라고 했으므로 글의 내용과 일치하지 않는다.
② 세 번째 문장에서 프로그램의 첫 단계가 2025년 2월에 시작되어 2027년 6월까지 완전한 시행이 예상된다고 했으므로 글의 내용과 일치한다.
③ 네 번째 문장에서 기존 교통카드를 사용해서 이용할 수 있다고 했으므로 글의 내용과 일치한다.
④ 네 번째 문장에서 고속 충전 배터리를 탑재하고 있어 30분 이내에 충전할 수 있다고 했으므로 글의 내용과 일치한다.

정답 ①

8

글의 흐름상 가장 어색한 것은?

Traditional advertising that disrupts entertainment with one-sided sales messages is now ineffective for much of society. ① Consumers, with so many other entertainment options at their fingertips, simply switch over when the ad cuts in. ② Tiresome advert slots and the accompanying decrease in television quality have pushed many audiovisual consumers over to the internet and social media. ③ With the proliferation of social media, it has become essential for everyone to embrace personal branding. ④ You will admit that not even the most addictive HBO series can compete with the personalized feed on social media, given how much time you spend on Instagram, Facebook or YouTube. So where did traditional advertising go wrong? The lack of specific targeting and the scant imagination of some brands have no doubt contributed to the decline and rejection of traditional advertising.

어휘

traditional 전통적인   advertising 광고   disrupt 방해하다
one-sided 일방적인   ineffective 효과가 없는   society 사람들
consumer 소비자   at one's fingertips 당장 사용할 수 있는
switch over 채널을 돌리다   cut in 끼어들다   tiresome 지루한
advert 광고   slot 시간(대)   accompanying 수반되는   decrease 저하
audiovisual 시청각의   proliferation 확산   embrace 받아들이다
admit 인정하다   addictive 중독성이 있는   compete with ~와 경쟁하다
personalize 개인화하다   given ~을 고려하면   lack 부족
specific 구체적인   targeting 표적시장 선정   scant 부족한
contribute to ~의 원인이 되다   decline 감소   rejection 거절

해석

일방적인 판매 메시지로 오락을 방해하는 전통적인 광고는 이제 많은 사람들에게 효과가 없다. ① 소비자들은 당장 사용할 수 있는 다양한 오락 선택지가 많아서, 광고가 끼어들면 그냥 채널을 돌려버린다. ② 지루한 광고 시간과 그에 수반되는 텔레비전 품질 저하는 많은 시청각 소비자들을 인터넷과 소셜 미디어로 떠밀었다. ③ 소셜 미디어의 확산으로, 개인 브랜딩을 받아들이는 것이 모두에게 필수적이 되었다. ④ 당신이 인스타그램, 페이스북, 혹은 유튜브에서 얼마나 많은 시간을 보내는지 고려하면, 가장 중독성 있는 HBO 시리즈조차 소셜 미디어의 개인화된 피드와는 경쟁이 될 수 없다는 것을 인정할 것이다. 그렇다면 전통적인 광고는 어디에서 잘못되었을까? 구체적인 표적시장 선정 부족과 일부 브랜드의 상상력 부족이 전통 광고의 쇠퇴와 거부의 원인이 틀림없다.

해설

글의 중심 소재는 전통 광고의 쇠퇴이고 주제문은 첫 번째 문장으로 전통적인 광고는 더 이상 효과가 없다고 주장한다. ①은 소비자가 광고를 거부하고 있음을, ②는 소비자들이 인터넷과 소셜 미디어에 눈길을 돌렸음을, ④는 텔레비전 시리즈보다 경쟁력이 있는 소셜 미디어에 대한 구체적인 예시를 각각 보여주며, 이후에는 전통적인 광고의 문제에 대해 짚어준다. 이에 비해 ③에서 말하는 '개인 브랜딩'은 이 글에서 말하는 전통 광고의 문제점이나 시청자의 광고 회피와는 직접적 연관성이 적다. 따라서 정답은 ③이다.

정답 ③

9

밑줄 친 부분에 들어갈 말로 가장 적절한 것은?

Grown humans are less logical than babies and chimps, according to new research. Scientists say that the constant pressure for grown-ups to outdo their peers makes them perform worse. The researchers tested 96 children aged between five and ten and asked them to complete the same task as 15 chimpanzees. They were required to sit opposite a peer and two trays with treats were presented to them. One tray allowed the subject to obtain two snacks and their counterpart would be given one while the other gave the chooser three and their fellow participant six. Chimps and younger children (younger than six) acted rationally and picked the second option which gave them more treats. However, older children were more concerned with the amount their peer was getting when picking the more fruitful option. Instead of taking three and giving them six, they decided _____ by choosing the other tray.

① to win the fictional battle of who gets more treats
② to stand up against the social pressure of peers
③ to ignore how many treats are given to their peers
④ not to cloud their judgment of who's winning

어휘

logical 논리적인   chimp 침팬지   constant 지속적인   pressure 압박
outdo 능가하다   peer 또래   complete 완료하다   opposite 맞은편에
tray 쟁반   treat 간식   present 주다   subject 피실험자   obtain 얻다
counterpart 상대방   participant 참가자   rationally 합리적으로
be concerned with ~에 관심이 있다   amount 양   fruitful 유익한
fictional 허구의   battle 싸움   stand up against ~에게 맞서다
ignore 무시하다   cloud 흐리게 하다   judgment 판단

해설

새 연구에 따르면, 성인은 아기와 침팬지보다 덜 논리적이라고 한다. 과학자들은 성인들이 동료를 능가하려는 지속적인 압박감은 그들이 더 나쁘게 수행하게 한다고 말한다. 연구진은 5세부터 10세 사이의 아동 96명을 시험하고 그들에게 침팬지 15마리가 행한 같은 과제를 완료하도록 요청했다. 참가자들은 또래와 맞은편에 앉도록 요청받았고 간식이 담긴 두 개의 쟁반이 그들에게 주어졌다. 첫 번째 쟁반은 피실험자가 두 개의 간식을 얻고 상대방이 하나를 얻게 했고, 두 번째 쟁반은 선택한 사람에게 세 개의 간식을 주고 동료 참가자에게 여섯 개의 간식을 주었다. 침팬지와 (6세 미만의) 어린이들은 합리적으로 행동했고 더 많은 간식을 주는 두 번째 선택지를 골랐다. 하지만 더 나이가 많은 어린이들은 더 유익한 선택지를 고를 때 그들의 동료가 얻는 양에 더 신경을 썼다. 세 개를 얻고 상대방에게 여섯 개를 주는 대신, 그들은 다른 쟁반을 선택함으로써 누가 더 많은 간식을 얻는지에 대한 가상의 싸움에서 이기기로 결정했다.

② 또래의 사회적 압박에 맞서기
③ 상대방에게 얼마나 많은 간식이 주어지는지를 무시하기
④ 누가 승리하는지에 대한 판단을 흐리지 않기

해설

글의 중심 소재는 경쟁심과 논리적 사고 혹은 성과의 상관관계이고 주제문은 두 번째 문장으로 경쟁심에 계속 시달리면 논리성이 떨어지고 결국 더 안 좋은 성과를 낸다고 주장한다. 이를 뒷받침하는 연구를 하나 소개한 뒤, 실험 결과를 제시하는 마지막 문장을 완성하는 문제이다. 우선, 빈칸 문장은 역접의 연결사로 시작하므로 앞 문장과 반대되는 내용이어야 한다. 앞 문장의 참가자들은 합리적으로 행동했다고 했으므로 이 참가자들은 비합리적으로 행동한다는 내용이 되어야 한다. 또한 자신이 3개를 얻을 수 있는 쟁반이 아닌 다른 쟁반을 선택했다고 했으므로, 참가자들이 결과적으로 자신에게 더 많은 간식이 생기는 합리적 선택이 아니라 오로지 상대와의 경쟁에서 승리할 수 있는 비합리적 선택지를 고른다는 의미이다. 따라서 빈칸에는 ① '누가 더 많은 간식을 얻는지에 대한 가상의 싸움에서 이기기'가 들어가야 한다.

정답 ①

해설

마크 트웨인이라는 인물의 소개로 시작해서 작가로서의 시작과 중반부, 말년을 설명한 시간의 흐름으로 글이 구성되었다. 주어진 문장에서 작가가 되기 이전의 경력을 언급했고 (A)에서 작가로서의 첫 경력을 설명하므로 (A)가 가장 먼저 와야 한다. 이후 (C)는 경력의 중반부를 다루며 독특한 미국 문학을 대중화시킨 그의 업적을 기술하고, 마지막으로 (B)에서는 말년에 투자에 실패했다는 내용을 언급하고 있다. 따라서 정답은 ② (A) – (C) – (B)이다.

정답 ②

10
주어진 문장 다음에 이어질 글의 순서로 가장 적절한 것은?

Samuel Langhorne Clemens, better known by his pen name Mark Twain had worked as a typesetter and a riverboat pilot on the Mississippi River before he became a writer.

(A) Mark Twain began his career writing light, humorous verse, but evolved into a chronicler of the vanities and hypocrisies of mankind.
(B) Though Twain earned a great deal of money from his writings and lectures, he lost a great deal through investments in ventures in his later life.
(C) At mid-career, with *The Adventures of Huckleberry Finn*, he combined rich humor, sturdy narrative and social criticism, popularizing a distinctive American literature built on American themes and language.

① (A) – (B) – (C) ② (A) – (C) – (B)
③ (B) – (A) – (C) ④ (B) – (C) – (A)

어휘

pen name 필명   typesetter 식자공   pilot 수로 안내인   verse 시
evolve 발전하다   chronicler 연대기 작가   vanity 허영심   hypocrisy 위선
mankind 인류   earn 벌다   lecture 강연   investment 투자
venture 모험적 사업   at mid-career 도중에   adventure 모험
combine 결합하다   sturdy 견고한   narrative 서술   criticism 비판
popularize 대중화하다   distinctive 독특한   literature 문학   theme 주제

해석

필명 마크 트웨인으로 더 잘 알려진 새뮤얼 랭혼 클레멘스는 작가가 되기 전에 식자공과 미시시피강의 강배 수로 안내인으로 일했다. (A) 마크 트웨인은 경쾌하고 익살스러운 시를 쓰면서 자기 경력을 시작했지만, 인류의 허영심과 위선에 대한 연대기 작가로 발전했다. (C) 경력 중반에, <허클베리 핀의 모험>에서 그는 풍부한 유머, 견고한 서술 그리고 사회적 비판을 결합하여, 미국에 관한 주제와 언어를 토대로 한 독특한 미국 문학을 대중화시켰다. (B) 트웨인은 자신의 글과 강연을 통해 상당한 돈을 벌었지만, 말년에는 모험적 사업에 투자하면서 상당한 돈을 잃었다.

DAY 12

01	③	02	①	03	②	04	④	05	②
06	③	07	④	08	①	09	①	10	②

[1~3] 밑줄 친 부분에 들어갈 말로 가장 적절한 것을 고르시오.

1

To succeed in his new role, the boy needed to be more _____ and not rely on others for every decision.

① pessimistic
② dependent
③ independent
④ passive

어휘

rely on ~에 의지하다   decision 결정   pessimistic 비관적인
dependent 의존적인   independent 독립적인   passive 수동적인

해석

자신의 새 역할에서 성공하기 위해, 그 소년은 더 독립적이어야 하고 모든 결정에 대해 타인에게 의지하지 말아야 한다.

정답 ③

2

She may as well take the challenging job in a new city as _____ in her current role that no longer offers growth or excitement.

① stay
② staying
③ to stay
④ stayed

어휘

challenging 도전적인   current 현재의   excitement 흥미

해석

그녀는 성장이나 흥미를 더 이상 제공하지 않는 현재의 직무에 머무르는 것보다 새로운 도시에서 도전적인 일을 맡는 편이 낫다.

해설

[문법포인트] 조동사의 선택 「may as well A as B」는 'B보다 A가 낫다'라는 의미의 관용어구이며 A와 B에는 모두 동사원형이 들어가야 한다. 따라서 may as well take ~ as 다음에는 동사원형인 ① stay가 들어가야 한다.

정답 ①

3

A: Hello. I'd like to check in.
B: Hello! Could you please provide your ID and let me know the last four digits of your phone number?
A: The last four digits of my phone number are 0190.
B: Thank you. Your reservation is confirmed. You've been assigned a room on the 2nd floor.
A: I was hoping for a room with a better view. _____ _____?
B: Certainly. I'll prepare a room for you on the 8th floor, room 813. Could you please wait for about 30 minutes?
A: Of course, thank you!

① Do you offer room service, and until what time
② Could you provide a room on a higher floor
③ Doesn't a spacious room make the stay comfortable
④ Could you move me to a room on the ground floor

어휘

digit 한 자리 숫자   reservation 예약   confirm 확인하다
assign 배정하다   view 전망   spacious 넓은   comfortable 편안한
ground floor 1층

해석

A: 안녕하세요. 체크인하고 싶습니다.
B: 안녕하세요! 신분증을 보여주시고, 전화번호의 마지막 네 자리를 알려주시겠어요?
A: 제 전화번호의 마지막 네 자리는 0190입니다.
B: 감사합니다. 예약이 확인되었습니다. 2층에 방이 배정되셨습니다.
A: 저는 전망이 더 좋은 방을 원했는데요. 더 높은 층에 있는 방을 제공해 주실 수 있나요?
B: 물론입니다. 8층의 813호로 준비해 드리겠습니다. 약 30분 정도 기다려 주시겠어요?
A: 물론이죠, 감사합니다!

① 룸서비스를 제공하나요, 그리고 몇 시까지 가능한가요
③ 넓은 방이 숙박을 편안하게 만들어주지 않나요
④ 저를 1층 방으로 옮겨주실 수 있나요

정답 ②

4
밑줄 친 부분 중 어법상 옳지 않은 것은?

A growing number of investors like Mr. Hart ① have concluded that a dollar that strengthens with the United States economy will have a ② devastating effect not only on China ③ but on emerging markets in general. Their view is that the trillions of dollars that chased risky investment opportunities in China, Brazil, Turkey and other countries are swiftly exiting and that the pace will pick up when the Federal Reserve eventually ④ will raise interest rates.

어휘
investor 투자자 conclude 결론 내리다 strengthen 강해지다
devastate 파괴하다 have an effect on ~에 영향을 미치다
emerging 신흥의 in general 전반적으로 trillion 1조 chase 뒤쫓다
risky 위험한 investment 투자 swiftly 빠르게 pace 속도
pick up (속도가) 빨라지다 Federal Reserve 연방준비제도
interest rate 금리

해석
Hart 씨와 같은 점점 더 많은 투자자들은 미국 경제와 함께 강세를 보이는 달러가 중국뿐만 아니라 신흥 시장에 전반적으로 파괴적인 영향을 미칠 것이라고 결론 내렸다. 그들의 견해는 중국, 브라질, 터키 및 다른 국가에서 위험한 투자 기회를 뒤쫓은 수조 달러가 빠르게 빠져나가고 있으며 연방준비제도가 결국 금리를 인상하게 되면 그 속도가 빨라질 것이라는 점이다.

해설
④ [문법포인트] 시제일치와 예외 시간과 조건의 부사절에서는 미래시제 대신 현재시제가 사용되므로 when절의 동사인 will raise는 the Federal Reserve라는 단수 주어에 맞게 현재시제 단수형인 raises로 고쳐야 한다. (will raise → raises)

① [문법포인트] 주어 – 동사 수 일치 문장의 주어는 investors이므로 복수형 동사가 바르게 쓰였다.

② [문법포인트] 현재분사 vs. 과거분사 명사의 앞에서 수식하는 분사와 수식 받는 명사 effect와의 관계가 의미상 능동이므로 현재분사 devastating이 바르게 쓰였다.

③ [문법포인트] 등위접속사의 병렬 구조 「not only A but (also) B」는 'A뿐만 아니라 B도'라는 의미의 등위상관접속사이다. 등위상관접속사로 연결된 요소들은 반드시 문법적으로 같은 구조이어야 하므로 A에 해당하는 on China와 같은 구조가 되도록 also가 생략된 but 뒤에 전치사 on이 바르게 쓰였다.

정답 ④

[5~6] 다음 글을 읽고 물음에 답하시오.

To: City Park Maintenance Department
From: Olivia Saunders
Date: September 15
Subject: Regarding our Community Park

To Whom It May Concern,

I hope you are doing well. I am writing to bring attention to several issues at our community park. Recently, I've noticed that some playground facilities in the park, specifically the swings and slides, are in need of repair. There are also several broken benches and overflowing trash cans around the park, which affect the cleanliness and safety of the area.

As a frequent visitor to the park, I believe that addressing these issues will greatly improve the experience for all community members, especially the children who regularly use the playground. I kindly request that your department take the necessary steps to repair the facilities and clean the park grounds.

Thank you for your time. I look forward to seeing these improvements in the near future.

Sincerely,
Olivia Saunders

5
윗글의 목적으로 가장 적절한 것은?
① 공원의 새로운 놀이기구 설치를 제안하려고
② 공원의 시설물 수리와 청소를 요청하려고
③ 공원 청결 유지를 위해 자원봉사를 신청하려고
④ 공원의 놀이기구 사용 규칙을 문의하려고

6
밑줄 친 "facilities"의 의미와 가장 가까운 것은?
① function
② action
③ equipment
④ opportunity

어휘
maintenance 유지보수 regarding ~에 관해 recently 최근에
notice 발견하다 facilities (pl.) 시설 specifically 특히 swing 그네
slide 미끄럼틀 repair 수리; 수리하다 overflow 넘치다 trash 쓰레기
cleanliness 청결 frequent 잦은 address 해결하다 improve 개선하다
regularly 정기적으로 ground 부지 function 기능 action 조치
equipment 설비 opportunity 기회

해석
수신: 시립공원 유지보수과
발신: Olivia Saunders
날짜: 9월 15일
제목: 지역 사회 공원에 관해

관계자분께,

안녕하세요. 저는 우리 지역사회 공원의 몇 가지 문제에 관심을 가져오기 위해 이 글을 씁니다. 최근에, 공원 내 일부 놀이터 시설, 특히 그네와 미끄럼틀이 수리가 필요한 상태임을 발견했습니다. 또한 공원 곳곳에 부서진 벤치와 넘치는 쓰레기통이 있는데, 이는 지역의 청결과 안전에 영향을 미치고 있습니다.

공원을 자주 방문하는 사람으로서, 저는 이러한 문제를 해결하면 모든 지역 사회 구성원들, 특히 놀이터를 정기적으로 이용하는 아이들의 경험을 개선할 수 있다고 믿습니다. 귀 부서에서 해당 시설의 수리와 공원 부지 청소를 위해 필요한 조치를 취해 주시기를 정중히 요청드립니다.

시간을 내어 주셔서 감사드립니다. 가까운 시일에 이러한 개선을 볼 수 있기를 기대하겠습니다.

진심을 담아,
Olivia Saunders

 해설

5 글의 중심 소재는 지역 사회 공원이다. 첫 번째 문단의 두 번째와 세 번째 문장에서 공원 내 놀이터의 시설이 고장 나고 공원이 청결하지 않다고 지적한 뒤, 두 번째 문단의 마지막 문장에서 시설 수리와 공원 부지 청소를 요청한다고 했다. 따라서 글의 목적으로 가장 적절한 것은 ② '공원의 시설물 수리와 청소를 요청하려고'이다.

정답 5 ② 6 ③

7

SMARTPASS Service에 관한 다음 글의 내용과 일치하지 않는 것은?

SMARTPASS Service at Incheon Airport

In the previous year, Incheon International Airport launched the SMARTPASS service, introducing facial recognition technology to streamline the departure process. By registering their facial data, passengers can pass through security without taking out their passports or boarding passes, which makes travel quicker and more convenient. SMARTPASS requires passengers to register their facial information either on a mobile app or at a kiosk, and this registration remains valid for five years. Although facial data replaces the need for document checks at airport security, passengers must still carry their passport and boarding pass. The complete implementation of SMARTPASS is planned for next year, with participating airlines enabling gate access.

① It allows passengers to skip showing their passports at airport security.
② Registered facial recognition data for it is valid for five years.
③ Passengers using it are required to carry their passport.
④ Boarding gates for its users are accessible for all airlines.

어휘

previous 이전의   international 국제적인   launch 시작하다   facial recognition 안면 인식   streamline 간소화하다   departure 출국   process 절차   register 등록하다   passenger 승객   security 보안   take out ~을 꺼내다   boarding pass 탑승권   convenient 편리한   valid 유효한   replace 대체하다   implementation 시행   participate 참여하다   accessible 이용 가능한

 해석

인천공항 SMARTPASS 서비스

지난해, 인천국제공항은 출국 절차를 간소화하기 위해 안면 인식 기술을 도입한 SMARTPASS 서비스를 시작했다. 승객은 얼굴 정보를 등록함으로써 여권이나 탑승권을 꺼낼 필요 없이 보안 검색대를 통과할 수 있으며, 이는 여행을 더 빠르고 편리하게 한다. SMARTPASS는 승객에게 얼굴 정보를 모바일 앱이나 키오스크에서 등록하도록 요구하며, 이 등록은 5년 동안 계속 유효하다. 비록 얼굴 정보가 보안 검색대에서 서류 확인의 필요성을 대체하지만, 승객은 여권과 탑승권을 여전히 소지해야 한다. 참여 항공사들이 탑승구 이용을 가능하게 하면서 SMARTPASS의 완전한 시행은 내년으로 계획되어 있다.

① 승객이 보안 검색대에서 여권을 제시하지 않아도 되게 한다.
② 등록된 안면 인식 데이터는 5년 동안 유효하다.
③ 사용하는 승객은 여권을 소지해야 한다.
④ 서비스 이용자용 탑승구는 모든 항공사에서 이용 가능하다.

해설

④ 마지막 문장에서 참여 항공사가 탑승구 이용을 가능하게 하는 것은 내년으로 계획되어 있다고 했으므로 글의 내용과 일치하지 않는다.
① 두 번째 문장에서 승객이 여권이나 탑승권을 꺼낼 필요가 없다고 했으므로 글의 내용과 일치한다.
② 세 번째 문장에서 얼굴 정보를 등록하면 등록이 5년 동안 유효하다고 했으므로 글의 내용과 일치한다.
③ 네 번째 문장에서 승객은 여권과 탑승권을 여전히 소지해야 한다고 했으므로 글의 내용과 일치한다.

정답 ④

8

밑줄 친 부분에 들어갈 말로 가장 적절한 것은?

Interestingly, in nature, _____.
The distinction between predator and prey offers a clarifying example of this. The key feature that distinguishes predator species from prey species isn't the presence of claws or any other feature related to biological weaponry. The key feature is the position of their eyes. Predators evolved with eyes facing forward — which allows for binocular vision that offers accurate spatial awareness when pursuing prey. Prey, on the other hand, often have eyes facing outward, maximizing peripheral vision, which allows the hunted to detect danger that may be approaching from any angle. Consistent with our place at the top of the food chain, humans have eyes that face forward. We have the ability to gauge depth and pursue our goals, but we can also miss important happening around the edges of our view.

① the more powerful species have a narrower field of vision
② eyes facing outward are linked with the success of hunting
③ eyesight is closely related to the extinction of weak species
④ humans' eyes facing forward enable them to detect danger

어휘

distinction 대비   predator 포식자   prey 피식자   offer 제공하다
clarify 명확하게 하다   feature 특징   distinguish 구별하다   species 종
presence 존재   claw 발톱   weaponry 무기류   evolve 진화하다
allow for ~을 허용하다   binocular vision 양안시(兩眼視)
accurate 정확한   spatial 공간의   awareness 인식   pursue 쫓다
outward 밖으로 향하는   maximize 최대화하다   peripheral 주변의
vision 시야   detect 감지하다   approach 접근하다   angle 각도
consistent 일치하는   gauge 측정하다   depth 거리   edge 가장자리
field of vision 시야   eyesight 시력   extinction 멸종

해석

흥미롭게도, 자연에서, 더 강한 종은 더 좁은 시야를 가지고 있다. 포식자와 피식자의 대비는 이에 대한 명확한 예를 제공한다. 포식자 종과 피식자 종을 구별하는 주요 특징은 발톱이나 생물학적 무기류와 관련된 어떤 다른 특징의 존재가 아니다. 중요한 특징은 눈의 위치이다. 포식자는 앞쪽을 향하고 있는 눈을 가지도록 진화했다 — 이것은 사냥감을 쫓을 때 정확한 공간 인식을 제공하는 양안시를 허용한다. 반면에 피식자는 주변 시야를 최대화하는 바깥쪽을 향하는 눈을 대체로 가지고 있으며, 이것은 사냥당하는 대상이 어떤 각도에서 접근하고 있을지 모르는 위험을 감지할 수 있게 한다. 먹이 사슬의 꼭대기에 있는 우리의 위치와 일치하기 때문에, 인간은 앞쪽을 향하는 눈을 가지고 있다. 우리는 거리를 측정하고 목표물들을 쫓을 수 있는 능력을 갖추고 있지만, 우리 시야의 가장자리에서 일어나는 중요한 사건을 놓칠 수도 있다.

② 바깥을 향하는 눈은 사냥의 성공과 연관이 있다
③ 시력은 약한 종의 멸종과 밀접한 관련이 있다
④ 정면을 향하는 인간의 눈은 위험을 감지할 수 있게 해준다

해설

글의 중심 소재는 포식자와 피식자의 시야 차이이고 주제문은 첫 번째 문장이다. 이후 구체적인 예시와 부연 설명이 제시되므로 빈칸 뒤에 이어지는 내용을 요약해 주제문을 완성해야 한다. 포식자와 피식자의 가장 중요한 특징은 눈의 위치이며 포식자는 먹이 사슬 최상층에 있는 인간처럼 앞쪽을 향하는 눈을 가지고 있어 시야의 가장자리에서 일어나는 중요한 것을 놓칠 수도 있다고 말한다. 즉, 빈칸에는 포식자의 시야가 피식자의 시야보다 좁다는 내용이 들어가야 한다. 따라서 정답은 ① '더 강한 종은 더 좁은 시야를 가지고 있다'이다.

정답 ①

9

주어진 글 다음에 이어질 글의 순서로 가장 적절한 것은?

> Ethical and moral systems are different for every culture. According to cultural relativism, all of these systems are equally valid, and no system is better than another.

(A) There exists an inherent logical inconsistency in cultural relativism, however. If one accepts the idea that there is no right or wrong, then there exists no way to make judgments in the first place. To deal with this inconsistency, cultural relativism creates tolerance.

(B) The basis of cultural relativism is the notion that no true standards of good and evil actually exist. Therefore, judging whether something is right or wrong is based on individual societies' beliefs.

(C) However, with tolerance comes intolerance, which means that tolerance must imply some sort of ultimate good. Thus, tolerance also goes against the very notion of cultural relativism, and the boundaries of logic make cultural relativism impossible.

① (B) – (A) – (C)   ② (B) – (C) – (A)
③ (C) – (A) – (B)   ④ (C) – (B) – (A)

어휘

ethical 윤리적인   moral 도덕적인   relativism 상대주의   valid 타당한
exist 존재하다   inherent 내재된   logical 논리적인   inconsistency 모순
accept 받아들이다   judgment 판단   in the first place 애초에
deal with ~을 처리하다   tolerance 관용   notion 개념   standard 기준
good 선   evil 악   judge 판단하다   belief 신념   intolerance 불관용
imply 내포하다   sort 종류   ultimate 궁극적인   boundary 영역
logic 논리

해석

윤리적 그리고 도덕적 체계는 모든 문화마다 다르다. 문화 상대주의에 따르면, 이 모든 체계는 똑같이 타당하며, 어떠한 체계도 다른 체계보다 우수하지 않다. (B) 문화 상대주의의 기본은 선과 악의 진정한 기준이 실제로 존재하지 않는다는 개념이다. 그러므로 무언가가 옳은지 그른지를 판단하는 것은 개별 사회의 신념에 근거한다. (A) 그러나 문화 상대주의에는 내재된 논리적 모순이 존재한다. 만일 옳고 그름이 없다는 생각을 받아들이면, 애초에 판단을 내릴 방법이 존재하지 않는다. 이 모순을 처리하기 위해, 문화 상대주의는 관용을 만들어 낸다. (C) 그러나 관용에는 불관용이 따르며, 이것은 관용이 일종의 궁극적인 선을 내포하고 있음이 분명하다는 것을 의미한다. 따라서 관용 또한 문화 상대주의라는 바로 그 개념에 반하는 것이며, 논리의 영역이 문화 상대주의를 불가능하게 만든다.

해설

문화 상대주의의 개념과 모순을 다루는 글이다. 주어진 글은 문화 상대주의에 근거해 윤리나 도덕 체계에는 우열이 없다고 주장한다. 이에 대한 부연 설명으로 선과 악의 절대 기준이 존재하지 않는다고 설명하는 (B)가 제일 먼저 와야 한다. 이후 (A)와 (C)는 모두 문화 상대주의의 모순에 대해 다루지만, 문화 상대주의의 모순을 드러내는 구체적인 예시로 든 관용이 (A)에서 먼저 언급되므로 (B) 뒤에는 (A)가 이어져야 한다. 이후 (C)에서는 (선과 악이 있듯이) 관용 또한 반대 개념인 불관용

이 있을 수밖에 없고, 여기서 관용이란 선을 의미하므로 선악이 존재하지 않는 문화 상대주의 자체가 불가능하다고 이야기한다. 따라서 정답은 ① (B) – (A) – (C) 이다.

10
다음 글의 요지로 가장 적절한 것은?

It is first necessary to make an endeavor to become interested in whatever it has seemed worth while to read. The student should try earnestly to discover wherein others have found it good. Every reader is at liberty to like or to dislike even a masterpiece; but he is not in a position even to have an opinion of it until he appreciates why it has been admired. He must make an effort to realize not what is bad in a book, but what is good. The common theory that the critical faculties are best developed by training the mind to detect shortcoming is as vicious as it is false. Any carper can find the faults in a great work; it is only the enlightened who can discover all its merits. It will seldom happen that a sincere effort to appreciate good book will leave the reader uninterested.

① Give attention to a weakness which can damage the reputation of a book.
② Try to understand the value of the book while reading it before judging it.
③ Read books in which you are not only interested but also uninterested.
④ Until the book is finished, keep a critical eye on the theme.

어휘
endeavor 노력 worth while ~할 가치가 있는 earnestly 진지하게
wherein 어떤 점에서 liberty 자유 masterpiece 걸작
appreciate 이해하다 admire 존경하다 realize 깨닫다
common 일반적인 theory 이론 critical 비판적인 faculty 능력
detect 발견하다 shortcoming 단점 vicious 악의의 carper 혹평가
enlightened 견식이 있는 merit 장점 seldom 좀처럼 ~ 않는
sincere 진정한 effort 노력 weakness 약점 reputation 명성
judge 판단하다 critical 비판적인 theme 주제

해석
읽을 가치가 있어 보이는 어떤 것에든 관심을 갖기 위해 노력하는 것이 우선 필요하다. 학생은 다른 사람들이 어떤 점에서 그것을 좋다고 여겼는지를, 발견하려고 진지하게 노력해야 한다. 모든 독자는 심지어 걸작일지라도 좋아하거나 싫어할 자유가 있다; 하지만 그는 왜 그것이 존경받아 왔는지를 이해할 때까지는 그것에 대한 의견조차 가질 위치에 있지 않다. 그는 책에서 무엇이 나쁜지가 아니라 무엇이 좋은지를 깨달으려고 노력해야 한다. 비판력은 단점을 찾아내기 위해 정신을 훈련시킴으로써 가장 잘 개발된다는 일반적인 이론은 그것이 잘못된 것인 만큼이나 악의가 있다. 그 어떤 혹평가라도 위대한 작품에서 결점을 찾아낼 수 있을 것이다; 그 작품의 모든 장점을 찾아낼 수 있는 사람은 오직 견식이 있는 사람들뿐이다. 좋은 책을 감상하려는 진정한 노력이 독자를 흥미 없어 하게 만드는 일은 거의 일어나지 않을 것이다.

① 책의 평판을 손상할 수 있는 약점에 주목하라.
② 책을 판단하기 전에 읽는 동안 그 책의 가치를 이해하려고 노력하라.
③ 당신이 흥미로워하는 책뿐만 아니라 흥미로워하지 않는 책도 읽어라.
④ 책이 끝날 때까지, 그 주제에 대한 비판적인 시각을 유지하라.

해설
글의 중심 소재는 책의 장점을 발견하려는 노력의 중요성이고 주제문은 세 번째 문장의 세미콜론 이후로, 책의 가치를 이해하기 전에는 책을 판단해서는 안 된다고 주장한다. 학생이든 독자든 어떤 책의 장점이 무엇인지 알아내려고 노력해야 하며, 책의 나쁜 점이 아닌 좋은 점을 먼저 알아내려고 애써야 한다고 설명한다. 따라서 이 글의 요지는 ② '책을 판단하기 전에 읽는 동안 그 책의 가치를 이해하려고 노력하라.'가 가장 적절하다.

DAY 13

| 01 | ④ | 02 | ④ | 03 | ③ | 04 | ① | 05 | ② |
| 06 | ② | 07 | ① | 08 | ③ | 09 | ① | 10 | ④ |

1
밑줄 친 부분에 들어갈 말로 가장 적절한 것은?

> After hearing about the difficult situation her colleague was going through, she went out of her way to _____ him with her encouraging words and support.

① confront
② challenge
③ neglect
④ console

어휘
colleague 동료 go through ~을 겪다
go out of one's way 각별한 노력을 하다 encouraging 격려하는
confront 직면하다 challenge 도전하다 neglect 방치하다
console 위로하다

해석
그녀는 동료가 겪고 있었던 어려운 상황에 관해 듣고, 격려의 말과 지지로 그를 위로하기 위해 각별히 노력했다.

정답 ④

2
밑줄 친 (A), (B)에 들어갈 말로 가장 적절한 것은?

> There ___(A)___ a number of secular performances staged in the Middle Ages, the earliest ___(B)___ dates back to 1276, including satirical scenes and folk elements.

	(A)	(B)
①	were	which
②	was	which
③	was	of which
④	were	of which

어휘
secular 세속적인 stage 상연하다 date back to ~로 거슬러 올라가다
satirical 풍자적인 folk 민속적인

해석
중세 시대에 상연된 많은 세속적인 공연들이 있었는데, 그중 가장 초기 작품은 1276년으로 거슬러 올라가며, 풍자적인 장면과 민속적 요소가 포함되어 있다.

해설
(A) [문법포인트] 주어 - 동사 수 일치 / 도치 「There+동사」는 주어가 동사 뒤에 온다. 따라서 동사 뒤에 있는 명사에 수를 일치시켜야 한다. 「a number of + 복수명사」는 복수 취급해야 하므로 were를 써야 한다.

(B) [문법포인트] 관계대명사의 선택 앞에 There were ~의 절이 왔고 바로 주어 the earliest와 동사 date back이 와서 빈칸에는 접속사 역할을 할 수 있는 어구가 들어가야 한다. 주어진 명사 뒤에서 접속사 역할을 할 수 있는 것으로는 소유격 관계대명사 of which가 있다. 선행사인 a number of secular performances와 the earliest가 의미상 소유의 관계이므로 of which가 들어가야 한다.

정답 ④

3
밑줄 친 부분에 들어갈 말로 가장 적절한 것은?

> Sophie Davis: Jake, the coffee machine's out of order again. It's chaos in here!
> Jake Thompson: Oh no! I was just about to grab a cup myself.
> Sophie Davis: Can you grab some coffee from a nearby café and bring one for me too?
> Jake Thompson: Sure thing! I'll go get some coffee now. Anything else I should do while I'm out?
> Sophie Davis: Maybe let everyone know where they can get their coffee for the time being.
> Jake Thompson: Got it. _____
> Sophie Davis: Perfect. Thanks!

① I'll call the repair service to fix the coffee machine.
② I'll order a new coffee machine for the office.
③ I'll send out a quick update and be back soon.
④ I'll prepare a detailed report on the coffee issues.

어휘
out of order 고장 난 chaos 엉망진창 be about to 막 ~하려던 참이다
grab (빠르게) 사다 Sure thing. 물론이죠.

해석
Sophie Davis: Jake, 커피 머신이 또 고장 났어요. 여기 완전 엉망진창이에요!
Jake Thompson: 아이고! 저도 막 커피 한잔하려던 참이었어요.
Sophie Davis: 근처 카페에서 커피를 사서 제 것도 좀 가져다줄 수 있어요?
Jake Thompson: 물론이죠! 바로 가서 커피를 사 올게요. 밖에 나가 있는 동안 다른 할 일은 없나요?
Sophie Davis: 당분간 어디서 커피를 살 수 있는지 모두에게 알려주면 좋을 것 같아요.
Jake Thompson: 알겠습니다. 신속한 공지를 보내고 금방 돌아올게요.
Sophie Davis: 아주 좋아요. 고마워요!

① 커피 머신 수리를 위해 수리 서비스에 전화할게요.
② 사무실에 새로운 커피 머신을 주문할게요.
④ 커피 문제에 대한 상세 보고서를 준비할게요.

정답 ③

4
밑줄 친 부분 중 어법상 옳지 않은 것은?

If the team had secured more funding, they ① could expand their operations much earlier. Instead, they faced multiple setbacks ② that slowed their growth and limited their ability to innovate. Despite the challenges, the leadership remained resilient, ③ finding alternative ways to keep the company afloat. They negotiated new partnerships, improved internal processes, and motivated their employees ④ to push through tough times.

어휘
secure 확보하다 funding 자금 expand 확장하다 operation 사업 활동
setback 좌절 slow 늦추다 limit 제한하다 innovate 혁신하다
resilient 회복력 있는 alternative 대안적인 afloat 빚은 안 질 정도의
negotiate 협상하다 internal 내부의 motivate 동기를 부여하다
push through ~을 버티다 tough 어려운

해석
만약 팀이 더 많은 자금을 확보했다면, 그들은 사업 활동을 훨씬 더 일찍 확장할 수 있었다. 그 대신에, 그들은 성장 속도를 늦추고 혁신 능력을 제한하는 여러 가지 좌절에 직면했다. 어려움에도 불구하고, 지도부는 회복력을 유지하며 회사가 빚을 지지 않을 정도로 유지하는 대안적인 방법을 찾았다. 그들은 새로운 파트너십을 협상하고, 내부 프로세스를 개선하며, 직원들이 어려운 시기를 버틸 수 있도록 동기를 부여했다.

해설
① **[문법포인트] 기본 가정법** 조건절이 가정법 과거완료이고, 의미상 주절도 과거 사실의 반대를 뜻하므로 가정법 과거완료로 써야 한다. 따라서 「조동사(과거형)+have+p.p.」 형태의 could have expanded로 고쳐야 한다. (could expand → could have expanded)
② **[문법포인트] 관계대명사의 선택** 앞에 선행사 multiple setbacks가 있고, 뒤에 주어가 없는 불완전한 절이 왔으므로 주격 관계대명사 that이 바르게 쓰였다.
③ **[문법포인트] 분사구문** 분사구문의 주어가 주절의 주어인 the leadership과 일치하고 the leadership과의 관계가 '지도부는 (대안적인 방법을) 찾았다'라는 능동의 관계이므로 현재분사 finding이 바르게 쓰였다.
④ **[문법포인트] 불완전타동사와 동작의 목적격보어** 불완전타동사 motivate는 목적격보어 자리에 to부정사를 취하므로 목적격보어 to push가 바르게 쓰였다.

정답 ①

[5~6] 다음 글을 읽고 물음에 답하시오.

(A)

Are you passionate about coffee? We invite you to enhance your brewing skills at our upcoming workshop. Whether you're a complete beginner or a seasoned expert, everyone is welcome to explore the rich flavors and brewing techniques that coffee has to offer. Our Hand Drip Coffee Workshop will teach you the art of brewing the perfect cup, allowing you to enjoy the unique experience of hand-dripped coffee.

Workshop Information:
• Date: Saturday, January 11, 2025
• Time: 1:00 PM – 3:00 PM
• Location: Community Center, Room 102
• Age Requirement: 18 years and older

What to Expect:
• Learn about different coffee beans and their origins.
• Discover the brewing process and equipment needed for hand drip coffee.
• Taste various brewing methods and find your unique flavor profile.

Spaces are limited, so please register early to secure your spot. For more information, visit www.coffeeworkshop.org or call us at (555) 234-5678.

5
(A)에 들어갈 윗글의 제목으로 가장 적절한 것은?
① Workshop for Advanced Brewing Techniques
② Join Us in the World of Hand Drip Coffee
③ A Journey Through Coffee Varieties and Cultivation
④ The Art of Roasting: Transforming Beans into Brew

6
위 안내문의 내용과 일치하지 않는 것은?
① 좌석이 제한되어 있어 조기 등록하는 것이 좋다.
② 커피 입문자를 위한 초보자 대상 워크숍이다.
③ 18세 이상이라면 누구나 참여할 수 있다.
④ 참가자는 커피 원두의 품종에 대해 배운다.

어휘
passionate 열정 있는 enhance 향상시키다 brew 추출하다; 커피
seasoned 경험 많은 art 기술 unique 특별한 requirement 요건
origin 기원 equipment 장비 register 등록하다 secure 확보하다
spot 자리 advanced 고급의 variety 품종 cultivation 재배
transform 변신시키다

해석
(A) 핸드 드립 커피의 세계에 동참하세요

커피에 대한 열정이 있으신가요? 저희는 여러분의 커피 추출 기술을 향상할 수 있도록 다가오는 워크숍에 초대합니다. 여러분이 완전한 초보자이든 경험 많은 전문가이든, 누구나 커피가 선사하는 풍부한 풍미와 추출 기술을 탐험하시는 것을 환영합니다. 저희 핸드 드립 커피 워크숍은 완벽한 한 잔을 추출하는 기술을 가르쳐 드릴 것이며, 핸드 드립 커피의 특별한 경험을 즐기실 수 있도록 할 것입니다.

워크숍 정보:
• 날짜: 2025년 1월 11일 토요일
• 시간: 오후 1시 – 오후 3시

- 장소: 커뮤니티 센터 102호
- 연령 요건: 18세 이상

기대할 수 있는 내용:
- 다양한 커피 원두와 그 기원에 대해 알아보세요.
- 핸드 드립 커피에 필요한 추출 과정과 장비에 대해 알아보세요.
- 다양한 추출 방법을 맛보고 여러분만의 독특한 풍미 프로필을 찾아보세요.

자리가 한정되어 있으므로 자리를 확보하기 위해 일찍 등록하세요. 자세한 내용은 www.coffeeworkshop.org에 방문하시거나 (555) 234-5678로 전화하세요.

5 ① 고급 추출 기술을 위한 워크숍
③ 커피 품종과 재배를 탐험하는 여정
④ 로스팅의 기술: 원두의 커피로의 변신

해설

5 첫 번째 단락의 네 번째 문장에서 핸드 드립 커피 워크숍이라고 언급하며, 핸드 드립 커피의 특별한 경험을 즐길 수 있도록 한다고 했고, 이후 워크숍에 대한 정보를 안내하고 있다. 따라서 정답은 ② '핸드 드립 커피의 세계에 동참하세요'이다.

6 ② 세 번째 문장에서 완전한 초보자이든 경험 많은 전문가이든 누구나 환영한다고 했으므로 글의 내용과 일치하지 않는다.
① 마지막 문단의 첫 번째 문장에 자리가 한정되어 있어 자리를 확보하려면 일찍 등록하라고 했으므로 글의 내용과 일치한다.
③ 세 번째 문장에서 누구나 환영한다고 했고, <워크숍 정보>의 '연령 요건'에 18세 이상이라고 되어 있으므로 글의 내용과 일치한다.
④ <기대할 수 있는 내용>의 첫 번째 항목에 다양한 커피 원두와 그 기원에 대해 알아본다고 되어 있으므로 글의 내용과 일치한다.

 5 ② 6 ②

7

다음 글의 목적으로 가장 적절한 것은?

To: All Explorers
From: NASA Team
Date: January 13, 2025
Subject: Regarding Space Flight

Dear adventurous explorers,

NASA has been committed to bringing the wonders of space closer to everyone. Thanks to our tireless efforts, we can offer you an unprecedented opportunity to be part of this exciting mission. Join the first civilian space flight to the International Space Station!

Here are five steps to apply for this extraordinary journey:
1. Visit Our Website: Go to www.nasa.gov/join-space-mission.
2. Complete the Application Form: Fill out all required details accurately.
3. Submit Your Personal Statement: Tell us why you want to be part of this mission.
4. Meet Eligibility Requirements: Applicants must be 18+ and in good health.
5. Prepare for Astronaut Training: Selected individuals will train with NASA experts.

Don't miss this chance to see Earth from orbit. Spots are limited!

Sincerely,
NASA Team

① To inform recipients of how to apply for the civilian space flight
② To inform recipients of the training details for the space exploration
③ To inform recipients of the schedule of the Space Station visit
④ To inform recipients of the medical examination requirements

어휘

explorer 탐험가 adventurous 모험을 즐기는 wonder 경이로움
tireless 지칠 줄 모르는 unprecedented 전례 없는
be part of ~에 참여하다 mission 임무 civilian 민간의
international 국제의 station 정거장 apply for ~을 신청하다
extraordinary 특별한 application form 신청서 accurately 정확하게
submit 제출하다 personal statement 자기소개서 eligibility 자격
requirement 요건 applicant 지원자 in good health 건강한
astronaut 우주비행사 select 선발하다 expert 전문가 orbit 궤도
spot 자리 exploration 탐사 medical examination 건강 검진

해석

수신: 모든 탐험가들
발신: NASA 팀
날짜: 2025년 1월 13일
제목: 우주 비행에 관하여

모험을 즐기는 탐험가 여러분,

NASA는 우주의 경이로움을 모든 사람에게 더 가까이 전하기 위해 전념해 왔습니다. 우리의 지칠 줄 모르는 노력 덕분에 여러분에게 이 흥미진진한 임무에 참여할 수 있는 전례 없는 기회를 제공할 수 있게 되었습니다. 국제우주정거장으로 향하는 최초의 민간 우주 비행에 동참하세요!

이 특별한 여정을 신청하는 5단계는 다음과 같습니다:
1. 우리의 웹사이트를 방문하세요: www.nasa.gov/join-space-mission으로 가세요.
2. 신청서를 작성하세요: 모든 필수 정보를 정확하게 기입하세요.
3. 자기소개서를 제출하세요: 이 임무에 참여하고자 하는 이유를 알려주세요.
4. 자격 요건을 충족하세요: 지원자는 18세 이상이어야 하며 건강해야 합니다.
5. 우주비행사 훈련을 준비하세요: 선발된 지원자는 NASA 전문가와 함께 훈련받게 됩니다.

궤도에서 지구를 볼 수 있는 이 기회를 놓치지 마세요. 자리가 한정되어 있습니다!

진심으로,

NASA 팀
① 민간 우주 비행에 신청하는 방법을 수신인에게 알리기 위해
② 우주 탐사를 위한 교육 세부 정보를 수신인에게 알리기 위해
③ 우주 정거장 방문 일정을 수신인에게 알리기 위해
④ 건강 검진 요건을 수신인에게 알리기 위해

해설
글의 중심 소재는 (민간) 우주 비행이고 주제문은 세 번째 문장이다. 국제우주정거장으로 향하는 최초의 민간 우주 비행에 동참하라고 하며, 이후 참가 방법이 다섯 단계로 자세히 설명되어 있다. 따라서 정답은 ① '민간 우주 비행에 신청하는 방법을 수신인에게 알리기 위해'다.

정답 ①

8
밑줄 친 부분에 들어갈 말로 가장 적절한 것은?

> Equality and social justice are dependent on recognizing that we live and work in a diverse society, and that such diversity is an asset to be valued rather than a problem to be solved. However, this presents some degree of complication when it comes to communication. This is because communication can be seen to work best when people are similar, or at least on a similar wave length. We have to recognize, then, that there is a tension between communication and diversity. We should not be defeatists and challenge this tension. This means that the valuing of diversity is something that _____.

① is difficult to be accepted from the perspective of social harmony
② should be pursued in different languages and cultures
③ should not be abandoned in favor of effective communication
④ can hinder our communication efforts in society

어휘
equality 평등 justice 정의 dependent on ~에 달린 diverse 다양한
asset 자산 value 가치 있게 여기다 present 제시하다
complication 복잡성 when it comes to ~에 관한 한
on the same wave length 의견이 일치하다 recognize 인식하다
tension 긴장 diversity 다양성 defeatist 패배주의자
challenge 도전하다 reluctant 꺼리는 perspective 관점
harmony 조화 pursue 추구하다 abandon 포기하다
in favor of ~을 위해 effective 효과적인

해석
평등과 사회적 정의는 우리가 다양한 사회 속에서 살아가며 일하고 있다는 사실과, 그러한 다양성은 해결되어야 할 문제라기보다는 가치 있게 여겨져야 하는 자산이라는 것을 인식하는 것에 달려있다. 그러나 이것은 의사소통에 관한 한 어느 정도의 복잡성을 제시한다. 왜냐하면 의사소통은 사람들이 유사하거나, 적어도 의견이 일치하는 경우에 가장 잘 이루어진다고 보이기 때문이다. 그렇다면 우리는 의사소통과 다양성 사이에 긴장이 있음을 인식해야 한다. 우리는 패배주의자가 되지 말아야 하며, 이러한 긴장에 도전해야 한다. 이는 다양성을 가치 있게 여기는 것이 효과적인 의사소통을 위해 포기되지 말아야 하는 것임을 의미한다.

① 사회적 조화의 관점에서 수용되기 어려운
② 다양한 언어와 문화 속에서 추구되어야 하는
④ 사회에서 우리의 의사소통 노력을 방해할 수 있는

해설
글의 중심 소재는 다양성과 의사소통의 관계이다. 빈칸이 있는 문장은 다양성을 소중히 여기는 것이 무엇을 의미하는지에 관한 내용으로 앞 문장의 의미를 다시 풀어써 준 것이므로 앞 문장과 일맥상통하는 내용이 되어야 한다. 앞 문장에서 (의사소통과 다양성 사이의 긴장에서) 패배주의자가 되지 말고 거기 도전해야 한다고 했으므로 평등과 사회 정의가 다양성을 가치 있게 여기는 데 의존한다고 주장하는데, 다양성이 의사소통의 복잡함을 초래할 수 있으며, 이로 인해 긴장이 발생한다고 말한다. 글은 이러한 긴장에 도전하되, 효과적인 의사소통을 위해 다양성을 포기해서는 안 된다고 강조하고 있으므로, 정답은 ③ '효과적인 의사소통을 위해 포기되지 말아야 하는'이다.

정답 ③

9
다음 글의 요지로 가장 적절한 것은?

> There's a surprisingly large body of research that praises the cognitive and social benefits of being in a bad mood. A 2006 study in the Journal of Experimental Social Psychology tested subjects on their ability to detect a lie. Subjects who were put in a negative mood by watching a short film about dying of cancer were far more likely to detect lies than subjects who were put in a good mood by watching a clip from a comedy show. Being in a bad mood "increased judges' skepticism toward the targets and improved their accuracy in detecting deceptive communications, while judges in a positive mood were more trusting and gullible." It doesn't end there. Feeling happy can decrease our accuracy as eyewitnesses and our ability to communicate strategically, while feeling bad can enhance these skills. One study found that happiness might blind us to our emotion-induced impairments.

① When being in a bad mood, your judgmental power increases.
② The way to improve your life is by always feeling bad.
③ You should judge in a good mood in order to be trusted.
④ When you are happy, you'll be emotionally impaired.

어휘
praise 높이 평가하다 cognitive 인지적인 benefit 이점
experimental 실험의 psychology 심리학 subject 피험자
detect 감지하다 negative 부정적인 cancer 암
flip 클립: 영화 중 일부만 따로 떼어서 보여 주는 부분 judge 판단자
skepticism 의심 target 대상 accuracy 정확도 deceptive 기만적인
positive 긍정적인 trusting 사람을 믿는 gullible 속기 쉬운
eyewitness 목격자 strategically 전략적으로 enhance 향상시키다

blind 눈치채지 못하게 만들다   induce 유발하다   impairment 결점

해설
기분이 나쁠 때의 인지적 및 사회적 이점을 높이 평가하는 연구는 놀라울 정도로 많다. 2006년 실험 사회심리학 저널의 한 연구는 거짓말을 감지하는 능력에 대해 피험자를 시험했다. 암으로 죽는다는 내용의 단편 영화를 보고 부정적인 기분을 느끼게 된 피험자들은 코미디 쇼의 클립을 보고 기분이 좋게 된 피험자들보다 거짓말을 감지할 가능성이 훨씬 더 높았다. 기분이 나쁜 상태에 있는 것은 "대상에 대한 판단자의 의심을 높이고 기만적인 커뮤니케이션을 감지하는 정확도를 높인 반면, 긍정적인 기분의 판단자는 사람을 더 믿으려 하고 속기 쉬웠다." 이것은 거기서 끝나지 않는다. 행복을 느끼는 것은 목격자로서의 정확도와 전략적으로 소통하는 우리의 능력을 떨어뜨리지만, 기분이 나쁜 것은 이러한 기술들을 향상시킨다. 한 연구는 행복이 감정으로 인한 결점을 눈치채지 못하게 만들 수도 있다는 사실을 발견했다.

① 기분이 좋지 않을 때는 판단력이 증가한다.
② 삶을 개선하는 방법은 항상 나쁜 기분을 느끼는 것이다.
③ 신뢰를 받으려면 기분이 좋을 때 판단해야 한다.
④ 행복하면 정서적으로 장애가 생길 것이다.

해설
글의 중심 소재는 나쁜 기분의 인지적 및 사회적 이점이다. 첫 번째 문장에서 주제가 제시되고 이후 나쁜 기분에 빠진 피험자들이 거짓말 탐지 능력이 높아졌지만, 좋은 기분에 있는 피험자들은 더 믿으려 하고 속아 넘어가기 쉬웠다는 한 실험의 결과를 소개한다. 이후 행복한 기분이 목격자의 정확도를 떨어뜨리고 전략적으로 의사소통하는 능력을 저하시킬 수 있지만, 나쁜 기분은 이러한 기술을 향상시킬 수 있다고 했다. 따라서 정답은 ① '기분이 좋지 않을 때는 판단력이 증가한다.'이다.

정답 ①

10
주어진 글이 들어갈 위치로 가장 적절한 것은?

> This led them to study insects, which work tirelessly, complete tasks perfectly, and possess impressive strength for their size.

For a long time scientists and engineers have struggled to fulfill their vision of man-like machines — with little success. (①) The progress of developing robots with artificial intelligence has been so slow that during the late-1980s many American companies, which had formed divisions to build and sell advanced robots, abandoned their efforts. (②) Not long ago, though, a few far-seeing scientists and engineers began to believe it was the old dream of creating machines in man's image that had caused so much trouble. (③) If a robot were modeled after some other kind of living creature, they reasoned, perhaps it would be more functional and easier to build. (④) They accomplish all this with small brains. The brain of an insect with an above-average IQ carries about as much computing power as a personal computer.

어휘
insect 곤충   tirelessly 지칠 줄 모르고   complete 완수하다
possess 가지고 있다   impressive 인상적인   struggle 고군분투하다
fulfill 실현하다   artificial 인공의   intelligence 지능   division 부서
advanced 고급의   abandon 포기하다   effort 노력
far-seeing 선견지명이 있는   model 모형을 만들다   reason 추론하다
functional 기능적인   accomplish 달성하다   average 평균
computing power 연산력   personal 개인용의

해설
오랫동안 과학자들과 엔지니어들은 인간 같은 기계에 대한 비전을 실현하기 위해 고군분투해왔지만 — 거의 성공을 거두지 못했다. (①) 인공지능 로봇 개발의 진전이 너무 더뎌서 1980년대 후반에 고급 로봇을 만들고 판매하기 위해 부서를 구성했던 많은 미국 기업이 그들의 노력을 포기했다. (②) 그러나 얼마 전에 몇몇 선견지명이 있는 과학자들과 엔지니어들은 많은 문제를 일으켜 왔던 것은 인간의 형상을 한 기계를 만들려는 오래된 꿈이라고 믿기 시작했다. (③) 그들은 만약 로봇이 다른 종류의 살아있는 생명체를 모형으로 만들어진다면, 더 기능적이고 만들기 쉬울 것이라고 추론했다. (④) 이는 지칠 줄 모르고 일하고, 작업을 완벽히 완수하고, 크기에 비해 인상적인 힘을 가지고 있는 곤충을 연구하도록 이끌었다. 그들(곤충)은 작은 두뇌로 이 모든 것을 달성한다. 평균 이상의 지능을 가진 곤충의 뇌는 개인용 컴퓨터만큼이나 많은 연산력을 가지고 있다.

해설
글의 중심 소재는 곤충을 모델로한 로봇 개발이다. 주어진 문장은 '이는 그들이 곤충을 연구하도록 했다'라고 하며 작은 곤충이 해내는 일들에 대해 나열한다. ④의 앞에서 과학자와 엔지니어가 로봇이 사람이 아닌 다른 생명체를 모형으로 한다면 기능적이며 만들기 쉬울 것이라고 했고, ④의 뒤에서 곤충(They)이 작은 두뇌로 이 모든 것을 달성한다고 했다. 주어진 문장의 'This'는 ④의 앞 내용을 의미하고, 'them'은 과학자와 엔지니어들을 의미한다. 그리고 ④ 뒤의 'all this'는 주어진 문장의 내용을 말하므로 정답은 ④이다.

정답 ④

DAY 14

| 01 | ③ | 02 | ④ | 03 | ③ | 04 | ① | 05 | ② |
| 06 | ④ | 07 | ④ | 08 | ② | 09 | ② | 10 | ④ |

[1~3] 밑줄 친 부분에 들어갈 말로 가장 적절한 것을 고르시오.

1

The scientist's discovery had an _____ impact on the field of medicine, which revolutionized the existing treatment methods for several diseases.

① trivial
② mutual
③ immense
④ subsidiary

어휘
discovery 발견   impact 영향   field 분야   revolutionize 혁신을 일으키다
existing 기존의   disease 질병   trivial 사소한   mutual 서로의
immense 엄청난   subsidiary 부수적인

해석
그 과학자의 발견은 의학 분야에 엄청난 영향을 미쳤고, 그것은 여러 질병에 대한 기존의 치료법에 혁신을 일으켰다.

정답 ③

2

The teacher was disappointed with the student _____ the assignment, as it was not completed on time.

① to forget
② to have forgotten
③ being forgotten
④ having forgotten

어휘
disappointed 실망한   assignment 과제   complete 완료하다
forget 잊어버리다

해석
그 선생님은 학생이 과제를 잊어버린 것에 실망했는데, 그 과제가 제시간에 완료되지 않았기 때문이다.

해설
[문법포인트] 준동사의 형태 변화 전치사 with의 목적어 자리이므로 동명사가 와야 한다. the student는 동명사의 의미상의 주어이다. 학생이 과제를 잊어버린 것은 선생님이 실망한 일보다 과거의 일이므로 완료형 동명사 형태인 having p.p.를 써야 한다. 또한 의미상의 주어 the student와 forget의 관계는 능동이므로 능동형 동명사로 써야 한다. 따라서 정답은 ④ having forgotten이다.

정답 ④

3

A: Any idea for this weekend?
B: How about going to the park near the old town?
A: That's a great idea.
B: I'm thinking of making sandwiches and cookies for us.
A: It makes my mouth watery only thinking about it.
B: By the way, _____
A: No worries, we can still enjoy the food indoors.

① how about staying home?
② I'm not very skilled in the kitchen.
③ what if it rains?
④ I have another appointment that day.

어휘
old town 구시가지   make one's mouth watery 군침이 돌게 하다
by the way 그런데   indoors 실내에서   skilled 능숙한
appointment 약속

해석
A: 이번 주말에 뭐 할지 아이디어 있어?
B: 구시가지 근처의 공원에 가는 거 어때?
A: 그거 좋은 생각이야.
B: 우리를 위해 샌드위치랑 쿠키를 만드는 걸 생각 중이야.
A: 생각만 해도 군침이 도네.
B: 그런데, 비가 오면 어쩌지?
A: 걱정하지 마, 실내에서도 음식을 즐길 수 있어.

① 집에 있는 건 어때?
② 난 주방에서 그렇게 능숙하지 않아.
④ 나 그날 다른 약속이 있어.

정답 ③

4

밑줄 친 부분 중 어법상 옳은 것은?

Dictionary.com added a new batch of words. Like every group of additions to the dictionary, the new entries reflect ① what English speakers are interested in right now. For example, if you don't feel like ② to label yourself a Mr. or a Ms. and would rather leave your gender ③ hiding, you may as well ④ to choose Mx. (pronounced like mix), a gender-neutral option.

어휘
batch 묶음   addition 추가   entry 항목   reflect 반영하다   label 적다
gender 성별   pronounce 발음하다   neutral 중립적인

해석
Dictionary.com은 새로운 단어 묶음을 추가했다. 사전의 모든 추가 그룹처럼, 새로운 항목들은 현재 영어 사용자가 관심을 가지는 것을 반영한다. 예를 들어, 만약

당신이 자신을 Mr.나 Ms.라고 적고 싶지 않고, 성별을 숨기게 하고 싶다면, 성 중립적인 선택인 (mix처럼 발음되는) Mx.를 선택하는 것이 낫다.

해설
① **[문법포인트] 명사절 접속사의 선택** reflect의 목적절을 이끄는 접속사가 필요한데, 뒤의 문장에 in의 목적어가 없으므로 완전하지 않다. 따라서 what이 바르게 사용되었다.
② **[문법포인트] 준동사 주요 표현** '~하고 싶다'는 「feel like -ing」로 나타낸다. 따라서 to부정사가 아니라 동명사 labeling으로 고쳐야 한다. (to label → labeling)
③ **[문법포인트] 불완전타동사와 동작의 목적격보어** leave는 목적어와 목적격보어의 관계가 능동일 때 목적격보어 자리에 현재분사를 쓰고, 수동일 때 과거분사를 쓴다. 목적어(your gender)와 목적격보어의 관계가 수동이므로 과거분사 hidden으로 고쳐야 한다. (hiding → hidden)
④ **[문법포인트] 조동사의 선택** may as well은 '~하는 것이 낫다'라는 뜻으로, 뒤에 동사원형이 와야 한다. 따라서 to choose를 동사원형 choose로 고쳐야 한다. (to choose → choose)

정답 ①

[5~6] 다음 글을 읽고 물음에 답하시오.

Wireless Noise-Canceling Headphones

Product Introduction
Wireless Noise-Canceling Headphones are designed to give you an immersive audio experience while blocking out unwanted background noise. Whether you're traveling, working, or simply relaxing at home, these headphones will help you focus on what matters most — your music, podcasts, or calls.

Materials
These headphones are constructed from high-quality, lightweight materials for comfort during extended use. The ear cushions are made from memory foam covered in soft vegan leather, which ensures a snug fit without compromising on comfort. The <u>durable</u> headband is made from stainless steel, providing both style and longevity.

Features
- Active Noise Cancelation: Advanced technology that effectively reduces ambient noise, allowing you to enjoy your audio without distractions.
- Long Battery Life: Up to 30 hours of playtime on a single charge, with a quick charge feature that provides 5 hours of playback from just a 15-minute charge.
- Touch Controls: Intuitive touch-sensitive controls for easy music playback, call management, and voice assistant activation.

5
윗글에서 Wireless Noise-Canceling Headphones에 관한 내용과 일치하는 것은?
① They are designed for wired connections only.
② They utilize excellent, lightweight materials in their design.
③ The memory foam cushions are covered with genuine leather.
④ They provide up to 5 hours of playback on a single charge.

6
밑줄 친 "durable"의 의미와 가장 가까운 것은?
① flimsy   ② resilient
③ delicate   ④ long-lasting

어휘
wireless 무선의   noise-canceling 소음을 차단하는   introduction 소개
immersive 몰입감 있는   block out (빛·소리를) 차단하다
background 배경   matter 중요하다   materials (pl.) 재료
construct 구성하다   lightweight 경량의
vegan leather 비건 가죽: 동물 가죽이 아닌 식물의 껍질로 만든 인조 가죽
snug 꼭 맞는   fit 잘 맞음   compromise 타협하다   comfort 편안함
durable 오래 견디는   longevity 내구성   feature 기능   active 능동적인
effectively 효과적으로   reduce 줄이다   ambient 주위의
distraction 방해   playtime 재생 시간   charge 충전   playback 재생
intuitive 직관적인   touch-sensitive 터치 감응식의   management 관리
assistant 지원   activation 활성화   flimsy 조잡한   resilient 회복력 있는
delicate 부서지기 쉬운   long-lasting 오래 지속되는

해석
무선 소음 차단 헤드폰

제품 소개
무선 소음 차단 헤드폰은 원치 않는 배경 소음을 차단하면서 몰입감 있는 오디오 경험을 제공하도록 설계되었습니다. 이동 중이든, 일하는 중이든, 단순히 집에서 휴식하는 중이든, 이 헤드폰은 당신이 가장 중요한 것 — 음악, 팟캐스트 또는 통화 — 에 집중하도록 도와줍니다.

재료
이 헤드폰은 장시간 사용의 편안함을 위해 고품질의 경량 재료로 구성되었습니다. 귀의 쿠션은 부드러운 비건 가죽으로 덮인 메모리 폼으로 만들어져 있어, 편안함에 관해 타협하지 않으면서 꼭 잘 맞는 상태를 보장합니다. 오래 견디는 헤드밴드는 스테인리스 스틸로 제작되어, 스타일과 내구성 모두를 제공합니다.

특징
- 능동적인 소음 차단: 주위의 소음을 효과적으로 줄이는 첨단 기술로, 당신이 방해받지 않고 오디오를 즐기게 해 줍니다.
- 긴 배터리 수명: 한 번의 충전으로 최대 30시간의 재생 시간을 제공하며, 15분 충전으로 5시간의 재생을 제공하는 급속 충전 기능이 있습니다.
- 터치 조정: 직관적인 터치 감응식 조정으로 음악 재생, 통화 관리, 음성 지원 활성화가 쉽습니다.

5 ① 유선 연결 전용으로 설계되었다.
② 설계에 우수하고 가벼운 소재를 활용한다.
③ 메모리 폼 쿠션은 진짜 가죽으로 덮여 있다.
④ 한 번 충전으로 최대 5시간의 재생을 제공한다.

> **해설**

5 ② <재료>의 첫 번째 문장에 고품질의 경량 재료로 제작되었다고 했으므로 글의 내용과 일치한다.
① 제목에서 제품명이 무선(wireless)이고 글에 유선 연결에 대한 언급은 없으므로 글의 내용과 일치하지 않는다.
③ <재료>의 두 번째 문장에 메모리 폼이 비건 가죽으로 덮여 있다고 했으므로 글의 내용과 일치하지 않는다.
④ <특징>의 두 번째 항목에서 한 번 충전으로 최대 30시간의 재생이 된다고 했으므로 글의 내용과 일치하지 않는다.

정답 5 ② 6 ④

7

다음 글의 내용과 일치하지 않는 것은?

> The Blue Horizon Art Studio offers various workshops and classes in painting, pottery, and sculpture for people of all ages. The studio is open Tuesday through Sunday, from 10:00 a.m. to 8:00 p.m., and is closed on Mondays. Participants must register in advance for all classes, and materials are included in the class fees.
>
> Private lessons are available upon request and must be scheduled at least a week in advance. A gallery inside the studio displays artwork created by students, which is open to the public during studio hours. Admission to the gallery is free, though donations are appreciated to support studio maintenance and materials.
>
> Free parking is available in the lot adjacent to the studio.
>
> For more information, visit bluehorizonstudio.com or call (555) 123-4567.

① The art studio is open six days a week.
② Materials are provided at no additional cost.
③ The gallery exhibits artwork of the students.
④ Private lessons can be provided on the spot.

> **어휘**

pottery 도예   sculpture 조각   participant 참가자   register 등록하다
in advance 사전에   materials (pl.) 재료   include 포함하다   fee 요금
private 개인의   request 요청   schedule 일정을 잡다   display 전시하다
artwork 작품   admission 입장   donation 기부   appreciate 환영하다
maintenance 유지   lot (특정 용도용) 부지   adjacent 가까운
additional 추가의   exhibit 전시하다   on the spot 현장에서

> **해석**

Blue Horizon 미술 스튜디오는 모든 연령대를 위한 그림, 도예, 조각에 관한 다양한 워크숍과 수업을 제공합니다. 스튜디오는 화요일부터 일요일까지 오전 10시부터 오후 8시까지 운영되며, 월요일은 휴무입니다. 참가자는 모든 수업에 사전 등록해야 하며, 수업료에 재료가 포함되어 있습니다.

개인 지도는 요청 시 제공되며 최소 일주일 전에 일정이 잡혀야 합니다. 스튜디오 내부 갤러리는 학생들이 만든 작품을 전시하며, 이곳은 스튜디오 운영 시간 동안 일반인들에게 개방됩니다. 갤러리 입장은 무료이지만, 스튜디오 유지와 재료 지원을 위한 기부는 환영됩니다.

스튜디오에서 가까운 부지에 무료 주차가 가능합니다.

더 자세한 정보는 bluehorizonstudio.com을 방문하시거나 (555)-123-4567로 전화해 주세요.

① 이 미술 스튜디오는 주 6일 운영된다.
② 재료는 추가 비용 없이 제공된다.
③ 갤러리는 학생들의 작품을 전시한다.
④ 개인 지도는 현장에서 제공될 수 있다.

> **해설**

④ 두 번째 문단의 첫 번째 문장에서 개인 지도는 최소 일주일 전에 일정을 잡아야 한다고 했으므로 글의 내용과 일치하지 않는다.
① 첫 번째 문단의 두 번째 문장에서 스튜디오가 화요일부터 일요일까지 운영되고 월요일은 휴무라고 했으므로 글의 내용과 일치한다.
② 첫 번째 문단의 세 번째 문장에서 수업료에 재료가 포함되어 있다고 했으므로 글의 내용과 일치한다.
③ 두 번째 문단의 두 번째 문장에서 스튜디오의 갤러리는 학생들이 만든 작품을 전시한다고 했으므로 글의 내용과 일치한다.

정답 ④

8

밑줄 친 부분에 들어갈 말로 가장 적절한 것은?

> In the 1990s, some researchers observed that French people — despite eating lots of saturated fat — tended to have low rates of heart disease. Dubbing this phenomenon the "French paradox," they speculated that regular wine consumption may be protecting their hearts from disease. In the early-2000s, evidence began to pile up tying Mediterranean-style eating and drinking patterns with longer lifespans. One component of these diets that got a lot of attention was the consumption of wine — red wine, in particular. But one of the challenges in assessing the health effects of red wine is the fact that _____. A 2006 study revealed that wine drinkers often buy healthier foods than beer drinkers, which might explain some longevity benefits associated with wine. Dr. Claudia Kawas suggests this association may be due to factors related to alcohol consumption rather than alcohol itself.

① wine shows greater health benefits than beer
② other lifestyle variables can muddy the evidence
③ dietary therapy is all that matters for a vigorous life
④ one's habit of grocery shopping is more pivotal than wine consumption

> **어휘**

observe 관찰하다   saturated fat 포화지방   dub 별명을 붙이다
phenomenon 현상   paradox 역설   speculate 추측하다

consumption 섭취 evidence 증거 pile up 쌓이다
tie A with B A와 B를 결부시키다 Mediterranean 지중해식의
lifespan 수명 component 요소 attention 주목 assess 평가하다
reveal 밝히다 longevity 장수 benefit 이점 associate 관련시키다
suggest 말하다 association 연관성 variable 변수 muddy 흐리게 하다
dietary therapy 식이요법 matter 중요하다 vigorous 활기찬
pivotal 중요한

해석
1990년대에 일부 연구자들은 프랑스 사람들이 — 많은 포화지방을 섭취함에도 불구하고 — 심장 질환 발생률이 낮은 경향이 있다는 것을 관찰했다. 그들은 이 현상에 '프랑스인의 역설'이라는 별명을 붙이며, 주기적인 와인 섭취가 질환으로부터 그들의 심장을 보호하는 중일지도 모른다고 추측했다. 2000년대 초반에는 지중해식 식습관과 음주 패턴을 더 긴 수명과 결부시키는 증거가 쌓이기 시작했다. 이러한 식단 중 큰 주목을 받은 한 가지 요소는 와인 — 특히, 레드 와인 — 의 섭취였다. 그러나 레드 와인의 건강 효과를 평가하는 데 있어서의 어려움 중 하나는 <u>다른 생활 방식 변수들이 증거를 흐릴 수 있다</u>는 사실이다. 2006년 연구에서는 와인을 마시는 사람들이 맥주를 마시는 사람들보다 보통 더 건강한 식품을 구매한다는 점을 밝혀냈으며, 이는 와인과 관련된 장수의 일부 이점을 설명할 수 있다. Claudia Kawas 박사는 이 연관성이 알코올 자체보다는 알코올 섭취와 관련된 요인들 때문일 수 있다고 말한다.

① 와인이 맥주보다 더 큰 건강 이점을 보여준다
③ 식이요법이 활기찬 삶을 위해 중요한 전부이다
④ 식료품 쇼핑 습관이 와인 섭취보다 더 중요하다

해설
글의 중심 소재는 레드 와인의 건강 효과에 관한 연구와 관련된 논란이다. 빈칸이 글의 중반부에 있으므로 구체적인 근거는 빈칸 뒤에 제시되어 있을 가능성이 높다. 글의 후반부에서는 와인을 마시는 사람들이 맥주를 마시는 사람들보다 더 건강한 식품을 구매하는 경향이 있다고 말하며, 와인과 장수의 연관성이 알코올 섭취와 관련된 요인에 기인한 것일 수 있다고 한다. 따라서 빈칸에는 알코올 그 자체가 아니라 다른 요인에 대한 언급이 와야 하므로 정답은 ② '다른 생활 방식 변수들이 증거를 흐릴 수 있다'이다.

정답 ②

9
다음 글의 요지로 가장 적절한 것은?

> The two-year-old child dances for her father when he comes home, before he takes her in his arms. The smallest child who is capable of any action is capable of making it worth watching, of capturing adult attention for a time. Though we learn early on that we can't always command others' attention, we never quite stop seeking it; we become our own observers and imagine others, whether people or gods, watching us too. Even without an audience, we instinctively perform — telling ourselves stories that frame our actions as if they're always worthy of attention. In deciding what to do or how to do it, we often ask ourselves what these watchers would think of us. And then we pretend. We tell ourselves stories about what we are doing as individuals, framing our actions all the while as deserving an audience. To imagine yourself totally without an audience would be painful and difficult.

① 우리는 가정교육을 통해 적절한 사회 규범을 배운다.
② 우리는 누군가가 우리를 지켜봐 주기를 바라며 행동한다.
③ 부모는 자기 자녀의 실수에 더 엄격한 기준을 적용한다.
④ 주변 사람의 관심은 어린이의 창의력 발달을 촉진한다.

어휘
take ~ in one's arms ~을 품에 안다 capable ~할 수 있는
worth -ing ~할 가치가 있다 capture 사로잡다 attention 관심
for a time 잠시 pretend 가식적으로 행동하다 frame (틀에 따라) 만들다
deserve ~을 누릴 자격이 있다 audience 관객 totally 완전히
painful 고통스러운

해석
두 살짜리 아이는 아빠가 귀가해서 그녀를 품에 안아주기 전에 아빠를 위해 춤을 춘다. 어떠한 행동도 할 수 있는 가장 작은 아이도 그 행동을 볼 만한 가치가 있는 것으로 만들 수 있고, 어른의 관심을 잠시 사로잡을 수 있다. 우리는 다른 사람들의 관심을 항상 받을 수는 없다는 것을 일찍 배우지만, 우리는 그것을 추구하기를 결코 완전히 멈추지 않는다; 우리는 우리 자신에 대한 관찰자가 되고, 사람들이든 신이든 다른 이들이 우리를 또한 지켜보고 있다고 상상한다. 관객이 없을 때조차 우리는 직감적으로 행동한다 — 우리의 행동을 항상 주목할 가치가 있는 것처럼 만들어 낸 이야기를 자신에게 말한다. 무엇을 할지 혹은 그것을 어떻게 할지 결정하는 데 있어 이러한 관찰자들이 우리에 대해서 어떻게 생각할지 우리는 종종 우리 자신에게 묻는다. 그리고 나서 우리는 가식적으로 행동한다. 우리는 시종일관 우리의 행동들을 관객을 누릴 자격이 있는 것으로 만들면서, 개인으로서 우리가 무엇을 하고 있는지에 대한 이야기를 우리 자신에게 이야기한다. 완전히 관객이 없는 당신 자신을 상상하는 것은 고통스럽고 힘들 것이다.

해설
글의 중심 소재는 주목받고 싶은 인간의 욕망이다. 세 번째 문장이 주제문으로 우리는 결코 주목받고 싶은 마음을 멈추지 않는다고 한다. 우리가 어릴 때부터 타인의 관심을 끌고 싶어 하며, 자라면서도 자신을 관찰하고 다른 이들의 눈을 의식하게 된다고 한다. 이러한 주목에 대한 의식이 우리의 행동에 영향을 미치고 우리가 마치 관객이 있는 것처럼 행동한다고 말한다. 따라서 글의 요지는 ② '우리는 누군가가 우리를 지켜봐 주기를 바라며 행동한다.'이다.

정답 ②

10
주어진 문장이 들어갈 위치로 가장 적절한 것은?

> The great news is that this is true whether or not we remember our dreams.

Some believe there is no value to dreams, but it is wrong to dismiss these nocturnal dramas as irrelevant. There is something to be gained in remembering. (①) We can feel more connected, more complete, and more on track. We can receive inspiration, information, and comfort. Albert Einstein stated that his theory of relativity was inspired by a dream. (②) In fact, he claimed that dreams were responsible for many of his discoveries. (③) Asking why we dream makes as much sense as questioning why we breathe. Dreaming is an integral part of a healthy life. (④) Many people report being inspired with a new approach for a problem upon awakening, even though they don't remember the specific dream.

어휘
value 가치 dismiss 일축하다 nocturnal 밤에 일어나는
irrelevant 무의미한 gain 얻다 complete 완전한
on track 순조롭게 진행되는 inspiration 영감 comfort 위안
state 말하다 relativity 상대성 inspire 영감을 주다 claim 주장하다
responsible ~의 원인이 되는 discovery 발견 make sense 타당하다
integral 필수적인 upon ~하자마자 awaken (잠에서) 깨다
specific 구체적인

해석
어떤 사람들은 꿈에는 가치가 없다고 믿지만, 밤에 일어나는 이 드라마를 무의미한 것이라고 일축하는 것은 잘못된 일이다. 기억하는 것에서 얻어지는 무언가가 있다. (①) 우리는 더 관련이 있고, 더 완전하고, 더 순조롭게 진행되고 있다고 느낄 수 있다. 우리는 영감, 정보, 그리고 위안을 얻을 수 있다. 알버트 아인슈타인은 그의 상대성 이론이 꿈에서 영감을 받았다고 말했다. (②) 사실상 그는 꿈이 그의 발견 중 많은 것의 원인이 되었다고 주장했다. (③) 우리가 왜 꿈을 꾸느냐고 묻는 것은 우리가 왜 숨을 쉬는지를 묻는 것만큼이나 타당하다. 꿈꾸는 것은 건강한 삶에 있어서 필수적인 부분이다. (④) 좋은 소식은 우리가 꿈을 기억하든지 못하든지 이것이 사실이라는 것이다. 많은 사람이 구체적인 꿈을 기억하지 않더라도, 깨어나자마자 문제에 대한 새로운 접근법에 관한 영감을 받는다고 말한다.

해설
주어진 문장 앞에는 this가 가리키는 것이 앞에 와야 하고 뒤에는 whether or not we remember our dreams, 즉 꿈을 기억한다거나 못한다거나 하는 예시가 제시되어야 함을 알 수 있다. ④의 앞에서는 꿈이 건강한 삶의 필수라고 말하고 뒤에서는 꿈을 기억하지 못한다는 내용이 언급되어 있다. 꿈이 건강한 삶의 필수라는 것이 this에 해당하고 뒤에 꿈의 기억에 관한 내용이 나왔으므로 주어진 문장은 ④에 들어가야 한다.

정답 ④

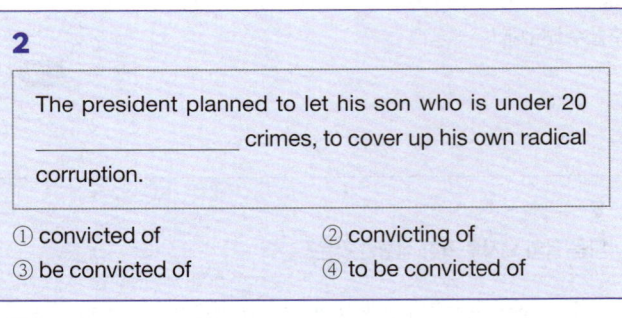

[1~3] 밑줄 친 부분에 들어갈 말로 가장 적절한 것을 고르시오.

1

> New York City is considering using traffic-camera violations to _____ reckless driving by requiring frequent violators to attend a safety course.

① curb   ② spur
③ demean   ④ emit

어휘
violation 위반 reckless 난폭한 frequent 상습적인 violator 위반자
attend 출석하다 curb 억제하다 spur 장려하다
demean 품위를 손상시키다 emit (빛·열·가스·소리 등을) 내다

해석
뉴욕시는 상습 위반자에게 안전 교육 과정에 출석하도록 하여 난폭한 운전을 억제하기 위해 교통 카메라 위반을 활용하는 것을 고려하는 중이다.

정답 ①

2

> The president planned to let his son who is under 20 _____ crimes, to cover up his own radical corruption.

① convicted of   ② convicting of
③ be convicted of   ④ to be convicted of

어휘
crime 범죄 cover up (실수·범행 등을) 은폐하다 radical 극단적인
corruption 부패 convict 유죄 판결을 내리다

해석
대통령은 자신의 극단적인 부패를 은폐하기 위해 20세 미만인 아들이 범죄로 유죄 판결을 받도록 할 계획을 세웠다.

해설
[문법포인트] 불완전타동사와 동작의 목적격보어 사역동사 let은 목적격보어 자리에 수동의 의미를 전달할 때 「be + p.p.」 형태로 쓰고, '목적어가 ~하도록 시키다'라는 의미를 나타낸다. 목적어 his son (who is under 20)과 convict의 관계가 수동이므로 정답은 ③ be convicted of이다.

정답 ③

3

> Aron Maxwell: Hello, I'm calling to check if my reservation at your hotel includes breakfast.
> Riverview Hotel: Yes, our standard reservations include a complimentary breakfast buffet.
> Aron Maxwell: Perfect! Could I also request an extra pillow for my room?
> Riverview Hotel: Certainly, we'll make sure an extra pillow is provided for your stay.
> Aron Maxwell: _____?
> Riverview Hotel: It's available in the lounge on the ground floor.

① When does breakfast start each morning
② Can I upgrade to a suite with breakfast
③ Is there a late check-out option available
④ Where can I find the breakfast buffet

어휘

reservation 예약   include 포함하다   standard 일반적인
complimentary 무료의   buffet 뷔페   pillow 베개   ground floor 1층
suite (호텔의) 스위트룸

해석

Aron Maxwell: 안녕하세요, 호텔의 제 예약에 조식이 포함되어 있는지 확인하려고 전화했습니다.
Riverview 호텔: 네, 저희의 일반 예약에는 무료 조식 뷔페가 포함되어 있습니다.
Aron Maxwell: 아주 좋군요! 제 방에 추가 베개 요청도 할 수 있을까요?
Riverview 호텔: 물론입니다, 귀하가 숙박하시는 동안 추가 베개를 준비해 드리겠습니다.
Aron Maxwell: 조식 뷔페는 어디에서 찾을 수 있나요?
Riverview 호텔: 1층 라운지에서 이용하실 수 있습니다.

① 매일 아침 조식은 언제 시작되나요
② 조식이 포함된 스위트룸으로 업그레이드할 수 있나요
③ 이용할 수 있는 늦게 퇴실할 수 있는 옵션이 있나요

정답 ④

4

밑줄 친 부분 중 어법상 옳지 않은 것은?

> One factor contributing to failures in business, ① in which the leading company ② considered more innovative to achieve its goals was expected to outperform its competitors, is ③ what the firm may not have regarded its rivals ④ as threatening to its market dominance.

어휘

contribute to ~의 원인이 되다   leading 선도적인   innovative 혁신적인
achieve 달성하다   outperform 능가하다   competitor 경쟁사   firm 기업
regard A as B A를 B로 여기다   threatening 위협적인   dominance 우위

해석

회사의 목표를 달성하는 데 더 혁신적인 것으로 간주되는 선도적인 기업이 경쟁사를 능가할 것으로 예상되었던 사업에서 실패의 원인이 된 한 가지 요소는 그 기업이 경쟁사를 시장 우위를 위협한다고 여기지 않았을 수 있다는 점이다.

해설

③ [문법포인트] 명사절 접속사의 선택 주어가 One factor이고, 동사는 is이다. 따라서 동사 is 뒤에는 보어인 명사절이 와야 한다. 접속사 뒤의 절의 형태가 완전하므로 what이 아닌 that이 와야 바르다. (what → that)

① [문법포인트] 관계대명사의 선택 선행사 business가 있고 뒤의 절이 완전하다. 또한 뒤의 절은 내용상 business라는 분야 혹은 영역 내에서 일어난 일을 설명하고 있으므로 관계대명사 which 앞에 전치사 in을 붙인 in which가 계속적 용법으로 바르게 쓰였다. 관계부사 where로 대체할 수도 있다.

② [문법포인트] 현재분사 vs. 과거분사 관계대명사 절의 주어는 the leading company이고, 동사는 was expected이다. 주어인 명사 the leading company를 후치 수식하는 분사가 주어와 의미상 수동 관계이므로 과거분사 considered가 바르게 쓰였다.

④ [문법포인트] 불완전타동사의 목적격보어 불완전타동사 regard는 「regard + 목적어 + as + 목적격보어」의 형태로 쓰인다. 또한 목적어와 목적격보어의 관계가 능동이므로 as threatening이 바르게 쓰였다.

정답 ③

[5~6] 다음 글을 읽고 물음에 답하시오.

> **(A)**
>
> As the seasons change and cooler weather approaches, it's important to take steps to protect your health and well-being. We are pleased to announce a free flu vaccination program for seniors in our community. Protect yourself and those around you by getting vaccinated this flu season.
>
> **Event Details:**
> • Date: Friday, January 17, 2025
> • Time: 9:00 a.m. – 3:00 p.m.
> • Location: Senior Center, 456 Elm Street
>
> **Who Can Participate:** This program is available for all seniors aged 65 and older.
>
> **What to Bring:** Please bring your ID and insurance card. The vaccination is free, regardless of insurance status.
>
> **Additional Information:**
> • No appointment is necessary; walk-ins are welcome.
> • After receiving your vaccine, enjoy complimentary refreshments.
>
> For more information, please contact us at (555) 678-9012 or visit our website at www.seniorfluclinic.org.

5
(A)에 들어갈 윗글의 제목으로 가장 적절한 것은?
① Protect Yourself During the Seasonal Change
② Health Fair for Local Seniors
③ Free Flu Vaccination for the Elderly
④ Flu Season Preparedness Workshop

6
위 안내문의 내용과 일치하지 않는 것은?
① 이 프로그램은 65세 이상의 모든 노인에게 제공된다.
② 예방접종을 받기 위해 사전 예약이 필요하다.
③ 예방접종 후 무료 다과가 제공된다.
④ 본인 확인을 위해 신분증과 보험 카드를 지참해야 한다.

어휘
approach 다가오다   step 조치   announce 알리다   flu 독감
vaccination 예방접종   senior 어르신   vaccinate 예방 주사를 맞히다
participate 참가하다   insurance 보험   regardless of ~에 상관없이
status 자격   appointment 예약   walk-in 예약하지 않은 방문(객)
complimentary 무료의   refreshment 다과   seasonal 계절의
fair 박람회   the elderly 어르신들   preparedness 대비

해석
(A) 어르신들을 위한 무료 독감 예방접종

계절이 바뀌고 더 추운 날씨가 다가오면서 건강과 웰빙을 지키기 위한 조치를 하는 것이 중요합니다. 우리 지역의 어르신들을 위한 무료 독감 예방접종 프로그램을 알리게 되어 기쁩니다. 이번 독감 시즌에 예방접종을 받아 여러분과 주변 사람들을 보호하세요.

행사 세부 사항:
• 날짜: 2025년 1월 17일 금요일
• 시간: 오전 9시 - 오후 3시
• 장소: Elm 가 456번지 노인 센터

참여 대상: 이 프로그램은 65세 이상의 모든 어르신이 이용하실 수 있습니다.

준비물: 신분증과 보험 카드를 지참해 주세요. 예방접종은 보험 자격에 상관없이 무료입니다.

추가 정보:
• 어떤 예약도 필요하지 않습니다; 예약하지 않은 방문객을 환영합니다.
• 백신 접종 후 무료 다과를 즐겨보세요.

더 많은 정보를 원하시면, (555) 678-9012에 연락하시거나, 웹사이트 www.seniorfluclinic.org를 방문하세요.

5 ① 환절기에 여러분 자신을 지키세요
② 지역 어르신들을 위한 건강 박람회
④ 독감의 계절 대비 워크숍

해설
5 두 번째 문장에서 지역 어르신을 위한 무료 독감 예방접종 프로그램을 알린다고 했고, 이후 예방접종 행사의 세부 내용에 대해서 안내하고 있으므로 글의 제목으로 ③ '어르신들을 위한 무료 독감 예방접종'이 적절하다.

6 ② <추가 정보>의 첫 번째 항목에서 어떤 예약도 필요하지 않다고 했으므로 글의 내용과 일치하지 않는다.

① <참여 대상>에 65세 이상의 모든 어르신이 이용할 수 있다고 했으므로 글의 내용과 일치한다.
③ <추가 정보>의 두 번째 항목에서 백신 접종 후 무료 다과를 즐기라고 했으므로 글의 내용과 일치한다.
④ <준비물>에 신분증과 보험 카드를 지참해 달라고 했으므로 글의 내용과 일치한다.

정답 5 ③ 6 ②

7
Office of Community Engagement에 관한 다음 글의 내용과 일치하는 것은?

> **Office of Community Engagement (OCE)**
> **Responsibilities**
> The OCE is the main agency focused on fostering community involvement and participation within the state. Its responsibilities include organizing volunteer opportunities, supporting local programs, and promoting civic engagement among residents. The OCE's mission is to strengthen community ties and ensure that all voices are heard in decision-making processes. It also conducts outreach programs to educate citizens about their rights and responsibilities. When issues arise in the community, the OCE collaborates with other agencies and local government to address residents' concerns effectively.

① It focuses on promoting interaction between states.
② It emphasizes strengthening community relationships.
③ It educates businesses about their rights and responsibilities.
④ It independently resolves community issues.

어휘
engagement 참여   responsibility 책무   agency 기관   foster 촉진하다
involvement 개입   participation 참여   organize 조직하다
volunteer 자원봉사   promote 촉진하다   civic 시민의   resident 주민
strengthen 강화하다   tie 유대   ensure 보장하다   conduct 시행하다
outreach 지원 활동   right 권리   arise 발생하다   collaborate 협력하다
address 해결하다   effectively 효과적으로   interaction 상호작용
emphasize 강조하다   independently 독립적으로   resolve 해결하다

해석
지역사회 참여국(OCE)의 책무

OCE는 주 내에서 지역사회의 개입과 참여를 촉진하는 데에 중점을 두는 중심 기관이다. OCE의 책무는 자원봉사 기회를 조직하고, 지역 프로그램을 지원하며, 주민들의 시민 참여를 촉진하는 것을 포함한다. OCE의 사명은 지역사회의 유대를 강화하고 의사 결정 과정에 모든 목소리가 들릴 수 있도록 보장하는 것이다. 또한 OCE는 시민들의 권리와 책임에 관해 그들을 교육하는 지원 활동 프로그램을 시행한다. 지역사회에 문제가 발생했을 때, OCE는 주민의 문제를 효과적으로 해결하기 위해 다른 기관 및 지방 정부와 협력한다.

① 주 간의 상호작용 촉진에 중점을 둔다.
② 지역사회 관계 강화를 강조한다.

③ 기업에 그들의 권리와 책임에 관해 교육한다.
④ 지역사회 문제를 독립적으로 해결한다.

해설

② 세 번째 문장에서 지역사회의 유대를 강화하는 것이 사명이라고 했으므로 글의 내용과 일치한다.
① 첫 번째 문장에서 주 내 지역사회의 개입과 참여를 촉진하는 데에 중점을 둔다고 했으므로 글의 내용과 일치하지 않는다.
③ 네 번째 문장에서 시민들에게 시민의 권리와 책임을 교육한다고 했으므로 글의 내용과 일치하지 않는다.
④ 다섯 번째 문장에서 문제 해결을 위해 타 기관 및 지방 정부와 협력한다고 했으므로 글의 내용과 일치하지 않는다.

정답 ②

8
다음 글의 제목으로 가장 적절한 것은?

All kinds of medicines have been blamed as potential accident-causers. For example, many tranquilizers, cold medications and motion-sickness drugs can make you sleepy and inattentive, destroy your judgment and slow your reaction time. Some pain relievers can make you feel overconfident. This can lead to careless behavior, such as ignoring speed limits and driving in and out of traffic. And some high-blood-pressure drugs and muscle relaxants can make you dizzy. A Los Angeles police officer found a man in his late sixties sitting motionless in his car, gripping the steering wheel without noticing that the stoplight had changed to green. The officer recalls, "The man did not speak clearly and showed a lack of balance — typical signs of drunkenness. However, it turned out he'd simply been taking blood-pressure medication along with a tranquilizer."

* tranquilizer: 신경 안정제

① Careless Driving
② Causes of Traffic Accidents
③ Effective Medical Treatment
④ Side Effects of Drugs

어휘

blame 비난하다 potential 잠재적인 accident 사고
causer 원인이 되는 것 medication 약 motion-sickness 멀미의
inattentive 부주의한 pain reliever 진통제
overconfident 지나치게 자신만만한
in and out of traffic 차량 사이를 들락날락하는 muscle 근육
relaxant 이완제 dizzy 어지러운 motionless 가만히 있는 grip 쥐다
steering wheel (자동차의) 핸들 stoplight 정지 신호등 recall 회상하다
clearly 명확하게 typical 전형적인 sign 기색 drunkenness 취한 상태
turn out 밝혀지다 effective 효과적인 medical 의학의
side effect 부작용

해석

모든 종류의 약이 잠재적인 사고 원인이 되는 것으로 비난받아 왔다. 예를 들어, 많은 신경 안정제, 감기약, 멀미약은 당신이 졸리고 부주의하게 만들고, 판단력이 없게 만들고, 반응 시간을 늦출 수 있다. 일부 진통제는 지나치게 자신감을 느끼게 할 수 있다. 이는 제한 속도를 무시하고 차량 사이를 들락날락하며 운전하는 것과 같은 부주의한 행동으로 이어질 수 있다. 그리고 일부 고혈압 약과 근육 이완제는 당신을 어지럽게 할 수 있다. 한 로스앤젤레스 경찰관은 60대 후반의 남성이 정지 신호등이 초록 불로 바뀐 것을 알아차리지 못하고 핸들을 쥐고 자신의 차 안에서 가만히 앉아 있는 것을 발견했다. "그 남성은 말을 명확하게 하지 않았고 균형을 잃은 모습을 보였는데 – 전형적인 취한 상태의 기색이었습니다. 그러나 그것은 그가 단순히 신경 안정제와 함께 고혈압 약을 먹었던 것으로 밝혀졌습니다."라고 경찰관은 회상한다.

① 부주의한 운전
② 교통사고의 원인
③ 효과적인 의학 치료
④ 약물의 부작용

해설

글의 중심 소재는 약물의 사고 유발 위험성이고, 주제문은 첫 번째 문장이다. 특정 약물이 운전과 같은 상황에서 사고를 유발할 수 있는 위험성을 설명한다. 진정제, 감기약, 멀미약 등은 졸음과 주의력 저하를 유발할 수 있고, 일부 진통제와 혈압약은 지나친 자신만만함이나 어지럼증을 일으켜 부주의한 행동을 초래할 수 있다고 한다. 마지막에 한 예시로, 한 남성이 혈압약과 진정제를 함께 먹은 후 집중력과 균형을 잃은 사례가 소개되어 약물의 위험성을 강조하고 있다. 따라서 글의 제목으로 적절한 것은 ④ '약물의 부작용'이다.

정답 ④

9
밑줄 친 부분에 들어갈 말로 가장 적절한 것은?

When someone asks us, "How does that work?" or "Why does that happen?" we tend to answer the question directly if we know the answer. After all, it is efficient. Another person asks a question; we provide the answer to the question. However, the problem with this is that the direct approach can have an unintended consequence: the loss of confidence. Although the question wanted for an explanation, what the asker received was a statement of fact. Why does oil float on top of water in a glass? Relative density. What causes climate change? Increased CO_2 in the atmosphere. Giving direct, accurate, and factual answers may seem to solve the problem from the perspective of the answerer. But in reality, it can shut the asker down. If the asker isn't familiar with relative density or CO_2, he or she is likely to move on rather than ask a follow-up question or probe for related ideas. This is a failure in the form of a lost opportunity. A skilled explainer learns to see the intent behind the question and formulate an answer that focuses on understanding instead of _____.

① efficiency ② diversity
③ fluency ④ honesty

어휘

work 작동하다 directly 직접적으로 after all 결국 efficient 효율적인
approach 접근법 unintended 의도하지 않은 consequence 결과
loss 상실 confidence 자신감 explanation 설명 statement 진술
float 뜨다 relative density 상대 밀도 atmosphere 대기
accurate 정확한 factual 사실적인 perspective 관점
shut down ~의 입을 닫게 만들다 familiar 친숙한
move on (다른 주제로) 넘어가다 follow-up question 후속 질문
probe 탐구하다 skilled 숙련된 intent 의도 formulate 공들여 나타내다
efficiency 효율성 diversity 다양성 fluency 유창성 honesty 정직

해석

누군가 우리에게 "그건 어떻게 작동하나요?" 또는 "왜 그런 일이 일어나나요?"라고 물으면, 답을 안다면 우리는 그 질문에 직접적으로 답하려는 경향이 있다. 결국, 이것이 효율적이다. 또 다른 사람이 질문을 한다; 우리는 그 질문에 대한 답을 제공한다. 그러나, 이것의 문제는 직접적인 접근법이 의도하지 않은 결과를 가져올 수 있다는 것이다: 자신감의 상실이다. 질문은 '설명'을 원했지만, 질문자가 받은 것은 사실의 진술이었다. 유리잔에 담긴 기름이 왜 물의 맨 위에 뜨는가? 상대 밀도. 기후 변화의 원인은 무엇인가? 대기 중 이산화탄소의 증가. 직접적이고 정확하며 사실적인 답변을 하는 것은 답변자의 관점에서 문제를 해결하는 것처럼 보일 수 있다. 하지만 실제로는 이것이 질문자가 입을 닫게 만들 수 있다. 질문자가 상대 밀도나 이산화탄소에 익숙하지 않으면 그는 후속 질문을 하거나 관련 아이디어에 관해 탐구하기보다 (다른 주제로) 넘어갈 가능성이 있다. 이는 기회를 잃은 형태의 실패이다. 숙련된 설명자는 질문 이면의 의도를 파악하고 효율성 대신 이해에 초점을 맞춘 답변을 공들여 나타내는 법을 배운다.

② 다양성 ③ 유창성 ④ 정직

해설

글의 중심 소재는 직접적이고 사실적인 답변의 한계이고, 주제문은 네 번째 문장이다. 직접적인 답변이 의도하지 않은 문제를 만들어낼 수 있다고 주장한 뒤, 빈칸이 있는 마지막 문장에서 주제를 보강한다. 직접적이고 사실적인 답변이 효율적일 수는 있으나 질문자의 이해를 돕지 못하고, 오히려 질문자가 추가적인 질문을 하지 않게 만들어 탐구할 기회를 잃게 만든다고 설명한다. 빈칸이 있는 마지막 문장에서 능숙한 설명자는 질문 뒤에 숨겨진 의도를 이해하고, 빈칸 대신 이해에 초점을 둔 대답을 한다고 했다. 즉 빈칸에는 직접적이고 사실적인 답변의 특징인 ① '효율성'이 와야 한다.

 ①

10

주어진 글 다음에 이어질 글의 순서로 가장 적절한 것은?

> The vast majority of farmers lived in permanent settlements; only a few were nomadic shepherds. Settling down caused most people's turf to shrink dramatically.

(A) Peasants, on the other hand, spent most of their days working a small field or orchard, and their domestic lives centred on a cramped structure of wood, stone or mud, measuring no more than a few dozen metres — the house. The typical peasant developed a very strong attachment to this structure.

(B) Ancient hunter-gatherers usually lived in territories covering many dozens and even hundreds of square kilometres. 'Home' was the entire territory, with its hills, streams, woods and open sky.

(C) This was a far-reaching revolution, whose impact was psychological as much as architectural. Henceforth, attachment to 'my house' and separation from the neighbours became the psychological hallmark of a much more self-centred creature.

① (A) – (C) – (B) ② (B) – (A) – (C)
③ (B) – (C) – (A) ④ (C) – (B) – (A)

어휘

majority 다수 permanent 영구적인 settlement 정착지
nomadic 유목의 shepherd 양치기 settle down 정착하다
turf 활동 반경 shrink 축소되다 dramatically 급격히 peasant 농부
orchard 과수원 domestic 가정의 centred on ~에 중심을 두다
cramped 비좁은 structure 구조물 mud 진흙
measure (치수·길이·양 등이) ~이다 no more than 단지 ~에 지나지 않는
dozen 십여 개 typical 전형적인 attachment 애착 ancient 고대의
hunter-gatherer 수렵채집인 territory 영토 hill 언덕 stream 개울
far-reaching 지대한 영향을 가져올 revolution 혁명 impact 영향
psychological 심리적인 architectural 건축적인 henceforth 이후로
separation 분리 hallmark 특징 self-centred 자기중심적인
creature (생명이 있는) 존재

해석

대다수의 농부들은 영구 정착지에 살았다: 오직 소수만이 유목민 양치기였다. 정착하는 것은 대부분 사람의 활동 반경이 급격히 축소되도록 했다. (B) 고대의 수렵채집인들은 보통 수십, 심지어 수백 제곱킬로미터에 달하는 영토에 살았다. '집'은 언덕, 개울, 숲, 탁 트인 하늘이 있는 전체 영토였다. (A) 반면에 농부들은 하루의 대부분을 작은 밭이나 과수원에서 일하며 보냈으며, 가정 생활은 단지 몇십 미터에 지나지 않는 나무, 돌, 진흙으로 된 비좁은 구조물 — 집 — 에 중심을 두었다. 전형적인 농부는 이 구조물에 매우 강한 애착을 갖게 되었다. (C) 이는 지대한 영향을 가져온 혁명이었고, 그 영향은 건축적인 것만큼이나 심리적이기도 했다. 이후로, '내 집'에 대한 애착과 이웃과의 분리는 훨씬 더 자기중심적인 존재의 심리적인 특징이 되었다.

해설

글의 중심 소재는 농업혁명으로 인한 정착 생활이다. 주어진 글에서 대다수의 농부들이 정착했고, 정착하면서 활동 반경이 줄었다는 내용이 나온다. 주어진 글 이후에 농부들이 정착하게 되면서 영토가 줄어드는 과정에 대한 설명이 나올 것임을 유추할 수 있다. 맨 처음에 넓은 영토를 집으로 삼았던 시대적으로 앞선 고대의 수렵채집인들에 대해 설명하고 있는 (B)가 나와야 한다. 이후에 on the other hand로 연결되어 이와 대조적인 내용을 다루는 (A)가 오게 된다. 넓은 자연을 집으로 여겼던 고대의 수렵채집인들과 달리 농부에게 있어서는 집이 비좁은 구조물이었다는

대조적인 내용이 이어지는 것이 자연스럽다. 마지막으로 (C)의 This는 수렵채집 생활에서 정착 생활로 이어지는 전 과정을 언급한 앞의 내용을 지칭하므로 (B) - (A) 뒤에 (C)가 나와야 한다. 따라서 정답은 ② (B) - (A) - (C)이다.

정답 ②

[11~13] 밑줄 친 부분에 들어갈 말로 가장 적절한 것을 고르시오.

11

The thick, porous sponge has the property of _____ moisture so that it leaves no trace of liquid behind when coffee spills out of the cup into the countertop.

① digesting　　　　② suppressing
③ diffusing　　　　④ absorbing

어휘
thick 두꺼운　porous 구멍이 많은　property 특성　moisture 습기
trace 흔적　liquid 액체　spill out 넘쳐흐르다　countertop 조리대
digest 소화하다　suppress 진압하다　diffuse 분산시키다
absorb 흡수하다

해석
두껍고 구멍이 많은 스펀지는 커피가 컵에서 조리대로 넘쳐흐를 때 액체의 흔적이 남지 않도록 습기를 흡수하는 특성이 있다.

정답 ④

12

The historic building standing in the middle of the city is said _____ by an architect in the early 1900s when urban architecture began to flourish.

① to design　　　　② to be designed
③ to have designed　　④ to have been designed

어휘
historic 역사적인　architect 건축가　architecture 건축
flourish 번성하다　design 설계하다

해석
도시 한가운데에 있는 역사적인 건물은 도시 건축이 번성하기 시작한 1900년대 초에 한 건축가에 의해 설계되었다고 한다.

해설
[문법포인트] 동사의 유형별 수동태 / 준동사의 형태 변화　is/was said[believed, thought, expected]의 뒤에는 동작의 to부정사가 오며 이때 주어와는 태를, 동사와는 시제를 일치시켜야 한다. design은 주어인 The historic building과는 '설계되다'라는 의미로 수동의 관계이고, 동사인 is said보다 design된 것이 더 과거의 일이므로 완료부정사의 수동형인 ④ to have been designed가 정답이다.

정답 ④

13

A: Hi, may I speak to Lee?
B: This is Lee speaking.
A: Oh, hey, Lee! How's it going?
B: I'm doing well. What's up?
A: Could we meet for lunch tomorrow to discuss the new project?
B: Sure! _____?
A: How about the new Chinese place next door?
B: Sounds good. See you there.

① Where did you have in mind
② Did you already make a reservation
③ Can we push it back to the evening
④ How about bring your boss along

어휘
How's it going? 잘 지내요?　What's up? 무슨 일이에요?
discuss 논의하다　have ~ in mind ~을 염두에 두다　detailed 자세한
push back (회의 등을) 미루다　bring along ~을 데려오다

해석
A: 안녕하세요, Lee와 통화할 수 있을까요?
B: 제가 Lee입니다.
A: 어 저기요 Lee! 잘 지내요?
B: 잘 지내고 있어요. 무슨 일이에요?
A: 내일 점심에 만나서 새 프로젝트를 논의할 수 있을까요?
B: 물론이죠! 어디를 염두에 두고 계셨나요?
A: 옆집에 새로 생긴 중국집은 어때요?
B: 좋을 것 같습니다. 거기서 봬요.

② 벌써 예약을 해두었나요
③ 저녁으로 미룰 수 있을까요
④ 당신 상사를 모셔오는 건 어떨까요

정답 ①

14

밑줄 친 부분 중 어법상 옳지 않은 것은?

The immediate and ① potentially dangerous future of AI lie detection is not with governments but in the private market. Politicians who support projects like iBorderCtrl ultimately ② have to answer to voters, and most AI lie detectors could be barred from court under the same legal precedent that governs the polygraph. Private corporations, however, face ③ less constraints in using such technology to screen job applicants and potential clients. Silent Talker is one of several companies that claim to offer a more objective way to detect anomalous or deceptive behavior, ④ giving clients a "risk analysis" method that goes beyond credit scores and social-media profiles.

어휘

immediate 즉각적인   potentially 잠재적으로   detection 탐지
politician 정치인   ultimately 궁극적으로   answer 책임지다   voter 유권자
detector 탐지기   bar 금지하다   court 법정   precedent 선례
govern (법이) ~에 적용되다   polygraph 거짓말 탐지기   corporation 기업
constraint 제약   screen 가려내다   applicant 지원자   claim 주장하다
objective 객관적인   anomalous 비정상적인   deceptive 기만적인
analysis 분석   credit 신용

해석

AI 거짓말 탐지의 즉각적이고 잠재적으로 위험한 미래는 정부가 아니라 민간 시장에 있다. iBorderCtrl과 같은 프로젝트를 지지하는 정치인들은 궁극적으로 유권자에게 책임져야 하며, 대부분의 AI 거짓말 탐지기는 거짓말 탐지기에 적용되는 동일한 법적 선례에 따라 법정에서 금지될 수 있다. 그러나 민간 기업은 입사 지원자와 잠재적 고객을 가려내기 위해 이러한 기술을 사용하는 데에 제약이 거의 없다. Silent Talker는 비정상적이거나 기만적인 행동을 감지하는 더욱 객관적인 방법을 제공하여 고객에게 신용 점수와 소셜 미디어 프로필을 넘어서는 '위험 분석' 방법을 제공한다고 주장하는 몇몇 회사 중 하나다.

해설

③ [문법포인트] 명사의 이해 수식을 받는 명사 constraints가 복수로 쓰였으므로 셀 수 있는 명사이다. 따라서 양형용사 little의 비교급 less가 아닌, 수형용사 few의 비교급인 fewer를 써야 바르다. (less → fewer)

① [문법포인트] 형용사 vs. 부사 뒤의 형용사 dangerous를 수식하는 부사 potentially가 바르게 쓰였다.

② [문법포인트] 주어 - 동사 수 일치 주어 Politicians를 관계대명사 절 'who support ~ iBorderCtrl'이 수식하고 있다. 따라서 복수형 명사 Politicians에 수를 일치시킨 복수형 조동사 have to가 바르게 쓰였다.

④ [문법포인트] 분사구문 주절의 주어 Silent Talker와 분사구문의 주어가 일치하고 동사 give와의 관계도 능동이므로 현재분사로 바르게 쓰였다. 또한 give는 목적어를 두 개 취할 수 있는 4형식 동사로 쓰여 뒤에 간접목적어와 직접목적어를 취하고 있다.

정답 ③

15

다음 글의 목적으로 가장 적절한 것은?

To: valuedclients@autoville.com
From: support@autoville.com
Date: January 25, 2025
Subject: Important Notice for Your Vehicle

Dear Valued Clients,

At Autoville, your safety is our top priority. We are reaching out to let you know that we've identified a potential issue affecting certain models. Please take a moment to review the following to ensure your safety and convenience:

1. Check your vehicle's identification number (VIN) on our website to see if it is affected by this recall.

2. If your vehicle is listed, contact your nearest Autoville dealership to schedule a free inspection and repair.

3. Avoid using certain features, as outlined in the recall details, until repairs have been completed to prevent any potential issues.

4. Prepare to bring all necessary documents (vehicle registration, ID) to streamline the repair process.

5. Contact our support team for any additional questions.

Thank you for your cooperation in helping us maintain the highest safety standards.

Sincerely,
Autoville Customer Support

① To inform clients of how to confirm their vehicle's recall status
② To inform clients of how to schedule a repair appointment
③ To inform clients of the steps to complete the recall process
④ To inform clients of potential safety features to avoid

어휘

vehicle 차량   priority 우선   reach out 연락하다   identify 발견하다
potential 잠재적인   take a moment 잠시 시간을 내다
convenience 편의   identification 식별   list 목록에 포함하다
dealership 대리점   schedule 일정을 잡다   inspection 점검
feature 기능   outline 개요를 서술하다   registration 등록 서류
streamline 간소화하다   cooperation 협조   standard 기준
confirm 확인하다   appointment 예약

해석

수신: valuedclients@autoville.com
발신: support@autoville.com
날짜: 2025년 1월 25일
제목: 고객님의 차량을 위한 중요 공지

소중한 고객님께,

Autoville에서는 고객님의 안전이 최우선입니다. 특정 모델에 영향을 미칠 수 있는 잠재적인 문제를 발견했음을 알려드리기 위해 연락을 드립니다. 고객님의 안전과 편의를 보장하기 위해 잠시 시간을 내어 다음을 검토해 주세요:

1. 이번 리콜의 영향을 받는지 확인하기 위해 당사 웹사이트에서 고객님의 차량의 식별 번호(VIN)를 확인하세요.

2. 차량이 목록에 포함된 경우, 무료 점검 및 수리 일정을 잡기 위해 가까운 Autoville 대리점에 연락하세요.

3. 잠재적인 문제를 방지하기 위해 수리가 완료될 때까지 리콜 세부 정보에 서술된 대로 특정 기능의 사용을 피하세요.

4. 수리 과정을 간소화하기 위해 필요한 모든 서류(차량 등록 서류, 신분증)를 지참할 준비를 하세요.

5. 추가 질문이 있으면 지원팀에 문의하세요.

최고의 안전 기준을 유지할 수 있도록 저희를 도와주신 고객님들의 협조에 감사합니다.

진심으로,
Autoville 고객 지원

① 고객에게 차량의 리콜 상태를 확인하는 방법을 알리기 위해
② 고객에게 수리 예약 일정을 잡는 방법을 알리기 위해
③ 고객에게 리콜 절차를 완료하기 위한 단계를 알리기 위해
④ 고객에게 피해야 할 잠재적 안전 기능을 알리기 위해

해설

두 번째 문장에 특정 모델에 영향을 주는 잠재적인 문제를 발견했음을 알린다고 했고, 이후 리콜의 영향을 받는 차량에 대한 리콜의 다섯 가지 단계를 안내하고 있으므로 정답은 ③ '고객에게 리콜 절차를 완료하기 위한 단계를 알리기 위해'이다. ①, ②, ④는 지엽적으로 언급되어 있어 답이 될 수 없다.

정답 ③

16

밑줄 친 부분에 들어갈 말로 가장 적절한 것은?

> The understandings that children bring to the classroom can already be quite powerful in the early grades. For example, some children have been found to hold onto their preconception of a flat earth by imagining a round earth to be shaped like a pancake. This construction of a new understanding is guided by a model of the earth that helps the child explain how people can stand or walk on its surface. Many young children have trouble giving up the notion that one-eighth is greater than one-fourth, because 8 is more than 4. If children were blank slates, just telling them that the earth is round or that one-fourth is greater than one-eighth would be _____. But since they already have ideas about the earth and about numbers, those ideas must be directly addressed in order to transform or expand them.

① familiar
② irrelevant
③ improper
④ adequate

어휘

understanding 이해   grade 학년   hold onto ~을 고수하다
preconception 선개념   construction 구성   surface 표면
have trouble -ing ~하는 데 어려움을 겪다   give up ~을 포기하다
notion 개념   blank slate 백지상태   address 다루다
transform 변형시키다   expand 확장하다   familiar 친숙한
adequate 충분한   improper 부적절한   irrelevant 무관한

해석

아이들이 교실에 가져오는 이해는 이미 저학년에서 꽤 강력할 수 있다. 예를 들어, 일부 아이들은 둥근 지구가 팬케이크 같은 모양이라고 상상함으로써 평평한 지구라는 선개념을 고수하는 것으로 밝혀졌다. 이러한 새로운 이해의 구성은 아이가 사람들이 어떻게 지구 표면에 서 있거나 걸을 수 있는지 설명하는 데 도움이 되는 지구 모델에 의해 인도된다. 많은 어린이가 8이 4보다 크므로 8분의 1이 4분의 1보다 크다는 개념을 포기하는 데 어려움을 겪고 있다. 아이들이 백지상태라면 지구가 둥글거나 4분의 1이 8분의 1보다 크다고 말하는 것만으로도 충분하다. 하지만 아이들

이 이미 지구와 숫자에 대한 생각을 가지고 있기 때문에 그러한 생각을 변형하거나 확장하려면 (그것들이) 직접적으로 다뤄져야 한다.

① 친숙하다   ② 무관하다   ③ 부적절하다

해설

글의 중심 소재는 아이들의 선개념이 학습에 미치는 영향이고, 주제문은 첫 번째 문장이다. 빈칸 뒤에 역접의 접속사 But이 나오고 선개념이 있는 경우 그 개념을 직접적으로 다뤄서 변형해야 한다고 했으므로 빈칸이 있는 문장은 그와 반대 개념이 되도록 완성하면 된다. 빈칸은 아이들이 백지 상태일 경우를 가정하면서, 지구가 둥글거나 4분의 1이 8분의 1보다 크다고 말하는 것만으로도 어떠하다고 설명한다. 이후 '하지만'이라고 하며 기존의 이해와 선개념은 직접적으로 다루어야만 확장하거나 변형할 수 있다고 말한다. 백지 상태라는 것은 기존의 이해나 선개념이 없는 상태이므로 빈칸에는 ④ '충분하다'가 들어가야 한다.

정답 ④

[17~18] 다음 글을 읽고 물음에 답하시오.

> (A)
>
> As someone curious about self-discovery, you might want to know how to enhance your personal style. Understanding the colors that suit you best can boost confidence and help you make smarter fashion choices.
>
> This Style Avenue Personal Color Workshop offers insights into 3 basic color theories, the skin undertone theory, and seasonal palettes to help you identify the shades that flatter you most. Sponsored by Style Avenue, a leading fashion clothing company, this event is designed to guide you toward finding your personal color palette so you can select and try on clothing that truly complements you. Expert color consultants will be available to assist you.
>
> • Location: Bright Style Studio, 5th Avenue, Downtown
> • Date: Saturday, February 2, 2025
> • Time: 1:00 p.m.
>
> For further details or to reserve a spot, visit our website at www.styleavenue.com or call us at (555) 789-0123.

17

(A)에 들어갈 윗글의 제목으로 가장 적절한 것은?
① Finding Confidence Through Color Choices
② Discover Your Signature Colors for Style
③ Style Avenue's Guide to Fashion Icons
④ How to Select Colors for This Season

18
Style Avenue Personal Color Workshop에 관한 윗글의 내용과 일치하지 않는 것은?

① 워크숍은 다양한 색상 이론에 관해 설명한다.
② 워크숍은 한 의류 업체의 후원으로 진행된다.
③ 참가자는 자신을 보완해 줄 옷을 구매할 수 있다.
④ 참가자는 전문가의 도움으로 옷을 선택할 수 있다.

어휘
self-discovery 자기 발견   enhance 개선하다   suit 어울리다
boost 높이다   confidence 자신감   insight 이해   theory 이론
undertone 밑바탕 색조   identify 발견하다   shade 색조
flatter 돋보이게 하다   sponsor 후원하다   leading 선도적인
complement 보완하다   consultant 상담가   assist 돕다   signature 특징

해석
(A) 스타일을 위한 당신의 특징 색상 발견하기

자기 발견에 대해 궁금한 사람이라면 개인 스타일을 개선하는 방법을 알고 싶을 수 있습니다. 자신에게 가장 어울리는 색상을 이해하는 것은 자신감을 높이고, 여러분이 더 현명한 패션 선택을 하도록 도울 수 있습니다.

이 Style Avenue 퍼스널 컬러 워크숍은 여러분이 자신을 가장 돋보이게 하는 색조를 발견하는 것을 돕기 위해 세 가지 기본 색상 이론, 피부 밑바탕 색조 이론, 계절별 팔레트에 대한 이해를 제공합니다. 선도적인 패션 의류 회사인 Style Avenue가 후원하는 이 행사는 여러분을 진정으로 보완하는 옷을 선택하고 입어보실 수 있도록 여러분이 자신만의 퍼스널 컬러 팔레트를 찾는 데 도움을 주기 위해 고안되었습니다. 전문 색상 상담가가 여러분을 도와드릴 예정입니다.

• 장소: 시내 5번가 Bright Style 스튜디오
• 날짜: 2025년 2월 1일 토요일
• 시간: 오후 1시

자세한 사항을 원하시거나 자리를 예약하시려면 www.styleavenue.com을 방문하시거나 (555) 789-0123으로 전화해 주세요.

① 색상 선택을 통해 자신감 찾기
③ 패션 아이콘이 되는 Style Avenue 가이드
④ 이번 시즌을 위한 색상 선택 방법

해설
17 첫 번째 문단의 두 번째 문장에서 색상 이해가 어울리는 패션을 선택하도록 돕는다고 설명하고, 두 번째 문단에서 퍼스널 컬러 팔레트를 찾고 그에 맞는 옷을 입어볼 수 있는 행사를 안내하고 있으므로 정답은 ② '스타일을 위한 당신의 특징 색상 발견하기'이다.

18 ③ 두 번째 문단의 세 번째 문장에서 고객을 보완하는 옷을 선택하고 입어볼 수 있다고 했지만 구매할 수 있다고 하지는 않았으므로 글의 내용과 일치하지 않는다.
① 두 번째 문단의 첫 번째 문장에서 세 가지 기본 색상 이론, 피부 밑바탕 색조 이론, 계절별 팔레트 이론에 관한 이해를 제공한다고 했으므로 글의 내용과 일치한다.
② 두 번째 문단의 두 번째 문장에서 패션 의류 회사가 후원한다고 했으므로 글의 내용과 일치한다.
④ 두 번째 문단의 마지막 문장에서 전문 컬러 상담가가 옷 선택을 도와준다고 했으므로 글의 내용과 일치한다.

정답 17 ② 18 ③

19
다음 글의 제목으로 가장 적절한 것은?

The earliest challenges and contests to solve important problems in mathematics date back to the sixteenth and seventeenth centuries. Some of these problems have continued to challenge mathematicians until modern times. For example, in 1657, Pierre de Fermat issued a set of mathematical challenges, many of which focused on prime numbers and divisibility. The solution to what is now known as Fermat's Last Theorem was not established until the late 1990s by Andrew Wiles. David Hilbert, a German mathematician, identified 23 unsolved problems in 1900 with the hope that these problems would be solved in the twentyfirst century. Although some of the problems were solved, others remain unsolved to this day. More recently, in 2000, the Clay Mathematics Institute named seven mathematical problems that had not been solved with the hope that they could be solved in the twentyfirst century. A $1 million prize will be awarded for solving each of these seven problems.

① Unsolved Math Problems Passed to Future Generations
② Unknown Geniuses Achieving the Greatest Things
③ Doubt: What Leads to Unexpected Findings
④ Formulas in Math Solve Problems in Other Areas

어휘
challenge 도전; 도전하다   contest 경쟁   mathematics 수학
date back ~로 거슬러 올라가다   issue 발표하다   a set of 일련의
prime number 소수   divisibility 가분성: 나누어 떨어질 수 있는지 여부
theorem (수학의) 정리   establish 정립하다   identify 선정하다
recently 최근에   institute (특히 교육·전문 직종과 관련된) 기관
award (상을) 주다   generation 세대   achieve 이루다   doubt 의심
unexpected 예상치 못한   formula (수학의) 공식

해석
수학의 중요한 문제를 풀려는 가장 초기의 도전과 경쟁은 16세기와 17세기로 거슬러 올라간다. 이 문제 중 일부는 현대까지 수학자들에게 계속해서 도전하고 있다. 예를 들어, 1657년에 피에르 드 페르마는 일련의 수학적 난제들을 발표했는데, 그 중 다수는 소수와 가분성에 중점을 둔 것이었다. 현재 페르마의 마지막 정리라고 알려진 것에 대한 해답은 1990년대 후반이 되어서야 앤드루 와일스에 의해 정립되었다. 독일 수학자인 데이비드 힐버트는 1900년에 23개의 풀리지 않는 문제들을 선정하면서 이 문제들이 21세기에는 해결될 것이라는 희망을 품었다. 이 문제 중 일부는 풀렸으나, 나머지들은 오늘날까지 풀리지 않은 채 남아 있다. 더 최근인 2000년에 클레이 수학 연구소는 (그때까지) 풀리지 않은 7개의 수학 문제를 지명하면서 그 문제들이 21세기에는 해결될 것이라는 희망을 품었다. 이 7개 문제를 해결하는 것에 각각 100만 달러의 상금이 주어질 것이다.

① 미래 세대에게 넘겨진 미해결 수학 문제들
② 가장 위대한 일을 이루는 알려지지 않은 천재들
③ 의심: 예상치 못한 발견으로 이어지는 것
④ 수학 공식은 다른 영역의 문제를 해결한다

해설

글의 중심 소재는 수학의 난제와 그 해결이고, 주제문은 처음 두 문장이다. 수학에서 중요한 난제들을 해결하려는 역사적인 노력과 도전이 지속되고 있다고 한다. 1657년의 피에르 드 페르마의 마지막 정리는 1990년대 후반에 입증되었고, 1900년에 데이비드 힐버트의 문제 중 일부는 풀렸으나 나머지는 여전히 미해결 상태라고 말한다. 수학의 역사에서 미해결 문제가 현재까지도 중요한 과제로 남아 있다는 점을 강조하고 있으므로 글의 제목으로는 ① '미래 세대에게 넘겨진 미해결 수학 문제들'이 적절하다.

 ①

20

주어진 문장이 들어갈 위치로 가장 적절한 것은?

> Common sayings such as "the harmony of the spheres" and "it is music to my ears" point to the notion that music is often ordered and pleasant to listen to.

> Music is an art form whose medium is sound and silence. (①) The creation, performance, significance, and even the definition of music vary according to culture and social context. Greek philosophers and ancient Indian philosophers defined music as tones ordered horizontally as melodies and vertically as harmonies. (②) However, 20th-century composer John Cage thought that any sound can be music. (③) Musicologist Jean-Jacques Nattiez summarizes the relativist, post-modern viewpoint: "The border between music and noise is always culturally defined — which implies that, even within a single society, this border does not always pass through the same place. (④) By all accounts there is no single and intercultural universal concept defining what music might be."

어휘

common saying 흔히 사용되는 표현   harmony 하모니; 화음   sphere 천체
point to ~을 암시하다   notion 개념   medium 매개   silence 정적
creation 창조   significance 의미   definition 정의   vary 다르다
context 맥락   Greek 그리스의   philosopher 철학자   tone 음(音)
order 정리하다   horizontally 수평적으로   melody 선율
vertically 수직적으로   composer 작곡가   musicologist 음악학 연구가
summarize 요약하다   relativist 상대주의적인   viewpoint 관점
border 경계   culturally 문화적으로   imply 의미하다
by all accounts 모든 면에서   intercultural 문화 간의   universal 보편적인

해석

음악은 그 매개가 소리와 정적인 예술의 한 형태이다. (①) 음악의 창조, 연주, 의미, 그리고 심지어 음악의 정의는 문화와 사회적 맥락에 따라 다르다. 그리스 철학자들과 고대 인도 철학자들은 음악을 선율처럼 수평적으로 정돈되고 화음처럼 수직적으로 정돈된 음이라고 정의했다. (②) '천체의 하모니'와 '내 귀에는 음악이다'와 같이 흔히 사용되는 표현은 음악이 종종 정돈되고 듣기 기분 좋은 것이라는 개념을 암시한다. 그러나 20세기 작곡가 존 케이지는 어떠한 소리도 음악이 될 수 있다고 생각했다. (③) 음악학 연구가 Jean-Jacques Nattiez는 상대주의적인 포스트모던의 관점을 요약한다: "음악과 소음의 경계는 항상 문화적으로 정의됩니다 — 이는 단일 사회 내에서도 이 경계가 항상 같은 장소를 통과하는 것은 아님을 의미합니다. (④) 모든 면에서 음악이 무엇인지 정의하는 단일하고 문화 간 보편적인 개념은 없습니다."

해설

글의 중심 소재는 음악을 보는 다양한 관점이다. 주어진 문장은 흔히 사용하는 표현들이 음악이 정돈되고 듣기 좋은 것이라는 개념을 암시한다고 말한다. ②의 앞에는 음악이 수평 및 수직적으로 정돈되었다는 그리스와 인도 철학이 보는 전통적 음악 관점이 나오고, 뒤에는 '그러나'라는 역접의 연결사로 시작하며 어떠한 소리도 음악이 될 수 있다고 하는 현대적 음악 관점이 나온다. 따라서 음악의 질서정연함과 미적 특성을 이야기하는 주어진 문장은 전통적 음악 관점과 일맥상통하므로 ②에 들어가야 한다.

 ②

DAY 17

| 01 | ③ | 02 | ① | 03 | ② | 04 | ③ | 05 | ③ |
| 06 | ② | 07 | ④ | 08 | ① | 09 | ④ | 10 | ③ |

[1~3] 밑줄 친 부분에 들어갈 말로 가장 적절한 것을 고르시오.

1

With the completion of the new bridge, travel between the two cities has become much more _____.

① scarce
② implicit
③ accessible
④ isolated

어휘
completion 완공   travel 이동   scarce 부족한   implicit 암시된
accessible 접근 가능한   isolated 고립된

해석
새로운 다리가 완공되면서 두 도시 간의 이동이 훨씬 더 접근 가능해졌다.

정답 ③

2

The employees _____ an overview of the new policy changes by the manager were able to implement them more effectively in their daily tasks.

① given
② were given
③ give
④ giving

어휘
employee 직원   give an overview of ~을 개략적으로 설명하다
policy 정책   implement 시행하다   effectively 효과적으로

해석
관리자로부터 새로운 정책 변화를 개략적으로 설명받은 직원들은 그들의 일상 업무에 그것들을 더 효과적으로 시행할 수 있었다.

해설
[문법포인트] 현재분사 vs. 과거분사 / 문장의 구성 문장의 주어는 The employees이고 동사는 were able to implement이다. 따라서 뒤에는 employees를 수식하는 분사가 와야 한다. an overview를 받았다는 수동의 의미이므로 ① given이 바르다. 수여동사는 목적어가 두 개이므로 뒤에 목적어가 하나 있어도 수동적으로 쓸 수 있다.

정답 ①

3

John Lee: Hi, I'm interested in participating in the upcoming city marathon. What's the best way to sign up?
City Sports Office: You can register on our official website or at our office.
John Lee: Do you have different race categories?
City Sports Office: Yes, we have a full marathon, a half-marathon, and a 10 Km run.
John Lee: _____
City Sports Office: Yes, you can switch categories until the registration deadline.
John Lee: I might decide between the half-marathon and the 10 Km.
City Sports Office: No problem. We're here to assist if you need help with the decision.

① Do I need to bring my ID for registration?
② Can I change my race category after registering?
③ What is the starting point of the race?
④ I don't think I can participate this year.

어휘
participate 참가하다   upcoming 곧 있을   sign up 등록하다
register 등록하다   race 달리기   category 종류   switch 변경하다
registration 등록   deadline 마감일   assist 돕다   decision 결정

해석
John Lee: 안녕하세요, 곧 있을 시 마라톤에 참가하고 싶어요. 등록하는 가장 좋은 방법이 무엇인가요?
시 스포츠 사무소: 저희 공식 웹사이트나 사무실에서 등록할 수 있습니다.
John Lee: 다양한 달리기 분야가 있나요?
시 스포츠 사무소: 네, 마라톤 풀코스, 하프마라톤, 10킬로미터 달리기가 준비되어 있습니다.
John Lee: 등록 후 달리기 분야를 변경할 수 있나요?
시 스포츠 사무소: 예, 등록 마감일까지 분야를 변경할 수 있습니다.
John Lee: 저는 하프마라톤과 10킬로미터 중 하나로 결정할 수도 있습니다.
시 스포츠 사무소: 문제없습니다. 결정에 도움이 필요하신 경우 저희가 도와드리겠습니다.

① 등록하려면 신분증을 지참해야 하나요?
③ 달리기의 시작 지점은 어디인가요?
④ 올해는 참여할 수 없을 것 같습니다.

정답 ②

4
밑줄 친 부분 중 어법상 옳지 않은 것은?

The Aztec civilization ① was referred to as the most sophisticated civilization compared to many of its neighboring cultures. Tenochtitlán, their capital, was one of ② the largest cities in the world at the time, with a more intricate layout than most other cities. The Aztecs had the most advanced agricultural techniques, utilizing chinampas, or floating gardens, for farming. Their religious rituals were more elaborate than ③ that of other Mesoamerican cultures. Among the fiercest in battle ④ were Aztec warriors whose war skills made the neighboring peoples afraid.

어휘
civilization 문명 refer to A as B A를 B로 간주하다 sophisticated 정교한
neighboring 주변의 capital 수도 intricate 정교한 layout 배치
agricultural 농업의 utilize 활용하다 float 떠 있다 religious 종교의
ritual 의식 절차 elaborate 정교한 Mesoamerican 중남미의
fierce 맹렬한 warrior 전사

해석
아즈텍 문명은 많은 주변 문화들과 비교했을 때 가장 정교한 문명으로 간주되었다. 그들의 수도였던 테노치티틀란은 당시 세계에서 가장 큰 도시들 중 하나였으며, 대부분의 다른 도시들보다 더 정교한 배치를 갖추고 있었다. 아즈텍인들은 가장 발전된 농업 기술을 가지고 있었으며, 떠 있는 정원인 치남파스를 농업에 활용했다. 그들의 종교의 의식 절차들은 다른 중남미 문화들의 그것들(의식 절차들)보다 더 정교했다. 그들의 전쟁 기술이 주변 부족들을 두렵게 만들었던 아즈텍 전사들은 전투에서 가장 맹렬했던 이들 중 하나였다.

해설
③ [문법포인트] 비교대상의 일치 비교 구문은 비교하는 대상이 일치되어 있는지 확인해야 한다. Their religious rituals와 other Mesoamerican cultures의 rituals를 비교하고 있으므로 앞의 복수 명사를 받을 수 있는 those로 고쳐야 한다. (that → those)

① [문법포인트] 동사의 유형별 수동태 「refer to A as B」는 'A를 B로 간주하다'라는 의미로 수동태로 전환할 때 전치사 as를 빠뜨리지 않아야 한다. 따라서 was referred to as가 바르게 쓰였다.

② [문법포인트] 비교 구문 「one of + 최상급 + 복수 명사」의 어순으로 최상급인 the largest와 복수 명사인 cities가 모두 바르게 쓰였다.

④ [문법포인트] 주어 – 동사 수 일치 / 도치 부사구 강조를 위해 도치된 문장이다. 이때의 동사는 동사 뒤에 있는 도치된 주어에 수 일치를 해야 한다. 주어가 Aztec warriors이므로 복수 동사인 were가 바르게 쓰였다.

정답 ③

5
다음 글의 목적으로 가장 적절한 것은?

To: All Staff
From: Sarah Lee
Date: January 15
Subject: Important Team Announcement

Dear Team Members,

I'm thrilled to share the details of our upcoming social outing, which promises to be a fantastic opportunity for us to relax, connect, and enjoy each other's company outside of our usual work environment.

We will be gathering at Sunny Meadows Park on Saturday, February 15th, at 12:00 PM. This beautiful park offers plenty of space for activities, games, and a lovely picnic area. Please bring along your favorite dish to share, and feel free to bring any outdoor games you enjoy!

This outing is not just a chance to unwind but also to strengthen our team bonds and create lasting memories together. I hope to see everyone there!

If you have any questions or suggestions for activities, please don't hesitate to reach out.

Best,
Sarah Lee
HR Manager

① To inform employees of a change in company policy
② To provide details about an upcoming business trip
③ To announce information about the company's social outing
④ To clarify participation in the company's policy

어휘
thrilled 신이 난 outing 야유회 promise to ~일 것 같다
each other's company 함께 시간을 보내는 것 gather 모이다
plenty of 많은 unwind 휴식을 취하다 strengthen 강화하다
bond 유대관계 hesitate 주저하다 participation 참여
clarify 명확히 하다

해석
수신: 모든 직원
발신: Sarah Lee
날짜: 1월 15일
제목: 중요한 팀 공지

안녕하세요, 팀원 여러분,

이번에 다가오는 회사 야유회에 대한 세부 내용을 공유하게 되어 정말 신이 나는데, 이 행사는 우리 모두가 평소 업무 환경을 벗어나 편히 쉬고, 교류하며 함께 시간을 보내는 것을 즐길 수 있는 멋진 기회가 될 것 같습니다.

우리는 2월 15일 토요일 정오 12시에 Sunny Meadows 공원에서 모일 예정입니다. 이 아름다운 공원은 활동, 게임, 그리고 멋진 피크닉 장소를 위한 넓은 공간을 제공합니다. 나눠 먹을 좋아하는 음식을 준비해 오시고, 즐기시는 야외 놀이가 있다면 가져오셔도 좋습니다!

이번 야유회는 단순히 휴식을 취하기 위함 뿐만 아니라, 우리 팀의 유대관계를 강화하고 오래도록 남을 추억을 함께 만들기 위한 기회입니다. 모두를 그곳에서 뵙기를 기대합니다!

활동에 대해 궁금한 점이나 제안사항이 있다면 주저하지 말고 연락주세요.

안부를 전하며,
Sarah Lee
인사 담당 관리자

① 직원들에게 회사 정책 변경 사항을 알리려고
② 다가오는 출장에 대한 세부 정보를 제공하려고
③ 회사 야유회에 대한 정보를 공지하려고
④ 회사 정책에 대한 참여를 명확히 하려고

(해설)
회사 야유회가 중심 소재이며, 첫 문단에서 회사 야유회에 대한 세부 내용을 공유한다는 목적을 명시하고, 두 번째 문단에서 구체적인 세부 내용을 서술한다. 따라서 글의 목적으로 적절한 것은 ③ '회사 야유회에 대한 정보를 공지하려고'이다.

정답 ③

[6~7] 다음 글을 읽고 물음에 답하시오.

(A)

Every community has its own traditions that bring residents together and celebrate shared values. This winter, we invite you to experience an event that will light up the city with dazzling displays and festive activities rooted in traditional Korean themes.

The Cheonggye Stream Light Festival, held annually, will feature a stunning array of light installations inspired by Korean heritage, along with local vendor booths and family-friendly attractions along the Cheonggye Stream. Join us for an enchanting evening filled with beauty and community spirit!

Event Information:
• Dates: Friday, February 14 – Sunday, February 23
• Times: 5:00 p.m. – 10:00 p.m.
• Location: Cheonggye Stream

For further details, please visit our website at www.lightfestival.com or contact us at (02) 700-1234.

6
(A)에 들어갈 윗글의 제목으로 가장 적절한 것은?
① Discover the Magic of Cheonggye Stream
② Celebrate the Lights of Winter
③ A Festival for Family and Friends
④ Support Local Artists in Seoul

7
위 안내문의 내용과 일치하지 않는 것은?
① 행사는 열흘간 진행된다.
② 한국 전통 테마로 빛 축제가 꾸며진다.
③ 청계천에서 매년 열리는 행사이다.
④ 행사는 아침부터 저녁까지 진행된다.

(어휘)
resident 주민 value 가치 light up ~을 밝히다 dazzling 눈부신
display 전시물 festive 축제의 feature 특색을 이루다
an array of 다양한 stunning 굉장히 아름다운 installation 설치 미술품
inspire 영감을 주다 vendor 행상인 attraction 명소
enchanting 황홀한

(해설)
(A) 겨울의 빛을 기념하세요

모든 공동체는 주민들을 하나로 모으고 공유된 가치를 축하하는 고유한 전통을 가지고 있습니다. 올겨울, 한국 전통을 테마에 뿌리를 둔 눈부신 전시물과 축제 활동으로 도시를 밝히는 행사에 여러분을 초대합니다.

청계천 빛 축제는 매년 열리며, 한국의 문화유산에서 영감을 받은 굉장히 아름다운 다양한 조명 설치물들과 지역 상점 부스, 가족 친화적인 관광 명소들을 선보입니다. 아름다움과 공동체 정신으로 가득 찬 황홀한 저녁을 함께 해주세요!

행사 정보:
• 날짜: 2월 14일, 금요일 ~ 2월 23일, 일요일
• 시간: 오후 5시 ~ 오후 10시
• 장소: 청계천

자세한 정보는 웹사이트인 www.lightfestival.com을 방문하시거나 (02) 700-1234로 문의하세요.

6 ① 청계천의 마법을 발견하세요
③ 가족과 친구를 위한 축제
④ 서울의 지역 예술가들을 지원하세요

(해설)
6 글의 중심 소재는 청계천 빛 축제이고, 이 행사와 관련된 정보를 제공하고 있다. 특히, 이 축제는 매년 겨울에 열리는 행사로, 빛으로 장식된 조명 설치물과 한국 전통 테마를 중심으로 한 활동을 강조하고 있다. 따라서 이 글의 제목으로 가장 적절한 것은 주요 내용을 포함한 ② '겨울의 빛을 기념하세요'이다. 나머지 선택지는 빛 축제라는 중심 소재를 포함하고 있지 않아 오답이다.

7 ④ <행사 정보>의 '시간'에서 시간은 오후 5시부터 오후 10시까지라고 하였으므로 글의 내용과 일치하지 않는다.
① <행사 정보>의 '날짜'에서 2월 14일부터 2월 23일이라고 하였으므로 총 10일간 진행된다는 것은 글의 내용과 일치한다.
② 첫 문단의 두 번째 문장에서 한국 전통을 테마로 한 눈부신 전시와 축제 활동을 한다고 하였으므로 글의 내용과 일치한다.

③ 두 번째 문단의 첫 문장에서 청계천 빛 축제는 매년 열린다고 하였으므로 글의 내용과 일치한다.

정답 6 ② 7 ④

8
다음 글의 제목으로 가장 적절한 것은?

> Just as GPS trackers allow users to share their location with friends and family, they also allow users to inadvertently share their whereabouts with stalkers. This is particularly dangerous for children, especially as some apps give almost anyone permission to track their location. Many companies now use location tracking to follow you all the time, building up a profile of your habits that they can sell on to advertisers. Some people don't mind that advertisers know exactly where they are and what they are up to. But if you aren't careful with your privacy settings, advertisers will not be the only ones who can stalk you. "Checking in" at locations while running errands provides potential thieves with detailed knowledge of your daily schedule.

① The Downsides of Location Tracking
② How Does a GPS Tracking System Work?
③ GPS Tracking Devices Are Not Perfect
④ Importance of Tracking and Identity Theft Prevention

어휘

tracker 추적기 inadvertently 무심코 whereabouts 소재
particularly 특히 permission 승인 track 추적하다 advertiser 광고주
be up to ~을 하다 setting 설정 errand 볼일 potential 잠재적인
thief 도둑 detailed 상세한 downside 부정적인 면 device 장치
identity theft 신원 도용 prevention 방지

해석

GPS 추적기가 사용자들이 자신의 위치를 친구나 가족과 공유할 수 있게 해주듯이, 사용자들이 또한 무심코 자신의 소재를 스토커들과 공유할 수 있게 해준다. 이것은 특히 어린이들에게 위험한데, 특히 어떤 앱들은 거의 모든 사람에게 그들의 위치를 추적할 수 있는 허가를 주기 때문이다. 많은 회사들이 이제 항상 당신을 따라다니기 위해 위치 추적을 이용하며, 그들이 광고주들에게 팔 수 있는 당신의 습관에 대한 프로필을 구축한다. 어떤 사람들은 광고주들이 그들이 어디에 있는지 그리고 그들이 무엇을 하고 있는지 정확히 알고 있는 것에 신경 쓰지 않는다. 하지만 만약 여러분이 사생활 보호 설정에 주의하지 않는다면, 광고주들만이 여러분을 스토킹할 수 있는 것은 아닐 것이다. 볼일을 보는 동안 장소에 '체크인'하는 것은 잠재적인 도둑들에게 당신의 일일 일정에 대한 상세한 정보를 제공한다.

① 위치 추적의 부정적인 면
② GPS 추적 시스템은 어떻게 작용하는가?
③ GPS 추적 장치는 완벽하지 않다
④ 추적 및 신원 도용 방지의 중요성

해설

중심 소재는 GPS 위치 추적기이고, 첫 번째 문장이 주제문으로 이 기술의 단점에 초점을 맞추고 있다. 위치 추적이 유용할 수 있지만, 스토커, 광고 회사, 그리고 잠재적인 도둑들에게 악용될 가능성이 있다는 점을 경고하며, 사용자의 사생활 보호의 중요성을 강조한다. 주제문에서 언급한 stalkers는 단순히 물리적인 스토커뿐만 아니라 사용자의 위치 정보를 부적절하게 추적하거나 오용할 수 있는 다양한 주체들을 포괄한다. 따라서 글의 제목으로 적절한 것은 ① '위치 추적의 부정적인 면'이다. ③의 경우 부정적인 뉘앙스를 포함하고 있으나, 글의 주요 초점은 단순히 '완벽하지 않다'라는 점보다 악용의 가능성과 위험성에 있으므로 너무 포괄적이어서 적절하지 않다.

정답 ①

9
밑줄 친 부분에 들어갈 말로 가장 적절한 것은?

> The debates between social and cultural anthropologists concern not the differences between the concepts but the analytical priority: which should come first, the social chicken or the cultural egg? British anthropology emphasizes the social. It assumes that social institutions determine culture and that universal domains of society (such as kinship, economy, politics, and religion) are represented by specific institutions (such as the family, the British Parliament, and the Church of England) which can be compared cross-culturally. American anthropology emphasizes the cultural. It assumes that culture shapes social institutions by providing the shared beliefs, the core values, the communicative tools, and so on that make social life possible. It does not assume that there are universal social domains, preferring instead to discover domains empirically as part of each society's own classificatory scheme — in other words, its culture. And it rejects the notion that any social institution can be understood _____.

① regardless of personal preferences
② without considering its economic roots
③ in relation to its cultural origin
④ in isolation from its own context

어휘

debate 논쟁 anthropologist 인류학자 concern ~에 관한 것이다
analytical 분석적인 priority 우선순위 anthropology 인류학
emphasize 강조하다 assume 가정하다 institution 제도
determine 결정하다 domain 영역 kinship 친족 관계 religion 종교
represent 표현하다 specific 구체적인 Parliament 의회
compare 비교하다 core 핵심적인 empirically 경험적으로
classificatory 분류상의 scheme 체계 reject 거부하다 notion 개념
regardless of ~에 상관없이 consider 고려하다 relation 관계
isolation 분리 context 상황

해석

사회 인류학자와 문화 인류학자 사이의 논쟁은 개념들 간의 차이에 관한 것이 아니라 분석적 우선순위에 관한 것이다: 즉 사회적인 닭이 먼저냐, 문화적인 달걀이 먼저냐? 영국의 인류학은 사회적인 것을 강조한다. 그것은 사회 제도가 문화를 결정하고 사회라는 보편적인 영역(예를 들면, 친족 관계, 경제, 정치, 그리고 종교)이 서

로 비교문화적으로 비교될 수 있는 구체적인 제도(예를 들면, 가족, 영국 의회, 그리고 영국 국교회)에 의해 표현된다고 가정한다. 미국의 인류학은 문화적인 것을 강조한다. 그것은 문화가 사회생활을 가능하게 하는 공유된 믿음, 핵심적 가치관, 의사소통 도구 등을 제공함으로써 사회 제도를 형성한다고 가정한다. 그것은 보편적인 사회적 영역이 존재한다고 가정하지 않고, 대신 각 사회가 고유한 분류 체계의 일부 — 다시 말해, 그것의 문화 — 에 따라 사회적 영역을 경험적으로 발견하는 것을 선호한다. 그리고 그것은 어떤 사회 제도가 <u>그것 자체의 상황으로부터 분리되어</u> 이해될 수 있다는 개념을 거부한다.

① 개인적 선호를 무시하고
② 그 경제적 뿌리를 고려하지 않고
③ 그 문화적 기원과 관련하여

해설

중심 소재는 인류학의 두 관점 비교이다. 밑줄 친 부분은 미국 인류학의 관점을 설명하는 문장이다. 사회라는 보편적인 영역이 있다고 여기는 영국의 사회 인류학과는 달리, 미국의 문화 인류학에서는 보편적인 사회적 영역이 있다고 가정하지 않고 각각의 사회를 그것의 문화적인 측면에 따라 경험적으로 발견하는 것을 선호하여 사회 제도를 그것 자체의 문화적 상황을 고려하여 이해하려고 한다는 내용이므로 이와 일맥상통한 말이 빈칸에 들어가야 한다. 따라서 ④ '그것 자체의 상황으로부터 분리되어'가 가장 적절하다.

 ④

10

주어진 글 다음에 이어질 글의 순서로 가장 적절한 것은?

A nine-year-old Belgian boy who was on track to become the world's youngest university graduate has terminated his studies at the Dutch university of Eindhoven following a dispute over his possible graduation date.

(A) But recently, the university told Laurent and his parents that plan no longer looked feasible, considering the number of exams he still needed to finish before his birthday on December 26.

(B) After being told about the decision the boy 'dropped out' after a dispute between the university and his parents. In an Instagram post that included an email to the university examination committee, Laurent accused the university of changing the date he was due to finish after he protested about a failed oral exam.

(C) Laurent Simons made headlines around the globe last month, as he looked set to complete a bachelor's degree in electrical engineering at Eindhoven's University of Technology before the end of the year — which would have made him the world's first ever graduate under the age of 10.

① (A) – (B) – (C) ② (A) – (C) – (B)
③ (C) – (A) – (B) ④ (C) – (B) – (A)

어휘

Belgian 벨기에의 be on track to ~할 예정이다 graduate 대학 졸업자
terminate 종료하다 Dutch 네덜란드의 dispute 논쟁 graduation 졸업
recently 최근에 feasible 실현 가능한 consider 고려하다
drop out 중퇴하다 committee 위원회 accuse 비난하다
be due to ~하기로 되어 있다 protest 항의하다 oral 구두의
make headlines 화제가 되다 set to ~할 예정인 complete 완료하다
bachelor 학사 electrical engineering 전기 공학

해석

세계에서 가장 어린 대학 졸업자가 될 예정이었던 9세 벨기에 소년이 졸업 예정일을 둘러싼 논쟁에 따라 네덜란드의 아인트호번 대학에서 학업을 종료했다. (C) Laurent Simons는 지난달 전 세계적으로 화제를 모았는데, 그는 올해가 끝나기 전에 아인트호번 공과대학에서 전기 공학 학사 학위를 취득할 예정으로 보였다 — 이는 그를 10세 미만으로 세계 최초의 대학 졸업자로 만들었을 것이다. (A) 하지만 최근, 대학은 Laurent과 그의 부모에게 12월 26일 그의 생일 이전에 여전히 끝내야 하는 시험 수를 고려했을 때 그 계획은 더 이상 가능해 보이지 않는다고 통보했다. (B) 이 결정에 대해 통보받은 후, 소년은 대학과 부모 간의 논쟁 끝에 '중퇴했다.' 대학 시험 위원회에 보낸 이메일을 포함한 인스타그램 게시물에서 Laurent은 구두시험에서 낙제한 것에 항의한 이후 대학이 그가 만료하기로 되어있던 날짜(졸업 예정일)를 변경했다고 비난했다.

해설

주어진 문장에서는 A nine-year-old Belgian boy라고 하였으므로 그다음에는 그가 누군지 더 자세한 부연 설명이 처음에 와야 자연스럽다. (C)에서 처음으로 소년의 이름인 Laurent Simons를 언급하고 있으므로 가장 먼저 와야 한다. 이후 사건의 전개로 대학이 예상치 못한 상황을 통보하는 (A)가 이어지는 것이 적절하다. (A)의 대학의 통보를 (C)에서 the decision으로 받고 그에 대한 소년의 반응을 설명하며 글을 마무리하는 (B)가 오는 것이 적절하다. 따라서 글의 순서로 적절한 것은 ③ (C) – (A) – (B)이다.

 ③

DAY 18

| 01 | ④ | 02 | ③ | 03 | ④ | 04 | ② | 05 | ③ |
| 06 | ② | 07 | ① | 08 | ① | 09 | ② | 10 | ① |

[1~3] 밑줄 친 부분에 들어갈 말로 가장 적절한 것을 고르시오.

1

The explorer recorded every detail of his journey in order to _____ the experience for future generations.

① discredit
② ignore
③ abandon
④ preserve

어휘
explorer 탐험가   journey 여정   generation 세대
discredit 신빙성을 없애다   ignore 무시하다   abandon 버리다
preserve 보존하다

해석
그 탐험가는 미래 세대를 위해 경험을 보존하기 위해 여정의 모든 세부 사항을 기록했다.

정답 ④

2

The new policy has impacted not only the employees' daily routines and work schedules _____ their long-term career development and growth within the company.

① rather than
② as well as
③ but also
④ both

어휘
policy 정책   impact 영향을 미치다   career 경력

해석
새로운 정책은 직원들의 일상 업무와 작업 일정뿐만 아니라 회사 내에서 그들의 장기적인 경력 개발과 성장에도 영향을 미쳤다.

해설
[문법포인트] 등위접속사의 병렬 구조 앞에 not only가 왔으므로 빈칸에는 이와 호응하는 ③ but also가 들어가 'A뿐만 아니라 B도'를 의미하는 등위상관접속사 「not only A but also B」의 구조가 되게 하는 것이 적절하다.

정답 ③

3

A: Could you give me a ride to the airport this afternoon if you are free?
B: Sure. What time do you need to get there?
A: I need to leave my house at 2:00, so I can get to the airport two hours before my flight.
B: _____
A: I have my carry-on, a purse, and a large suitcase.
B: Your stuff should all fit in my car just fine. Then, I'll pick you up at your home at 2.

① One hour would be enough to check in.
② Why don't you just take a taxi?
③ My car is too small to load all your belongings.
④ How much luggage are you bringing?

어휘
carry-on 휴대용 가방   purse 핸드백   suitcase 여행 가방
load 싣다   belongings (pl.) 짐[소지품]   luggage 짐

해석
A: 시간 괜찮으면 오늘 오후에 나 공항에 데려다 줄 수 있어?
B: 물론이지. 몇 시까지 거기에 도착해야 해?
A: 집에서는 2시에 출발해야 비행 2시간 전에 공항에 도착할 수 있어.
B: 짐은 몇 개나 가져가?
A: 휴대용 가방이랑, 핸드백, 그리고 큰 여행 가방 하나야.
B: 네 짐이 내 차에 모두 잘 들어갈 거야. 그러면 2시에 네 집으로 데리러 갈게.

① 한 시간이면 체크인하기 충분할 거야.
② 택시를 타는 게 어때?
③ 내 차는 너무 작아서 네 모든 짐을 실을 수 없어.

정답 ④

4

밑줄 친 부분 중 어법상 옳지 않은 것은?

Birds, remarkable creatures that inhabit diverse ecosystems, display an astonishing array of adaptations that enable ① them to thrive in various environments. From the eye-catching feather of tropical species, which ② serve both as camouflage and a means of attracting mates, to the migratory patterns of others that traverse thousands of miles, their behaviors reflect the intricate balance of nature. While some birds, such as the intelligent corvids, exhibit problem-solving skills that rival ③ those of primates, ④ others rely on instinctual responses to survive.

* corvid: 까마귀

어휘
remarkable 놀라운   inhabit 서식하다   diverse 다양한

display 드러내다 보이다 astonishing 놀라운 adaptation 적응
thrive 잘 자라다 eye-catching 눈에 띄는 feather 깃털 tropical 열대의
serve as ~의 역할을 하다 camouflage 위장 attract 유혹하다
migratory 이주하는 traverse 횡단하다 intricate 정교한 rival 필적하다
primate 영장류 instinctual 본능에 따른 response 반응

해석

다양한 생태계에 서식하는 놀라운 생물인 새들은 그들이 다양한 환경에서 잘 자랄 수 있도록 해주는 놀라운 적응 방식을 드러내 보인다. 위장과 짝을 유혹하는 수단의 역할을 하는 열대 종의 눈에 띄는 깃털부터, 수천 마일을 횡단하는 다른 종들의 이주 패턴까지, 그들의 행동은 자연의 정교한 균형을 반영한다. 지능적인 까마귀류 같은 어떤 새들은 영장류의 문제 해결 능력에 필적하는 문제 해결 능력을 보여주는 반면, 다른 새들은 본능에 따른 반응에 의존하여 생존한다.

해설

② **[문법포인트] 주어 – 동사 수 일치** 관계대명사 which의 동사는 선행사에 일치시켜야 한다. 선행사인 the eye-catching feather of tropical species에서 핵심 주어는 feather로 단수이므로 동사 역시 단수 동사인 serves가 와야 한다. (serve → serves)

① **[문법포인트] 인칭대명사** 대명사인 them이 가리키는 것은 Birds이므로 복수 대명사인 them이 바르게 쓰였다.

③ **[문법포인트] 비교대상의 일치** 까마귀류의 문제 해결 능력과 영장류의 문제 해결 능력을 비교하고 있다. 이때 비교대상의 수는 일치되어야 하므로 복수형 명사 problem-solving skills를 받는 those가 바르게 쓰였다.

④ **[문법포인트] 부정대명사** 하나의 큰 무리를 '일부는 ~고, 또 일부는 …고'라고 지칭할 때는 「Some ~, others …」로 표현한다. While 절에서 some birds라고 하였고 그 새들 말고 '다른 새들'을 의미하므로 others가 바르게 쓰였다.

정답 ②

5

Office of the Narcotics Commissioner에 관한 다음 글의 내용과 일치하는 것은?

> **Office of the Narcotics Commissioner (ONC) Responsibilities**
>
> The ONC is the primary regulatory agency for narcotics control within the country. This organization is tasked with ensuring compliance with narcotics laws, preventing illegal drug distribution, and monitoring the proper handling of controlled substances. Additionally, the ONC provides guidance on the lawful use of narcotics in medical and research settings. It is committed to promoting a safe, lawful, and effective approach to narcotic regulation, educating healthcare providers and researchers on their responsibilities under the law. The ONC takes necessary enforcement action to prevent abuse and ensure public health and safety are upheld.

① It supervises the lawful importation and exportation of all medical drugs.

② It oversees the smooth distribution of legally controlled medications.

③ It provides guidance to healthcare providers on narcotic use compliance.

④ It enforces laws to ensure narcotics are used safely in recreational settings.

어휘

narcotic 마약 commissioner 위원회 responsibility 책무
primary 주된 regulatory 규제력을 지닌 agency 기관 ensure 보장하다
compliance 준수 illegal 불법적인 distribution 유통 monitor 감시하다
handling 취급 controlled 규제되는 substance 약물 guidance 지침
lawful 합법적인 be committed to ~에 헌신하다 regulation 규제
enforcement 집행 uphold 유지하다 supervise 감독하다
importation 수입 exportation 수출 oversee 감독하다 smooth 원활한
legally 법적으로 enforce 집행하다 recreational 오락적인 setting 환경

해석

마약위원회 사무국(ONC)의 책무

ONC는 국내 마약 통제의 규제력을 지닌 주된 기관이다. 이 기관은 마약 법규의 준수를 보장하고, 불법 약물 유통을 방지하며, 규제 약물의 적절한 취급을 감시하는 임무를 맡고 있다. 또한, 의료 및 연구 환경에서 합법적인 마약 사용에 관한 지침을 제공한다. ONC는 안전하고 합법적이며 효과적인 마약 규제 접근법을 촉진하는 데 헌신하며, 의료 제공자와 연구자들에게 법에 따른 책임에 대해 교육한다. ONC는 남용을 방지하고 공중 보건을 보장하며 안전을 유지하기 위해 필요한 집행 조치를 취한다.

① 모든 의약품의 합법적인 수입과 수출을 감독한다.
② 법적으로 규제되는 약물의 원활한 유통을 감독한다.
③ 의료 제공자들에게 마약 사용 준수에 관한 지침을 제공한다.
④ 오락적 환경에서 마약이 안전하게 사용되도록 보장하기 위해 법을 집행한다.

해설

③ 세 번째 문장에서 의료 및 연구 환경에서의 합법적인 마약 사용에 관한 지침을 제공한다고 하였으므로 글의 내용과 일치한다.

① 첫 번째 문장에서 국내 마약 통제의 규제력을 지닌 주된 기관이라고 하였고 수출입 감독에 규제에 대해서는 언급이 없으므로 글의 내용과 일치하지 않는다.

② 두 번째 문장에서 규제 약물의 취급을 감시한다고 하였으므로 글의 내용과 일치하지 않는다.

④ 마지막 문장에서 남용을 방지하고 공중 보건과 안전을 보장하기 위해 필요한 집행 조치를 취한다고 하였으므로 글의 내용과 일치하지 않는다.

정답 ③

6
다음 글의 제목으로 적절한 것은?

Perhaps the real source of anxiety about technologies which can be good or ill is not technologies themselves, but growing doubts about the ability of societies to hold the open debate, and come up with good answers. In that sense, techno-pessimism is a symptom of political pessimism. Yet there is something perversely reassuring about this: a gloomy debate is much better than no debate at all. And history still argues, on the whole, for optimism. The technological transformation since the Industrial Revolution has helped curb ancient evils, from child mortality to hunger and ignorance. Yes, the planet is warming and antibiotic resistance is spreading. But the solution to such problems calls for the deployment of more technology, not less. So as the new decade begins, put aside the gloom for a moment. To be alive in the tech-obsessed 2020s is to be among the luckiest people who have ever lived.

① How Advanced Technology Makes Us Anxious
② Why We Should Be Optimistic About Technology
③ Relationship Between Technology and Politics
④ Technological Pessimism Do Exist

어휘
source 원천 anxiety 염려 come up with ~을 생각해 내다
pessimism 비관주의 symptom 증상 perversely 삐뚤어지게도
reassuring 안심시키는 gloomy 비관적인 debate 토론
argue for ~에 찬성 의견을 말하다 optimism 낙관주의
transformation 변혁 curb 억제하다 ancient 오래된 mortality 사망률
ignorance 무지 antibiotic 항생 물질(의) resistance 내성
call for ~을 필요로 하다 deployment 이용 decade 10년
put aside ~을 제쳐두다 gloom 우울 obsessed 집착하는
anxious 불안한 optimistic 낙관적인 relationship 관계 exist 존재하다

해석
좋을 수도 있고 나쁠 수도 있는 기술에 대한 염려의 진정한 원천은 어쩌면 기술 자체가 아니라, 열린 토론을 열고 좋은 답을 생각해 낼 수 있는 사회의 능력에 대한 점점 커져가는 의구심일지도 모른다. 그런 의미에서, 기술 비관주의는 정치적 비관주의의 한 증상이다. 그러나 이것은 반대로 안심할 만한 면이 있다: 비관적인 토론이 아예 토론이 없는 것보다는 훨씬 낫기 때문이다. 그리고 전반적으로 역사는 낙관주의에 찬성 의견을 말한다. 산업혁명 이후의 기술적 변혁은 유아 사망률에서부터 기아와 무지에 이르는 오래된 악들을 억제하는 데 도움을 주었다. 물론, 지구는 따뜻해지고 항생제 내성은 확산되고 있는 것이 사실이다. 그러나 그러한 문제의 해결책은 기술을 줄이는 것이 아니라, 더 많은 기술의 이용을 필요로 한다. 그러니 새로운 10년이 시작되면서 우울은 잠시 제쳐두자. 기술에 집착하는 2020년대에 살아가는 것은 역사상 가장 운이 좋은 사람들 중 하나가 되는 것이다.

① 발전된 기술이 우리를 불안하게 만드는 방식
② 우리가 기술에 대해 낙관적이어야 하는 이유
③ 기술과 정치의 관계
④ 기술적 비관주의는 정말 존재한다

해설
글의 중심 소재는 기술적 낙관주의의 필요성이다. 글의 도입부인 처음 두 문장에서 기술 비관주의에 대해 언급하고 세 번째 문장에서 전환이 일어난 뒤 주제문인 네 번째 문장에서 역사는 대체로 낙관주의의 편이라고 주장한다. 이후 구체적으로 기술의 긍정적 효과를 강조하며, 현재와 미래 문제를 해결하기 위해 더 많은 기술이 필요하다는 낙관적인 관점을 제시한다. 마지막 문장에서도 이 시대를 살아가는 것은 역사상 가장 운이 좋은 사람들 중 하나라고 하였으므로 글쓴이의 긍정적인 관점이 드러난다. 따라서 글의 제목으로 가장 적절한 것은 ② '왜 우리는 기술에 대해 낙관적이어야 하는가'이다.

 ②

[7~8] 다음 글을 읽고 물음에 답하시오.

To: Kate Jang
From: Sarah Gibson
Date: January 15, 2025
Subject: Regarding the property for sale

Dear Kate Jang,

Thank you for reaching out and expressing interest in one of our listings. It is always a pleasure to connect with potential residents and discuss properties that may meet their needs.

I'm pleased to provide you with more details regarding the property located at 428 Lake Street. This apartment has recently undergone renovations to offer a modern, spacious living environment. It features a large, sunlit living room, three bedrooms, and two bathrooms, designed to combine comfort with functionality. Additionally, the apartment is equipped with ample natural light, making it an inviting space for residents.

This property comes with designated parking for residents, ensuring convenience and ease of access. The rental terms are $2,500 per month, with a separate maintenance fee of $150 per month. Move-in is available starting from May 1, 2025.

Should you have any further questions or wish to schedule a viewing, please do not hesitate to contact me. Thank you again for your interest.

Best regards,
Sarah Gibson
Real Estate Agent

7
윗글의 목적으로 가장 적절한 것은?
① to respond to a real estate information request
② to inquire of a real estate advertisement
③ to express intent to purchase a property
④ to promote the advantages of a property

8
밑줄 친 "ample"의 의미와 가장 가까운 것은?
① abundant ② limited
③ excellent ④ bright

어휘
reach out 연락하다 listing 매물 connect 교류하다 potential 잠재적인 resident 거주자 property 부동산 recently 최근에 undergo 받다 renovation 수리 spacious 널찍한 sunlit 햇살이 잘 드는 functionality 기능성 ample 충분한 inviting 매력적인 designated 지정된 ease of access 접근의 용이성 maintenance fee 관리비 schedule a viewing 방문 일정을 잡다 hesitate 주저하다 real estate agent 부동산 중개인 abundant 풍부한 limited 제한된 excellent 탁월한 bright 밝은

해석
수신: Kate Jang
발신: Sarah Gibson
날짜: 2025년 1월 15일
제목: 부동산 매물에 관해

Kate Jang 님께,

연락해 주시고 저희 매물에 관심을 가져 주셔서 감사합니다. 잠재적인 주민들과 교류하며 그분들의 요구를 충족할 수 있는 부동산에 대해 논의할 수 있는 기회를 갖는 일은 언제나 즐겁습니다.

Lake 거리 428번지에 위치한 부동산에 대한 자세한 정보를 제공하게 되어 기쁩니다. 이 아파트는 최근 수리되어 현대적이고 널찍한 생활 환경을 제공합니다. 넓고 햇살이 잘 드는 거실, 세 개의 침실, 두 개의 욕실로 구성되어 있으며, 편안함과 기능성을 겸비하도록 설계되었습니다. 게다가, 이 아파트는 충분한 자연 채광을 갖고 있어서 거주자들에게 매력적인 공간을 만들어 줍니다.

이 부동산은 거주자 지정 주차 공간을 제공하여 편의성과 접근 용이성을 보장합니다. 월 임대료는 2,500달러이며, 별도로 관리비가 매월 150달러 부과됩니다. 입주는 2025년 5월 1일부터 가능합니다.

추가 질문이 있거나 방문 일정을 잡고 싶으시면 언제든지 연락해 주세요. 다시 한번 관심을 가져 주셔서 감사합니다.

감사합니다,
Sarah Gibson
부동산 중개인

7 ① 부동산 정보 요청에 답변하려고
② 부동산 광고에 대해 문의하려고
③ 부동산 구매 의사를 표현하려고
④ 부동산의 장점을 홍보하려고

해설
7 첫 문단의 첫 번째 문장에서 특정 매물에 대해 연락을 받았다는 사실을 밝히고 두 번째 문단의 첫 번째 문장에서 그에 대한 정보를 제공한다고 언급한 뒤, 이후에 아파트의 세부 정보와 임대 조건을 상세히 설명하고 있다. 따라서 글의 목적으로는 '부동산 정보 요청에 답변하려고'가 가장 적절하다.

정답 7 ① **8** ①

9
주어진 문장이 들어갈 위치로 가장 적절한 것은?

> Chinese society is rediscovering this today; *the Times* reported last week, the balance between male and female has been skewed in China.

The Chinese philosophical tradition of Taoism is founded on the idea of balance — in nature and in human relations. Its two core principles are *yang* and *yin*, symbolizing the dualities of light and dark, sky and earth, male and female. (①) Taoist texts teach that both nature and society seek balance, and that interfering with this natural arrangement can bring unhappy consequences. (②) Under Government pressure to limit families to one child each, driven by tradition that favors boys, helped by ultrasound and readily available abortions, Chinese families have been messing with Mother Nature in an effort to make sure their one child is a boy. (③) The result: a stark shortage of women of marriageable age, and a lot of lonely young men. (④) China is not the only populous country where this has happened; a similar phenomenon is occurring in India, according to United Nations figures.

어휘
rediscover 재발견하다 skew 왜곡하다 philosophical 철학적 tradition 전통 Taoism 도교 found 기반을 두다 core 핵심적인 yang 양 yin 음 duality 이원성 seek 추구하다 interfere with ~을 방해하다 arrangement 배열 consequence 결과 pressure 압박 favor 선호하다 ultrasound 초음파 검사 readily 쉽게 available 이용 가능한 abortion 낙태 (시술) mess with ~을 엉망으로 만들다 Mother Nature 대자연 effort 노력 stark 현저한 shortage 부족 marriageable 결혼 가능한 populous 인구가 많은 phenomenon 현상 occur 발생하다 figure 수치

해석
중국 철학 전통인 도교는 — 자연과 인간의 관계에서 — 균형이라는 개념에 기반을 두고 있다. 도교의 두 가지 핵심 원칙은 '양'과 '음'으로, 이는 빛과 어둠, 하늘과 땅, 남성과 여성이라는 이원성을 상징한다. (①) 도교 경전은 자연과 사회 모두 균형을 추구하며, 이러한 자연스러운 배열을 방해하면 불행한 결과를 초래할 수 있다고 가르친다. (②) 중국 사회는 오늘날 이것을 재발견하고 있다; 지난주 <더 타임즈>는 중국에서 남성과 여성 간의 균형이 왜곡되었다고 보도했다. 가족당 자녀를 한

명으로 제한하려는 정부의 압박 아래, 남아를 선호하는 전통에 이끌리고, 초음파 검사와 쉽게 받을 수 있는 낙태 시술 덕분에, 중국 가정들은 자신들의 유일한 자녀가 남아가 되도록 노력하는 과정에서 자연의 질서를 엉망으로 만들어 왔다. (③) 그 결과: 결혼 가능한 연령대의 여성이 현저히 부족해졌고, 많은 젊은 남성들이 혼자 지낸다. (④) 중국은 이런 현상이 일어난 유일한 인구 대국이 아니다; 유엔 수치에 따르면 인도에서도 비슷한 현상이 발생하고 있다.

해설

주어진 문장은 중국 사회가 오늘날 '이것'을 재발견한다고 했고, 남녀 성비가 왜곡되었다는 보도를 언급한다. 주어진 문장 앞에서는 this가 가리키는 구체적인 내용이 나와야 하고, 뒤에서는 성비 불균형에 관한 부연 설명이 나올 것으로 예측된다. ②의 앞에서는 자연과 사회의 균형의 중요성과 그것이 깨질 경우 불행한 결과가 나온다고 하는 도교 철학의 가르침을 말하고 있다. 주어진 문장의 this는 바로 이 도교 철학의 가르침이다. 또한 ②의 뒤에서는 중국에서 성비 균형이 깨진 것에 관해 설명하고 있다. 따라서 주어진 문장이 들어갈 위치는 ②이다.

정답 ②

10

밑줄 친 부분에 들어갈 말로 가장 적절한 것은?

> With the present plummeting demand market for office buildings, resulting in many vacant properties, we need to develop plans that will enable some future exchange between residential and commercial or office functions. This vacancy has reached a historic level; at present the major towns in the Netherlands have some five million square metres of unoccupied office space, while there is a shortage of 160,000 homes. At least a million of those square metres can be expected to stay vacant, according to the association of Dutch property developers. There is a real threat of 'ghost towns' of empty office buildings springing up around the major cities. In spite of this forecast, office building activities are continuing at full tilt, as these were planned during a period of high returns. Therefore, it is now essential that _____.

① a number of plans for office buildings be redeveloped for housing
② a new design be adopted to reduce costs for the maintenance of buildings
③ residential buildings be converted into commercial buildings
④ we design and deliver as many shops as possible

어휘

present 현재의   plummet 급락하다   vacant 비어있는   property 부동산
exchange 교환   residential 주거용의   commercial 상업용의
function 기능   vacancy 공실   square metre 평방미터
unoccupied 비어있는   shortage 부족   expect 예상하다
association 협회   threat 위협   spring up 생겨나다   forecast 예측
at full tilt 전속력으로   return 수익   essential 필수적인   housing 주거공간
adopt 채택하다   reduce 줄이다   maintenance 유지   convert 전환하다

deliver 공급하다

해석

사무실용 빌딩에 대한 수요 시장이 현재 급락하여 비어있는 많은 부동산들이 발생하면서, 우리는 미래의 주거용과 상업용 혹은 사무실용 기능 사이의 일부 교환을 가능하게 할 계획을 만들어야 한다. 이러한 공실은 역사에 남을만한 수준에 도달했다; 현재 네덜란드에 있는 주요 마을들은 5백만 평방미터의 비어 있는 사무실 공간을 가지고 있는 반면에 16만 개의 주택이 부족하다. 네덜란드 부동산 개발자 협회에 따르면 그들 중 최소한 백만 평방미터가 비어 있는 채로 남을 것이라고 예상할 수 있다. 주요 도시 주변에는 빈 사무실용 빌딩들의 '유령 마을'이 갑자기 나타나는 실질적인 위협이 존재한다. 이러한 예측에도 불구하고, 사무실 건축 활동은 그것이 고수익의 시기 동안 계획되었기 때문에 전속력으로 계속되고 있다. 그러므로 현재 사무실용 건물에 대한 많은 계획들은 주거공간으로 재개발되어야 한다는 것이 필수적이다.

② 건물의 유지 비용을 줄이기 위해 새로운 디자인이 채택되어야만 한다
③ 주거용 건물들이 상업용 건물로 전환되어야 한다
④ 우리는 가능한 많은 상점을 설계하고 공급해야 한다

해설

글의 중심 소재는 사무용 공간의 과잉 공급이다. 빈칸이 있는 문장은 '그러므로 (Therefore) ~하는 것이 필수적이다.'로 글의 결론을 말하는 부분이다. 앞에서 현재의 부동산의 상태가 사무실용 빌딩에 대한 수요가 줄어들어 비어있는 사무실 공간이 매우 많은 반면에 주거용 주택이 부족한 상태인데, 그럼에도 부동산 호황기에 계획된 상업용 건물들의 건축이 계속된다고 문제점을 언급하고 있다. 따라서 빈칸에는 이에 대한 대책이 될 수 있는 말이 와야 하므로, 이러한 불균형을 해소할 수 있는 ① '사무실용 건물에 대한 많은 계획들은 주거공간으로 재개발되어야 한다.'가 적절하다.

정답 ①

DAY 19

| 01 | ② | 02 | ③ | 03 | ④ | 04 | ② | 05 | ① |
| 06 | ① | 07 | ② | 08 | ④ | 09 | ① | 10 | ③ |

[1~2] 밑줄 친 부분에 들어갈 말로 가장 적절한 것을 고르시오.

1

> Despite having several tasks to complete, he spent the entire afternoon being _____ and playing games on his phone.

① meticulous
② idle
③ industrious
④ arrogant

어휘

complete 끝내다 meticulous 꼼꼼한 idle 빈둥거리는
industrious 부지런한 arrogant 거만한

해석

여러 가지 끝내야 할 일이 있었음에도 불구하고, 그는 오후 내내 빈둥거리며 핸드폰으로 게임을 하며 시간을 보냈다.

정답 ②

2

> Make time and play with your kids, and you will never regret _____ time with them.

① to spend
② to have spent
③ having spent
④ having been spent

어휘

make time 시간을 내다 regret 후회하다

해석

시간을 내서 당신의 아이와 놀아라, 그러면 당신은 절대 그들과 시간을 보낸 것을 후회하지 않을 것이다.

해설

[문법포인트] 완전타동사와 동작의 목적어 / 준동사의 형태 변화 동사 regret은 목적어의 형태에 따라 의미가 달라진다. 의미상 지난 일을 '후회한다'라는 의미가 들어가야 하므로 동명사가 오는 것이 적절하다. 또한 과거의 일을 후회한다는 의미를 강조하기 위해 완료형 동명사인 having spent가 들어가는 것이 적절하다. 참고로, spending만 써도 마찬가지 의미를 나타낼 수 있다.

정답 ③

3

The new DocFinder app에 관한 다음 글의 내용과 일치하지 않는 것은?

> **Use the new DocFinder app to locate the correct forms.**
>
> Use the DocFinder app to streamline your administrative processes. This app is specifically designed to help public officers locate the appropriate documents or forms required for various public services. With a user-friendly interface, the app allows users to search for forms by category, service type, or keyword. One of the key features is the advanced search tool, which offers suggestions based on frequently accessed forms or user preferences. The app also notifies users when forms are updated or replaced, ensuring accuracy and compliance. Public officers can access DocFinder through mobile devices, desktop applications, or the official website, which provides flexibility for various work environments. For those new to the app, a tutorial feature guides them through its functions to maximize efficiency.
>
> ① It enables users to look up forms using categories or keywords.
> ② It allows users to access frequently used forms automatically.
> ③ It notifies users about changes in form availability or content.
> ④ It offers features to enhance the efficiency of experienced users.

어휘

locate 찾아내다 streamline 간소화하다 administrative 행정의
process 과정 specifically 특별히 appropriate 적절한 form 양식
public service 공공 서비스 user-friendly 사용자 친화적인
category 분류 feature 기능 advanced search 고급 검색
preference 선호도 notify 알리다 updated 갱신된 replace 교체하다
ensure 보장하다 access 접근하다 accuracy 정확성 compliance 준수
desktop application 데스크탑 응용 프로그램 flexibility 유연성
tutorial 개별 지도의 maximize 극대화하다 frequently 자주
automatically 자동으로 notify 알리다 availability 이용 가능성
enhance 높이다 efficiency 효율성

해석

올바른 양식을 찾기 위해 새로운 DocFinder 앱을 사용하세요.

행정 과정을 간소화하려면 DocFinder 앱을 사용해 보세요. 이 앱은 공무원들이 다양한 공공 서비스를 위해 필요한 적절한 문서나 양식을 찾는 것을 돕도록 특별히 설계되었습니다. 사용자 친화적인 인터페이스를 통해, 이 앱은 사용자들이 종류별, 서비스 유형별 또는 키워드를 사용하여 양식을 검색할 수 있도록 해 줍니다. 주요 기능 중 하나는 고급 검색 도구로, 이것은 자주 사용되는 양식이나 사용자 선호도에 따라 제안을 제공합니다. 또한 앱은 양식이 갱신되거나 교체될 때 사용자에게 이를 알려, 정확성과 (양식) 준수를 보장해 줍니다. 공무원들은 모바일 장치, 데스크탑 응용 프로그램 또는 공식 웹사이트를 통해 DocFinder에 접근할 수 있으며,

이는 다양한 업무 환경에 유연성을 제공합니다. 앱 사용이 처음인 사람들을 위해, 개별 지도 기능은 효율성을 극대화하는 기능을 통해 그들을 지도합니다.

① 사용자가 종류나 키워드를 사용하여 양식을 검색할 수 있도록 한다.
② 사용자가 자주 사용되는 양식에 자동으로 접근할 수 있게 한다.
③ 양식의 이용 가능성이나 내용의 변동에 대해 사용자에게 알린다.
④ 숙련된 사용자의 효율성을 높여주는 기능을 제공한다.

해설
④ 마지막 문장에서 초보자를 위한 튜토리얼 기능에 대해 언급하고 있지만, 숙련된 사용자를 위한 효율성 증대 기능에 대한 언급은 없으므로 글의 내용과 일치하지 않는다.
① 세 번째 문장에서 DocFinder가 종류별, 서비스 유형별 또는 키워드를 사용하여 양식을 검색할 수 있도록 한다고 했으므로 글의 내용과 일치한다.
② 네 번째 문장에서 고급 검색 도구가 자주 사용되는 양식이나 사용자 선호도에 따라 제안을 제공한다고 했으므로 글의 내용과 일치한다.
③ 다섯 번째 문장에서 양식이 갱신되거나 교체될 때 앱이 사용자에게 이를 알린다고 했으므로 글의 내용과 일치한다.

정답 ④

4
밑줄 친 부분 중 어법상 옳지 않은 것은?

> Success and happiness aren't always ① as straightforward as they seem. Many people believe ② what achieving their goals will automatically lead to contentment, but that's not necessarily the case. Life is full of complexities, and even when things go right, there can still be challenges ③ that make us question our path. Sometimes, the things we desire most aren't what we truly need. It's important ④ to recognize that fulfillment often comes from unexpected places and experiences.

어휘
straightforward 단순한 achieve 이루다 goal 목표
automatically 자동으로 contentment 만족감 complexity 복잡한 요소
challenge 어려움 question 의심하다 path 길 desire 원하다
recognize 인식하다 fulfillment 성취감 unexpected 예상치 못한

해석
성공과 행복은 항상 보기만큼 단순하지 않다. 많은 사람들은 목표를 이루는 것이 자동으로 만족감으로 이어질 것이라고 믿지만, 그것은 반드시 사실인 것은 아니다. 삶은 복잡한 요소들로 가득하며, 모든 일이 잘 풀리더라도 여전히 우리가 자신의 길을 의심하게 만드는 어려움들이 있을 수 있다. 때로는 우리가 가장 원하는 것들이 진정으로 필요한 것은 아닐 때가 있다. 성취감은 예상치 못한 장소와 경험에서 흔히 온다는 것을 인식하는 것이 중요하다.

해설
② [문법포인트] 명사절 접속사의 선택 what 뒤에는 불완전한 절이 와야 하는데 완전한 절이 왔으므로 명사절을 이끄는 접속사인 that으로 고쳐야 한다.
  (what → that)
① [문법포인트] 비교 구문 동사 are의 보어가 되어야 하므로 형용사인 straightforward가 바르게 쓰였고, 「as + 형용사 + as」 형태의 원급 비교도 바르게 표현되었다.
③ [문법포인트] 관계대명사의 선택 that 이후에 주어가 없는 불완전한 절이 왔으며 선행사인 challenges를 수식하고 있으므로 관계대명사 that이 바르게 쓰였다.
④ [문법포인트] 인칭대명사 / to부정사의 역할 가주어인 It이 왔고 진주어 역할을 하는 to부정사가 바르게 쓰였다.

정답 ②

5
밑줄 친 부분에 들어갈 말로 가장 적절한 것은?

> Sophie Kim: Hi, I'm planning to make natural skincare products at home. Do you have essential oils?
> Nature's Bliss Shop: Yes, we have essential oils, carrier oils, and other ingredients.
> Sophie Kim: Do you also provide containers for storing the products?
> Nature's Bliss Shop: Yes, we have a selection of glass jars and bottles.
> Sophie Kim: _____
> Nature's Bliss Shop: Yes, all our containers are reusable and eco-friendly.
> Sophie Kim: That's wonderful. I'll order some today.
> Nature's Bliss Shop: Great! Let us know if you need any guidance on choosing products.

① I prefer packaging made of sustainable materials.
② Natural skincare products are better for the planet.
③ Can I buy extra lids for the containers?
④ What other eco-conscious products do you sell?

어휘
natural 천연의 ingredient 재료 container 용기 store 보관하다
selection 선택 reusable 재사용이 가능한 eco-friendly 친환경의
guidance 안내 prefer 선호하다 sustainable 지속 가능한
materials (pl.) 소재 lid 뚜껑 eco-conscious 환경을 의식하는

해설
Sophie Kim: 안녕하세요. 저는 집에서 천연 스킨케어 제품을 만들려고 합니다. 에센셜 오일을 판매하나요?
Nature's Bliss 상점: 네 저희는 에센셜 오일, 캐리어 오일, 그리고 기타 재료도 있습니다.
Sophie Kim: 제품을 보관할 용기도 제공하나요?
Nature's Bliss 상점: 네, 유리 용기와 병류를 선택할 수 있습니다.
Sophie Kim: 저는 지속 가능한 소재로 만든 포장을 선호해요.
Nature's Bliss 상점: 네, 저희 용기는 모두 재사용이 가능하며 친환경적입니다.
Sophie Kim: 정말 좋네요. 오늘 몇 가지 주문하겠습니다.
Nature's Bliss 상점: 좋습니다! 제품 선택에 대한 안내가 필요하시면 알려주세요.

② 천연 스킨케어 제품이 지구에 더 좋아요.
③ 용기에 맞는 여분의 뚜껑을 살 수 있을까요?
④ 다른 어떤 환경을 의식하는 제품을 판매하나요?

정답 ①

[6~7] 다음 글을 읽고 물음에 답하시오.

(A)

As an outdoor enthusiast, you know the importance of keeping our trails clean and accessible for everyone. We invite you to participate in a unique event tailored to this purpose.

Join us for "Trail Stewardship Day," where volunteers will work together to repair damaged paths, clear litter, and install new trail markers. Safety instructions will be provided on-site before the event begins, along with opportunities to learn about local flora and fauna from an expert.

Event Information:
- Date: Saturday, April 22
- Time: 8:00 a.m. – 1:00 p.m.
- Location: Forest Ridge Trailhead, Main Parking Area

All tools and safety gear will be provided. Volunteers should wear appropriate outdoor clothing and bring water and snacks. For more information, contact the Park Rangers Office at (555) 654-3210.

6
(A)에 들어갈 윗글의 제목으로 가장 적절한 것은?
① Preserve Our Trails Together
② Volunteer Day for Outdoor Beginners
③ Hike and Learn: Forest Plant Life
④ Trail Running for the Active Community

7
위 안내문의 내용과 일치하지 않는 것은?
① 자원봉사자들은 안전 장비를 현장에서 제공받는다.
② 안전 교육은 행사 시작 전에 온라인으로 참여하도록 요구된다.
③ 자원봉사자들에게는 야외활동 복장이 필요하다.
④ 참가자들은 행사에서 산길을 함께 수리한다.

어휘
enthusiast 애호가 trail 산책로 accessible 이용 가능한
participate 참여하다 unique 특별한 tailored to ~에 맞춘
purpose 목적 stewardship 관리 damaged 손상된 litter 쓰레기
install 설치하다 marker 표지물 flora 식물군 fauna 동물군 gear 장비
appropriate 적절한 preserve 보존하다

해석
(A) 우리의 산책로를 함께 보존합시다

야외활동 애호가로서 산책로를 깨끗하고 누구나 이용할 수 있도록 유지하는 것이 중요하다는 것을 알고 계실 것입니다. 이러한 목적에 맞춘 특별 행사에 참여해 주시길 바랍니다.

자원봉사자들이 함께 협력하여 손상된 산책로를 수리하고, 쓰레기를 치우고, 새로운 산책로 표지물을 설치하는 '산책로 관리의 날'에 참여하세요. 전문가로부터 지역 동식물에 대해 배울 수 있는 기회와 함께, 행사 시작 전 현장에서 안전 지침이 제공됩니다.

행사 정보:
- 날짜: 4월 22일 토요일
- 시간: 오전 8시 – 오후 1시
- 위치: Forest Ridge 산책로 입구, 주 주차 구역

모든 도구와 안전 장비가 제공됩니다. 자원봉사자는 적절한 야외활동 복장을 착용하고 물과 간식을 가져와야 합니다. 자세한 내용은 (555) 654-3210으로 Park Rangers 사무실에 문의하세요.

6 ② 야외활동 초보자를 위한 자원봉사의 날
③ 등산하며 배워라: 숲속 식물의 삶
④ 활동적인 지역사회를 위한 산책로 달리기

해설

6 첫 문단에서 '산책로 보수의 날'이라는 자원봉사 행사를 홍보하며, 산책로를 보존하기 위해 지역사회의 노력이 필요하다고 하였고, 두 번째 문단에서 구체적인 활동을 세부적으로 열거하고 있다. 따라서 제목으로 ① '우리의 산책로를 함께 보존합시다'가 가장 적절하다.

7 ② 두 번째 문단의 두 번째 문장에서 행사 시작 전 현장에서 안전 교육이 진행된다고 하였으므로 글의 내용과 일치하지 않는다.
① 마지막 문단 첫 번째 문장에서 안전 장비가 제공된다고 하였으므로 글의 내용과 일치한다.
③ 마지막 문단의 두 번째 문장에서 적절한 야외활동 복장을 착용해야 한다고 하였으므로 글의 내용과 일치한다.
④ 두 번째 문단의 첫 문장에서 산책로 수리를 한다고 하였으므로 글의 내용과 일치한다.

정답 6 ① 7 ②

8
다음 글의 요지로 가장 적절한 것은?

A popular notion with regard to creativity is that constraints hinder our creativity and the most innovative results come from people who have "unlimited" resources. Research shows, however, that creativity loves constraints. In our own agency, we did the best work when we had limited time and client resources. You had to be more creative just to make everything work better. Today, when working with startups, I am amazed at the creativity you have to have when you only have $25,000. Perhaps companies should do just the opposite to the common idea — intentionally apply limits to take advantage of the creative potential of their people.

① 성과를 강조하는 기업 문화는 구성원의 창의성을 억압한다.
② 창의성은 성공적인 마케팅을 위한 필수 요소이다.
③ 조직 내 활발한 소통이 창의적인 결과를 낳는다.
④ 사용할 수 있는 자원이 제한적일 때 창의성이 더 잘 발현된다.

어휘

notion 견해　constraint 제약　hinder 방해하다　innovative 혁신적인
resource 자원　agency 기획사　client 의뢰인　account 거래처
startup 신생 업체　amazed 놀란　opposite 반대의 것
intentionally 의도적으로　apply 적용하다
take advantage of ~을 이용하다　potential 잠재력

해석

창의력과 관련된 일반적인 한 견해는 제한이 우리의 창의성을 방해하며 가장 혁신적인 결과가 '무제한의' 자원을 가진 사람들로부터 나온다는 것이다. 하지만 연구는 창의력이 제한을 대단히 좋아한다는 것을 보여준다. 우리 기획사에서만 봐도 우리는 시간과 고객의 자원이 제한되어 있었을 때 일을 가장 잘 처리했다. 모든 것이 더 잘 작동하게끔 만들기 위해 여러분은 더 창의력을 발휘해야만 했다. 요즘 신생 업체들과 일을 할 때 나는 여러분이 불과 2만 5천 달러만 가지고 있을 때 가져야 하는 창의력에 놀라곤 한다. 아마도 회사들은 일반적인 생각과 완전히 반대로 해야 한다 — 구성원들의 창의적 잠재력을 이용하기 위해 의도적으로 제한을 가해야 한다.

해설

글의 중심 소재는 창의력이고, 주제문은 두 번째 문장이다. 첫 문장에서는 일반적인 통념을 제시하고 두 번째 문장에서 however 글의 전환이 일어난다. 즉 창의력이 자원의 무제한적인 사용이 아닌, 제약 속에서 더 잘 발휘된다는 것이다. 이후에는 구체적인 사례를 통해 제한된 자원이 창의력을 촉진한다는 점을 강조하며, 이를 바탕으로 회사들이 의도적으로 자원을 제한해야 한다고 주장한다. 따라서 글의 요지로 가장 적절한 것은 ④ '사용할 수 있는 자원이 제한적일 때 창의성이 더 잘 발현된다.'이다.

정답 ④

9

주어진 글 다음에 이어질 글의 순서로 가장 적절한 것은?

> Briefly consider a metaphor that plays a significant role in how we live our daily lives: Time Is Money.
>
> (A) We often speak of time as if it were money — for example, in everyday expressions such as "You're wasting my time," "This device will save you hours of work," "How will you spend your weekend?" and "I've invested a lot of time in this relationship."
> (B) Every metaphor brokers what is made visible or invisible these statements highlight how time is like money and obscures ways it is not. Time thus becomes something that we can waste or lose, and something that diminishes as we grow older. It is abstracted in a very linear, orderly fashion.
> (C) This metaphor, however, fails to disclose important phenomenological aspects of time, such as how it may speed up or slow down, depending on our engagement with what we are doing. We may instead conceive of time as quite fluid — as a stream, for example — though we lose sight of this as we have adopted the worldview of Time Is Money.
>
> * obscure: 모호하게 하다

① (A) – (B) – (C)　　② (A) – (C) – (B)
③ (B) – (A) – (C)　　④ (C) – (B) – (A)

어휘

briefly 잠시　consider 생각하다　metaphor 은유　significant 중요한
device 기기　invest 투자하다　broker 중개하다　visible 보이는
invisible 보이지 않는　highlight 강조하다　waste 낭비하다
diminish 줄어들다　abstract 추상화하다　linear 선형적인
orderly 질서정연하게　fail 실패하다　disclose 공개하다
phenomenological 현상학적인　aspect 측면　engagement 몰입
conceive of A as B A를 B로 생각하다,　stream 흐르는 강
lose sight of ~을 망각하다　adopt 채택하다

해석

우리가 일상생활을 하는 방식에서 중요한 역할을 하는 은유를 잠시 생각해 보아라: 시간은 돈이다. (A) 우리는 시간을 돈처럼 취급하며 말하는 경우가 많다 — 예를 들어, "너는 내 시간을 낭비하고 있어," "이 기기는 몇 시간의 작업 시간을 아껴줄 거야," "주말을 어떻게 보낼 거야?" 그리고 "이 관계에 많은 시간을 투자했습니다"와 같은 일상적인 표현들에서. (B) 모든 은유는 눈에 보이거나 보이지 않게 만드는 것을 중개한다; 이 진술들은 어떻게 시간이 돈과 같은지를 강조하면서 그렇지 않은 면은 모호하게 만든다. 따라서 시간은 우리가 낭비하거나 잃을 수 있는 것, 나이가 들수록 줄어드는 것이 된다. 그것은 매우 선형적이고 질서정연한 방식으로 추상화된다. (C) 그러나 이 은유는 우리가 하는 일의 몰입에 따라, 어떻게 빨라지거나 느려질 수도 있는지와 같은, 시간의 중요한 현상학적 측면을 드러내지 못한다. 대신 우리는 시간을 상당히 유동적인 것으로 — 예를 들어 흐르는 강처럼 — 생각할 수도 있는데, 하지만 우리는 "시간은 돈이다"라는 세계관을 채택할수록 이것을 망각한다.

해설

글의 중심 소재는 은유이다. 주어진 글에서는 '시간은 돈이다'라는 은유를 소개하며 이 은유가 우리의 삶의 방식에서 중요한 역할을 한다고 말한다. 이처럼 추상적인 은유를 제시한 후 그에 대한 구체적인 예시들을 소개하는 (A)가 이어지는 것이 적절하다. 이후에는 이 예시들을 these statements로 받아, 이 표현들이 가진 특징을 통해 이 은유에서 돈이 어떤 대상으로 다뤄지는지 설명하는 (B)가 와야 한다. 이후, 이것의 한계점을 바탕으로 시간에 대한 다른 관점을 제시하는 (C)가 마지막에 오는 것이 적절하다. 따라서 정답은 ① (A) – (B) – (C)이다.

정답 ①

10

밑줄 친 부분에 들어갈 말로 가장 적절한 것은?

> Scientists are constantly making new discoveries about the relationship between food and cancer. Some studies found that the frequent consumption of very hot food could increase the risk of esophageal cancer. Other studies have warned about consuming red meat, which has been associated with an increased risk of colorectal cancer. Even _____ can have major implications for our health. For a long time, scientists have wondered whether consuming acrylamide — a chemical found in burned, charred, and toasted food — negatively affects human health. Foods that are fried, baked, or roasted at high temperatures

Day 19　93

undergo a process called a Maillard reaction. This reaction can form acrylamide in small doses. Because acrylamide was discovered in food somewhat recently, we don't have any concrete answers about whether it causes cancer, but recent studies have brought us closer to understanding the potential risk.

* esophageal: 식도의

① the amount we take in hot food and red meat
② the length we are exposed to the chemical
③ the way we use to prepare food
④ the cooker we use for making foods

어휘

constantly 끊임없이 relationship 관계 frequent 잦은
consumption 섭취 risk 위험 consume 먹다 associate 관련시키다
colorectal 대장의 implication 영향 chemical 화학물질
char 까맣게 태우다 toast 노르스름하게 굽다 negatively 부정적으로
affect 영향을 미치다 temperature 온도 undergo 겪다 fry 튀기다
bake (오븐에) 굽다 roast (직화로 굽거나) 볶다 process 과정; 가공하다
reaction 반응 dose 용량 somewhat 다소 recently 최근에
concrete 확실한 potential 잠재적인 amount 양 length 기간
expose 노출시키다

해석

과학자들은 음식과 암 사이의 관계에 대해 새로운 사실을 지속적으로 발견하고 있다. 일부 연구는 매우 뜨거운 음식의 잦은 섭취는 식도암 위험을 증가시킬 수 있음을 알아냈다. 다른 연구는 적색육 섭취에 대해 경고하는데, 이는 대장암 위험 증가와 관련이 있다. 심지어 우리가 음식을 준비하는 데 사용하는 방식도 우리의 건강에 중대한 영향을 미칠 수 있다. 오랫동안 과학자들은 아크릴아마이드가 ― 탄 음식, 까맣게 태운 음식, 그리고 구운 음식에서 발견되는 화학물질 ― 인간의 건강에 부정적인 영향을 미치는지 궁금해했다. 고온에서 튀기거나 굽거나 볶은 음식은 마이야르 반응이라는 과정을 겪는다. 이 반응은 소량의 아크릴아마이드를 형성할 수 있다. 아크릴아마이드가 다소 최근에 음식에서 발견되었기 때문에, 우리는 그것이 암을 유발하는지에 대한 확실한 답을 가지고 있지 않지만, 최근 연구는 우리를 잠재적 위험에 대한 이해에 한 걸음 더 가까워지게 했다.

① 우리가 뜨거운 음식과 적색육을 섭취하는 양
② 우리가 화학물질에 노출되는 기간
④ 음식을 만들 때 사용하는 조리기구

해설

중심 소재는 음식 섭취와 암의 연관성이다. 빈칸의 앞 문장에서는 특정 음식을 섭취할 때의 위험성을 언급하고 있다. 그리고 뒤에는 음식의 조리 과정에서 발생하는 화학 반응인 마이야르 반응이 소개된다. 이는 튀기거나, 굽거나 볶는 특정 조리 방식에서 발생하는데 이 과정에서 암을 유발하는 화학물질이 나온다고 말한다. 즉 조리 방법과 암 사이의 관계를 말하므로 빈칸에 들어갈 내용은 ③ '우리가 음식을 준비하는 데 사용하는 방식'이 적절하다.

정답 ③

DAY 20

2025 이동기 영어 하루 프로젝트

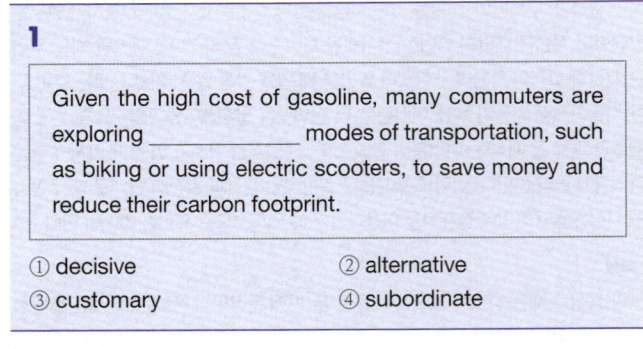

[1~3] 밑줄 친 부분에 들어갈 말로 가장 적절한 것을 고르시오.

1

Given the high cost of gasoline, many commuters are exploring _____ modes of transportation, such as biking or using electric scooters, to save money and reduce their carbon footprint.

① decisive   ② alternative
③ customary   ④ subordinate

어휘

given ~을 감안하여 commuter 통근자 mode 방법 footprint 발자국
decisive 결정적인 alternative 대체의 customary 습관적인
subordinate 부차적인

해석

높은 휘발유 가격을 감안하여, 많은 통근자들이 돈을 절약하고 탄소 발자국을 줄이기 위해 자전거를 타거나 전동 스쿠터를 이용하는 것 같은 대체 교통수단을 모색하고 있다.

정답 ②

2

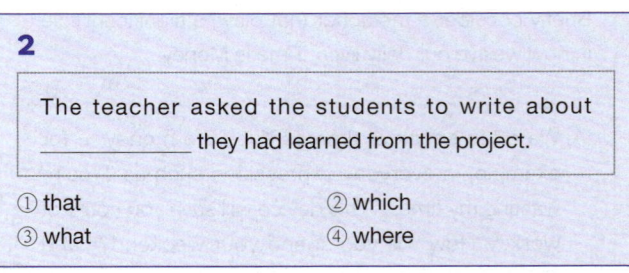

The teacher asked the students to write about _____ they had learned from the project.

① that   ② which
③ what   ④ where

해석

선생님은 학생들에게 그 프로젝트에서 배운 것에 관해 쓰라고 요청했다.

해설

[문법포인트] 명사절 접속사의 선택 write about의 뒤에는 전치사의 목적어가 필요한데 빈칸 뒤에 had learned의 목적어가 없는 불완전한 절이 왔으므로 명사절 접속사이자 타동사 learn의 목적어 역할을 할 수 있는 what을 쓰는 것이 적절하다. 참고로 전치사는 명사절인 that절을 목적어로 취할 수 없다.

정답 ③

3

A: Vicky, you look down. What's the matter?
B: It's nothing.
A: Come on. What is it?
B: Well, you know I participated in the national speech contest last weekend.
A: Right. You spent a lot of time preparing for it.
B: I checked the results on the website this morning and found I failed to win the prize.
A: Oh, how could that happen?
B: I thought it was almost perfect. I only made a few mistakes in the speech.
A: I understand how you feel. Don't be so frustrated. There'll be another chance.
B: I guess I'm losing confidence. I'm afraid to try something new.
A: _____

① Forget it. I can handle it by myself.
② Congratulations! You'll jump to the next round.
③ No problem. I'll send you a text message.
④ Cheer up! You can make it next time.

어휘

down 기분이 안 좋은   participate 참가하다   national 전국의
win the prize 상을 타다   frustrated 낙담한   confidence 자신감
handle 해결하다

해석

A: Vicky, 너 기분이 안 좋아 보이네. 무슨 일이야?
B: 아무것도 아니야.
A: 그러지 말고, 뭔데?
B: 음, 지난 주말에 전국 말하기 대회에 참가했잖아.
A: 맞아, 준비에 많은 시간을 보냈지.
B: 오늘 아침에 웹사이트에서 결과를 확인했는데, 상을 타지 못했다는 걸 알게 됐어.
A: 아, 어떻게 그렇게 된 거야?
B: 거의 완벽했다고 생각했어. 연설에서 몇 가지 실수만 했거든.
A: 네 기분 이해해. 너무 낙담하지 마. 또 기회가 있을 거야.
B: 자신감을 잃어 가는 것 같아. 새로운 걸 시도하는 게 두려워.
A: 힘내! 다음에는 성공할 수 있을 거야.

① 신경 쓰지 마. 내가 혼자 해결할 수 있어.
② 축하해! 다음 단계로 넘어가겠구나.
③ 괜찮아. 내가 문자 보낼게.

정답 ④

4

밑줄 친 부분 중 어법상 옳지 않은 것은?

Digital marketing enables businesses ① to reach a broader audience than traditional methods. By using data-driven insights, companies are able to ② more accurately target potential customers. This technology helps marketers ③ creating effective campaigns that appeal to specific demographics. Consequently, this makes them achieve better engagement rates, ④ leading to more efficient resource use and improved business outcomes.

어휘

enable 가능하게 하다   reach 도달하다   method 방법   driven 중심의
insight 통찰   accurately 정확하게   target 겨냥하다   potential 잠재적인
effective 효과적인   appeal 호소하다   specific 특정한
demographic 인구집단   consequently 따라서   achieve 달성하다
engagement 참여   rate 비율   efficient 효율적인   outcome 성과

해석

디지털 마케팅은 기업들이 전통적인 방법보다 더 넓은 대중에 도달할 수 있게 한다. 데이터 기반 통찰을 사용함으로써, 기업들은 잠재 고객을 더 정확히 겨냥할 수 있다. 이 기술은 마케터들이 특정 인구집단에 호소하는 효과적인 캠페인을 만드는 데 도움을 준다. 따라서, 이는 그들이 더 나은 참여율을 달성하게 하고, 효율적인 자원 사용과 개선된 사업 성과를 이끌어낸다.

해설

③ [문법포인트] 불완전타동사와 동작의 목적격보어 creating은 불완전타동사 helps의 목적격보어 자리에 있으므로 to create 또는 create로 고치는 것이 적절하다. (creating → to create/create)
① [문법포인트] 불완전타동사와 동작의 목적격보어 enable은 목적격보어로 to부정사를 쓰기 때문에 to reach가 바르게 쓰였다.
② [문법포인트] 형용사 vs. 부사 to부정사의 사이에 부사가 왔다. 준동사는 부사로 수식하므로 target을 수식하는 부사인 more accurately가 바르게 쓰였다.
④ [문법포인트] 분사구문 lead to는 「자동사+전치사」 형태로 resource use와 outcomes를 목적어로 취하는 능동의 분사구문이다. 또한 문장의 주어인 this는 앞 문장 전체를 받고, 의미상 분사구문의 동사와 능동의 관계이다. 따라서 현재분사가 바르게 쓰였다.

정답 ③

5

다음 글의 목적으로 가장 적절한 것은?

To: Residents of Greystone
From: Lila Montgomery
Date: January 3, 2025
Subject: Important Information

Dear Residents,

As the congressional election approaches, we want to ensure you have all the information you need to participate in this important event. Early voting is a great way to make your voice heard without the rush on Election Day. Here's what you need to know about early voting:

- Voting Period: February 1, 2025 - February 8, 2025
- Hours: 8 AM - 6 PM
- Locations: White Creek Community Center or Cedar Hill Public Library
  (For more locations, visit www.yourcityvotes.org.)
- Eligibility: Registered voters in our area.
  Bring valid ID (e.g., driver's license, state ID).

For any questions, contact the election office at (555) 923-4027.

Thank you for participating in our democracy!

Best Regards,
Lila Montgomery
Greystone City Hall

① To inform residents of election candidates
② To inform residents of voter rights
③ To inform residents of early voting details
④ To inform residents of delay in the voting schedule

6
다음 글의 제목으로 가장 적절한 것은?

Simply providing students with complex texts is not enough for learning to happen. Assigning students to independently read, think about, and then write about a complex text is not enough, either. Quality questions are one way that teachers can check students' understanding of the text. Questions can also promote students' search for evidence and their need to return to the text to deepen their understanding. Teachers take an active role in developing and deepening students' comprehension by asking questions that cause them to read the text again, which results in multiple readings of the same text. In other words, these textbased questions provide students with a purpose for rereading, which is critical for understanding complex texts.

① Too Many Tests Make Students Tired
② Questions That Science Can't Answer Yet
③ Too Much Homework Is Harmful
④ Questioning for Better Comprehension

심화시키기 위해 그들의 증거 탐색과 텍스트로 되돌아가야 할 필요를 촉진할 수 있다. 학생이 텍스트를 다시 읽게 하는 질문을 던져서 결국 동일한 텍스트를 여러 번 읽게 함으로써 학생의 이해를 발전시키고 심화시키는 데 있어 교사는 적극적인 역할을 한다. 다시 말해서, 텍스트에 근거한 질문은 학생에게 다시 읽어야 하는 목적을 제공해 주고, 이것은 어려운 텍스트를 이해하는 데 있어 대단히 중요하다.

① 너무 많은 시험은 학생을 지치게 한다
② 과학이 아직 답할 수 없는 질문들
③ 지나치게 많은 숙제는 해롭다
④ 더 나은 이해를 위한 질문하기

해석

중심 소재는 교사가 건네는 질문의 중요성이다. 세 번째 문장이 주제문으로 학생들이 어려운 텍스트를 이해하도록 돕기 위해 교사가 텍스트에 근거한 질문을 활용하는 것이 중요하다는 글이다. 이러한 질문은 학생들이 텍스트를 여러 번 읽고, 증거를 찾으며, 이해를 깊게 할 수 있도록 돕는 중요한 역할을 한다고 설명한다. 따라서 글의 제목으로 가장 적절한 것은 ④ '더 나은 이해를 위한 질문하기'이다.

정답 ④

[7~8] 다음 글을 읽고 물음에 답하시오.

Medical Association's Rights

Role
We advocate for the protection of medical professionals' rights by promoting safe working conditions and fair compensation for all practitioners. We also collaborate with healthcare institutions to ensure their compliance with national labor standards.

Principles
We prioritize ethical practice in medicine by ensuring transparency in healthcare policies and collaborating closely with law enforcement in cases of discrimination or harassment involving physicians.

Vision
Our aim is to create an equitable healthcare system where medical professionals can thrive, patients receive the best care, and trust is fostered among stakeholders in the industry.

7
Medical Association's Rights에 관한 윗글의 내용과 일치하는 것은?
① It works to ensure healthcare facilities comply with legal standards.
② It strives to create an environment that protects patients' rights.
③ It builds a fair system fostering trust among medical professionals.
④ It investigates cases of discrimination against physicians independently.

8
밑줄 친 "thrive"의 의미와 가장 가까운 것은?
① survive ② regulate
③ bloom   ④ negotiate

어휘

association 협회 advocate 옹호하다 protection 보호
professional 전문가 promote 촉진하다 compensation 보상
practitioner 의료인 collaborate 협력하다 institution 기관
ensure 보장하다 compliance 준수 principle 원칙
prioritize 우선시하다 transparency 투명성 policy 정책 closely 긴밀히
enforcement 집행(기관) discrimination 차별 harassment 괴롭힘
equitable 공정한 thrive 번성하다 foster 조성하다
stakeholder 이해 관계자 facilities (pl.) 시설 comply with ~을 준수하다
legal 법의 strive 노력하다 investigate 조사하다 survive 살아남다
regulate 조정하다 bloom 번성하다 negotiate 협상하다

해석

의사 협회의 권리

역할
우리는 모든 의료인의 안전한 근무 환경과 공정한 보상을 촉진하여 의료 전문가의 권리를 보호할 것을 옹호합니다. 우리는 또한 의료 기관이 국가 노동 기준 준수를 보장하도록 의료 기관과 협력합니다.

원칙
우리는 의료 정책의 투명성을 보장하고, 의사와 관련된 차별이나 괴롭힘의 경우에 법 집행 기관과 긴밀히 협력함으로써 윤리적 의료 실천을 우선시합니다.

비전
우리의 목표는 의료 전문가가 번창하고, 환자들이 최고의 치료를 받으며, 업계의 이해 관계자들 간에 신뢰가 형성되는 공평한 의료 시스템을 만드는 것입니다.

7 ① 의료 시설이 법적 표준을 준수하도록 보장하기 위해 노력한다.
② 환자의 권리를 보호하는 환경을 조성하기 위해 노력한다.
③ 의료 전문가 간의 신뢰를 조성하는 공정한 시스템을 구축한다.
④ 의사에 관한 차별 사례를 단독으로 조사한다.

해설

7 ① <역할>의 두 번째 문장에서 의료 기관이 국가 노동 기준을 준수할 수 있도록 보장한다고 하였으므로 글의 내용과 일치한다.
② <역할>의 첫 번째 문장에서 의료인의 권리를 보호할 것을 옹호한다고 하였으므로 글의 내용과 일치하지 않는다.
③ <비전>에서 이해 관계자들 간에 신뢰가 형성되는 공평한 의료 시스템을 구축하는 것이 목표라고 했으므로 글의 내용과 일치하지 않는다.
④ <원칙>에서 의사와 관련된 차별이나 괴롭힘의 경우에 법 집행 기관과 긴밀히 협력한다고 했으므로 글의 내용과 일치하지 않는다.

정답 7 ① 8 ③

9

주어진 글에 이어질 글의 순서가 바른 것은?

> Suppose that the price of frozen yoghurt falls. The law of demand says that you will buy more frozen yoghurt. At the same time, you will probably buy less ice-cream. Because ice-cream and frozen yoghurt are both cold, sweet, creamy desserts, they satisfy similar desires.

(A) When a fall in the price of one product reduces the demand for another product, the two products are called substitutes. Substitutes are often pairs of products that are used in place of each other, such as hot dogs and hamburgers, butter and margarine, and cinema tickets and Netflix.

(B) Now suppose that the price of chocolate topping falls. According to the law of demand, you will buy more chocolate topping. Yet, in this case, you will likely buy more ice-cream as well, since ice-cream and topping are often used together.

(C) When a fall in the price of one product raises the demand for another product, the two products are called complements. Complements are often pairs of products that are used together, such as petrol and cars, computers and software, and skis and ski-lift tickets.

① (A) – (B) – (C)
② (A) – (C) – (B)
③ (B) – (A) – (C)
④ (B) – (C) – (A)

어휘
suppose 가정하다 demand 수요 probably 아마도 satisfy 충족시키다
desire 욕구 product 상품 reduce 줄이다 substitute 대체재
in place of ~ 대신에 complement 보완재 petrol 휘발유

해석
프로즌요구르트의 가격이 떨어진다고 가정해 보자. 수요 법칙에 의하면 당신은 프로즌요구르트를 더 많이 사게 될 것이다. 동시에, 당신은 아마도 아이스크림을 덜 사게 될 것이다. 아이스크림과 프로즌요구르트는 둘 다 차갑고 달콤하며 크림 같은 디저트이기 때문에 비슷한 욕구를 충족시킨다. (A) 한 상품의 가격 하락이 다른 상품의 수요를 감소시킬 때, 두 상품을 대체재라고 한다. 대체재는 종종 핫도그와 햄버거, 버터와 마가린, 영화 티켓과 넷플릭스와 같이 서로 대신하여 사용되는 한 쌍의 상품이다. (B) 이제 초콜릿 토핑의 가격이 떨어진다고 가정해보자. 수요의 법칙에 따르면, 당신은 더 많은 초콜릿 토핑을 살 것이다. 하지만, 이 경우, 아이스크림과 토핑은 종종 함께 사용되기 때문에, 여러분은 더 많은 아이스크림을 살 수도 있을 것이다. (C) 한 상품의 가격 하락이 다른 상품의 수요를 증가시킬 때, 두 상품을 보완재라고 한다. 보완재는 종종 휘발유와 자동차, 컴퓨터와 소프트웨어, 스키와 스키 리프트 티켓과 같이 함께 사용되는 한 쌍의 상품이다.

해설
주어진 문장에서 프로즌요구르트와 아이스크림의 관계를 보여주는 예시가 나온다. 따라서 이후에는 이 예시가 무엇을 의미하는지에 대한 일반론이 제시되어야 하므로 대체제의 정의를 설명하는 (A)가 오는 것이 적절하다. 이후, 또 다른 예시인 초콜릿 토핑의 가격 하락으로 아이스크림 수요가 증가하는 상황을 통해 둘의 관계를 보여주는 (B)가 이어지고 그 둘의 관계를 보완재라는 개념으로 이론적으로 설명하는 (C)가 마지막에 오는 것이 적절하다. 따라서 정답은 ① (A) – (B) – (C)이다.

정답 ①

10

밑줄 친 부분에 들어갈 말로 가장 적절한 것은?

> People exercise their bodies daily, yet they neglect to exercise their feelings and emotions. Young men are taught to hide and deny emotions. Women are reluctant to seek help in coping with their depression, anxiety, or distressed relationship. The same fitness fanatic who exercises daily, eats right and has two physicals a year will neglect the mind until a crisis is reached. Emotional problems don't just happen, but are cumulative and they can be avoided at times with the same daily fitness and annual physical approach we use when caring for our bodies. Just like it's better to maintain a healthy heart than recover from a heart attack, _____.

① it is better to hide emotions than make them known
② people need to be aware of the development of disease
③ exercising regularly is more important than seeing the doctor
④ dealing with emotional issues is easier before a crisis breaks

어휘
neglect 방치하다 emotion 감정 hide 숨기다 deny 부인하다
reluctant 꺼리는 seek 구하다 cope with ~에 대처하다
depression 우울 anxiety 불안 distressed 고통스러운 fitness 운동
fanatic 광적인 사람 physical 건강검진 crisis 위기 cumulative 누적되는
avoid 피하다 at times 때때로 annual 매년의 approach 접근법
maintain 유지하다 recover 회복되다 heart attack 심장 마비
be aware of ~을 알다 see the doctor 병원에 가다
deal with ~을 해결하다 chaos 혼란 break 발생하다

해석
사람들은 그들의 몸을 매일 단련하지만 그들의 기분과 감정을 단련하는 것은 방치한다. 젊은 남성들은 감정을 숨기고 부인하라고 배운다. 여성들은 그들의 우울, 불안, 혹은 고통스러운 관계를 해결하면서 도움을 구하는 것을 꺼린다. 매일 운동하고, 올바르게 먹고, 일 년에 두 번씩 건강검진을 받는 그 똑같은 신체 단련에 광적인 사람은 위기가 오기 전까지는 마음을 방치할 것이다. 감정적인 문제들은 단지 발생하는 것이 아니라, 누적되는 것이며 때때로 우리가 우리 몸을 돌볼 때 사용하는 매일의 신체 단련과 매년의 건강검진 접근법으로 피해질 수 있다. 심장 마비에서 회복하는 것보다 건강한 심장을 유지하는 것이 더 나은 것처럼, <u>위기가 발생하기 전에 감정적인 문제들을 해결하는 것이 더 쉽다.</u>

① 감정을 알리는 것보다 숨기는 것이 낫다
② 사람들은 병의 진행에 대해 알 필요가 있다
③ 규칙적인 운동이 병원에 가는 것보다 더 중요하다

해설
중심 소재는 마음 관리의 중요성이다. 주제문은 마지막 문장으로, Just like가 있으므로 빈칸의 내용이 종속절의 내용과 일맥상통하도록 문장을 완성하면 된다. 몸을 잘 관리하는 사람들이 신체를 소홀히 하는 행태의 문제점을 지적한 뒤, 주제문에서 성장 마비라는 병이 생기기 전에 미리 대비하고 해결하는 것이 낫다고 했다. 그러므로 빈칸에는 마음에 문제가 생기기 전에 미리 해결하는 게 좋다는 내용이 들어가야 한다. 따라서 정답은 ④ '위기의 혼란이 발생하기 전에 감정적인 문제들을 해결하는 것이 더 쉽다'이다.

정답 ④

DAY 21

2025 이동기 영어 하루 프로젝트

01	③	02	③	03	②	04	②	05	①
06	④	07	③	08	④	09	②	10	④

[1~2] 밑줄 친 부분에 들어갈 말로 가장 적절한 것을 고르시오.

1

> Despite his excellent performance, the critic's harsh review left him feeling _____ and questioning his abilities.

① empowered ② elated
③ humiliated ④ reassured

어휘
critic 비평가 harsh 가혹한 review 비평 question 의심하다
empower 능력을 주다 elate 기운을 북돋아 주다 humiliate 굴욕감을 주다
reassure 안심시키다

해석
그의 훌륭한 공연에도 불구하고, 비평가의 가혹한 비평은 그가 굴욕감을 느끼게 하고 자기 능력을 의심하게 했다.

정답 ③

2

> If your meter is fully functioning, it's not mandatory _____ it replaced with a smart meter.

① of you to have   ② of you to having
③ for you to have   ④ for you to having

어휘
meter 계량기 function 작동하다 mandatory 의무인 replace 교체하다

해석
당신의 계량기가 정상적으로 작동한다면, 스마트 계량기로 교체하는 것이 의무는 아니다.

해설
[문법포인트] 준동사의 형태 변화 it은 가주어이므로 빈칸에는 진주어 역할을 하는 to 부정사가 와야 한다. 이때 to 부정사의 의미상 주어는 for나 of가 오는데 인성형용사가 오는 경우를 제외하고는 for를 사용한다. 따라서 빈칸에 들어갈 적절한 것은 ③이다.

정답 ③

3

밑줄 친 부분 중 어법상 옳지 않은 것은?

We ① have been driving an ambitious agenda focused on sustainability for over two decades. Yet, in the face of ever-growing economic, environmental and social challenges, we are evolving our approach. Ringing the alarm and setting long-term ambitions isn't ② enough good anymore to drive real change. Now is the time ③ to focus on generating meaningful outcomes by making sustainability progress integral to business performance. We are determined ④ to face this reality and to transform our business to achieve our sustainability goals.

어휘
ambitious 야심 찬 agenda 계획 sustainability 지속 가능성
decade 10년 in the face of ~에 직면하여 ever-growing 계속 증가하는
evolve 발전시키다 approach 접근 방식 alarm 경종
long-term 장기적인 ambition 포부 drive 추진하다 integral 필수적인
be determined to ~하기로 결심하다 generate 창출하다 outcome 성과
consistent 일관된 transform 변화시키다 achieve 달성하다

해석
우리는 20년 넘게 지속 가능성에 중점을 둔 야심 찬 계획을 추진해 왔다. 그러나 계속 증가하는 경제적, 환경적, 사회적 도전에 직면하여, 우리는 우리의 접근 방식을 발전시키고 있다. 경종을 울리고 장기적인 포부를 세우는 것은 진정한 변화를 추진하기에 더 이상 충분하지 않다. 이제는 지속 가능성의 진전을 비즈니스 성과에 필수적으로 만들어서 의미있는 성과를 창출하는 데 초점을 맞춰야 할 때이다. 우리는 이 현실을 직시하고 지속 가능성 목표를 달성하기 위해 비즈니스를 변화시키기로 결심하고 있다.

해설
② [문법포인트] 형용사 vs. 부사 enough는 형용사 good을 수식하는 부사로 쓰였고, 부사 enough는 형용사나 다른 부사를 수식할 때 뒤에서 수식한다. 따라서 enough good를 good enough로 고쳐야 한다. (enough good → good enough)

① [문법포인트] 완료시제 for over two decades라는 기간을 의미하는 전치사구가 쓰였으므로 현재완료 시제가 와야 한다는 것을 알 수 있다. 현재완료진행형은 과거부터 지금까지 계속되어 온 행동을 나타내므로 바르게 쓰였다.

③ [문법포인트] to부정사의 역할 to 부정사가 명사인 time을 수식하는 형용사적 용법으로 바르게 쓰였다.

④ [문법포인트] 동사의 유형별 수동태 「determine + 목적어 + to부정사」의 형태가 수동태로 전환된 구문이다. 따라서 목적격보어인 to부정사가 수동태에서도 그대로 바르게 쓰였다.

정답 ②

4

"Find and Fetch" Library Service에 관한 다음 글의 내용과 일치하지 않는 것은?

Launch of the "Find and Fetch" Library Service

On May 1, 2024, the National Library Service (NLS) introduced a new program, the "Find and Fetch" service. This program allows users to search for books across the country's public libraries and have them delivered to their designated local library for pickup. The service aims to enhance access to rare books in smaller library branches and foster nationwide resource sharing. Requests can be made via the NLS mobile app or website, and books are typically delivered within 5-7 business days. There is no additional fee for the service, but overdue fines will apply as per the lending library's policy. The service is currently available in 70% of libraries nationwide, with plans for full implementation by December 2025.

① Users can search for books nationwide through this service.
② The service requires users to pay additional fees.
③ Requested books are delivered to the selected library within 5-7 days.
④ Currently, about 70% of libraries support the service.

어휘
designate 지정하다 enhance 강화하다 rare 희귀한 foster 촉진하다
resource 자원 request 요청하다 typically 일반적으로 deliver 전달하다
fee 요금 overdue 연체된 fine 벌금 policy 정책 currently 현재
nationwide 전국적으로 implementation 시행

해석
"Find and Fetch" 도서관 서비스 출시

2024년 5월 1일, National Library Service(NLS)는 새로운 프로그램인 "Find and Fetch" 서비스를 도입했다. 이 프로그램은 사용자가 전국 공공도서관에서 원하는 책을 검색하고 지정한 지역 도서관으로 배송받을 수 있도록 한다. 이 서비스는 소규모 도서관에서 희귀한 책에 대한 접근성을 높이고 전국적인 자원 공유를 촉진하는 것을 목표로 한다. 요청은 NLS 모바일 앱 또는 웹사이트를 통해 할 수 있으며, 책은 일반적으로 5-7 영업일 내에 배송된다. 추가적인 서비스 이용료는 없지만, 연체 시 대출해주는 도서관의 정책에 따라 벌금이 부과된다. 현재 이 서비스는 전국 도서관의 약 70%에서 이용할 수 있으며, 2025년 12월까지 전면 시행될 예정이다.

① 사용자는 이 서비스를 통해 전국적으로 책을 검색할 수 있다.
② 이 서비스는 사용자에게 추가 요금을 요구한다.
③ 요청된 책은 5-7일 이내에 지정된 도서관으로 배송된다.
④ 현재 전국 도서관의 약 70%가 이 서비스를 지원한다.

해설
② 다섯 번째 문장에서 추가적인 서비스 이용료는 없다고 했으므로 글의 내용과 일치하지 않는다.

① 두 번째 문장에서 사용자가 전국 공공도서관에서 책을 검색할 수 있다고 했으므로 글의 내용과 일치한다.
③ 네 번째 문장에서 책이 5-7 영업일 내에 배송된다고 했으므로 글의 내용과 일치한다.
④ 마지막 문장에서 현재 전국 도서관의 약 70%에서 이용할 수 있다고 했으므로 글의 내용과 일치한다.

정답 ②

5
밑줄 친 부분에 들어갈 말로 가장 적절한 것은?

> Ben Carter: Hi, I'm looking for running shoes in size 10. Do you have the new model in stock?
> Sports Gear Store: Yes, we do have the new model in size 10.
> Ben Carter: That's great. Do you offer the shoes in different colors?
> Sports Gear Store: Yes, they come in black, blue, and white.
> Ben Carter: _____
> Sports Gear Store: Yes, you can try them on when you visit the store.
> Ben Carter: Perfect. I'll come by this afternoon.
> Sports Gear Store: We'll hold a pair in your size until then.

① I hope I can try them on first.
② Are these shoes comfortable for running long distances?
③ Why don't you try running with these shoes?
④ Do I need to reserve a pair in advance?

어휘
look for ~을 찾다   running shoes 운동화   in stock 재고가 있는
gear (특정 활동에 필요한) 장비   come by 잠깐 들르다   hold 보관하다
pair 켤레   comfortable 편안한   distance 거리   reserve 예약하다
in advance 미리

해석
Ben Carter: 안녕하세요, 10문짜리 운동화를 찾고 있습니다. 새 모델의 재고가 있나요?
스포츠 장비 판매장: 네, 10문짜리 새 모델이 있습니다.
Ben Carter: 좋네요. 그 신발은 다양한 색상이 있나요?
스포츠 장비 판매장: 네, 그 신발은 검정, 파랑, 흰색으로 나옵니다.
Ben Carter: 먼저 그것을 신어보고 싶습니다.
스포츠 장비 판매장: 네, 매장에 방문하면 신어보실 수 있습니다.
Ben Carter: 완벽합니다. 오늘 오후에 잠깐 들르겠습니다.
스포츠 장비 판매장: 그때까지 고객님 크기로 한 켤레를 보관하고 있겠습니다.

② 이 신발은 장거리를 달리기에 편안한가요?
③ 이 신발을 신고 달려보는 건 어떨까요?
④ 미리 한 켤레를 예약해야 할까요?

정답 ①

6
주어진 문장이 들어갈 위치로 가장 적절한 것은?

> If a larger animal, such as a dog or a cat, seems too much hassle or expensive, consider having a tiny, cheaper alternative, like fish, snails, or insects.

> When human contact is unavailable, enjoying a pet's presence can be beneficial. (①) Studies show owning a dog reduces loneliness and premature death risk, especially for those living alone. (②) Pet owners often have better social skills and engage more in community activities. (③) Pets encourage them to have physical activity and social interaction, like walking them or visiting the vet. (④) A 2016 study found that older adults caring for crickets became less depressed and improved cognitively within 8 weeks.

어휘
hassle 번거로운 일   tiny 작은   alternative 대안   snail 달팽이
insect 곤충   contact 접촉   unavailable 불가능한   presence 존재
beneficial 유익한   reduce 감소시키다   loneliness 외로움
premature 조기의   engage in ~에 참여하다   encourage 장려하다
physical 신체의   interaction 상호 작용   walk 산책시키다   vet 동물병원
cricket 귀뚜라미   depressed 우울한   cognitively 인지적으로

해석
사람과의 접촉이 불가능한 경우 반려동물의 존재를 즐기는 것이 유익할 수 있다. ① 연구는 반려견을 소유하는 것이 특히 혼자 사는 사람들 경우, 외로움과 조기 사망 위험을 감소시키는 것을 보여준다. ② 반려동물 소유자는 종종 더 나은 사회성 기술을 가지고 지역사회 활동에 더 많이 참여한다. ③ 반려동물은 그들에게 산책이나 동물병원 방문과 같은 신체 활동과 사회적 상호 작용을 장려한다. ④ 개나 고양이 같이 큰 동물이 너무 번거롭거나 비용이 많이 들어 보인다면, 물고기, 달팽이, 곤충과 같이 작고 비용이 덜 드는 대안을 고려해 보아라. 2016년 연구에 따르면 귀뚜라미를 돌보는 노인은 8주 이내에 덜 우울해지고 인지적으로 향상되었다.

해설
주어진 문장에서는 큰 동물에 대한 대안을 제시한다. 따라서 앞에는 개, 고양이와 같은 큰 반려동물을 키우는 것에 관한 내용이 나오고 뒤에는 작은 동물을 기르는 것에 관한 부연 설명이나 예시가 나와야 한다. ④의 앞에는 산책이나 동물병원 방문이 필요한 반려동물에 관한 내용이 나오고, 뒤에는 귀뚜라미에 관한 내용이 온다. 따라서 주어진 문장은 ④에 들어가는 것이 적절하다.

정답 ④

[7~8] 다음 글을 읽고 물음에 답하시오.

(A)

With the colder months approaching, it's the perfect time to enhance your culinary skills and warm up with delicious food. Join us for a unique cooking event that celebrates the art of soup-making.

Our program will guide participants in creating a variety of health-focused soups that utilize local, in-season ingredients known for their immune-boosting properties. This workshop will also cover the nutritional science behind these ingredients and practical tips for cooking efficiently at home. Participants will work in pairs, adding a collaborative experience to the session.

Workshop Details:
- Date: Sunday, November 5
- Time: 3:00 p.m. – 6:00 p.m.
- Location: Hans Culinary School, Room 201

Participants will receive a gift set of local spices used in the recipes. Please bring an apron and a small container if you'd like to take leftovers home.
For reservations, visit www.hansculinary.com or call (555) 876-5432.

7 (A)에 들어갈 윗글의 제목으로 가장 적절한 것은?
① Savor the Flavors of Winter
② Mastering Immune-Boosting Cooking
③ Warm Up with Seasonal Soup Dishes
④ Gourmet Skills for Home Cooks

8 위 안내문의 내용과 일치하지 않는 것은?
① 참가자들은 다양한 수프 요리법을 배우게 된다.
② 참가자들은 현장에서 향신료 선물 세트를 받는다.
③ 참가자들은 직접 만든 음식을 포장해 가져갈 수 있다.
④ 참가자들은 단독으로 요리 과정을 진행한다.

어휘
approach 다가오다 enhance 키우다 culinary 요리의
warm up 몸을 데우다 unique 특별한 celebrate 기념하다 art 기술
utilize 활용하다 in-season 제철의 ingredient 식재료 immune 면역의
boost 강화하다 property 특성 cover 다루다
nutritional science 영양학 practical 실용적인 efficiently 효율적으로
in pairs 짝을 지어 collaborative 협업의 spice 향신료 apron 앞치마
container 용기 leftover 남은 음식 reservation 예약 savor 음미하다
flavor 맛 seasonal 계절에 맞는 gourmet 고급 요리

해석

(A) 계절에 맞는 수프 요리로 몸을 데우세요

추운 계절이 다가옴에 따라 요리 실력을 키우고 맛있는 음식으로 몸을 데우기 완벽한 시기입니다. 수프 만드는 기술을 기념하는 특별한 요리 행사에 참여하세요.

우리 프로그램은 면역력을 강화하는 특성으로 유명한 현지 제철 식재료를 활용한 다양한 건강에 중점을 둔 수프를 참가자들이 만들 수 있도록 안내합니다. 이 워크숍은 이러한 식재료의 영양학과 집에서 효율적으로 요리할 수 있는 실용적인 팁도 다룰 예정입니다. 참가자들은 짝을 지어 활동하며 이 시간에 협업 경험을 추가합니다.

워크숍 세부 사항:
- 날짜: 11월 5일 일요일
- 시간: 오후 3시 ~ 오후 6시
- 장소: Hans 요리 학교, 201호

참가자는 레시피에 사용된 지역 향신료 선물 세트를 받게 될 것입니다. 앞치마를 가져오시고 남은 음식을 집으로 가져가고 싶으시다면 작은 용기를 가져오세요. 예약은 www.hansculinary.com을 방문하시거나 (555) 876-5432로 문의하세요.

7 ① 겨울의 맛을 음미하세요
② 면역력을 높이는 요리 마스터하기
④ 가정 요리사를 위한 고급 요리 기술

해설

7 수프 만드는 기술을 배우는 행사에 대한 홍보 글이다. 첫 문장에서 추워지면서 수프 만드는 법을 배우기 좋은 시기라고 하고, 두 번째 문장에서 수프 만드는 기술을 기념하는 요리 행사에 참여하라고 한다. 따라서 (A)에 들어갈 가장 적절한 것은 ③ '계절에 맞는 수프 요리로 몸을 데우세요'이다.

8 ④ 두 번째 문단의 마지막 문장에서 참가자들은 짝을 지어 활동한다고 했으므로 글의 내용과 일치하지 않는다.
① 두 번째 문단의 첫 번째 문장에서 다양한 수프를 만들 수 있도록 안내한다고 했으므로 글의 내용과 일치한다.
② 마지막 문단의 첫 번째 문장에서 지역 향신료로 구성된 선물 세트가 제공된다고 했으므로 글의 내용과 일치한다.
③ 마지막에서 두 번째 문장에서 남은 음식을 가지고 가고 싶다면 작은 용기를 가져오라고 했으므로 글의 내용과 일치한다.

정답 **7** ③ **8** ④

9
다음 글의 제목으로 가장 적절한 것은?

Ultimate happiness is an elusive dream, always hanging just around the corner with promising smiles and wiles. In fact, happiness does not come from a state, but from a change of state. In other words, happiness does not come from the prize, but in the process of attaining that prize. Once that end goal is achieved, the satisfaction quickly degrades until we're left looking for the next high. You might be thinking — but WHY? This condition is either extremely depressing or exhilarating depending on your perspective. I see this condition as what keeps humanity pushing on to new heights! Without the game of hard-to-get we would be content doing nothing at all, stagnant in time. Even better — if you can appreciate each passing moment as a blissful step towards your next plateau, lasting happiness is yours. The secret lies in being able to remain content with each passing moment while keeping our eyes on the next. If you can live comfortably within this paradox, you live in heaven on Earth.

① Why Ultimate Happiness Transcends Human Limitations
② Understanding the True Nature of Happiness
③ Paradox of Happiness: the Harder to Get, the Better to Have
④ Never Sacrifice Your Happiness for Achievement

어휘

ultimate 최고의   elusive 붙잡기 어려운   hang around ~에서 서성거리다
promising 희망적인   wiles (pl.) 계략   state 상태   attain 얻다
achieve 달성하다   satisfaction 만족감   degrade 떨어지다
high (성취·성공 등에 따른) 도취감   extremely 극도로   depressing 우울한
exhilarating 아주 신나는   depending on ~에 따라   perspective 관점
humanity 인류   push on to ~로 나아가다   height 정점
content 만족하는   stagnant 정체된   appreciate 인정하다
blissful 행복한   plateau 안정기   keep one's eyes on ~을 지켜보다
comfortably 편안하게   paradox 역설   heaven 천국
transcend 초월하다   limitation 한계   nature 본질   sacrifice 희생하다
achievement 성취

해석

최고의 행복은 붙잡기 어려운 꿈으로 항상 희망적인 미소와 계략으로 모퉁이에서 그저 서성거리고 있다. 사실, 행복은 어떤 상태에서 오는 것이 아니라 상태의 변화에서 오는 것이다. 다시 말해, 행복은 상에서 오지 않고, 그 상을 얻는 과정에서 온다. 최종 목표가 달성되면 우리가 다음 도취감을 찾을 때까지 만족감이 빠르게 떨어진다. 당신은 이렇게 생각할지도 모른다 — 그런데 왜 그럴까? 이 상태는 당신의 관점에 따라 극도로 우울하거나, 아주 신날 수 있다. 나는 이 상태가 인류를 새로운 정점으로 나아가도록 하는 것이라고 본다! 달성하기 어려운 게임이 없었다면 우리는 시간이 정체된 채 아무것도 하지 않고 만족했을 것이다. 더 나은 점은 — 지나가는 순간 하나하나를 다음 안정기를 향한 행복한 발걸음으로 인정할 수 있다면 지속적인 행복은 당신의 것이다. 비밀은 다음을 지켜보며 지나가는 순간마다 계속 만족할 수 있는 데에 있다. 이 역설 속에서 편안하게 살 수 있다면 당신은 지구상의 천국에 사는 것이다.

① 왜 최고의 행복이 인간의 한계를 초월하는가
② 행복의 진정한 본질 이해하기
③ 행복의 역설: 구하기 어려울수록, 가지기에 더 좋다
④ 성취를 위해 행복을 희생하지 마라

해설

이 글의 중심 소재는 행복의 본질이고 주제문은 두 번째 문장으로 행복이 특정 상태나 목표의 달성에서 오는 것이 아니라, 목표를 추구하는 과정 자체에서 비롯된다고 설명한다. 또한 행복의 이러한 특성이 인간의 발전을 이끄는 동력이 된다고 주장한다. 따라서 글의 제목으로 적절한 것은 ② '행복의 진정한 본질 이해하기'이다.

정답 ②

10

밑줄 친 (A), (B)에 들어갈 말로 가장 적절한 것은?

"Leisure" refers to "unobligated" time wherein we are free from work or maintenance responsibilities. ____(A)____, a teacher who brings home his or her students' assignments to grade at home is not engaged in a leisure activity. Also mowing the lawn and shopping for groceries are not leisure pursuits because they are necessary maintenance tasks. ____(B)____, attending a ball game, window shopping at the mall, going to the movies, and feeding the ducks at a pond are leisure activities because we are not obligated to do these things.

	(A)	(B)
①	Otherwise	On the other hand
②	Otherwise	For instance
③	Thus	In a similar vein
④	Thus	On the other hand

어휘

leisure 여가   refer to ~을 나타내다   unobligated 의무가 없는
maintenance 생계   responsibility 책임   assignment 과제
grade 성적을 매기다   be engaged in ~에 참여하다   mow 깎다
lawn 잔디   grocery 식료품   pursuit 활동   attend 다니다
feed 먹이를 주다   pond 연못   obligate 의무를 지우다

해석

'여가'는 '의무가 없는' 시간을 나타내는데, 이 시간에 우리는 일이나 생계의 책임에서 벗어난다. (A) 따라서 집에서 성적을 매기기 위해 학생들의 과제를 집으로 가져오는 교사는 여가 활동에 참여하는 것이 아니다. 또한 잔디를 깎는 것과 식료품을 사기 위해 쇼핑을 하는 것은 여가 활동이 아닌데, 이것들은 꼭 필요한 생계 활동이기 때문이다. (B) 반면에 야구 경기에 참여하는 것, 쇼핑몰에서 구경하는 것, 영화를 보러 가는 것, 그리고 연못에서 오리에게 먹이를 주는 것은 여가 활동인데, 우리가 이런 일들을 할 의무는 없기 때문이다.

해설

연결어를 삽입하는 빈칸 문제는 빈칸 전후의 맥락을 잘 파악해야 한다. (A) 앞에서 여가가 무엇인지에 대해 정의를 내린 후, 뒤에서 이 정의에 따라 여가인 활동과 여가가 아닌 활동을 구분해 사례를 제시하고 있으므로 (A)에는 선후관계나 인과관계를 나타내는 연결어인 Thus가 적절하다. (B) 앞에는 해야 할 의무가 있는 '여가 활동이 아닌' 사례들이 제시되었고, (B) 뒤에는 해야 할 의무가 없는 '여가 활동인' 사례들이 제시되었다. 상반된 두 내용을 연결하는 (B)에는 대조나 전환을 뜻하는 On the other hand가 적절하다. 따라서 정답은 ④이다.

정답 ④

DAY 22

| 01 | ① | 02 | ① | 03 | ② | 04 | ③ | 05 | ④ |
| 06 | ③ | 07 | ④ | 08 | ② | 09 | ② | 10 | ① |

[1~2] 밑줄 친 부분에 들어갈 말로 가장 적절한 것을 고르시오.

1

The CEO was _____ after learning of the major financial discrepancies in the company's quarterly report, which jeopardized the upcoming merger.

① furious
② impeccable
③ ecstatic
④ intrinsic

어휘

discrepancy 불일치   quarterly 분기별   jeopardize 위태롭게 하다
upcoming 다가오는   merger 합병   furious 몹시 화가 난
impeccable 죄가 없는   ecstatic 열광하는   intrinsic 본질적인

해석

CEO는 회사의 분기별 보고서에서 다가오는 합병을 위태롭게 하는 주요한 재정 불일치를 알게 된 후 몹시 화가 났다.

정답 ①

2

A: The surgery went well. You should avoid putting too much strain on your knee for the next two weeks.
B: I understand. When can I start physical therapy?
A: After three weeks, but try to avoid overexerting yourself until then.
B: Okay. How should I take care of the wound?
A: Keep the wound clean and dry, and avoid getting it wet.
B: _____?
A: Yes, but only when necessary.
B: Thank you.

① Can I wash the wound with water
② When will the pain go away
③ Is physical therapy really necessary
④ Do I have to push myself

어휘

surgery 수술   strain 긴장   physical therapy 물리치료
overexert 무리하다   wound 상처   wash 씻다   go away 사라지다

해석

A: 수술은 잘 끝났습니다. 다음 2주 동안 무릎에 너무 심한 긴장을 주는 것을 피해야 합니다.
B: 알겠습니다. 물리치료는 언제 시작할 수 있나요?
A: 3주 후이지만, 그때까지 무리하는 것을 피하도록 노력하세요.
B: 알겠습니다. 상처는 어떻게 돌봐야 하죠?
A: 상처는 깨끗하고 건조한 상태를 유지시키고, 젖는 것을 피하세요.
B: 물로 상처를 씻어도 되나요?
A: 예, 그렇지만 단지 필요할 때만 하세요.
B: 고맙습니다.

② 아픔은 언제 사라질까요
③ 물리치료가 정말 필요한가요
④ 제가 자신을 밀어붙여야 하나요

정답 ①

3

밑줄 친 (A), (B), (C)에 들어갈 말로 가장 적절한 것은?

In their native land, fire ants form discrete colonies with just one or a few queen ants at the center of each. This is how most ants live, but something very ____(A)____ happened to the fire ants soon after they reached America. They gave up founding colonies by the traditional method of sending off flights of virgin queens, and instead ____(B)____ producing many small queens, which spread the colony rather in the way an amoeba spreads, by establishing extensions of the original body. Astonishingly, at the same time the ants ceased to defend colony boundaries against other fire ants. With territorial boundaries ____(C)____, local populations now merge into a unified group of coexisting ants spread across the inhabited landscape.

	(A)	(B)	(C)
①	strange	began	erasing
②	strange	began	erased
③	strangely	beginning	erasing
④	strangely	beginning	erased

어휘

discrete 개별적인   colony 군집   found 세우다   send off 보내다
flight 떼로 날아다니는 무리   virgin 처녀의   amoeba 아메바의
extension 확장   astonishingly 놀랍게도   cease 중단하다
defend 방어하다   boundary 경계   territorial 영토의   erase 지우다
merge 합치다   coexisting 함께 살아가는   inhabited 거주의
landscape 지형

해석

고향 땅에서 불개미는 여왕개미 한 마리 또는 몇 마리만 중심에 두고 개별적인 군집을 형성한다. 이것이 대부분의 개미가 살아가는 방식이지만, 불개미가 미국에 도착한 직후 이상한 일이 발생했다. 그들은 떼로 날아다니는 처녀 여왕개미 무리를 날려 보내는 전통적인 방법으로 군집을 세우는 것을 포기하고, 대신 작은 여왕개미를 많이 생산하기 시작했는데, 이는 아메바가 몸의 확장을 통해 퍼지는 방식처럼 군집을 확산시켰다. 놀랍게도, 동시에 개미는 다른 불개미에 대해 군집 경계를 방어하는 것을 중단했다. 영토 경계가 지워지면서, 지역 개체군은 이제 거주 지형 전

역에 퍼져 함께 살아가는 개미들의 단일화된 집단으로 합쳐졌다.

해설
(A) **[문법포인트] 형용사 vs. 부사** something은 형용사가 뒤에서 수식한다. 따라서 형용사인 strange가 적절하다. 부사 strangely는 명사 something을 수식할 수 없다.
(B) **[문법포인트] 등위접속사의 병렬 구조** 등위접속사 and로 gave up과 병렬로 연결되어야 하므로 begin의 과거형인 began이 적절하다.
(C) **[문법포인트] 분사구문** with 분사구문으로, 목적격보어의 자리이다. 목적어 territorial boundaries와 erase의 관계가 수동이고, erase 뒤에 목적어가 없으므로 과거분사 erased가 적절하다.

정답 ②

4
밑줄 친 부분 중 어법상 옳지 않은 것은?

> Modern advances in genetics, particularly through breakthroughs such as CRISPR-Cas9, which allows for precise gene editing, ① have not only revolutionized medical science but also ② transformed fields like agriculture and biotechnology, where genetic modifications are now used to ③ enhancing crop resistance, optimize yields, and mitigate environmental impacts. In medicine, the rise of personalized therapies, which are tailored to an individual's unique genetic profile, has shown promise in treating diseases that were once considered ④ as incurable.

어휘
modern 현대의   advance 발전   genetics 유전학
breakthrough 눈부신 발전   precise 정밀한   revolutionize 혁신하다
transform 완전히 바꿔놓다   modification 변형   resistance 저항력
optimize 최적화하다   mitigate 완화하다   personalized 개인화된
tailor 맞추다   promise 가능성   incurable 치유할 수 없는

해석
유전학의 현대적 발전은, 특히 유전자의 정밀한 편집을 가능하게 하는 CRISPR-Cas9 같은 눈부신 발전을 통해, 의학을 혁신했을 뿐 아니라, 이제 유전자 변형이 작물의 저항성을 높이고 수확량을 최적화하며 환경에 미치는 영향을 완화하는 농업과 생명공학 같은 분야를 완전히 바꿔놓았다. 의료 분야에서는 개인의 고유한 유전적 프로필에 맞춘 맞춤형 치료법의 등장이 한때 치유할 수 없다고 여겨졌던 질병을 치료하는 데 가능성을 보여주었다.

해설
③ **[문법포인트] 조동사의 선택** 「be used to」는 문맥상 '~하는 데 사용되다'라는 의미로 사용되었으므로 to는 전치사가 아닌 to부정사가 되어야 한다. 또한 optimize와 mitigate와도 and로 병렬 연결되어야 한다. 따라서 enhancing을 enhance로 고쳐야 한다. (enhancing → enhance)
① **[문법포인트] 주어 – 동사 수 일치** have의 주어는 modern advances이므로 복수형 동사인 have가 바르게 쓰였다.
② **[문법포인트] 등위접속사의 병렬 구조** 「not only A but also B」 구문으로 revolutionized와 병렬되었다. 따라서 p.p. 형태인 transformed가 바르게 쓰였다.

④ **[문법포인트] 불완전타동사의 목적격보어** 「consider + 목적어 + (as) + 목적격보어」의 수동태 형태로, 전치사구 목적격보어인 전치사 as와 형용사 incurable이 바르게 쓰였다.

정답 ③

5
다음 글의 내용과 일치하지 않는 것은?

> The Blue Horizon Art Studio offers various workshops and classes in painting, pottery, and sculpture for people of all ages. The studio is open Tuesday through Sunday, from 10:00 a.m. to 8:00 p.m., and is closed on Mondays. Participants must register in advance for all classes, and materials are included in the class fees.
>
> Private lessons are available upon request and must be scheduled at least a week in advance. A gallery inside the studio displays artwork created by students, which is open to the public during studio hours. Admission to the gallery is free, though donations are appreciated to support studio maintenance and materials.
>
> Free parking is available in the lot adjacent to the studio.
>
> For more information, visit bluehorizonstudio.com or call (555) 115-4748.

① The art studio is open six days a week.
② Materials are provided at no additional cost.
③ The studio's gallery exhibits artwork of the students.
④ Private lessons can be provided on the spot.

어휘
offer 제공하다   pottery 도예   sculpture 조각   register 등록하다
materials (pl.) 재료   include 포함하다   display 전시하다
admission 입장(료)   donation 기부   appreciate 환영하다
maintenance 유지보수   adjacent 인접한   exhibit 전시하다
on the spot 즉석에서

해석
Blue Horizon 예술 스튜디오는 모든 연령대의 사람들을 위해 회화, 도자기, 조각 분야의 다양한 워크숍과 수업을 제공합니다. 스튜디오는 화요일부터 일요일까지, 오전 10시부터 오후 8시까지 운영되며 월요일은 휴무입니다. 참여자들은 모든 수업에 사전 등록해야 하며 재료는 수업료에 포함되어 있습니다.

개인 수업은 요청 시 이용할 수 있으며 최소 일주일 전에 일정이 잡혀야 합니다. 스튜디오 내부 미술관은 학생들이 만든 미술품을 전시하며, 스튜디오 운영 시간에 일반인들에게 공개됩니다. 갤러리의 입장은 무료이지만 스튜디오의 유지보수 및 재료를 지원하는 기부금은 환영합니다.

스튜디오와 인접한 주차장에서 무료 주차가 가능합니다.

자세한 정보는 bluehorizonstudio.com을 방문하시거나 (555) 115-4748로 전화해 주세요.

① 예술 스튜디오는 주 6일 연다.
② 재료는 추가 비용 없이 제공된다.
③ 스튜디오의 미술관은 학생들의 미술품을 전시한다.
④ 개인 수업은 즉석에서 받을 수 있다.

 해설

④ 두 번째 문단의 첫 번째 문장에서 개인 수업은 최소 일주일 전에 일정을 잡아야 한다고 했으므로 글의 내용과 일치하지 않는다.
① 첫 번째 문단의 두 번째 문장에서 화요일부터 일요일까지 운영된다고 했으므로 글의 내용과 일치한다.
② 첫 번째 문단의 세 번째 문장에서 재료는 수업료에 포함되어 있다고 했으므로 글의 내용과 일치한다.
③ 두 번째 문단의 두 번째 문장에서 미술관에는 학생들이 만든 미술품을 전시한다고 했으므로 글의 내용과 일치한다.

정답 ④

6
글의 흐름상 가장 어색한 것은?

> Young people who viewed their parents as more successful were more likely to be educated, have a successful job and have fewer mental health problems. A research team studied 2,232 same-sex twins born in the UK. The participants were quizzed about their family's social ranking when they were 12 and then again at the age of 18. ① Although no link was seen at 12 years old, by the time the child was 18 a link had emerged between their views on their family and their own success in life. ② A twin with a higher estimation of their family's social status was more likely to have a job than their sibling, the study showed. ③ In fact, all teenagers have difficulty separating from their families and finding and establishing a separate identity. ④ Siblings had equal access to resources but differed in how they ranked their family's status, which influenced their success. Researchers added that helping children to see their own families in a more positive light could help them overcome inequality.

어휘

successful 성공적인 educate 교육하다 participant 참가자
quiz 질문을 하다 ranking 지위 emerge 나타나다 estimation 평가
status 지위 sibling 형제자매 separate 분리하다; 독립된
establish 확립하다 identity 정체성 access 접근 resource 자원
differ 다르다 light 관점 overcome 극복하다 inequality 불평등

해석

부모님을 더 성공적이라고 생각하는 젊은이는 교육받고, 성공적인 직업을 가지고 있으며, 정신 건강 문제를 더 적게 가지고 있을 가능성이 더 높았다. 한 연구팀이 영국에서 태어난 2,232명의 동성 쌍둥이를 연구했다. 참가자들은 12세에, 그리고 다시 18세에 가족의 사회적 지위에 관한 질문을 받았다. ① 12살에는 아무런 연관성이 보이지 않았지만, 18세가 되었을 때, 가족에 대한 그들의 관점과 그들의 성공 간의 연관성이 나타났다. ② 가족의 사회적 지위를 더 높게 평가한 쌍둥이는 다른 쌍둥이 형제보다 직업을 가질 가능성이 더 높았다는 것을 연구가 보여주었다. ③ 사실, 모든 10대는 가족과 분리되어 독립된 정체성을 찾고 확립하는 데 어려움을 겪는다. ④ 형제자매는 자원에 대해 동등하게 접근할 수 있었지만, 가족의 지위를 평가하는 방법이 달랐으며, 이는 그들의 성공에 영향을 미쳤다. 연구원들은 자녀가 자기 가족을 보다 긍정적인 관점으로 볼 수 있도록 돕는 것이 불평등을 극복하는 데 도움이 될 수 있다고 덧붙였다.

 해설

이 글은 부모의 사회적 성공에 대한 자녀의 인식이 그 자녀의 성공과 정신 건강에 미치는 영향에 관한 연구 결과를 중심으로 전개된다. ①, ②, ④는 모두 쌍둥이 연구 결과와 관련된 자세한 설명이다. 하지만 ③은 청소년들에 대해 일반적인 진술을 하고 있으므로 연구의 논지와 연관성이 없다. 따라서 글의 흐름상 가장 어색한 문장은 ③이다.

정답 ③

[7~8] 다음 글을 읽고 물음에 답하시오.

> To: Clients
> From: Gaby Brown
> Date: October 17
> Subject: Key Industry Trends for 2025
>
> Dear Valued Client,
>
> At TechWave Solutions, we are constantly observing shifts in the technology sector. As we look forward to 2025, here are some key trends to watch:
>
> **AI and Automation:** AI and automation are transforming industries by improving efficiency and accuracy. Significant growth in these areas is expected in the coming year.
>
> **Sustainability Initiatives:** Companies are adopting eco-friendly practices, such as energy-efficient data centers and carbon-neutral cloud computing, to align with new regulations and meet consumer expectations.
>
> **Personalization and Customer Experience:** The demand for personalized experiences is growing. Data analytics and machine learning are increasingly used to offer tailored services and enhance customer satisfaction.
>
> Understanding these trends will be crucial for staying competitive. We hope this information helps you navigate the upcoming changes effectively. If you have any questions or need further assistance, feel free to reach out.
>
> Best regards,
> Gaby Brown
> Customer Success Manager
> TechWave Solutions

7
윗글의 목적으로 가장 적절한 것은?
① 고객이 경제적으로 앞서 나갈 수 있도록 장려하려고
② 고객에게 기술 변화 탐색을 위한 지원을 제공하려고
③ 고객이 AI 분야의 신흥 시장을 이해하도록 도우려고
④ 고객에게 산업의 주요 동향에 대한 통찰력을 제공하려고

8
밑줄 친 "tailored"의 의미와 가장 가까운 것은?
① facilitated   ② customized
③ supplemented   ④ tangled

한다. 따라서 동향에 대한 정보를 제공하는 것이므로 글의 목적으로 적절한 것은 ④ '고객에게 주요 업계 동향에 대한 통찰력을 제공하려고'이다.

정답 7 ④ 8 ②

어휘
trend 동향   valued 소중한   constantly 지속적으로   shift 변화
look forward to ~을 기대하다   automation 자동화
transform 변화시키다   efficiency 효율성   accuracy 정확성
significant 큰   initiative 계획   adopt 채택하다   practice 관행
carbon-neutral 탄소 중립의   align with ~에 맞추다   regulation 규제
analytics (pl.) 분석   tailored 맞춤의   satisfaction 만족
competitive 경쟁력 있는   navigate 헤쳐 나가다   facilitate 가능하게 하다
customized 맞춤형의   supplement 보충하다   tangled 뒤얽힌

해석
수신: 고객들
발신: Gaby Brown
날짜: 10월 17일
제목: 2025년 주요 업계 동향

소중한 고객님께,

TechWave Solutions는 기술 부문의 변화를 지속적으로 관찰하고 있습니다. 2025년을 기대하며 주목해야 할 몇 가지 주요 동향은 다음과 같습니다:

인공지능과 자동화: 인공지능과 자동화는 효율성과 정확성을 향상시킴으로써 산업을 변화시키고 있습니다. 이러한 분야의 큰 성장이 다가오는 해에 예상됩니다.

지속 가능성 계획: 기업들은 새 규제에 맞추고 소비자 기대에 부응하기 위해 에너지 효율적인 데이터 센터와 탄소 중립 클라우드 컴퓨팅과 같은 친환경 관행을 채택하고 있습니다.

개인화와 고객 경험: 맞춤형 경험에 대한 수요가 증가하고 있습니다. 데이터 분석과 기계 학습이 맞춤 서비스를 제공하고 고객 만족도를 높이는 데 점점 더 많이 사용되고 있습니다.

이러한 동향을 이해하는 것은 경쟁력을 유지하는 데 필수적입니다. 이 정보가 다가올 변화를 효과적으로 헤쳐 나가는 데 도움이 되기를 바랍니다. 추가 질문이 있거나 더 많은 지원이 필요하면 언제든지 문의해 주십시오.

안부를 전하며,
Gaby Brown
고객 성공 매니저
TechWave Solutions

해설
7 이메일에서 2025년 주목해야 할 기술 부문 주요 동향을 설명하고 마지막 문단에서 이 정보가 앞으로의 변화를 헤쳐 나가는 데 도움이 되길 바란다고 마무리

9
밑줄 친 부분에 들어갈 말로 가장 적절한 것은?

Risk management professionals look to the past for information on the so-called worst-case scenario and use it to estimate future risks — this method is called "stress testing." They take the worst historical recession, the worst war, or the worst point in unemployment as a precise estimate for the worst future outcome. But they never notice the following inconsistency: this so-called worst-case event, when it happened, exceeded the worst case at the time. I have called this mental defect *the Lucretius problem*, after the Latin poetic philosopher who wrote that the fool believes that the tallest mountain in the world will be equal to the tallest one he has observed. The same can be seen in the Fukushima nuclear reactor, which experienced a huge failure in 2011 when a tsunami struck. It had been built to endure the worst past historical earthquake, with the builders not imagining much worse — and not thinking that the worst past event had to be a surprise, as it _____.

① came earlier than expected
② had no precedent
③ led to better preparation
④ repeated itself over time

어휘
management 관리   professional 전문가   so-called 소위
estimate 추정하다; 추정   method 방법   recession 불황
unemployment 실업률   precise 정확한   outcome 결과
notice 알아차리다   inconsistency 모순   exceed 능가하다   defect 결함
poetic 시인의   observe 보다   nuclear reactor 원자로   endure 견디다
earthquake 지진   surprise 예기치 못한 일   precedent 전례
preparation 준비

해설
위기관리 전문가들은 과거에서 소위 최악의 경우 시나리오에 관한 정보를 찾아 그것을 앞으로 닥칠 위기를 추정하려고 이용하는데 — 이 방법을 '스트레스 테스트'라고 부른다. 그들은 역사상 최악의 경기 불황, 최악의 전쟁, 또는 최악의 실업률을 앞으로 닥칠 최악의 결과에 대한 정확한 추정이라고 여긴다. 그러나 그들은 다음과 같은 모순을 알아채지 못한다: 소위 이 최악의 사건은 그것이 일어났을 때 그 시대의 최악의 사건을 능가했다는 점이다. 나는 이런 정신적 결함을 바보는 세상에서 가장 높은 산이 자신이 봤던 가장 높은 산과 같을 것이라 믿는다고 쓴 라틴계의 시인 철학자의 이름을 따서 '루크레티우스 문제'라고 불러왔다. 같은 것이 후쿠시마 원자로에서 발견되는데, 그것은 쓰나미가 닥쳤던 2011년에 엄청난 고장을 겪었다. 그것은 과거의 역사상 최악의 지진을 견디도록 지어졌는데, 그것을 지은 사람들은 훨씬 더 최악인 경우를 상상하지 않았고 — 과거 최악의 사건은 그것이 <u>전례가 없었기</u> 때문에 예기치 못한 일이 될 수밖에 없었다는 것을 생각하지 못했다.

① 예상보다 일찍 왔기
③ 더 나은 준비로 이어졌기
④ 시간이 지나면서 반복되었기

해설
글의 중심 소재는 위험 관리의 한계이고, 과거 최악의 사례를 기준으로 미래 위험을 예측하는 방법의 한계를 논하고 있다. But으로 시작하는 주제문에서 과거 최악의 사건은 그 시대의 어떤 사건보다 큰 사건이었다고 말하며, 이후 예시를 통해 미래에 더 심각한 사건이 발생할 수 있다는 사실을 간과했다는 점을 강조한다. 빈칸의 문장을 보면 과거 최악의 사건이 예기치 못한 일이 될 수밖에 없었던 이유를 말한다. 따라서 빈칸에는 과거 최악의 사건 이전에는 그보다 더 큰 사건이 일어날 것을 상상하지 않았던, 즉 선례가 없었다는 것을 나타내야 한다. 따라서 정답은 ② '전례가 없었기'가 적절하다.

정답 ②

10

주어진 문장 다음에 이어질 글의 순서로 가장 적절한 것은?

As cars are becoming less dependent on people, the means and circumstances in which the product is used by consumers are also likely to undergo significant changes, with higher rates of participation in car sharing and short-term leasing programs.

(A) In the not-too-distant future, a driverless car could come to you when you need it, and when you are done with it, it could then drive away without any need for a parking space. Increases in car sharing and short-term leasing are also likely to be associated with a corresponding decrease in the importance of exterior car design.

(B) As a result, the symbolic meanings derived from cars and their relationship to consumer self-identity and status are likely to change accordingly.

(C) Rather than serving as a medium for personalization and self-identity, car exteriors might increasingly come to represent a channel for advertising and other promotional activities, including brand ambassador programs, such as those offered by Free Car Media.

① (A) – (C) – (B)　　② (B) – (C) – (A)
③ (C) – (A) – (B)　　④ (C) – (B) – (A)

어휘
dependent on ~에 의존하는　means 방법　circumstances (pl.) 환경
consumer 소비자　undergo 겪다　significant 상당한
participation 참여　leasing 임대　corresponding 상응하는
exterior 외부　derive from ~에서 파생하다　self-identity 자기 정체성
accordingly 그에 따라서　serve as ~의 역할을 하다　medium 수단
personalization 개인적 표현　channel 채널　promotional 홍보하는
ambassador 대사

해석
자동차가 인간에 덜 의존하게 되면서, 그 제품(자동차)이 소비자에 의해 사용되는 방법과 환경 또한 자동차 공유와 단기 임대 프로그램의 참여율 증가와 더불어 상당한 변화를 겪을 가능성이 있다. (A) 머지않은 미래에, 당신이 필요로 할 때 운전자가 없는 차가 당신에게 올 수 있고, 당신이 그것을 다 쓰고 나면, 그것은 주차 공간의 필요성이 전혀 없이 떠날 수 있다. 차량 공유 및 단기 임대 증가 또한 이에 상응하는 외부 차량 설계의 중요성 감소와 관련이 있을 가능성이 있다. (C) 자동차 외부는 개인적 표현 및 자기 정체성을 위한 수단의 역할을 하기보다는, 'Free Car Media'가 제공하는 것과 같은, 브랜드 홍보 대사 프로그램을 포함한 광고 및 다른 홍보 활동을 위한 채널을 점점 더 대표하게 될 것이다. (B) 결과적으로 자동차에서 파생된 상징적 의미 그리고 소비자의 자아 정체성 및 지위와 (자동차의) 관계도 그에 따라서 바뀔 가능성이 있다.

해설
중심 소재는 자동차 사용 방식의 변화이다. 주어진 글은 자동차의 인간에 대한 의존성이 줄어들면서 소비자의 자동차 사용법과 환경도 다양하게 변화한다는 내용이다. (A)는 주어진 글에서 말한 자동차 사용법과 환경의 커다란 변화에 대해 자세히 설명한다. 무인 자동차와 주차 공간의 불필요성, 자동차 공유와 단기 임대 같은 구체적인 예시를 통해 주장을 부연한다. 마지막에서 'exterior car design'의 중요성이 감소했다고 언급하는데 (C)에서 'car exterior'에 대한 설명이 이어져, 이제 개인의 자기 표현보다는 브랜드를 홍보하는 역할이 더 커진다고 하므로 (A) 다음에 (C)가 오는 것이 적절하다. (B)의 'As a result'는 내용을 정리해 결론을 내리는 연결사이므로 (C) 다음에 오는 것이 적절하다. 따라서 이 글의 적합한 순서는 ① (A) – (C) – (B) 이다.

정답 ①

DAY 23

| 01 | ② | 02 | ① | 03 | ④ | 04 | ③ | 05 | ③ |
| 06 | ② | 07 | ③ | 08 | ④ | 09 | ① | 10 | ② |

[1~3] 밑줄 친 부분에 들어갈 말로 가장 적절한 것을 고르시오.

1

> Without proper preservation methods, historical artifacts may _____ over time, losing their cultural and historical value.

① flourish　　② perish
③ expand　　④ prevail

어휘
proper 적절한　preservation 보존　artifact 유물　historical 역사적인　cultural 문화적인　flourish 번창하다　perish 소멸되다　expand 확대되다　prevail 우세하다

해석
적절한 보존 방법이 없다면, 역사적인 유물은 시간이 지남에 따라 소멸되어, 문화적 및 역사적 가치를 잃을 수 있다.

정답 ②

2

> _____ the instructions carefully, you would not have encountered so many issues with the device.

① Had you followed　　② If you would follow
③ If you followed　　　④ Have you followed

어휘
instructions (pl.) 지침　encounter 부딪히다　device 장치

해석
만약 당신이 지침을 주의 깊게 따랐다면, 그 장치에 관해 그렇게 많은 문제에 부딪히지 않았을 것이다.

해설
[문법포인트] 기본 가정법　주절의 시제가 「조동사(과거)+have+p.p.」로 가정법 과거완료가 쓰였다. 따라서 조건절에도 가정법 과거완료 had p.p.가 쓰여야 한다. 따라서 If가 생략된 가정법인 Had you followed가 들어가는 것이 가장 적절하다.

정답 ①

3

> Laura Smith: Hi, I'm interested in reserving a hiking trail online. Is that possible?
> Trail Reserve Office: Yes, you can book most of our trails online through our website.
> Laura Smith: How far in advance can I make a reservation?
> Trail Reserve Office: You can reserve up to two months ahead.
> Laura Smith: _____
> Trail Reserve Office: No, reservations are free, but you'll need to confirm within 48 hours of your booking.
> Laura Smith: Thank you for the information.
> Trail Reserve Office: We hope you enjoy your hike!

① Do I need to call to confirm my reservation?
② I wonder if there's a deposit required.
③ Am I free to go without making a reservation?
④ Is there a fee for making a reservation?

어휘
reserve 예약하다　hiking trail 등산 코스　reservation 예약　confirm 확인하다　deposit 보증금

해석
Laura Smith: 안녕하세요, 등산 코스 예약을 온라인으로 하고 싶어요. 가능할까요?
등산로 예약 사무소: 네, 저희 웹사이트에서 온라인으로 대부분의 등산로를 예약하실 수 있습니다.
Laura Smith: 얼마나 미리 예약할 수 있나요?
등산로 예약 사무소: 최대 두 달 전에 예약하실 수 있습니다.
Laura Smith: 예약하는 비용이 있나요?
등산로 예약 사무소: 아뇨, 예약은 무료이지만, 예약 후 48시간 이내에 확인하셔야 합니다.
Laura Smith: 정보를 알려주셔서 감사합니다.
등산로 예약 사무소: 등산을 즐기시길 바랍니다!

① 예약을 확인하려면 전화를 걸어야 하나요?
② 보증금이 필요한지 궁금합니다.
③ 예약하지 않고도 자유롭게 갈 수 있나요?

정답 ④

4

밑줄 친 부분 중 어법상 옳지 않은 것은?

> We found no significant difference between the two groups with regard to the level of trust in other SNS users. Interestingly, trust in SNS users ① was quite low. An additional finding is ② that the adolescent respondents were ③ little concerned about their online privacy than ④ were the adult respondents.

어휘

significant 유의미한   with regard to ~에 관해   additional 추가적인
adolescent 청소년   respondent 응답자
be concerned with ~에 대해 걱정하다

해석

우리는 다른 SNS 사용자에 대한 신뢰 수준에 관해 두 그룹 간에 유의미한 차이를 발견하지 못했다. 흥미롭게도, SNS 사용자에 대한 신뢰는 꽤 낮았다. 추가적인 발견은 청소년 응답자가 온라인 프라이버시에 대해 성인 응답자보다 덜 걱정했다는 점이었다.

해설

③ [문법포인트] 비교 구문 뒤의 than이 왔으므로 비교급 문장이 되어야 한다. 따라서 less concerned로 고쳐야 한다. (little concerned → less concerned)

① [문법포인트] 주어 – 동사 수 일치 was의 주어는 trust로, 셀 수 없는 명사가 왔으므로 단수 동사가 바르게 쓰였다.

② [문법포인트] 명사절 접속사의 선택 that은 보어절을 이끄는 역할을 하며, 뒤에 완전한 절이 왔으므로 명사절 접속사로 바르게 쓰였다.

④ [문법포인트] 비교대상의 일치 앞의 were concerned를 받으므로, 동사 역시 were가 바르게 쓰였다. 참고로 접속사 than 뒤의 주어와 동사는 동사가 be동사, 조동사, do 대동사일 때 「동사 + 주어」의 어순으로 도치될 수 있다.

정답 ③

[5~6] 다음 글을 읽고 물음에 답하시오.

Civil Service English Assessment Bureau

Mission
We design and administer assessments to help civil servants effectively use English in their work. Each evaluation item is tailored to the practical administrative and work-related situations civil servants encounter, providing actionable feedback that allows them to improve their English proficiency for on-the-job applications.

Vision
By delivering accurate and objective results, we aim to help each test-taker enhance their skills and confidently handle administrative tasks in a global environment. We support civil servants in providing proficient public service especially in international contexts.

Core Values
- Fairness & Integrity: We prioritize utter honesty in all evaluation, maintaining trust in our assessments.
- Innovation & Relevance: We continuously adopt innovative approaches to ensure that civil servants receive results they can effectively apply in their actual work.

5
윗글에서 Civil Service English Assessment Bureau에 관한 내용과 일치하는 것은?
① It helps civil servants improve English skills for work and daily life.
② It enables test-takers to provide competent nationwide service based on results.
③ It provides feedback that public officials can apply to their actual work.
④ It adheres to traditional approaches while ensuring relevance in evaluations.

6
밑줄 친 "utter"의 의미와 가장 가까운 것은?
① stable   ② absolute
③ successful   ④ popular

어휘

assessment 평가   bureau 국(局)   administer 시행하다
civil servant 공무원   tailor 맞추다   practical 실질적인
administrative 행정상의   actionable 실행 가능한   proficiency 능숙도
on-the-job 실무의   application 응용   accurate 정확한
objective 객관적인   handle 처리하다   proficient 능숙한
international 국제적인   context 환경   fairness 공정성   integrity 진실성
utter 완전한   honesty 정직성   evaluation 평가   maintain 유지하다
relevance 적합성   innovative 혁신적인   effectively 효과적으로
competent 능숙한   nationwide 전국적인   adhere to ~을 고수하다
traditional 전통적인   stable 안정적인   absolute 완전한
successful 성공적인   popular 인기 있는

해석

공무원 영어 평가국

사명
우리는 공무원들이 업무에서 영어를 효과적으로 사용할 수 있도록 돕기 위해 평가를 설계하고 시행합니다. 각 평가 항목은 공무원들이 직면하는 실질적인 행정 및 업무 관련 상황에 맞춰져 있으며, 그들이 실무에서의 응용을 위한 영어 능숙도를 향상시킬 수 있도록 하는 실행 가능한 피드백을 제공합니다.

비전
정확하고 객관적인 결과를 제공함으로써, 수험자가 능력을 강화하여 글로벌 환경에서 행정 업무를 자신 있게 처리할 수 있도록 돕는 것을 목표로 합니다. 우리는 공무원들이 특히 국제적인 환경에서도 능숙한 공공 서비스를 제공할 수 있도록 지원합니다.

핵심 가치
- 공정성과 진실성: 우리는 모든 평가에서 완전한 정직성을 최우선으로 하여 공무원 영어 평가에 대한 신뢰를 유지합니다.
- 혁신과 적합성: 우리는 공무원들이 실제 업무에 효과적으로 적용할 수 있는 결과를 받을 수 있도록 혁신적인 접근 방식을 계속해서 채택합니다.

5 ① 공무원이 일과 일상을 위한 영어 실력을 향상하는 데 도움을 준다.
② 수험자가 결과를 바탕으로 전국적으로 능숙한 서비스를 제공할 수 있게 해 준다.
③ 공무원이 실제 업무에 적용할 수 있는 피드백을 제공한다.

④ 평가의 적절성을 보장하면서 전통적인 접근 방식을 고수한다.

해설

5 ③ <사명>의 두 번째 문장에서 실무에서의 응용을 위해 실행 가능한 피드백을 제공한다고 했으므로 글의 내용과 일치한다.
① <사명>의 첫 번째 문장에서 일상이 아닌 업무에서 영어를 효과적으로 사용할 수 있도록 돕는다고 하였으므로 글의 내용과 일치하지 않는다.
② <비전>의 두 번째 문장에서 전국이 아닌 국제적인 맥락에 대해 말하고 있으므로 글의 내용과 일치하지 않는다.
④ <핵심 가치>의 두 번째 항목에서 혁신적인 접근 방식을 채택한다고 했으므로 글의 내용과 일치하지 않는다.

정답 5 ③ 6 ②

7
다음 글의 내용과 일치하지 않는 것은?

Please Visit the Oceanic History Museum

The Oceanic History Museum is open from 10:00 a.m. to 6:00 p.m. daily, except for three major holidays. Visitors can explore a wide range of exhibits showcasing maritime history, including ancient shipwrecks, naval battles, and ocean exploration. Admission is $15.00 for adults and $8.00 for children. Family and group discounts are also available.

Tickets can be purchased online or at the museum's ticket office. Online buyers will receive an email confirmation, which can be presented in printed form or on a mobile device. Special tours of the museum's archives are available for an additional fee.

- CLOSED: Thanksgiving, Christmas Eve, and New Year's Day
- Location: 45 Pacific Ave, San Diego, CA

For more information, call (521) 768-5934.

---

① Group visitors can receive discounts at the museum.
② Visitors can buy tickets both online and at the museum.
③ Visitors can enter the museum on any day except Christmas Eve.
④ Visitors can enjoy special tours of the archives for an extra fee.

어휘

oceanic 바다의   except for ~을 제외하고   exhibit 전시물
showcase 보여주다   maritime 바다의   shipwreck 난파선   naval 해군의
exploration 탐사   admission 입장료   discount 할인
purchase 구매하다   confirmation 확인서   present 제시하다
archive 기록 보관소

해석

바다 역사박물관을 방문해 주세요

바다 역사박물관은 세 개의 주요 공휴일만 제외하고 매일 오전 10시부터 오후 6시까지 운영됩니다. 방문객들은 고대 난파선, 해군 전투, 해양 탐사를 포함한 바다 역사를 보여주는 아주 다양한 전시물을 살펴볼 수 있습니다. 입장료는 성인 15달러, 어린이 8달러입니다. 가족 및 단체 할인도 가능합니다.

온라인 또는 박물관의 매표소에서 입장권을 구매하실 수 있습니다. 온라인 구매자는 이메일 확인서를 받게 되며, 이를 인쇄한 형태나 모바일 기기로 제시할 수 있습니다. 박물관 기록 보관소의 특별 투어는 추가 요금을 내시면 이용하실 수 있습니다.

- 휴무일: 추수감사절, 크리스마스이브, 새해 첫날
- 위치: 퍼시픽 가 45, 샌디에이고, 캘리포니아

더 많은 정보는 (521) 768-5934로 연락해 주세요.

① 단체 방문객은 박물관에서 할인받을 수 있다.
② 방문객은 온라인과 박물관에서 입장권을 구매할 수 있다.
③ 방문객은 크리스마스이브를 제외한 어떤 날에도 박물관에 입장할 수 있다.
④ 방문객은 추가 비용을 내고 기록 보관소 특별 투어를 즐길 수 있다.

해설

③ 첫 번째 문단의 첫 번째 문장에서 세 개의 공휴일에 쉰다고 했고, <휴무일>에서 크리스마스이브를 포함한 세 가지 공휴일을 언급하고 있으므로 글의 내용과 일치하지 않는다.
① 첫 번째 문단의 마지막 문장에서 단체 할인도 가능하다고 하였으므로 글의 내용과 일치한다.
② 두 번째 문단의 첫 번째 문장에서 온라인 또는 박물관의 매표소에서 입장권을 구매할 수 있다고 했으므로 글의 내용과 일치한다.
④ 두 번째 문단의 마지막 문장에서 기록 보관소 특별 투어는 추가 요금을 내면 가능하다고 했으므로 글의 내용과 일치한다.

정답 ③

8
다음 글의 주제로 가장 적절한 것은?

Considering the multitude of ways people benefit from insects, it is curious that insects continue to suffer from such an unfavorable reputation. Ironically, while many of us perceive insects as harmful pests — dangerous, ugly, and disease-ridden — in reality, without the service of pollination which they provide humankind might cease to exist. The promotion of negative stereotypes of insects can be largely traced to failure by Europeans to appreciate or understand the customs of the lands they colonized and their misperception that the way of life of most indigenous populations they encountered was barbaric. Many people's dislike for insects stems from a similar classist attitude that associates insects with indigenous people who lack the means to buy or grow alternate sources of food. Again this prejudice stems largely from Western cultures. In contrast, cultures of many Eastern nations such as Japan and China consider various species of insects to be great delicacies.

* pollination: 수분
* indigenous: 원주민의

① untapped potential of insects as a food source
② efforts to control pests using natural enemies
③ prejudices against insects based on their appearance
④ cultural reasons for people's dislike for insects

어휘

multitude 다수   benefit from ~로부터 이익을 얻다   curious 이상한
suffer from ~에 시달리다   unfavorable 호의적이지 않은   reputation 평판
ironically 역설적으로   pest 해충   disease-ridden 질병이 들끓는
cease 중단하다   promotion 조장   stereotype 고정 관념   trace 추적하다
appreciate 제대로 평가하다   colonize 식민지로 만들다
misperception 그릇된 생각   indigenous 원주민의   barbaric 야만적인
stem from ~에서 기인하다   classist 계급주의의   associate 연관시키다
lack 부족하다   alternate 대체의   prejudice 편견   in contrast 대조적으로
species 종   delicacy 별미   untapped 이용되지 않은
appearance 겉모습

해석

사람들이 곤충으로부터 이익을 얻는 다수의 방식을 고려해 보면, 곤충이 그렇게 호의적이지 않은 평판에 계속해서 시달리고 있는 것은 이상하다. 역설적으로, 우리 중 많은 사람이 곤충을 — 위험하고, 추하며, 질병이 들끓는 — 유해한 해충으로 인식하지만, 실제로는 그들이 제공하는 수분 서비스가 없다면 인류는 존재하기를 멈출지도 모른다. 곤충에 대한 부정적인 고정 관념의 조성은 대개 유럽인들이 자신이 식민지로 만든 지역의 관습을 제대로 평가하거나 이해하지 못한 점과 그들이 접한 원주민 대부분의 삶의 방식이 미개하다는 그릇된 생각으로 거슬러 올라갈 수 있다. 많은 사람의 곤충에 대한 혐오는 곤충을 대체 식량 자원을 사거나 기를 재력이 부족한 원주민들과 연결 지어 생각하는 (이와) 유사한 계급주의적 태도에 기인한다. 이 편견도 역시 주로 서양 문화로부터 유래한다. 그에 반해서, 일본과 중국 같은 많은 동양 국가들의 문화는 다양한 종의 곤충을 대단한 별미로 여긴다.

① 먹이 공급원으로서 곤충의 이용되지 않은 잠재력
② 천적을 이용해 해충을 방제하려는 노력
③ 외모에 따른 곤충에 대한 편견
④ 사람들이 곤충을 싫어하는 문화적 이유

해설

글의 중심 소재는 곤충을 싫어하는 이유이다. 첫 문장에서 곤충이 인간에게 많은 이로움을 줌에도 불구하고 부정적인 이미지를 가지고 있다는 점을 언급하며 중심 소재를 도입한다. 세 번째 문장이 주제문으로 곤충을 먹는 것에 대한 혐오가 유럽인들이 식민지 원주민의 생활 방식을 야만적인 것으로 오해하는 그릇된 문화적 편견에서 비롯되었다고 한다. 즉 곤충을 싫어하는 이유를 겉모습이나 행동이 아닌 문화적 배경에서 찾고 있다. 따라서 주제로 적절한 것은 ④ '사람들이 곤충을 싫어하는 문화적 이유'이다.

 ④

9

주어진 문장 다음에 이어질 글의 순서로 가장 적절한 것은?

Global civil society is in one sense a separate social system growing up around international society and giving rise to regimes of its own.

(A) Even so, its emergence has far-reaching implications for the dynamics of international society because it provides a social base for nonstate actors that helps them to participate effectively in the creation and operation of international regimes, which in turn influence the character of international society.
(B) The emergence of a global civil society is partly a simple matter of material resources.
(C) The introduction of the fax machine and the dramatic growth of the World Wide Web, largely as a function of global civil society rather than international society, has allowed nonstate actors to forge effective global alliances that are not subject to national governmental control.

* regime 체제

① (A) – (B) – (C)   ② (A) – (C) – (B)
③ (B) – (C) – (A)   ④ (B) – (A) – (C)

어휘

sense 의미   separate 별도의   emergence 출현
far-reaching 광범위에 걸친   implication 영향   dynamics 역학
nonstate 비국가의   participate 참여하다   effectively 효과적으로
operation 운영   in turn 결국   material 물질적인   resource 자원
function 기능   forge 구축하다   effective 효과적인   alliance 동맹
be subject to ~의 대상이다   governmental 정부의

해석

글로벌 시민사회는 어떤 의미에서 국제사회에서 성장하고 독자적인 체제를 만들어 내는 별도의 사회체계이다. (A) 그렇기는 하지만 그것의 출현은 국제사회의 역학에 광범위한 영향력을 갖게 되는데, 그 이유는 글로벌 시민사회는 비국가 행동가들에게 국제적 체제의 생성과 운영에 효과적으로 참여할 수 있도록 돕는 사회적 기반을 제공하며 결국 그 국제적 체제는 국제사회의 성격에 영향을 주기 때문이다. (B) 글로벌 시민사회의 출현은 부분적으로 단순한 물적 자원의 문제이다. (C) 주로 국제사회라기보다는 글로벌 시민사회의 기능을 하는 팩스 기계의 도입이나 세계 인터넷망의 극적인 성장이 비국가 행동가들로 하여금 국가적 정부의 통제 대상이 아닌 효율적인 글로벌 동맹을 구축하도록 했다.

해설

이 글은 중심 소재는 글로벌 시민사회의 출현이다. 주어진 문장에서는 글로벌 시민사회에 관해 설명하고 있다. (A)의 경우 its(global civil society's)를 사용하고, Even so를 이용하여 주어진 문장에 관한 추가적인 설명을 하고 있으므로 주어진 문장 뒤에 와야 한다. (B)의 경우, 'The emergence'에서 (A)의 'its emergence'에 연결됨을 알 수 있으며 material resources에 관해 설명하고 있는데, (C)는 이러한 material resources에 해당하는 팩스 기계와 www의 역할을 설명한다. 따라서 (B) – (C)의 순서로 와야 한다. 따라서 정답은 ① (A) – (B) – (C)이다.

 ①

10

밑줄 친 (A), (B)에 들어갈 말로 가장 적절한 것은?

> Americans treasure free speech and expression. People's right to share their ideas is protected by the First Amendment. The amendment is one of 10 in the Bill of Rights, added to the Constitution in 1791. Lawmakers of the day passed the Bill of Rights because they believed that some key freedoms, including speech protection, should be part of the Constitution. ____(A)____, First Amendment experts say that the right to speak freely comes with an unwritten requirement to act responsibly. "Many Americans have an overdeveloped sense of rights and an underdeveloped sense of responsibility," says Sam Chaltain, coordinator of the First Amendment Schools project. "Our rights are spelled out in the First Amendment. ____(B)____, the amendment will work only if we guard the rights of those with whom we disagree."

	(A)	(B)
①	However	Likewise
②	However	However
③	Therefore	However
④	Therefore	For example

어휘

treasure 소중하게 여기다   expression 표현   right 권리   protect 보호하다
amendment 미국 헌법 수정 조항   Bill of Rights 권리장전
constitution 헌법   protection 보호   expert 전문가
unwritten 성문화되지 않은   requirement 요구 조건
responsibly 책임감 있게   overdeveloped 지나치게 발달한
underdeveloped 불충분하게 발달한   responsibility 책임
coordinator 담당자   school 학파   spell out 상세히 설명하다
disagree 의견이 다르다

해석

미국인들은 언론과 표현의 자유를 소중히 여긴다. 사람들이 생각을 공유할 권리는 미국 수정 헌법 제1조에 의해 보호된다. 그 수정 조항은 권리장전의 10개 조항 중 하나로 1791년에 헌법에 추가되었다. 그 당시 입법가들은 언론의 보호를 포함한 몇몇 핵심적 자유가 헌법의 일부가 되어야 한다고 믿었기 때문에 권리장전을 통과시켰다. (A) 그러나 수정 헌법 제1조의 전문가들은 자유롭게 말할 수 있는 권리는 책임감 있게 행동하라는 성문화되지 않은 요구를 수반한다고 말한다. "많은 미국인은 권리에 대해 지나치게 발달한 감각과 책임에 대해 불충분하게 발달한 감각을 지니고 있다."라고 수정 헌법 제1조 학파 연구 담당자인 Sam Chaltain은 말한다. "우리의 권리들은 수정 헌법 제1조에 상세히 설명되어 있습니다. (B) 그러나 수정 조항은 오직 우리와 의견이 다른 이들의 권리를 보호해 줄 때만 효력이 있을 것입니다."

	(A)	(B)
①	그러나	마찬가지로
②	그러나	그러나
③	그러므로	그러나
④	그러므로	예를 들어

해설

글의 중심 소재는 언론과 표현의 자유이다. (A)의 앞에서는 언론의 자유가 헌법적으로 보호된다고 말하지만, 뒤에서는 책임의 필요성을 언급하며 전환된다. 따라서 앞뒤 논리의 대조를 나타내는 However가 적절하다. (B)의 경우에, 앞 문장에서는 우리의 권리가 명시되어 있다고 언급하고 뒤에서는 그 권리는 상대방의 권리도 보호하는 경우에만 효력이 있다고 말한다. 즉 앞과 뒤가 대조적이므로 (B) 역시 'However'가 적합하다. 따라서 정답은 ②이다.

정답 ②

DAY 24

| 01 | ③ | 02 | ④ | 03 | ④ | 04 | ④ | 05 | ① |
| 06 | ③ | 07 | ② | 08 | ② | 09 | ③ | 10 | ① |

[1~3] 밑줄 친 부분에 들어갈 말로 가장 적절한 것을 고르시오.

1

> The _____ smile on the beautiful lady in the painting excites viewers' curiosity, causing them to guess at the emotions hidden behind her expression.
>
> ① obvious ② serene
> ③ enigmatic ④ frivolous

어휘

excite 불러일으키다 curiosity 호기심 hidden 숨겨진 expression 표정
obvious 분명한 serene 평화로운 enigmatic 수수께끼 같은
frivolous 경솔한

해설

그림 속 아름다운 여인의 수수께끼 같은 미소는 관람객의 호기심을 불러일으켜, 관람객들이 그녀의 표정 뒤에 숨겨진 감정을 추측하게 만든다.

정답 ③

2

> Even though he was overwhelmed with work, he had the project _____ by the end of the week.
>
> ① finish ② to finish
> ③ is finished ④ finished

어휘

overwhelm 압도시키다 finish 완료하다

해설

그는 업무에 압도되었지만, 주말까지 프로젝트를 완료했다.

해설

[문법포인트] 불완전타동사와 동작의 목적격보어 사역동사 have의 경우 목적어와 목적격보어의 관계가 수동일 때에 과거분사를 쓴다. the project와 finish는 프로젝트가 완료된다는 의미의 수동 관계이므로 과거분사인 ④가 적절하다.

정답 ④

3

> A: Hey, what's with the long face?
> B: Well, there was a speech contest yesterday, and I didn't do as well as I hoped.
> A: Oh no, what happened?
> B: I got some negative feedback from the judges.
> A: Really? What did they say?
> B: They said my speech was dull because I didn't use any body language.
> A: _____
> B: Thanks for saying that, but I still feel pretty down.
>
> ① Well, it would be nice to get some good comments.
> ② Let's do a relaxation exercise together.
> ③ You're right. Practice makes perfect.
> ④ That's surprising, because I thought you did really well.

어휘

long face 시무룩한 얼굴 negative 부정적인 judge 심사위원
dull 따분한 down 우울한 comment 논평
relaxation exercise 긴장을 푸는 운동 practice 연습

해설

A: 무슨 일이야? 왜 그렇게 우울한 표정이야?
B: 어제 말하기 대회가 있었는데, 내가 기대했던 만큼 잘하지 못했어.
A: 아, 무슨 일이 있었는데?
B: 심사위원들한테 안 좋은 평가를 받았어.
A: 그거 놀라운데. 난 네가 정말 잘했다고 생각했어.
B: 그렇게 말해줘서 고마워. 하지만 아직도 기분이 좀 우울해.

① 음, 좋은 논평을 받았으면 좋았을 텐데.
② 긴장을 푸는 운동을 함께 해 보자.
③ 네 말이 맞아. 연습이 완벽을 만들어.

정답 ④

4

밑줄 친 부분 중 어법상 옳지 않은 것은?

> As competition between memory companies intensifies, the race ① to bring the latest memory technologies to market continues ② to shape the industry landscape. The successful certification and shipment of the new memory chip ③ mark a crucial step in this ongoing technological evolution. With the fourth quarter ④ approached, the industry will closely monitor developments among major companies.

어휘

competition 경쟁 intensify 심해지다 race 경쟁 shape 형성하다
certification 인증 shipment 출하 mark 나타내다 crucial 중요한
ongoing 계속 진행 중인 evolution 발전 quarter 분기

approach 다가오다   closely 면밀히   monitor 관찰하다

메모리 회사 간 경쟁이 심해짐에 따라, 최신 메모리 기술을 시장에 가져오기 위한 경쟁이 업계 판도를 계속 형성하고 있다. 새 메모리 칩의 성공적인 인증 및 출하는 계속 진행 중인 이 기술 발전에서 중요한 단계를 나타낸다. 4분기가 다가오면서, 업계는 주요 회사들의 발전 상황을 면밀히 관찰할 것이다.

해설
④ [문법포인트] 분사구문 with 분사구문으로 목적어로 the fourth quarter, 목적격보어로 approached가 왔다. 목적어가 '다가오다'는 능동과 진행의 의미가 있으므로 과거분사 approached를 현재분사 approaching으로 고쳐야 한다. (approached → approaching)
① [문법포인트] to부정사의 역할 the race를 수식하는 형용사적 용법으로 to부정사가 바르게 쓰였다.
② [문법포인트] 완전타동사와 동작의 목적어 continue의 경우는 뒤에 to부정사와 동명사 모두 올 수 있고 의미상의 차이가 없다. 따라서 to부정사는 바르게 쓰였다.
③ [문법포인트] 주어 – 동사 수 일치 주어가 certification and shipment이므로 복수 동사인 mark가 바르게 쓰였다.

정답 ④

[5~6] 다음 글을 읽고 물음에 답하시오.

(A)

Our community's rich history deserves to be explored and celebrated. The City Historical Society is hosting a special evening at the City Museum to deepen residents' understanding of local heritage and the stories that shaped our city.

At the "Museum Night Tour & History Talk," historians and museum curators will lead guided tours through exhibits on early settlers, city architecture, and key historical events. Participants will also engage in a lecture, which discusses archival preservation and methods for documenting personal histories and which offers a unique educational experience.

Event Details:
• Date: Friday, October 20
• Time: 6:00 p.m. – 9:00 p.m.
• Location: City Museum

Light refreshments will be provided. Tickets are $10 for adults, $7 for teens (ages 13-17), and $5 for children under 12. All ticket sales will go toward supporting museum preservation efforts.

Visit www.citymuseum.org or call (555) 678-1234 for ticket purchases and details.

5
(A)에 들어갈 윗글의 제목으로 가장 적절한 것은?
① Journey Through Our City's History
② An Evening of Cultural Experiences
③ Revisit the Museum with a City Tour
④ Enriching Our Understanding of the Past

6
위 안내문의 내용과 일치하지 않는 것은?
① 가이드 투어와 역사 강연이 포함된다.
② 행사는 저녁 시간에 진행된다.
③ 입장료는 12세 이하 어린이에게 무료이다.
④ 입장료 수익은 박물관 보존을 위한 기금으로 사용된다.

어휘
deserve ~할 가치가 있다   explore 탐구하다   celebrate 기념하다
host 개최하다   deepen 깊어지게 하다   heritage 유산   exhibit 전시물
settler 정착민   architecture 건축   participant 참가자
engage in ~에 참여하다   lecture 강연   discuss 논하다   archival 기록의
preservation 보존   document 기록하다   personal 개인의
educational 교육적인   refreshments (pl.) 다과   revisit 다시 방문하다
enrich 질을 높이다

(A) 우리 도시의 역사를 통한 여행

우리 지역사회의 풍부한 역사는 탐구하고 기념할 가치가 있습니다. 시립 역사학회는 지역 유산과 우리 도시를 형성한 이야기에 대한 주민들의 이해가 깊어지게 하기 위해 시립박물관에서 특별한 저녁 행사를 개최합니다.

'박물관 야간 투어와 역사 강연'에서는 역사가와 박물관 큐레이터들이 초기 정착민, 도시 건축, 주요 역사적 사건에 관한 전시물을 안내하는 투어를 이끌 것입니다. 참가자들은 또한 기록 보존 및 개인 역사를 기록하는 방법을 논하고 특별한 교육적 경험을 제공하는 강연에 참여할 것입니다.

행사 세부 정보:
• 날짜: 10월 20일 금요일
• 시간: 오후 6시 ~ 오후 9시
• 장소: 시립박물관

가벼운 다과가 제공될 것입니다. 입장료는 성인 10달러, 청소년(13~17세) 7달러, 12세 미만 어린이가 5달러입니다. 모든 티켓 판매 수익은 박물관 보존 활동을 지원하는 데 사용될 것입니다.

입장권 구매 및 자세한 정보는 www.citymuseum.org을 방문하시거나 (555) 678-1234로 문의해 주십시오.

5 ② 문화 체험의 저녁
③ 도시 투어가 있는 박물관을 다시 방문하세요
④ 과거에 대한 이해의 질 높이기

5 글의 중심 소재는 지역의 역사 탐구와 기념이다. 첫 번째 문단의 두 번째 문장에서 시립 역사학회가 지역 유산과 우리 도시를 형성한 이야기에 대한 주민들의 이해를 높이기 위해 행사를 개최한다고 한다. 따라서 글의 제목으로 ① '우리 도시의 역사를 통한 여행'이 적절하다. ②는 중심 소재인 역사가 빠져 제목으로 적절하지

6 ③ 네 번째 문단의 첫 번째 문장에서 12세 미만의 어린이는 5달러라고 했으므로 글의 내용과 일치하지 않는다.
① 두 번째 문단의 첫 문장에서 역사가와 박물관 큐레이터들이 가이드 투어를 이끌 것이라고 했으므로 글의 내용과 일치한다.
② <시간>에서 오후 6시부터 오후 9시까지라고 했으므로 글의 내용과 일치한다.
④ 네 번째 문단의 두 번째 문장에서 모든 티켓 판매 수익은 박물관 보존 활동을 지원하는 데 사용된다고 했으므로 글의 내용과 일치한다.

정답 5 ① 6 ③

7
다음 글의 목적으로 가장 적절한 것은?

> To: allstaff@starlitecorp.com
> From: hr@starlitecorp.com
> Date: February 18, 2024
> Subject: Essential Security Measures
>
> Dear All Employees,
>
> In today's digital age, protecting our data and upholding our company's reputation is more important than ever. To strengthen our security efforts, we are implementing a required training program for all employees. This training will provide valuable skills to help you recognize potential risks and handle sensitive information safely. Please review the details below:
>
> • Training Period: March 1 - March 10
> • Format: Online modules (link to be provided)
> • Completion Deadline: March 10
>
> The program will cover key practices such as spotting phishing attempts and securely managing data. Thank you for your support in helping us maintain a secure environment for everyone.
>
> Best regards,
> HR Department

① to announce a company-wide system upgrade
② to inform staff of a mandatory cybersecurity training
③ to request volunteers for a cybersecurity project
④ to provide a cybersecurity helpline for employees

어휘
essential 필수의 security 보안 measure 조치 employee 직원
uphold 유지하다 reputation 명성 strengthen 강화하다 effort 노력
implement 시행하다 recognize 인식하다 handle 처리하다
sensitive 민감한 completion 완료 deadline 기한 practice 실천 사항
spot 포착하다 phishing 피싱 사기 securely 안전하게 secure 안전한
company-wide 회사 전반의 mandatory 의무적인
helpline 전화 상담 서비스

해석
수신: allstaff@starlitecorp.com
발신: hr@starlitecorp.com
날짜: 2024년 2월 18일
제목: 필수 보안 조치

모든 직원들에게,

오늘날 디지털 시대에서 데이터를 보호하고 회사의 명성을 유지하는 것이 그 어느 때보다 중요합니다. 저희는 보안 노력을 강화하기 위해 모든 직원에게 필수 교육 프로그램을 시행하고자 합니다. 이 교육은 여러분이 잠재적인 위험을 인식하고 민감한 정보를 안전하게 처리하는 데에 도움을 주는 귀중한 기술을 제공할 것입니다. 아래에서 자세한 내용을 확인해 주세요:

• 교육 기간: 3월 1일 ~ 3월 10일
• 형식: 온라인 모듈 (링크 제공 예정)
• 완료 기한: 3월 10일

이 프로그램은 피싱 사기 시도 포착하기, 데이터 안전하게 관리하기 등 핵심 실천 사항을 다룰 것입니다. 모두를 위한 안전한 환경을 유지하는 데 도움을 주는 여러분의 지원에 감사드립니다.

감사합니다,
인사팀

① 회사 전반의 시스템 업그레이드를 알리기 위해
② 직원들에게 의무적인 사이버 보안 교육을 알리기 위해
③ 사이버 보안 프로젝트에 자원봉사자를 요청하기 위해
④ 직원을 위한 사이버 보안 전화 상담 서비스를 제공하기 위해

해설
이메일의 제목을 통해 보안 조치에 관한 내용임을 알 수 있다. 또한 본문의 두 번째 문장에서 보안 강화를 위해 모든 직원에게 필수 교육 프로그램을 시행하고자 한다고 말한다. 따라서 글의 목적으로 가장 적절한 것은 ② '직원들에게 의무적인 사이버 보안 교육을 알리기 위해'이다.

정답 ②

8
다음 글의 제목으로 가장 적절한 것은?

> For many young people, peers are of significant importance and can be the primary source of the norms with which they strive to conform. Peer pressure among them can affect how they drive a vehicle. Young drivers experience higher peer pressure than older drivers to commit traffic violations such as speeding, driving under the influence of alcohol and dangerous overtaking. Direct peer pressure may be exerted on a young driver's behavior through the influence of a passenger. Young drivers, both male and female, drive faster and with a shorter following distance at road junctions if they have young passengers in the car.

① A Friend in Need Is a Friend Indeed
② What Makes Young People Drive Carelessly?
③ Traffic Violations: A Sign of Self-Destruction
④ Differences Between Male and Female Drivers

어휘

significant 상당한 of importance 중요한 primary 주요한 source 근원
norm 규범 strive 노력하다 conform 따르다 peer pressure 또래 압박
vehicle 차량 commit 저지르다 traffic violation 교통 위반
speeding 과속 overtaking 추월 exert 영향을 미치다 behavior 행동
following distance 차간 거리 passenger 탑승자 carelessly 부주의하게
self-destruction 자멸

해석

많은 젊은이에게 또래는 상당히 중요하며, 그들이 따르려고 노력하는 규범의 주요 근원이 될 수 있다. 이들 사이의 또래 압박은 그들이 차량을 운전하는 방식에 영향을 미칠 수 있다. 젊은 운전자는 나이가 많은 운전자보다 과속, 음주 운전, 위험한 추월과 같은 교통 위반을 저지르라는 더 심한 또래 압박을 경험한다. 직접적인 또래 압박은 탑승자의 영향을 통해 젊은 운전자의 행동에 영향을 미칠 수 있다. 남녀 젊은 운전자는 젊은 탑승자가 차에 타고 있다면, 도로 교차로에서 앞차와의 간격을 더 짧게 유지하며 더 빠르게 운전한다.

① 어려울 때 친구가 진짜 친구이다
② 젊은이들이 부주의하게 운전하도록 하는 것이 무엇인가?
③ 교통 위반: 자멸의 신호
④ 남성 운전자와 여성 운전자의 차이

해설

글의 첫 문장에서 젊은이들에 또래는 중요하다고 말하고 또래 압박이 젊은 운전자들의 운전 습관에 영향을 미친다고 말한다. 이어 또래 압박으로 젊은 운전자들이 저지르게 되는 교통 위반을 자세히 부연한다. 젊은 운전자가 또래 압력에 의해 부주의한 운전 행동을 하게 된다고 설명하므로 글의 제목으로 가장 적절한 것은 ② '젊은이들이 부주의하게 운전하도록 하는 것이 무엇인가?'이다.

 ②

9

주어진 문장 다음에 이어질 글의 순서로 가장 적절한 것은?

When properly given, first aid can result in saving an injured person's life or preventing further damage.

(A) Since both the police and fire departments are trained to handle many emergencies, you should call them as soon as you can.
(B) In the case of animal bites and fainting, for example, incorrect treatment can cause even more damage.
(C) However, unless you are sure of what to do in a particular case, you should not give treatment.

① (A) – (B) – (C) ② (A) – (C) – (B)
③ (C) – (B) – (A) ④ (C) – (A) – (B)

어휘

properly 적절히 first aid 응급 처치 injured 다친 prevent 막다
department 부서 train 훈련하다 handle 다루다

emergency 응급 상황 bite 물기 fainting 기절 treatment 치료
particular 특별한

해석

응급 처치는 적절히 주어지면 다친 사람의 생명을 구하거나 더 큰 피해를 막을 수 있다. (C) 그러나 특정한 경우에 어떻게 해야 할지 확신할 수 없다면, 치료를 해서는 안 된다. (B) 예를 들어, 동물에게 물렸거나 기절한 경우 부적절한 치료는 훨씬 더 큰 피해를 일으킬 수 있다. (A) 경찰관과 소방대원들은 많은 응급 상황을 다루도록 훈련받기 때문에 당신은 가능한 한 빨리 그들을 불러야 한다.

해설

주어진 문장에서는 응급 처치의 중요성을 언급한다. 이후 However로 시작하며 특정한 상황에서 대처법에 대한 확신이 없을 때 응급 처치를 하지 말아야 한다고 경고하는 (C)가 오는 것이 적절하다. 이후 (B)에서 잘못된 응급 처치의 구체적인 예를 제시하고, 이어서 (A)에서 훈련된 전문가에게 도움을 요청해야 한다고 결론을 내리는 순서가 적절하다. 따라서 정답은 ③ (C) – (B) – (A)이다.

 ③

10

밑줄 친 부분에 들어갈 말로 가장 적절한 것은?

Controversy over new art-making technologies is nothing new. Many painters recoiled at the invention of the camera, which they saw as a debasement of human artistry. Charles Baudelaire, the 19th-century French poet and art critic, called photography "art's most mortal enemy." In the 20th century, digital editing tools and computer-assisted design programs were similarly dismissed by purists for requiring too little skill of their human collaborators. What makes the new breed of A.I. image generating tools different is not just that they're capable of producing beautiful works of art with minimal effort. It's how they work. These tools are built by scraping millions of images from the open web, then teaching algorithms to recognize patterns and relationships in those images and generate new ones in the same style. That means that artists who upload their works to the internet may be unwittingly _____ _____.

* unwittingly: 자신도 모르게

① helping to train their algorithmic competitors
② sparking a debate over the ethics of A.I.-generated art
③ embracing digital technology as part of the creative process
④ acquiring the skills of utilizing internet to craft original creations

어휘

controversy 논란 recoil 흠칫 놀라다 invention 발명
debasement 타락 artistry 예술가적 기교 poet 시인 critic 평론가
photography 사진술 mortal 치명적인 edit 편집하다 dismiss 묵살하다
purist 순수주의자 collaborator 공동 제작자 breed 유형
generate 생성하다 produce 만들다 minimal 최소의 effort 노력
scrap 긁어오다 recognize 인식하다 competitor 경쟁자

spark 유발하다   debate 논쟁   embrace 수용하다   acquire 습득하다
utilize 활용하다   craft 만들다   original 독창적인   creation 창작물

해석
새로운 예술 제작 기술을 둘러싼 논란은 새로운 일이 아니다. 많은 화가는 카메라의 발명에 흠칫 놀랐고, 그들은 이를 인간 예술가적 기교의 타락으로 간주했다. 19세기 프랑스 시인이자 미술 평론가인 샤를 보들레르는 사진술을 '예술의 가장 치명적인 적'이라고 불렀다. 20세기에는 그들의 인간 공동 제작자들에게 거의 기술을 요구하지 않는다는 이유로 순수주의자들에 의해 디지털 편집 도구와 컴퓨터 지원 설계 프로그램이 비슷한 방식으로 묵살되었다. 새로운 유형의 인공지능 이미지 생성 도구의 차별점은 이것들이 단지 최소한의 노력으로 아름다운 예술 작품을 만들어낼 수 있다는 점만이 아니다. 그것은 바로 이 도구들이 작동하는 방식이다. 이 도구들은 공개된 웹에서 수백만 개의 이미지를 긁어온 다음, 알고리즘이 해당 이미지에서 패턴과 관계를 인식하고 동일한 스타일로 새로운 이미지를 생성하도록 학습시킴으로써 만들어졌다. 이것은 인터넷에 자기 작품을 업로드하는 예술가들이 자신도 모르게 자신들의 알고리즘을 이용하는 경쟁자(AI)들을 교육하는 데 도움을 줄 수 있음을 의미한다.

② 인공지능이 제작한 예술의 윤리에 대한 논쟁을 유발할
③ 창작 과정의 일부로 디지털 기술을 수용할
④ 독창적인 창작물을 만들기 위해 인터넷을 활용하는 기술을 습득할

해설
글의 중심 소재는 새로운 예술 창조 도구로서 AI이다. 카메라가 등장했을 때 예술가들은 이를 예술적 기교의 타락이라 했고, 디지털 편집 도구가 등장했을 때 순수주의자들은 이들을 묵살했다. 이어 AI가 등장했는데 이 AI는 인터넷상의 예술 작품을 학습하고 모방하여 새로운 예술 작품을 만든다고 말한다. 따라서 예술가가 인터넷에 작품을 올리는 행위의 결과가 빈칸에 들어가야 하는데, 인공지능이 인터넷의 예술 작품을 보고 학습한다고 했으므로 ① '자신들의 알고리즘을 이용하는 경쟁자(AI)들을 교육하는 데 도움을 줄'이 적절하다.

정답 ①

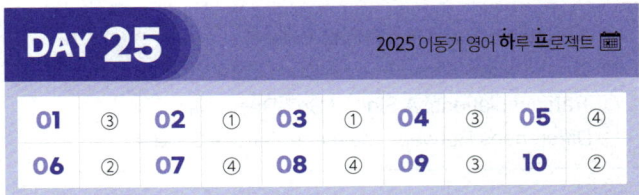

DAY 25

| 01 | ③ | 02 | ① | 03 | ① | 04 | ③ | 05 | ④ |
| 06 | ② | 07 | ④ | 08 | ④ | 09 | ③ | 10 | ② |

[1~2] 밑줄 친 부분에 들어갈 말로 가장 적절한 것을 고르시오.

1

As the earthquake intensified, the buildings began to _____, which caused panic among the residents.

① stabilize   ② illuminate
③ tremble   ④ sacrifice

어휘
earthquake 지진   intensify 강해지다   panic 공포   resident 주민
stabilize 안정되다   illuminate 밝아지다   tremble 흔들리다
sacrifice 제물을 바치다

해석
지진이 강해지면서 건물들이 흔들리기 시작했고, 이는 주민들 사이에 공포를 야기시켰다.

정답 ③

2

The company's new model is designed to be more affordable and durable _____ currently available; it is certainly the best choice for consumers.

① than any other device   ② than all the other device
③ as other devices   ④ like any other device

어휘
affordable 저렴한   durable 내구성이 있는   currently 현재
consumer 소비자

해석
그 회사의 새로운 모델은 현재 구입할 수 있는 다른 기기보다 더 저렴하고 내구성이 뛰어나도록 설계되어 있다; 이것은 소비자들에게 확실히 최고의 선택이다.

해설
[문법포인트] 비교 사용 표현 원급이나 비교급을 사용해서 최상급의 의미를 표현할 수 있는데 「A(주어) + 비교급 + than + any other + 단수명사/all the other 복수명사」 또는 「부정주어 + 원급 비교(as ~ as) / 비교급 비교(비교급 than) + A」의 형태로 나타내야 한다. 주어에 부정의 의미가 없고 빈칸 앞에 비교급이 나왔으므로 빈칸에는 ① than any other device가 들어가야 한다. 참고로 ②로 쓰려면 device를 복수인 devices로 고쳐야 한다.

정답 ①

3
밑줄 친 부분 중 어법상 옳지 않은 것은?

The institute is not the first to strive for a more ethical, human-centered vision of AI. One prominent organization, ① initially found with the mission of providing the benefits of advanced AI to all people, has even dismantled entire safety teams. Perhaps this institute will fare better with its embrace of ② what some call "accelerationism": the idea ③ that the future is not predetermined and that humanity is therefore responsible for ④ what it brings about.

어휘
institute 연구소   strive 애쓰다   ethical 윤리적인   prominent 유명한
initially 처음에   mission 임무   benefit 혜택   dismantle 해제하다
entire 전체의   fare 잘하다   embrace 수용
accelerationism 가속주의: 급진적 사회 변화를 위해 사회 진보를 가속해야 한다는 관점   predetermine 미리 결정하다   humanity 인류
be responsible for ~에 책임이 있다   bring about 초래하다

해석
이 연구소는 더 윤리적이고 인간 중심적인 AI 비전을 얻으려고 애쓰는 최초의 연구소는 아니다. 발전된 AI의 혜택을 모든 사람에게 제공하려는 임무를 가지고 처음에 설립된 한 유명한 단체는 심지어 전체 안전팀을 해체했다. 아마도 이 연구소는 사람들이 '가속주의'라고 부르는 것을 수용하면 더 나아질 것이다: 미래가 미리 결정되지 않고 그렇기에 인류가 자신이 초래한 것에 책임이 있다는 생각.

해설
① **[문법포인트] 혼동하기 쉬운 동사의 불규칙 변화 / 분사구문** 의미상의 주어와 문장의 주어가 일치해서 주어가 생략된 분사구문이다. 밑줄 뒤에 목적어가 없고 문맥상 '설립되다'라는 수동의 의미를 나타내야 하므로 과거분사형이 쓰여야 한다. found는 find의 과거분사이므로 '설립하다'라는 의미를 지니는 found의 과거분사인 founded로 고쳐야 한다. 참고로, initially는 과거분사를 수식하는 부사의 형태로 바르게 쓰였다. (found → founded)

② **[문법포인트] 명사절 접속사의 선택** 전치사 of의 목적어로 명사절이 사용되었다. 문맥상 call의 목적어가 없고 목적격보어인 accelerationism이 남아있으므로 call의 목적어 역할을 하는 명사절 접속사 what이 바르게 사용되었다.

③ **[문법포인트] 명사절 접속사의 선택** 뒤의 절이 완전하고, 의미상 that절이 the idea의 구체적인 내용을 설명하고 있으므로 동격을 나타내는 that이 바르게 사용되었다.

④ **[문법포인트] 의문문의 어순** 전치사 for의 목적어로 간접의문문이 사용되었다. 「의문사+주어+동사」의 어순으로 바르게 쓰였다.

정답 ①

4
밑줄 친 부분에 들어갈 말로 가장 적절한 것은?

Rachel Weise: Did you hear about the big change in the benefits package?
Leo Dicaprio: No, I missed it. What's new?
Rachel Weise: They're increasing health coverage and adding more vacation days.
Leo Dicaprio: Really? That sounds great. When will this start?
Rachel Weise: They said by next quarter. _____?
Leo Dicaprio: Yes, I want to take a look at the details.

① Are you planning to decline the conditions
② Did you already get the email about this
③ Will you attend the info session with me
④ Have you checked the portal for the details

어휘
benefit package 복리후생제도   coverage 범위   quarter 분기
detail 자세한 내용   decline 거절하다   condition 조건

해설
Rachel Weise: 복리후생제도에 큰 변화가 있었다는 거 들었어?
Leo Dicaprio: 아니, 놓쳤어. 새로운 게 있어?
Rachel Weise: 건강 보험 범위를 늘리고 휴가 일수를 더 추가한다고 해.
Leo Dicaprio: 정말? 그거 좋네. 언제부터 시행되는데?
Rachel Weise: 다음 분기 중에 시작된다고 해. 나랑 정보 설명회에 같이 갈래?
Leo Dicaprio: 그러지, 자세한 내용을 확인하고 싶어.

① 이 조건을 거절할 생각이야
② 이것에 대한 이메일을 이미 받았어
④ 포털에서 자세한 내용을 확인했어

정답 ③

[5~6] 다음 글을 읽고 물음에 답하시오.

Brightplay Toys

About Us
BrightPlay Toys aims to inspire imagination and joy in children of all ages. We produce high-quality, safe, and educational toys that spark creativity and learning. Our team of designers and child experts is passionate about creating playful experiences that bring families together.

Products Offered
We provide a wide range of toys, including puzzles, building sets, and role-playing kits to develop problem-solving skills, motor skills, and social interaction. Our products are designed to encourage curiosity and foster lifelong learning through engaging play.

Our Approach
BrightPlay Toys is committed to nurturing creativity, learning, and connection. We use safe, sustainable materials and design toys that evolve with children's developmental stages. By collaborating with educators and families, we ensure our toys are both fun and beneficial, prompting children's growth and creating cherished memories.

5
윗글에서 BrightPlay Toys에 관한 내용과 일치하지 않는 것은?
① It manufactures premium, educational items for young learners.
② It offers various toys like block play sets, and pretend-play kits.
③ It works alongside teachers and parents to support child progression.
④ It has an expert team devoted to studying children's developmental stages.

6
밑줄 친 "prompting"의 의미와 가장 가까운 것은?
① deferring
② spurring
③ allowing
④ respecting

어휘
inspire 불러일으키다   imagination 상상력   high-quality 고품질의
educational 교육적인   spark 유발하다   expert 전문가
passionate 열정적인   building set 쌓기 놀이 세트   motor skill 운동 기능
interaction 상호작용   encourage 북돋우다   curiosity 호기심
foster 촉진하다   lifelong 평생의   engaging 흥미로운   approach 접근법
be committed to ~에 헌신하다   nurture 육성하다
sustainable 지속 가능한   material 소재   evolve 진화하다
developmental 발달의   collaborate 협력하다   ensure 보장하다
beneficial 유익한   prompt 자극하다   cherished 소중한
manufacture 제조하다   block play 블록 놀이   pretend-play 역할 놀이
progression 발달   devote 헌신하다   defer 늦추다   spur 자극하다
allow 허락하다   respect 존중하다

해석
회사 소개
BrightPlay Toys는 모든 연령대의 어린이들에게 상상력과 즐거움을 불러일으키는 것을 목표로 한다. 우리는 창의력과 학습을 유발하는 고품질의 안전하고 교육적인 장난감을 생산한다. 디자이너와 아동 전문가들로 구성된 우리 팀은 가족들을 화합하게 하는 재미있는 경험을 만들어내는 것에 열정적이다.

제공 상품
우리는 문제 해결 능력, 운동 기능, 그리고 사회적 상호작용을 개발하기 위한 퍼즐, 쌓기 놀이 세트, 그리고 역할 놀이 키트를 포함한 다양한 장난감을 제공한다. 우리 제품은 호기심을 북돋아 주고 흥미로운 놀이를 통해 평생 학습을 촉진하도록 설계되었다.

우리의 접근법
BrightPlay Toys는 창의성, 학습, 그리고 관계를 육성하는 것에 헌신하고 있다. 우리는 안전하고 지속 가능한 소재를 사용하고 아이들의 발달 단계에 맞춰 진화하는 장난감을 디자인한다. 우리는 교육자들 및 가족들과 협력하여, 우리의 장난감이 재미있고 또한 유익하도록 보장하며, 아이들의 성장을 촉진하고 소중한 기억을 만들어준다.

5 ① 어린 학습자를 위한 고급 교육용 제품들을 제조한다.
② 블록 놀이 세트와 역할 놀이 키트와 같은 다양한 장난감을 제공한다.
③ 아동 발달을 지원하기 위해 교사 및 부모와 함께 작업한다.
④ 아동의 발달 단계 연구에 전념하는 전문가팀이 있다.

해설
5 ④ <회사 소개> 세 번째 문장에서 디자이너와 아동 전문가들이 팀을 이뤘다고 했지만 이들이 어린이 발달 단계를 연구한다는 내용은 없으므로 글의 내용과 일치하지 않는다.
① <회사 소개> 두 번째 문장에서 고품질의 교육적인 장난감들을 생산한다고 했으므로 글의 내용과 일치한다.
② <제공 상품> 첫 번째 문장에서 퍼즐, 쌓기 놀이 세트, 역할 놀이 키트를 제공한다고 했으므로 글의 내용과 일치한다.
③ <우리의 접근법> 세 번째 문장에서 교육자들과 가족들과 협력한다고 했으므로 글의 내용과 일치한다.

정답 5 ④ 6 ②

7
다음 글의 내용과 일치하지 않는 것은?

The Everett Art Museum is pleased to announce the 2025 Leaf Festival, where visitors can fully enjoy the beauty of winter. This festival will take place from January 20 (Monday) to January 26 (Sunday), offering a variety of cultural events alongside the dazzling snowy scenery and icicles in the museum's gardens and exhibition halls. Admission to the festival is complimentary, but due to expected high visitor numbers during the festival period, advance reservations are required.

• Reserve your tickets online: www.everettartmuseum.com

During the festival, guests can enjoy serene snow-covered landscapes, cultural performances by local artists, hands-on activities themed around winter, and a special photo zone to capture precious moments. We invite everyone to participate and show interest in this event, hoping it will be a meaningful time to share the beauty of winter together.

For more information, please visit our website or contact us at (022) 659-7800.

① The Everett Art Museum hosts a festival to celebrate the snowy season.
② Visitors are welcome to attend the festival entirely free of charge.
③ Due to the expected high visitor turnout, prior reservations are necessary.
④ The festival features a workshop on catching special instants.

어휘
take place 개최되다   dazzling 눈부신   scenery 경치   icicle 고드름
exhibition hall 전시관   admission 입장료   complimentary 무료의
advance 사전의   reservation 예약   reserve 예약하다   serene 고요한
hands-on 체험의   capture 포착하다   precious 소중한   entirely 완전히
free of charge 무료의   turnout 참석자의 수   prior 사전의
feature 특별히 포함하다   instant 순간

해석
Everett 미술관은 관람객들이 겨울의 아름다움을 온전히 즐길 수 있는 2025 Leaf Festival을 개최하게 되어 기쁩니다. 이 축제는 1월 20일(월)부터 1월 26일(일)까지 진행되며, 미술관의 정원과 전시관의 눈부신 설경 및 고드름과 함께 다양한 문화 행사들이 제공될 것입니다. 축제 입장료는 무료이나, 축제 기간 동안 예상되는 많은 방문객 숫자 때문에 사전 예약이 필요합니다.

• 온라인 티켓 예약: www.everettartmuseum.com

축제 기간 동안 방문객들은 고요한 눈 감상 구역과 지역 예술가들의 문화 공연, 겨울을 테마로 한 체험 활동, 소중한 순간을 포착할 수 있는 포토존을 즐길 수 있습니다. 우리는 이 행사가 겨울의 아름다움을 함께 나누는 의미 있는 시간이 되기를 바라면서 모두가 여기에 참여하고 관심을 보여주기를 권유해 드립니다.

더 많은 정보를 위해서 웹사이트를 방문하시거나 (022) 659-7800으로 문의하세요.

① Everett 미술관은 눈의 계절을 기념하는 축제를 개최한다.
② 입장객은 축제에 완전히 무료로 참석하는 것이 환영된다.
③ 예상되는 많은 방문객 수로 인해, 사전 예약이 필요하다.
④ 축제는 특별한 순간을 포착하는 것에 관한 워크숍을 특별히 포함한다.

해설
④ 두 번째 단락의 첫 번째 문장에서 소중한 순간을 포착할 수 있는 포토존을 즐길 수 있다고 했지, 워크숍을 제공한다고 하지 않았기 때문에 글의 내용과 일치하지 않는다.
① 첫 번째 단락의 첫 번째 문장에서 겨울의 아름다움을 즐길 수 있는 축제를 개최한다고 했으므로 글의 내용과 일치한다.
② 첫 번째 문단 세 번째 문장에서 입장료가 무료라고 했으므로 글의 내용과 일치한다.
③ 첫 번째 문단 세 번째 문장에서 많은 방문객이 예상되어 사전 예약이 필요하다고 했으므로 글의 내용과 일치한다.

정답 ④

8
밑줄 친 부분에 들어갈 말로 가장 적절한 것은?

A few years ago I met a man named Phil at a parent-teachers' organization meeting at my daughter's school. As soon as I met him, I remembered my wife told me "Phil is a real pain at meetings." I quickly saw what she meant. When the principal was explaining a new reading program, Phil interrupted and asked how his son would benefit from it. Later in the meeting, Phil argued with another parent. When I got home, I said to my wife, "You were right about Phil. He's rude and arrogant." My wife looked at me quizzically. "Phil isn't the one I was telling you about," she said. "That was Bill. Phil is actually a very nice guy." Sheepishly, I thought back to the meeting and realized that Phil had probably not interrupted or argued with people any more than others had. My interpretation was just that — an unconscious interpretation of a behavior that was open to many interpretations. It is well known that first impressions are powerful, even when they are based on _____.

① personal preference   ② selfish motivation
③ exaggerated phrase   ④ faulty information

어휘
pain 골치 아픈 사람   principal 교장   interrupt 끼어들다
benefit 이득을 보다   argue with ~와 언쟁하다   rude 무례한
arrogant 오만한   quizzically 의아하게   sheepishly 멋쩍어서
unconscious 무의식적인   be open to ~이 가능하다   impression 인상
preference 선호   selfish 이기적인   exaggerate 과장하다   phrase 구절
faulty 잘못된

해석
몇 년 전, 나는 딸의 학교에서 열린 학부모-교사 모임에서 Phil이라는 이름의 남자를 만났다. 그를 만나자마자, 나는 아내가 "Phil은 모임에서 정말 골치 아픈 사람이야."라고 말한 것이 기억났다. 나는 아내가 말한 의미를 금방 알 수 있었다. 교장 선생님이 새로운 독서 프로그램에 대해 설명할 때, Phil은 끼어들어서 그 프로그램으로 자기 아들이 어떻게 이득을 보게 될지를 물었다. 모임의 후반에 Phil은 다른 부모와 논쟁을 벌였다. 집에 돌아와서, 나는 아내에게 말했다. "Phil에 대해서 당신이 맞았어. Phil은 무례하고 거만해." 아내는 나를 의아하게 바라보았다. "Phil은 내가 당신에게 말한 사람이 아니야," 그녀가 말했다. "그건 Bill이야. Phil은 사실 아주 좋은 사람이야." 멋쩍어서, 나는 그 모임을 되돌아보았고 Phil이 다른 사람들보다 더 많이 끼어들거나 논쟁을 벌인 것이 어쩌면 아닐 수도 있다는 점을 깨달았다. 내 해석이 단지 그랬다 — 여러 가지 해석이 가능한 행동에 대한 무의식적인 해석이었다. 심지어 그것이 잘못된 정보에 기초하고 있을 때조차도 첫인상의 힘이 강력하다는 것은 잘 알려져 있다.

① 개인적 선호   ② 이기적인 동기   ③ 과장된 표현

해설
글의 중심 소재는 첫인상이고 주제문은 빈칸이 있는 마지막 문장으로, 한 가지 일화를 소개한 뒤 그것에 대한 보편적인 결론을 내리는 구조이다. 필자는 Phil이라는 사람에 대해 잘못된 정보를 알고 있었기 때문에 그에 대해 부정적인 첫인상을 가지게 되었고, 결국 Phil에 대해 부정적인 평가를 내리게 된다. 하지만 그의 아내가 자

신이 이야기했던 사람은 Phil이 아니라 Bill이라고 하자, 그는 자신의 평가가 잘못되었음을 깨닫게 된다. 즉, 필자의 첫인상이 기반하고 있었던 것은 잘못된 정보이므로 정답은 ④ '잘못된 정보'이다.

정답 ④

체적인 내용을 (A)에서 제시하고 있다. 뒤이어 (B)도 체육관에서 보게 되는 사람들을 예로 들어 역설을 다시 한번(also) 설명한다. 따라서 정답은 ③ (C) - (A) - (B)이다.

정답 ③

9
주어진 글 다음에 이어질 글의 순서로 가장 적절한 것은?

> Here's a fascinating social experiment. Select one hundred people at random in New York City and ask them each to list all their friends, so you can figure out their average number of friends. Then, in turn, ask their friends how many friends they have.

> (A) The explanation lies in the realization that there is a bias in the question being asked, since you are more likely to know popular people and less likely to know unpopular ones.
> (B) That is also why people at your local gym tend to be fitter than you, because you do not encounter the relatively out-of-shape ones who rarely turn up.
> (C) You will find that the latter's average number of friends is higher. Sociologist Scott Feld of Purdue University drew attention to this apparent paradox.

① (B) - (A) - (C) ② (B) - (C) - (A)
③ (C) - (A) - (B) ④ (C) - (B) - (A)

어휘
fascinating 흥미로운 at random 무작위로 figure out ~을 알아내다
in turn 다음에는 realization 깨달음 bias 편견
tend to ~하는 경향이 있다 fit 몸이 탄탄한 encounter 마주치다
relatively 비교적 out-of-shape 몸매가 좋지 않은 rarely 거의 ~하지 않는
turn up 나타나다 sociologist 사회학자 apparent 명백한
paradox 모순

해석
여기 흥미로운 사회 실험이 있다. 뉴욕시에서 100명을 무작위로 선택하고 그들 각자에게 친구들의 목록을 모두 적으라고 요청하면, 그들의 평균적인 친구 수를 알아낼 수 있다. 그러고 나서, 다음에는, 그들의 친구들에게 얼마나 많은 친구가 있는지 물어본다. (C) 당신은 후자의 평균 친구 수가 더 높다는 것을 알게 될 것이다. 퍼듀 대학교의 사회학자 Scott Feld는 이 명백한 역설에 주목했다. (A) 이 설명은 질문에 편향이 있다는 것을 깨닫는 것에 있는데, 당신은 인기 있는 사람들을 더 많이 알고 인기가 없는 사람들은 덜 알고 있을 가능성이 있기 때문이다. (B) 또한 바로 그런 이유로 당신의 동네 체육관의 사람들이 당신보다 더 몸이 탄탄한 경향이 있는데, 당신은 그곳에 거의 나타나지 않는 비교적 몸매가 좋지 않은 사람들을 마주치지 않기 때문이다.

해설
주어진 글에서는 참가자들에게 친구의 수를 물어보는 사회 실험을 소개하고 그들의 친구들에게 친구 수를 물어보는 질문을 던진다고 했다. (C)에서 그 질문에 대한 대답으로 후자의 친구 수가 더 높다고 소개하므로 주어진 문장 다음에는 (C)가 이어져야 한다. (C)의 마지막 부분에서 이 실험에 역설이 있다고 했고, 그 역설의 구

10
다음 글의 주제로 가장 적절한 것은?

> The rapidity of AI deployment in different fields depends on a few critical factors: retail is particularly suitable for a few reasons. The first is the ability to test and measure. With appropriate safeguards, retail giants can deploy AI and test and measure consumer response. They can also directly measure the effect on their bottom line fairly quickly. The second is the relatively small consequences of a mistake. An AI agent landing a passenger aircraft cannot afford to make a mistake because it might kill people. An AI agent deployed in retail that makes millions of decisions every day can afford to make some mistakes, as long as the overall effect is positive. Some smart robot technology is already happening in retail. But many of the most significant changes will come from deployment of AI rather than physical robots or autonomous vehicles.

① dangers of AI agent
② why retail is suited for AI
③ retail technology and hospitality
④ critical factors of AI development

어휘
rapidity 속도 deployment 배치 critical 중요한 factor 요인
retail 소매 particularly 특히 suitable 적합한 measure 수익성
appropriate 적절한 safeguard 보호 장치 deploy 배치하다
consumer 소비자 response 반응 effect 영향 bottom line 수익성
fairly 상당히 relatively 비교적 consequence 결과
AI agent 인공지능 에이전트: 자율 지능형 시스템 land 착륙시키다
aircraft 항공기 not afford ~하면 안 되다 overall 전반적인
significant 중요한 physical 물리적인
autonomous vehicle 자율 주행 차량
hospitality (호텔, 레스토랑 등) 환대 산업

해석
다양한 분야에서 인공지능의 배치 속도는 몇 가지 중요한 요인들에 달려있다: 소매업은 몇 가지 이유로 특히 적합하다. 첫째는 시험하고 측정하는 능력이다. 적절한 보호 장치를 이용하여, 대형 소매업체들은 인공지능을 배치하고 소비자의 반응을 시험하고 측정할 수 있다. 그들은 또한 상당히 신속하게 그들의 수익성에 대한 영향을 직접적으로 측정할 수도 있다. 둘째는 실수로 인한 비교적 미미한 결과들이다. 여객기를 착륙시키는 인공지능 에이전트는 사람들을 죽일 수도 있기 때문에 실수를 하면 안 된다. 매일 수백만 개의 결정을 내리는 소매업에 배치된 인공지능 에이전트는, 전반적인 영향이 긍정적인 한, 어느 정도의 실수를 할 수도 있다. 어떤 스마트 로봇 기술은 이미 소매업에서 구현되고 있다. 그러나 가장 의미 있는 변화들의 많은 것들은 물리적 로봇이나 자율 주행차보다 오히려 인공지능의 배치로부터

도래할 것이다.

① 인공지능 에이전트의 위험
② 왜 소매업이 인공지능에 적합한가
③ 소매업 기술과 환대 산업
④ 인공지능 발전의 중요한 요인들

해설

중심 소재는 인공지능과 소매업이며, 주제문은 첫 번째 문장으로 소매업이 다른 분야보다 몇 가지 이유 때문에 인공지능 배치에 특히 적합하다고 주장한다. 이후에 어떤 점에서 소매업이 유리한지에 대해 구체적인 예시를 몇 가지 들어 설명하고 있다. 따라서 이 글의 주제로 가장 적절한 것은 ② '왜 소매업이 인공지능에 적합한가'이다.

정답 ②

DAY 26

| 01 | ② | 02 | ① | 03 | ② | 04 | ② | 05 | ③ |
| 06 | ④ | 07 | ④ | 08 | ① | 09 | ④ | 10 | ② |

[1~3] 밑줄 친 부분에 들어갈 말로 가장 적절한 것을 고르시오.

1

If a computer system is _____, this means it continues to function even after some components fail.

① unstable   ② resilient
③ inefficient   ④ temporary

어휘

function 작동하다   component 구성 요소   fail 고장 나다
unstable 불안정한   resilient 회복력 있는   inefficient 비효율적인
temporary 일시적인

해석

만약 컴퓨터 시스템이 회복력 있다면, 이는 일부 구성 요소가 고장 난 이후에도 시스템이 계속해서 작동한다는 의미이다.

정답 ②

2

The organization _____ he has been dedicated for over a decade, supports underprivileged communities worldwide.

① to which   ② which
③ to that   ④ that

어휘

organization 단체   dedicate 헌신하다   decade 10년
underprivileged 혜택을 받지 못하는

해석

그가 10년 이상 헌신해 온 단체는 전 세계적으로 혜택을 받지 못하는 지역 사회를 지원한다.

해설

[문법포인트] 관계대명사의 선택 빈칸 앞의 the organization이 선행사이고, 빈칸 뒤에 완전한 절이 왔으므로 빈칸에는 「전치사+관계대명사」가 들어가야 한다. 관계대명사절에 쓰인 동사는 be dedicated to의 형태로 '~에 헌신하다'를 의미하므로 전치사 to가 관계대명사 앞에 놓여야 한다. 관계대명사 that은 전치사 뒤에 사용할 수 없으므로 정답은 ① to which이다.

정답 ①

3

A: I'm planning a weekend getaway. Do you know any good hotels?
B: Sure! What kind of place are you looking for?
A: Something cozy but not too pricey.
B: Got it. _____.
A: That sounds perfect! I'll check it out.
B: I think you'll love it. The reviews are amazing!

① I'll try looking for deals online
② The Lakeside Haven is a hidden gem
③ Most hotels are fully booked, I'm afraid
④ You'll probably want to avoid crowded inns

어휘
getaway 휴가 cozy 아늑한 pricey 값비싼 deal 특가 상품 gem 보석
book 예약하다 crowded 붐비는 inn 여관

해석
A: 나는 주말 휴가를 계획 중이야. 좋은 호텔 알아?
B: 물론! 어떤 곳을 찾고 있어?
A: 아늑하지만 너무 비싸지 않은 곳.
B: 알았어. Lakeside Haven은 숨겨진 보석이야.
A: 완벽해! 한번 확인해볼게.
B: 네 마음에 들 거야. 후기가 정말 좋거든!

① 온라인에서 특가 상품을 찾아볼게
③ 유감스럽게도, 대부분의 호텔은 예약이 꽉 찼어
④ 아마도 붐비는 여관은 피하고 싶을 거야

정답 ②

4
밑줄 친 부분 중 어법상 옳은 것은?

Activists and leaders in the social conservative movement are now moving to embrace his candidacy and are ① joining in the growing number of mainstream Republicans who ② appear ready to coalesce around the party's presumptive nominee. ③ In spite of their support for him is often qualified, the majority of the members in the party ④ seems to exceed their reservations at some point.

* coalesce: 연합하다

어휘
activist 활동가 conservative 보수적인 embrace 받아들이다
candidacy 출마 mainstream 주류의 Republican 공화당원
presumptive 사실상의 nominee 지명 후보 qualified 조건부인
exceed 넘어서다 reservation 우려

해석
사회적 보수 운동의 활동가들과 지도자들은 이제 그의 후보직을 받아들이려고 움직이고 있고 당의 사실상의 지명 후보를 중심으로 연합할 준비가 된 것으로 보이는 점점 더 늘어나는 주류 공화당원들의 수에 합류하고 있다. 비록 그에 대한 그들의 지지가 종종 조건부이지만, 대다수의 당원들은 어느 시점에서 자신들의 우려를 넘어서는 것으로 보인다.

해설
② **[문법포인트]** 불완전자동사의 보어 / 주어 - 동사 수 일치 appear가 '~처럼 보이다'의 의미의 불완전자동사로 사용되었으므로 뒤에 형용사 ready가 보어로 바르게 쓰였다. 또한 관계대명사절의 동사는 선행사에 수 일치해야 하는데 선행사가 문맥상 복수 명사인 Republicans이므로 동사의 복수형 appear가 바르게 쓰였다.
① **[문법포인트]** 완전타동사 그룹, 단체에 합류할 때 join은 완전타동사이므로 뒤에 전치사 없이 목적어가 바로 와야 한다. (joining in → joining)
③ **[문법포인트]** 부사절 접속사의 선택 전치사인 In spite of 뒤에 절이 왔으므로 대신 비슷한 의미를 가진 접속사 Though/Although 등으로 고쳐야 한다. (In spite of → Though/Although)
④ **[문법포인트]** 주어 - 동사 수 일치 / 불완전자동사의 보어 「부분사+명사」가 주어일 경우 명사에 수 일치해야 하는데 부분사 the majority 뒤에 복수 명사 the members가 왔으므로 동사의 단수형 seems를 복수형 seem으로 고쳐야 한다. 또한 불완전자동사로 쓰인 seem의 보어로 to부정사가 바르게 쓰였다. (seems → seem)

정답 ②

[5~6] 다음 글을 읽고 물음에 답하시오.

To: All Employees
From: Human Resources
Date: February 19
Subject: Important Notification

Dear All Employees,

I trust you're doing well. We would like to inform you of some important upcoming changes.

These updates cover changes to work hours, remote work policy, and vacation requests. Please review the details below for how these will affect you.

1. Work Hours Adjustment
   Previous: 9:00 AM – 6:00 PM
   New: 8:30 AM – 5:30 PM

2. Remote Work Policy
   Remote work will be allowed once a month. Prior approval from your team leader is required.

3. Vacation Request Procedure
   Vacation requests should be made at least 2 weeks in advance. For urgent changes, please coordinate with your team leader.

For detailed information and further specifics, please refer to the company intranet. If you have any questions, feel free to contact the Human Resources.

Thank you.

Everset Corporation
Human Resources

5
윗글의 목적으로 가장 적절한 것은?

① 회사 휴무일 및 휴가 일정을 직원에게 공지하려고
② 사내 복지 프로그램을 직원에게 소개하려고
③ 근무 관련 제도 변경 사항을 직원에게 알리려고
④ 근무 시간 변경 및 휴가 신청 절차를 설명하려고

6
밑줄 친 "Prior"의 의미와 가장 가까운 것은?
① Favorable   ② Existent
③ Subsequent   ④ Earlier

human resources 인사과   notification 공지   cover 포함하다
remote work 재택근무   adjustment 조정   prior 사전의
procedure 절차   in advance 미리   urgent 긴급한
coordinate 조정하다   detailed 자세한   specific 세부 사항
favorable 호의적인   existent 존재하는   subsequent 이후의
earlier 이전의

수신: 전 직원
발신: 인사과
날짜: 2월 19일
제목: 중요한 공지

전 직원 여러분께,

안녕하세요. 몇 가지 중요한 곧 있을 변경 사항을 알려드리고자 합니다.

이번 업데이트는 근무 시간, 재택근무 정책, 그리고 휴가 신청 절차에 대한 변경 사항을 포함합니다. 이것이 여러분께 어떤 영향을 미칠지에 대해 아래 내용을 검토하시길 바랍니다.

1. 근무 시간 조정
   이전: 오전 9시 – 오후 6시
   변경: 오전 8시 30분 – 오후 5시 30분

2. 재택근무 정책
   재택근무는 월 1회 허용됩니다. 팀장으로부터 사전 승인이 필요합니다.

3. 휴가 신청 절차
   휴가 신청은 최소 2주 전에 미리 해야 합니다. 긴급한 변경을 하려면 팀장과 조정하시길 바랍니다.

자세한 정보와 더 많은 세부 사항은 회사 인트라넷을 참고하시길 바랍니다. 문의 사항이 있으시면, 언제든지 인사과로 연락을 주십시오.

감사합니다.

에버셋 코퍼레이션
인사과

5 글의 중심 소재는 회사의 변경 사항이고, 두 번째 단락에서 근무 시간, 재택근무 정책, 그리고 휴가 신청 절차에 변경이 있을 것이니 확인하라고 안내한 뒤 각 항목을 자세히 설명하고 있다. 따라서 글의 목적으로 가장 적절한 것은 ③ '근무 관련 제도 변경 사항을 직원에게 알리려고'이다.

 **5** ③ **6** ④

7
다음 글의 내용과 일치하지 않는 것은?

Miniature Wonders Gallery operates daily, from 10:00 a.m. to 5:00 p.m. from October to March, and from 11:00 a.m. to 6:00 p.m. from April to September. The current exhibition, "Tiny Treasures: A Miniature World Revealed," features intricately crafted miniature artworks from around the globe, highlighting exceptional detail.

Tickets can be purchased online, and an email confirmation will be sent after payment. Please print this confirmation or save it on your smartphone to present at the entrance.

• Online Ticket Purchase: buy.miniaturewondersgallery.com/events
• Admission: Adults $15, Seniors (65+) $12, teenagers (13-18) $10, Children (6-12) $8, Children under 6 free.

Weekends include the "Family Miniature Adventure" program, where families can enjoy miniature creation and engaging missions.

For more information and reservations, please visit our website or contact us at (555) 987-6543.

① The gallery currently displays miniature artworks from around the world.
② A confirmation email is sent after purchasing a ticket online.
③ Admission is free for children under 6 years old.
④ On weekends, there is a miniature creation program only for children.

operate 운영하다   current 현재의   exhibition 전시회   tiny 작은
treasure 보석   feature 주로 다루다   intricately 정교하게   craft 만들다
exceptional 탁월한   purchase 구매하다   confirmation 확인
entrance 입구   admission 입장료   engaging 흥미로운

해석

Miniature Wonders Gallery는 10월부터 3월까지는 오전 10시부터 오후 5시까지, 4월부터 9월까지는 오전 11시부터 오후 6시까지 매일 운영합니다. 현재 열린 전시회 '작은 보석: 드러난 미니어처의 세계'는 탁월한 세부 묘사를 강조하는, 전 세계의 정교하게 제작된 미니어처 작품들을 주로 다룹니다.

입장표는 온라인으로 구매할 수 있으며, 결제 후 확인 이메일이 발송됩니다. 이 이메일을 입구에서 제시하기 위해 출력하시거나 스마트폰에 저장하시길 바랍니다.

- 온라인 티켓 구매: buy.miniaturewondersgallery.com/events
- 입장료: 성인 15달러, 어르신(65세 이상) 12달러, 청소년(13~18세) 10달러, 어린이(6~12세) 8달러, 6세 미만 어린이는 무료입니다.

주말에는 '가족 미니어처 모험' 프로그램이 포함되어 있어, 가족들이 미니어처 제작과 흥미로운 임무를 즐기실 수 있습니다.

자세한 정보와 예약은 웹사이트를 방문하시거나 (555) 987-6543으로 문의해 주시길 바랍니다.

① 이 미술관은 전 세계에서 온 미니어처 작품을 현재 전시하고 있다.
② 온라인에서 입장표를 구매하면 확인 이메일이 발송된다.
③ 6세 미만 어린이는 입장이 무료이다.
④ 주말에, 오직 어린이만을 위한 미니어처 제작 프로그램이 있다.

해설

④ 세 번째 문단에서 주말에는 가족들이 미니어처 제작을 할 수 있는 프로그램이 있다고 했으므로 글의 내용과 일치하지 않는다.
① 첫 번째 문단의 두 번째 문장에서 전 세계에서 온 정교하게 제작된 미니어처 작품들을 전시하는 전시회가 열리고 있다고 했으므로 글의 내용과 일치한다.
② 두 번째 문단의 첫 번째 문장에서 입장표는 온라인으로 구매할 수 있고, 결제 후 확인 이메일이 발송된다고 했으므로 글의 내용과 일치한다.
③ 〈입장료〉에서 6세 이하의 어린이는 무료라고 했으므로 글의 내용과 일치한다.

정답 ④

8

다음 글의 요지로 가장 적절한 것은?

In the typical American diet, only 40 percent of total calories come from carbohydrates — a lower percentage than found in most of the world. To make matters worse, half of the carbohydrate calories consumed by the typical American come from processed foods filled with simple sugars. Experts recommend that these foods make up no more than 10 percent of our diet. Foods rich in complex carbohydrates, which provide vitamins, minerals, and dietary fiber, should make up roughly 50 percent of our daily calories.

① Americans need to eat more complex carbohydrates.
② Americans should cut down on complex carbohydrates.
③ Americans need to reduce the intake of carbohydrates.
④ Americans need to eat more processed foods.

어휘

typical 일반적인   diet 식단   carbohydrate 탄수화물
to make matters worse 설상가상으로   consume 섭취하다
processed foods 가공식품   expert 전문가   recommend 권장하다
make up ~을 구성하다   dietary fiber 식이 섬유   roughly 대략
cut down on ~을 줄이다   reduce 줄이다   intake 섭취량

해석

일반적인 미국인의 식단에서 총 칼로리의 40%만이 탄수화물에서 나온다 — 이는 세계 대부분의 나라에서 발견되는 것보다 더 낮다. 설상가상으로, 일반적인 미국인이 섭취하는 탄수화물 칼로리의 절반은 단당(單糖)으로 가득 찬 가공식품에서 나온다. 전문가들은 이 식품들이 식단의 10%를 넘지 않도록 구성하는 것을 권장한다. 비타민, 미네랄, 그리고 식이 섬유를 제공하는 복합 탄수화물이 풍부한 식품들이 우리의 일일 섭취 칼로리의 대략 50%를 구성해야 한다.

① 미국인들은 복합 탄수화물을 더 많이 먹을 필요가 있다.
② 미국인들은 복합 탄수화물을 줄여야 한다.
③ 미국인들은 탄수화물 섭취를 줄일 필요가 있다.
④ 미국인들은 가공식품을 더 많이 먹을 필요가 있다.

해설

글의 중심 소재는 일반적인 미국인 식단에서 복합 탄수화물 섭취이고, 주제문은 마지막 문장으로 복합 탄수화물이 풍부한 음식들로 섭취 칼로리의 50%를 구성하는 것이 좋다고 권장한다. 그러므로 글의 요지로 적당한 것은 ① '미국인들은 복합 탄수화물을 더 많이 먹을 필요가 있다.'이다.

정답 ①

9

주어진 문장이 들어갈 위치로 가장 적절한 것은?

This allows the solids to carry the waves more easily and efficiently, resulting in a louder sound.

Tap your finger on the surface of a wooden table or desk, and observe the loudness of the sound you hear. Then, place your ear flat on top of the table or desk. (①) With your finger about one foot away from your ear, tap the table top and observe the loudness of the sound you hear again. (②) The volume of the sound you hear with your ear on the desk is much louder than with it off the desk. Sound waves are capable of traveling through many solid materials as well as through air. (③) Solids, like wood for example, transfer the sound waves much better than air typically does because the molecules in a solid substance are much closer and more tightly packed together than they are in air. (④) The density of the air itself also plays a determining factor in the loudness of sound waves passing through it.

어휘

solid 고체; 고체의   wave 파장   efficiently 효율적으로
result in (결과적으로) ~을 만들어내다   observe 관찰하다
loudness 소리의 크기   flat 바싹   capable 할 수 있는   material 재료
transfer 전달하다   typically 일반적으로   molecule 분자

substance 물질   tightly 촘촘하게   pack 채우다   density 밀도
determine 결정하다   factor 요인

해석

손가락으로 나무 탁자나 책상의 표면 위를 두드리고, 당신이 듣는 소리의 크기를 관찰해라. 그런 다음, 귀를 탁자나 책상의 표면에 바짝 대어라. (①) 손가락을 귀에서 대략 1피트 정도 떨어지게 놓고, 다시 탁자 표면을 두드리고 당신이 듣는 소리의 크기를 관찰해라. (②) 당신이 책상 위에 귀를 대고 듣는 소리의 크기는 책상으로부터 귀를 떼고 들을 때보다 훨씬 크다. 음파는 공기를 통해서뿐만 아니라 많은 고체 물질을 통과해 이동할 수 있다. (③) 예를 들어 나무처럼, 고체는 공기가 음파를 일반적으로 전달하는 것보다 훨씬 더 잘 전달하는데 왜냐하면 공기 중에서보다 고체 물질의 분자들이 훨씬 더 가깝고 더 촘촘하게 함께 채워져 있기 때문이다. (④) 이것이 고체가 그 파장을 더 쉽고 효율적으로 이동시켜서, 더 큰 소리를 만들어 내게 한다. 공기의 밀도 또한 그것을 통과하는 음파의 크기를 결정하는 요소로 작용한다.

해설

글의 중심 소재는 음파 전달 물질에 따른 소리 크기의 차이이다. 주어진 문장에서 This가 고체를 통과하는 파장이 더 큰 소리를 만들게 한다고 했으므로, 주어진 문장 앞에는 This를 구체적으로 지칭하는 내용, 즉 고체를 통과하는 파장이 더 큰 소리를 만드는 이유가 제시되어야 한다. ④의 앞에서 고체 분자들이 기체 분자보다 더 밀도가 높기 때문에 음파를 더 잘 전달시킨다고 했고 ④의 뒤에서는 공기의 밀도 역시 음파의 크기를 결정한다고 했다. 따라서 주어진 문장은 ④에 들어가는 것이 가장 적절하다.

 ④

10

밑줄 친 부분에 들어갈 말로 가장 적절한 것은?

> Much is now known about natural hazards and the negative impacts they have on people and their property. It would seem obvious that any logical person would avoid such potential impacts or at least modify their behavior or their property to minimize such impacts. However, humans are not always rational. Until someone has a personal experience or knows someone who has such an experience, most people subconsciously believe "It won't happen here" or "It won't happen to me." Even knowledgeable scientists who are aware of the hazards, the odds of their occurrence, and the costs of an event _____.

① refuse to remain silent
② do not always act appropriately
③ put the genetic factor at the top end
④ have difficulty in defining natural hazards

어휘

hazard 재해   negative 부정적인   impact 영향   property 재산
obvious 명료한   logical 논리적인   avoid 피하다   potential 잠재적인
modify 변경하다   property 재산   minimize 최소화하다
rational 합리적인   subconsciously 잠재의식적으로
knowledgeable 박식한   odds (pl.) 가능성   occurrence 발생
refuse 거부하다   appropriately 타당하게

put ~ at the top end 최우선으로 여기다   genetic 유전적인   factor 요인
define 정의하다

해석

자연재해와 그것들이 사람과 그들의 재산에 미치는 부정적인 영향에 대해서는 현재 많은 것이 알려져 있다. 논리적인 사람이라면 그러한 잠재적 영향을 피하거나 그러한 영향을 최소화하기 위해 최소한 그들의 행동이나 재산을 변경하는 것이 명료해 보일 것이다. 그러나 인간이 항상 합리적인 것은 아니다. 개인적인 경험을 하거나 그런 경험을 한 누군가를 알 때까지, 대부분의 사람들은 '여기서 그런 일은 일어나지 않을 거야' 또는 '나에게는 그런 일이 일어나지 않을 거야'라고 잠재의식적으로 믿는다. 재해와 그것들의 발생 가능성, 그리고 사건으로 인한 손실에 대해 알고 있는 박식한 과학자들조차도 항상 타당하게 행동하지는 않는다.

① 침묵하기를 거부한다.
③ 유전적 요인을 최우선으로 여긴다
④ 자연재해를 정의하는 데 어려움을 겪는다

해설

글의 중심 소재는 자연재해에 대한 인간의 행동이며 주제문은 세 번째 문장으로 인간이 언제나 합리적인 것은 아니라는 것이다. 빈칸이 마지막에 있으므로 글의 주제와 일맥상통하도록 문장을 완성하면 된다. 글의 앞부분에서 자연재해의 피해 때문에 사람들이 자연재해를 피하려는 것은 당연하다고 제시하고, 세 번째 문장에서 However로 글을 전환해 인간의 비합리성을 제시한다. 네 번째 문장에서 일반적인 사람들이 비합리적이라고 이야기했고, 빈칸이 있는 문장은 의미를 강조하는 Even이 주어를 수식하고 있으므로 이들의 행동도 앞 문장의 일반인과 비슷하다는 내용이 되어야 한다. 따라서 정답은 ② '항상 타당하게 행동하지는 않는다'이다.

 ②

DAY 27

| 01 | ① | 02 | ② | 03 | ② | 04 | ③ | 05 | ① |
| 06 | ④ | 07 | ③ | 08 | ① | 09 | ④ | 10 | ② |

[1~3] 밑줄 친 부분에 들어갈 말로 가장 적절한 것을 고르시오.

1

> As the discussion grew heated, both sides refused to _____, which leads to a lengthy debate.

① yield
② triumph
③ emerge
④ compete

어휘
heated 격앙된 refuse 거부하다 lengthy 긴 debate 토론
yield 양보하다 triumph 승리하다 emerge 나타나다 compete 경쟁하다

해석
논의가 격양되면서 양측 모두 양보하기를 거부했고, 이는 긴 토론으로 이어졌다.

정답 ①

2

> When she heard her name _____ out of nowhere on a deserted street, she felt goosebumps.

① call
② called
③ calling
④ to call

어휘
out of nowhere 난데없이 deserted 인기척이 없는 goosebump 소름

해석
인기척이 없는 거리에서 난데없이 그녀의 이름이 불리는 것을 들었을 때, 그녀는 소름이 돋았다.

해설
[문법포인트] 불완전타동사와 동작의 목적격보어 지각동사 hear의 목적어인 her name과 목적격보어인 call의 관계가 의미상 '불리다'라는 수동의 관계이므로 과거분사가 목적격보어로 사용되어야 한다. 따라서 정답은 ② called이다.

정답 ②

3

> Sam Lewis: Are you coming to the volunteer event on Saturday?
> Lucy Liu: Yeah, I love these kinds of activities. What will we be doing?
> Sam Lewis: Mostly helping clean up the beach. They're providing supplies, so we just need to show up.
> Lucy Liu: Nice! Where are we meeting?
> Sam Lewis: We're meeting in the office parking lot first. _____.
> Lucy Liu: So, I don't need to drive at all.

① We need to arrange our own transport
② Then, they'll shuttle us to the beach
③ The coordinators will brief us there
④ I want you to pick me up at the parking lot

어휘
volunteer 자원봉사자 supply 물품 parking lot 주차장
arrange 마련하다 transport 교통수단 shuttle 실어 나르다
coordinator 진행 담당자 brief ~에게 알려주다 pick up ~을 차에 태우다

해석
Sam Lewis: 토요일에 자원봉사자 행사에 올 거야?
Lucy Liu: 응, 이런 활동 좋아해. 우리가 뭘 하게 될까?
Sam Lewis: 주로 해변 청소를 도울 거야. 준비물은 제공되니까 그냥 가기만 하면 돼.
Lucy Liu: 좋네! 어디서 만날래?
Sam Lewis: 먼저 사무실 주차장에서 만날 거야. 그런 다음, 그들이 우리를 해변까지 실어 나를 거야.
Lucy Liu: 그러니까, 나는 전혀 운전할 필요 없구나.

① 우리 각자 교통수단을 마련해야 해
③ 거기서 진행 담당자들이 우리에게 알려줄 거야
④ 주차장에서 네가 나를 차에 태워주면 좋겠어

정답 ②

4

밑줄 친 부분 중 어법상 옳지 않은 것은?

> America's immigration policy is too flawed ① to effectively manage the complex issue of migration. If the government had focused more on creating humane solutions than ② emphasizing strict enforcement, their immigration policy ③ might have been advanced now, at least to some extent. The current system is more restrictive than necessary, making it harder for individuals fleeing danger to find refuge. In comparison to nations that prioritize compassion, the U.S. approach feels ④ harsh and unyielding.

어휘

immigration 이민 policy 정책 flawed 결함이 있는
effectively 효과적으로 migration 이주 emphasize 강조하다
strict 엄격한 enforcement 집행 to some extent 어느 정도까지
current 현재의 restrictive 제한적인 flee ~에서 도망치다 refuge 피난처
prioritize 우선시하다 compassion 연민 approach 접근법
harsh 가혹한 unyielding 단호한

해석

미국의 이민 정책은 복잡한 이주 문제를 효과적으로 관리하기에 너무나 결함이 많다. 만약 정부가 엄격한 법 집행을 강조하기보다 인간적인 해결책을 만드는 것에 더 집중했다면, 지금쯤 적어도 어느 정도는 진전되어 있을 것이다. 현재의 시스템은 필요 이상으로 제한적이며, 위험에서 도망치는 사람들이 피난처를 찾는 것을 더 어렵게 만들고 있다. 연민을 우선시하는 국가들과 비교하면 미국의 접근법은 가혹하고 단호하게 느껴진다.

해설

③ [문법포인트] 기본 가정법 조건절과 주절의 시제가 일치하지 않는 경우 각 절의 시제를 표현하기 위해 시제를 혼합하여 사용할 수 있다. 조건절은 가정법 과거이지만 주절은 현재 시간을 나타내는 부사 now가 있으므로 가정법 과거가 되어야 한다. (might have been → might be)

① [문법포인트] to부정사의 역할 「too+형용사/부사+to부정사」는 '너무 ~해서 …할 수 없다'를 의미하므로 to manage의 형태가 바르고 부사인 effectively가 to부정사를 바르게 수식하고 있다.

② [문법포인트] 비교대상의 일치 'B보다는 A에 더 집중하다'의 뜻인 「focus more on A than B」 구문에서 비교되는 대상인 A와 B는 형태가 일치해야 하므로 동명사 creating과 같은 형태인 동명사 emphasizing이 바르게 쓰였다.

④ [문법포인트] 불완전자동사의 보어 feel은 2형식 동사로 사용될 때 뒤에 형용사 보어를 취할 수 있으므로 두 개의 형용사가 병렬 구조로 연결되어 바르게 쓰였다.

정답 ③

[5~6] 다음 글을 읽고 물음에 답하시오.

(A)

Personal safety is a top priority, and knowing basic self-defense techniques can be invaluable. The local Martial Arts Academy is offering a structured workshop specifically for beginners, focusing on techniques that enhance personal safety and boost confidence in high-risk situations.

At this workshop certified self-defense instructors will teach practical techniques for self-protection and situational awareness. You'll learn safe, simple maneuvers that are effective for real-life encounters, as well as methods to increase personal resilience and confidence.

Workshop Information:
• Date: Sunday, February 16
• Time: 1:00 p.m. – 4:00 p.m.
• Location: Martial Arts Academy, Gym A

Wear comfortable athletic clothing and bring water. All participants will receive a training certificate.

For registration, visit www.martialartsacademy.com or call (555) 789-6543.

5
(A)에 들어갈 윗글의 제목으로 가장 적절한 것은?
① Self-Defense for Confidence and Safety
② Martial Arts Basics for Beginners
③ Mastering Professional Self-Defense Techniques
④ Personal Safety and Hygiene Workshop

6
위 안내문의 내용과 일치하지 않는 것은?
① 기본 방어 기술을 배우기 위한 워크숍이다.
② 참가자들은 운동복과 물을 지참해야 한다.
③ 참가자들은 훈련 수료증을 받게 된다.
④ 입문자와 전문가 과정이 따로 개설된다.

어휘

priority 우선 사항 self-defense 자기방어 invaluable 매우 유용한
local 지역의 martial art 무술 structured 체계적인 enhance 강화하다
boost 높이다 confidence 자신감 certified 공인된 practical 실용적인
situational 상황의 awareness 인식 maneuver 동작
effective 효과적인 real-life 실제의 encounter 만남
resilience 회복력 comfortable 편안한 participant 참가자
certificate 수료증 hygiene 위생

해석

(A) 자신감과 안전을 위한 자기방어

개인 안전은 최우선 사항이며, 기본적인 자기방어 기술을 아는 것은 매우 유용할 수 있습니다. 지역 무술 아카데미는 특별히 초보자를 위한 체계적 워크숍을 제공하고 있고, 개인 안전을 강화하고 고위험 상황에서 자신감을 높일 수 있는 기술에 중점을 두고 있습니다.

이 워크숍에서 공인된 자기방어 강사들이 자기 보호와 상황 인식을 위한 실용적인 기술을 가르치게 될 것입니다. 개인의 회복력과 자신감을 높일 수 있는 방법뿐 아니라 또한 실제 만남에서 효과적인 안전하고 간단한 동작을 배울 수 있습니다.

워크숍 정보:
• 날짜: 2월 16일 일요일
• 시간: 오후 1시 – 오후 4시
• 장소: 무술 아카데미, 체육관 A

편안한 운동복을 착용하시고 물을 챙겨오시기 바랍니다. 모든 참가자에게 훈련 수료증이 제공됩니다.

등록은 www.martialartsacademy.com에서 하시거나 (555) 789-6543으로 전화 주시면 됩니다.

5 ② 초보자를 위한 무술 기초

③ 전문 자기방어 기술 숙달하기
④ 개인 안전 및 위생 워크숍

해설

5 중심 소재는 자기방어 워크숍이고, 첫 번째 문단에서 자기방어를 아는 것이 왜 유용한지 설명했으며, 두 번째 문단의 마지막 문장에서도 자기방어 워크숍을 통해 안전한 동작을 배울 수 있고 개인의 회복력과 자신감을 높일 수 있다고 했다. 따라서 글의 제목으로 가장 적절한 것은 ① '자신감과 안전을 위한 자기방어'이다.

6 ④ 첫 번째 단락 두 번째 문장에서 특별히 초보자들을 위해서 고안되었다고 했고 전문가 과정에 대해서는 언급되지 않았으므로 글의 내용과 일치하지 않는다.
① 두 번째 단락 첫 번째 문장에서 자기방어를 위한 기술들을 가르칠 것이라고 했으므로 글의 내용과 일치한다.
② 네 번째 단락 첫 번째 문장에서 운동복을 착용하고 물을 가지고 오라고 했으므로 글의 내용과 일치한다.
③ 네 번째 단락 두 번째 문장에서 모든 참가자들이 훈련 수료증을 받게 될 것이라고 했으므로 글의 내용과 일치한다.

정답 5 ① 6 ④

7

다음 글의 요지로 가장 적절한 것은?

Forensic Investigation
Crime Scene Investigation (CSI) plays a critical role in solving criminal cases by collecting and analyzing physical evidence. Well-preserved evidence can link suspects to crimes, verify alibis, and reconstruct events, ultimately contributing to the realization of justice.

Evidence Collection Techniques
CSI teams use various techniques to gather evidence, such as fingerprint dusting, DNA swabbing, and bloodstain pattern analysis. These methods require careful attention and specialized skills, making it crucial to prevent contamination of the evidence. Through these techniques, investigators can gain a clearer picture of the case.

CSI teams use advanced technology and equipment to analyze evidence quickly and accurately and collaborate closely with forensic experts to ensure that collected evidence remains reliable for court use. By preserving evidence in its original, untainted state, crime scene investigators help ensure that justice is served fairly and accurately.

① CSI investigates all crime scenes using cutting-edge technology.
② CSI emphasizes organizing evidence for courtroom presentation.
③ CSI ensures justice by preserving and analyzing evidence accurately.
④ CSI focuses on solving cases through collaboration with forensic experts.

어휘

forensic 법의학적인 investigation 조사 crime 범죄 critical 중요한
criminal 범죄의 analyze 분석하다 evidence 증거
preserve 보존시키다 suspect 용의자 verify 입증하다 alibi 알리바이
reconstruct 재구성하다 ultimately 궁극적으로 contribute 기여하다
realization 실현 justice 정의 gather 수집하다
fingerprint dusting 지문 채취 swabbing 채취 bloodstain 혈흔
crucial 중요한 contamination 오염 equipment 장비
accurately 정확하게 collaborate 협력하다 ensure 보장하다
reliable 신뢰할 만한 court 법정 untainted 오염되지 않은
serve 실현하다 cutting-edge 최첨단의 investigate 조사하다
emphasize 강조하다

해석

법의학 수사
범죄 현장 수사(CSI)는 물리적 증거를 수집하고 분석함으로써 범죄 사건을 해결하는 데 중요한 역할을 한다. 잘 보존된 증거는 용의자와 범죄를 연결하고, 알리바이를 입증하며, 사건을 재구성할 수 있고, 궁극적으로 정의 실현에 기여한다.

증거 수집 기법
CSI 팀은 증거를 수집하기 위해서 지문 채취, DNA 채취, 그리고 혈흔 패턴 분석과 같은 다양한 기법들을 사용한다. 이러한 방법들은 세심한 주의와 전문 기술을 요구하고, 증거 오염을 방지하는 것을 중요하게 만든다. 이러한 기법들을 통해 수사관들은 사건에 대해 더 명확한 그림을 얻을 수 있다.

CSI 팀은 증거를 빠르고 정확하게 분석하기 위해서 고급 기술과 장비를 사용하고, 수집된 증거가 법정에서 사용되기 위해 신뢰할 수 있는 상태로 유지되도록 보장하기 위해 법의학 전문가들과 긴밀히 협력한다. 증거를 그것의 원래의 오염되지 않은 상태로 보존함으로써 범죄 현장 수사관들은 정의가 공정하고 정확하게 실현된다고 보장하는 것을 돕는다.

① CSI는 최첨단 기술을 사용하여 모든 범죄 현장을 조사한다.
② CSI는 법정에서의 제출을 위해 증거들을 정리하는 것을 강조한다.
③ CSI는 증거를 정확히 보존하고 분석하여 정의를 실현한다.
④ CSI는 법의학 전문가들과의 협력을 통해 사건 해결에 집중한다.

해설
글의 중심 소재는 CSI이고, 주제문은 첫 번째 문단의 두 번째 문장으로 온전하게 보존된 증거들로 범죄 사건을 해결하고 결국 정의 실현을 돕는다고 했다. CSI가 사용하는 기법들을 소개하고 그들이 어떻게 증거를 온전하게 보존하는지 설명했다. 그러므로 글의 요지로 가장 적절한 것은 ③ 'CSI는 증거를 정확하게 보존하고 분석하여 정의를 실현한다'이다. ②는 언급되지 않았으며, ①과 ④는 본문에 언급되어 있으나 지엽적인 내용이므로 요지로는 적합하지 않다.

정답 ③

8
밑줄 친 (A), (B)에 들어갈 말로 가장 적절한 것은?

Feedback is usually most effective when you offer it at the earliest opportunity, particularly if your objective is to teach someone a skill. ___(A)___, if you are teaching your friend how to make your famous egg rolls, you provide a step-by-step commentary as you watch your pupil. If he makes a mistake, you don't wait until the egg rolls are finished to tell him that he left out the cabbage. He needs immediate feedback to finish the rest of the sequence successfully. Sometimes, ___(B)___, if a person is already sensitive and upset about something, delaying feedback can be wise. Use your critical thinking skills to analyze when feedback will do the most good. Rather than automatically offering immediate correction, use the just-in-time approach and provide feedback just before the person might make another mistake.

	(A)	(B)
①	For example	however
②	For example	as a result
③	Similarly	therefore
④	Similarly	moreover

어휘
effective 효과적인   offer 제공하다
at the earliest opportunity 가급적 빨리   particularly 특히
objective 목적   commentary 해설   pupil 제자   leave out ~을 빼놓다
cabbage 양배추   immediate 즉각적인   sequence 순서
sensitive 예민한   upset 기분이 상한   delay 미루다   critical 비판적인
analyze 분석하다   do the most good 가장 좋은 효과를 내다
automatically 무의식적으로   correction 수정   just-in-time 적기의
approach 접근법

해석
특히 당신의 목적이 다른 사람에게 어떤 기술을 가르치는 것이라면, 피드백은 당신이 그것을 가급적 빨리 줄 때 대체로 가장 효과적이다. (A) 예를 들어, 당신의 친구에게 당신의 훌륭한 에그롤을 만드는 법을 가르치고 있다면, 당신은 당신의 제자를 지켜보면서 단계적인 설명을 제공할 것이다. 만약 그가 실수를 하면, 그에게 양배추를 빼놓았다고 말하기 위해서 에그롤이 끝날 때까지 기다리지 않는다. 나머지 순서를 성공적으로 끝내기 위해서 그에게는 즉각적인 피드백이 필요하다. (B) 하지만, 때때로, 어떤 사람이 어떤 일에 관해 이미 예민하고 속이 상해 있다면, 피드백을 미루는 것이 현명할 수 있다. 피드백이 언제 가장 좋은 효과를 낼 것인지를 분석하기 위해 당신의 비판적 사고 기능을 활용하라. 무의식적으로 즉각적인 수정을 제공하기보다, 적기의 접근법(필요할 때 피드백을 제공하는 접근법)을 사용하고 그 사람이 또 다른 실수를 하기 바로 직전에 피드백을 제공하라.

	(A)	(B)
①	예를 들어	하지만
②	예를 들어	그 결과
③	마찬가지로	그러므로
④	마찬가지로	더욱이

해설
글의 중심 소재는 피드백의 제공 시점이다. 빈칸 (A)의 앞에서는 피드백을 가급적 빨리 주는 것이 효과적이라고 했다. 그리고 빈칸 이후에 친구에게 에그롤을 만드는 방법을 가르칠 때 빠른 피드백이 효과적이라는 예시를 제시했으므로, 빈칸 (A)에는 For example이 적절하다. 빈칸 (B)의 앞에서는 피드백을 빨리 주는 것이 효과적이라는 내용을 다뤘지만, 빈칸 이후의 내용에서는 피드백을 미루는 것이 필요한 상황을 제시하고 있으므로 대조의 연결어가 들어가야 한다. 그러므로 빈칸 (B)에는 however가 적절하다. 따라서 이 두 가지를 모두 충족시키는 ①이 정답이다.

정답 ①

9
글의 흐름상 가장 어색한 것은?

There is a widely accepted theory in social psychology known as the *pratfall effect*, which actually states that making certain kinds of mistakes makes you more likable because you are relatable in your vulnerabilities. ① This phenomenon has been tested and confirmed many times over, and remembering it can help you to feel better in times of embarrassment or shame. ② One simple example of the pratfall effect's validity is that people tend to like a person who clumsily trips on video more than one who doesn't trip in the video. ③ When we feel embarrassed, it's natural to assume that others might like us less because we like ourselves a bit less in those moments. ④ Feelings such as nervousness or anxiety can sometimes make us concentrate more on other things, which helps us forget about the mistake. But if we don't take ourselves too seriously in those moments and bear them with a smile, it can even be attractive to others.

* pratfall: (난처한) 실수
* trip: 걸려 넘어지다

어휘
theory 이론   effect 효과   state 말하다   relatable 공감대를 형성하는
vulnerabilities (pl.) 약점   phenomenon 현상   confirm 확인하다
embarrassment 당황   shame 창피   validity 타당성   clumsily 어설프게
embarrassed 당황스러운   assume 추정하다   nervousness 긴장
anxiety 불안   concentrate 집중하다   bear 참다   attractive 매력적인

해석
사회 심리학에는 '실수 효과'라고 알려진 널리 받아들여지는 이론이 있는데, 그것은 어떤 종류의 실수를 하게 되면 당신이 약점에서 공감대를 형성하기 때문에 당신을 더 호감이 가게 만든다고 실제로 말한다. ① 이 현상은 여러 번에 걸쳐 실험되었고 확인되었으며, 이것을 기억하는 것은 당황스럽거나 창피한 순간에 당신이 더 나은 기분을 느끼도록 도와줄 수 있다. ② 실수 효과의 타당성에 대한 한 가지 간단한 사례는 사람들이 영상 속에서 발이 걸려 넘어지지 않는 사람보다 어설프게 발이 걸려 넘어지는 사람을 좋아하는 경향이 있다는 것이다. ③ 우리가 당황스러움을 느낄 때, 그러한 순간에 우리가 자기 자신을 조금 덜 좋아하기 때문에 다른 사람들이 우리를 덜 좋아할지도 모른다고 추정하는 것은 당연하다. ④ 긴장이나 불안과 같은 감정들은 때로는 우리가 다른 것들에 더 집중하게 해줄 수 있고, 이것은 우리가 그

실수를 잊는 데 도움이 된다. 그러나 만약 우리가 그러한 순간에 자신을 너무 심각하게 받아들이지 않고 웃으면서 그것을 참아낸다면, 그것은 다른 사람들에게 매력적일 수도 있다.

해설
글의 중심 소재는 실수 효과이고 주제문은 첫 번째 문장으로 실수를 통해 상대의 호감을 살 수 있다는 내용이다. ①은 실수 효과의 타당성을 부연 설명하고 ②는 실수 효과에 관한 사례를 제시했으며 ③은 우리가 일반적으로 실수할 때 느끼는 감정을 이야기하고 마지막 문장에서 그 순간을 참아 넘기면 더 매력적으로 보여질 수 있다고 주장한다. 이에 비해 ④는 긴장과 불안이 어떻게 도움이 될지 말하고 있어서 글의 흐름상 어색하다. 따라서 정답은 ④이다.

정답 ④

10
주어진 문장이 들어갈 위치로 가장 적절한 것은?

> It might be understandable, then, for us to want to expect something similar from our machines: to know not only what they think they see but where, in particular, they are looking.

> Humans, relative to most other species, have distinctly large and visible sclera — the whites of our eyes — and as a result we are uniquely exposed in how we direct our attention, or at the very least, our gaze. (①) Evolutionary biologists have argued, via the "cooperative eye hypothesis," that this must be a feature, not a bug: that it must point to the fact that cooperation has been uncommonly important in our survival as a species and to the fact that the benefits of shared attention outweigh the loss of a certain degree of privacy or discretion. (②) This idea in machine learning goes by the name of "saliency": the idea is that if a system is looking at an image and assigning it to some category, then presumably some parts of the image were more important or more influential than others in making that determination. (③) If we could see a kind of "heat map" that highlighted these critical portions of the image, we might obtain some crucial diagnostic information that we could use as a kind of sanity check to make sure the system is behaving the way we think it should be. (④)
>
> * sclera: (눈의) 공막
> * saliency: 중요점: 기계가 이미지를 보고 판단할 때 가장 주목하는 부분
> * sanity check: 분별 검사: 기계가 판단한 결과가 합리적인지 확인하는 과정

어휘
in particular 특히   relative to ~와 비교해서   distinctly 뚜렷하게
visible 눈에 잘 띄는   uniquely 특별히   expose 노출하다
direct 향하게 하다   gaze 시선   evolutionary 진화의   via ~을 통해
cooperative 협력적인   hypothesis 가설   feature 기능   bug 결함
cooperation 협력   uncommonly 극도로   benefit 이점
outweigh ~을 능가하다   degree 정도   privacy 사생활
discretion 신중함   go by ~로 통하다   assign 배정하다   category 범주
presumably 아마도   determination 결정   critical 중요한   portion 부분
obtain 얻다   crucial 중요한   diagnostic 진단의

해석
대부분의 다른 종과 비교해서 인간은 뚜렷하게 크고 눈에 잘 띄는 공막 — 눈의 흰 부분 — 을 가지고 있고 이로 인해 우리는 우리의 주의, 또는 최소한 우리의 시선을 향하게 하는 방식에서 특별히 노출되어 있다. (①) 진화생물학자들은 '협력적 눈 가설'을 통해 이것이 결함이 아니라 기능이 분명하다고 주장했다: 이는 협력이 종으로서의 생존에서 극도로 중요하다는 사실, 그리고 공유된 관심의 이점이 어느 정도의 사생활이나 신중함의 상실을 능가한다는 사실을 지적한다. (②) 그렇다면, 우리가 기계에서 비슷한 것을 기대하고 싶어 하는 것은 이해할 만할 것이다: 그들이 무엇을 본다고 생각하는지뿐만 아니라, 특히 그것이 어디를 보고 있는지를 알고 싶어 하는 것. 기계 학습에서의 이 개념은 '중요점'이라는 이름으로 통한다: 만약 시스템이 어떤 이미지를 보고 그것을 어떤 범주로 배정하면, 아마도 이미지의 몇몇 부분들이 그 결정을 내리는 데에 다른 것들보다 더 중요하거나 더 영향을 미칠 것이라는 개념. (③) 만약 이미지의 중요한 부분을 강조한 일종의 '히트맵'을 볼 수 있다면, 우리는 우리가 그럴 것으로 생각하는 방식으로 시스템이 확실히 작동하도록 하기 위한 일종의 분별 검사로 사용할 수 있는 중요한 진단 정보를 얻을 수 있을 것이다. (④)

해설
주어진 문장에서 '그렇다면(then)' 기계가 무엇을 본다고 생각하고 어디를 보고 있는지 알고 싶어 하는 것이 이해할 만한 일이라고 했다. 그러므로 주어진 문장 앞에는 시선이 어디를 향하는지 알 수 있는 것이 우리에게 중요한 일이라는 점이 언급되어야 하고, 주어진 문장 뒤에는 기계에서 시선이 어떻게 중요한지에 대해 부연 설명될 것으로 예측할 수 있다. ②의 앞에는 우리의 시선이 노출된 것이 결함이 아니라 기능이라는 '협력적 눈 가설'이 소개되어 있고 ②의 뒤에는 기계 학습에서 이 개념이 중요하다고 설명된다. 따라서 정답은 ②이다.

정답 ②

DAY 28

| 01 | ② | 02 | ② | 03 | ① | 04 | ③ | 05 | ① |
| 06 | ② | 07 | ② | 08 | ④ | 09 | ① | 10 | ① |

[1~2] 밑줄 친 부분에 들어갈 말로 가장 적절한 것을 고르시오.

1

During the lecture, the professor began to _____ complex theories in a simple and understandable manner.

① obscure
② clarify
③ confuse
④ complicate

어휘

lecture 강의   complex 복잡한   theory 이론   obscure 모호하게 하다
clarify 명확하게 설명하다   confuse 헷갈리게 하다
complicate 복잡하게 만들다

해석

강의 중에, 교수는 복잡한 이론들을 간단하고 이해하기 쉬운 방식으로 명확하게 설명하기 시작했다.

정답 ②

2

The economic impact of the new trade policy _____ across multiple industries, influencing everything from manufacturing to technology.

① span
② spans
③ to span
④ spanning

어휘

economic 경제적인   impact 영향   trade 무역   policy 정책
multiple 다양한   manufacturing 제조업   span (범위가 ~에) 걸치다

해석

새로운 무역 정책의 경제적 영향은 다양한 산업에 걸쳐 있으며, 제조업부터 기술 분야까지 모든 것에 영향을 미친다.

해설

[문법포인트] 문장의 구성 / 주어 – 동사 수 일치 문장 전체의 동사가 없으므로 빈칸에는 동사가 들어가야 하는데, 주어가 the economic impact라는 단수 명사이므로 동사는 3인칭 단수형인 ② spans가 되어야 한다.

정답 ②

3

밑줄 친 부분 중 어법상 옳지 않은 것은?

Lest people ① shouldn't misunderstand his theories, Freud took great care in explaining the unconscious mind and its influence on behavior. He believed that individuals could understand ② themselves better by analyzing thoughts and dreams ③ that reveal hidden desires and conflicts. His theory, which focused on the role of childhood experiences, changed the way people viewed human psychology. Now, Freud's ideas seem ④ to have profoundly affected psychology, especially in the late 19th and early 20th centuries, when the concept of the unconscious mind sparked widespread interest.

어휘

misunderstand 오해하다   theory 이론   unconscious mind 무의식
analyze 분석하다   thought 생각   reveal 드러내다   conflict 갈등
psychology 심리, 심리학   profoundly 깊이   affect 영향을 미치다
spark 불러일으키다   widespread 광범위한

해석

사람들이 그의 이론을 오해하지 않도록, 프로이트는 무의식과 그것이 행동에 미치는 영향을 설명하는 데 많은 신경을 썼다. 그는 숨겨진 욕구와 갈등을 드러내는 생각과 꿈을 분석함으로써 사람들이 자신들을 더 잘 이해할 수 있다고 믿었다. 어린 시절 경험의 역할에 중점을 둔 그의 이론은 사람들이 인간 심리를 바라보는 방식을 변화시켰다. 이제, 프로이트의 사상은 특히 19세기 말과 20세기 초, 무의식 개념이 광범위한 관심을 불러일으킨 시기에 심리학에 깊이 영향을 미친 것으로 보인다.

해설

① **[문법포인트]** 부사절 접속사의 선택 「lest ~ should」는 '~하지 않기 위해서'라는 뜻으로 부정의 의미를 내포한 접속사이므로 다시 부정어구를 사용해서는 안 된다. (shouldn't misunderstand → should misunderstand)

② **[문법포인트]** 인칭대명사 주어의 행위 결과가 다시 주어에게 미치는 경우, 즉 주어와 목적어가 동일한 대상인 경우 목적어로 재귀대명사를 써야 하는데, 주어가 3인칭 복수 명사인 individuals이므로 복수형의 재귀대명사 themselves가 바르게 사용되었다.

③ **[문법포인트]** 관계대명사의 선택 선행사는 thoughts and dreams이고 관계대명사절에 주어가 없으므로 주격 관계대명사 that이 바르게 쓰였다.

④ **[문법포인트]** 준동사의 형태 변화 문장의 전체 동사인 본동사의 시제보다 준동사가 의미하는 시제가 앞선 경우 완료 부정사를 쓴다. 프로이트의 사상이 영향을 미친 것은 19세기 후반과 20세기 초라는 과거이므로 완료 부정사가 바르게 표현되었다. 또한 부사인 profoundly가 준동사를 바르게 수식하고 있다.

정답 ①

4
밑줄 친 부분에 들어갈 말로 가장 적절한 것은?

A: How did I do on my driving test?
B: Do you want to know the honest answer?
A: Why wouldn't I want to know?
B: You did pretty bad. I mean, you didn't pass the test.
A: Oh, no. I thought I could pass in one try. _____ _____?
B: Sure you can, in about two and a half weeks.

① When can I try driving in the street
② Does anyone pass the test in one try
③ Will I be able to take a retest
④ When can I have my driver's license

어휘

driving test 운전 면허 시험 honest 솔직한 pretty 꽤 pass 통과하다
driver's license 운전 면허증 retest 재시험

해석

A: 제가 운전 면허 시험을 어떻게 봤나요?
B: 솔직한 대답을 알고 싶으신가요?
A: 왜 알고 싶지 않겠어요?
B: 꽤 못 보셨어요. 그러니까, 시험을 통과하지 못하셨어요.
A: 아, 안 돼요. 한 번에 통과할 줄 알았는데요. 재시험을 볼 수 있을까요?
B: 물론이지요, 약 2주 반 후에 볼 수 있어요.

① 제가 언제 거리에서 운전을 해볼 수 있나요
② 한 번에 시험을 통과한 사람이 있나요
④ 제가 언제 운전 면허증을 받을 수 있나요

정답 ③

5
다음 글의 목적으로 가장 적절한 것은?

To: students@greenwood.edu
From: academicservices@greenwood.edu
Date: February 15, 2025
Subject: Important Notice

Dear Students,

As final exams approach, we want to remind you of the resources available to help you prepare. Our Academic Support Center offers tutoring sessions, study groups, and workshops on exam strategies. Please see below for some options:

- **Tutoring Sessions:** Available by appointment
- **Study Groups:** Check the schedule on our website
- **Workshops:** "Exam Strategies" on February 25 and March 1

Take advantage of these resources to strengthen your understanding and improve your performance. For more information, visit our website or contact our support center.

Best of luck with your studies,
Academic Support Center

① To inform students about study resources for finals
② To announce the final exam schedule for students
③ To remind students of an upcoming workshop
④ To request feedback on academic support services

어휘

approach 다가오다 remind 상기시키다 resources (pl.) 자원
tutoring session 개인 교습 strategy 전략 available 이용할 수 있는
appointment 예약 take advantage of ~을 이용하다
strengthen 강화하다 improve 향상하다

해석

수신: students@greenwood.edu
발신: academicservices@greenwood.edu
날짜: 2025년 2월 15일
제목: 중요한 공지

학생 여러분,

기말 시험이 다가옴에 따라, 여러분이 준비하는 데에 도움이 되도록 이용할 수 있는 자원을 알려드립니다. 저희 학업 지원 센터에서는 개인 교습, 스터디 그룹, 그리고 시험 전략에 관한 워크숍을 제공합니다. 아래에서 몇 가지 선택사항을 확인하시길 바랍니다:

- **개인 교습**: 예약을 통해 이용 가능
- **스터디 그룹**: 저희 웹사이트에서 일정을 확인하세요
- **워크숍**: 2월 25일과 3월 1일에 열리는 '시험 전략'

이해력을 강화하고 성적을 향상하기 위해 이런 자원을 이용하시길 바랍니다. 더 많은 정보는 저희 웹사이트를 방문하거나 지원 센터에 연락해 주세요.

학업에 행운을 빕니다,
학업 지원 센터

① 기말 시험을 대비해 학습 자원에 대해 학생들에게 알리기 위해
② 학생들에게 기말 시험 일정을 공지하기 위해
③ 학생들에게 다가오는 워크숍을 상기시키기 위해
④ 학업 지원 서비스에 대한 피드백을 요청하기 위해

해설

첫 번째 문장에서 기말 시험 준비에 도움이 되는 자원을 알려주겠다고 말했고, 이후 개인 교습, 스터디 그룹, 그리고 시험 전략에 관한 워크숍을 상세히 안내하고 있다. 따라서 글의 목적은 ① '기말 시험을 대비해 학습 자원에 대해 학생들에게 알리기 위해'이다.

정답 ①

6
밑줄 친 부분에 들어갈 말로 가장 적절한 것은?

A lovely technique for helping children take the first steps towards creating their own unique story, is to ask them to _____.
One story I have done this with frequently is a tale I call *Benno and the Beasts*. It is based on a story called *St. Benno and the Frog*, found in an old book by Helen Waddell. In the original, the saint meets a frog in a wetland and tells it to be quiet in case it disturbs his prayers. Later, he regrets this, in case God was enjoying listening to the sound of the frog. I invite children to think of different animals for the saint to meet and different places for him to meet them. I then tell them the story including their own ideas. It is a most effective way of involving children in the art of creating stories and they love hearing their ideas used.

① choose some books they are interested in
② help you complete a story before you tell it
③ draw a picture about their experience
④ read as many book reviews as possible

어휘
technique 기법 unique 독특한 frequently 자주 original 원작
saint 성자 wetland 습지대 disturb 방해하다 prayer 기도
regret 후회하다 effective 효과적인 involve 참여시키다 art 기술
complete 완료하다 review 평론

해석
아이들이 자신만의 독특한 이야기를 창작하기 위한 첫걸음을 내딛는 데에 도움이 되는 멋진 기법은 여러분이 이야기를 들려주기 전에 그것을 완성하는 것을 도와 달라고 그들에게 요청하는 것이다. 내가 흔히 이 기법을 사용해 본 이야기는 내가 'Benno and the Beasts'라고 부르는 이야기이다. 그것은 Helen Waddell이 쓴 오래된 책에 들어 있는 'St. Benno and the Frog'이라는 이야기를 기반으로 한다. 원작에서는 성자가 습지대[늪]에 사는 개구리 한 마리를 만나서 자신의 기도를 방해할 수 있으니 개구리에게 조용히 하라고 말한다. 나중에 그는 신이 그 개구리의 소리를 듣는 것을 즐기고 있었을 수도 있었으니 이렇게 말한 것을 후회한다. 나는 아이들에게 그 성자가 만날 여러 다른 동물과 그가 그 동물들을 만날 여러 다른 장소를 생각해 보라고 권한다. 그러고 나서 나는 그들에게 그들 자신의 생각을 포함하고 있는 그 이야기를 들려준다. 그것은 아이들을 이야기 창작 기술에 참여시키는 매우 효과적인 방법이고, 그들은 자신의 생각이 사용된 것을 듣는 것을 아주 좋아한다.

① 그들이 흥미 있어 하는 책들을 고르라고
③ 그들의 경험에 대한 그림을 그리라고
④ 가능한 한 많은 책 감상들을 읽으라고

해설
글의 중심 소재는 아이들의 창작을 돕는 방법이고, 빈칸이 포함된 첫 번째 문장에서 그 방법을 설명한다. 그런 다음 그 방법에 대한 구체적인 예시가 소개된다. 아이들에게 'Benno and the Beast'라는 이야기를 들려주고 어떤 일이 일어날지 아이들에게 이야기해보라고 하고, 아이들의 이야기를 포함시켜서 이야기를 완성시킨다는 것이다. 따라서 정답은 이 과정을 설명하고 있는 ② '여러분이 이야기를 들려주기 전에 그것을 완성하는 것을 도와 달라고'이다.

정답 ②

[7~8] 다음 글을 읽고 물음에 답하시오.

Bridges Beyond Borders

Mission
Bridges Beyond Borders, our cultural exchange program, aims to foster mutual understanding and appreciation of diverse cultures. We facilitate exchanges between individuals from different backgrounds to promote cultural awareness, creativity, and collaboration. Our programs encourage participants to share their traditions, languages, and experiences, enriching their perspectives and building global connections.

Vision
We envision a world where cultural diversity is celebrated, and individuals engage with one another to learn, grow, and thrive together. By breaking down cultural barriers, we strive to create inclusive communities that value the contributions of all cultures.

Core Values
- Respect & Inclusivity: We honor the unique qualities of every culture and strive to create an inclusive environment for all participants.
- Collaboration & Innovation: We support collaboration between cultures to inspire innovative ideas and solutions.
- Empowerment & Growth: We reinforce growth in individuals through cultural education, fostering personal and professional growth.

7
윗글에서 Bridges Beyond Borders에 관한 내용과 일치하는 것은?
① It sets a high value on the universality and continuity of culture.
② It promotes appreciation and understanding of diverse cultures.
③ It places greater importance on one culture compared to others.
④ It deters involvement from individuals of diverse backgrounds.

8
밑줄 친 reinforce의 의미와 가장 가까운 것은?
① restrict   ② evaluate
③ discern   ④ consolidate

어휘
border 국경 exchange 교류 foster 육성하다 mutual 상호의

appreciation 공감 diverse 다양한 facilitate 원활하게 하다
promote 촉진하다 awareness 인식 collaboration 협력
participant 참가자 enrich 풍부하게 하다 perspective 관점
envision 마음속에 그리다 diversity 다양성 engage with ~와 관계를 맺다
thrive 번성하다 barrier 장벽 strive 노력하다 inclusive 포용적인
contribution 기여 inclusivity 포용 innovation 혁신 inspire 고취하다
empowerment 역량 강화 reinforce 강화하다
set a high value on ~을 높이 평가하다 universality 보편성
continuity 연속성 deter 단념시키다 involvement 관련
restrict 제한하다 evaluate 평가하다 discern 알아보다
consolidate 강화하다

국경을 초월한 가교

사명
우리의 문화 교류 프로그램인 '국경을 초월한 가교'는 다양한 문화에 대한 상호 이해와 공감을 육성하는 것을 목표로 한다. 우리는 문화적 인식, 창의성, 그리고 협력을 촉진하기 위하여, 서로 다른 배경을 가진 개인들 사이의 교류를 원활하게 한다. 우리 프로그램은 참가자들이 서로의 관점을 넓히고 전 세계와의 연결을 구축하면서, 그들의 전통, 언어, 그리고 경험을 공유하도록 장려한다.

비전
우리는 문화적 다양성이 축하받고, 사람들이 함께 배우고 성장하며 번성하기 위해 서로 관계를 맺는 세상을 마음속에 그린다. 우리는 문화적 장벽을 허물어서, 모든 문화들의 기여를 가치 있게 생각하는 포용적인 공동체를 만들기 위해서 노력한다.

핵심 가치
- 존중과 포용: 모든 문화의 고유한 특성을 존중하며 모든 참가자를 위한 포용적인 환경을 조성한다.
- 협력과 혁신: 혁신적인 아이디어와 해결책을 고취하기 위해서 문화 간의 협력을 지원한다.
- 역량 강화와 성장: 문화 교육을 통해 개인의 성장을 강화하고 개인적·직업적 성장을 촉진한다.

7 ① 그것은 문화의 보편성과 연속성을 높이 평가한다.
② 그것은 다양한 문화에 대한 공감과 이해를 촉진한다.
③ 그것은 다른 문화들에 비해 하나의 문화에 더 큰 중요성을 부여한다.
④ 그것은 다양한 배경을 가진 개인들의 참여를 막는다.

해설

7 ② <사명>의 첫 번째 문장에서 이 프로그램이 상호 간의 이해와 공감을 증진하는 것을 목표로 하고 있다고 했으므로 글의 내용과 일치한다.
① <핵심 가치> '존중과 포용'에서 모든 문화의 고유한 특성을 존중한다고 했으므로 글의 내용과 일치하지 않는다.
③ <비전> 두 번째 문장에서 모든 문화에 의한 기여를 가치 있게 생각한다고 했으므로 글의 내용과 일치하지 않는다.
④ <사명> 두 번째 문장에서 다른 배경을 가진 개인들 사이의 교류를 원활하게 한다고 했으므로 글의 내용과 일치하지 않는다.

 7 ② 8 ④

9
다음 글의 요지로 가장 적절한 것은?

> If something isn't done, eco-tourism might become a victim of its own success. There seems no end to the exploitation of the trend: in the Philippines, Malaysian businessmen are already promoting an "eco-tourism casino." Even naturalists have begun to debate what exactly eco-tourism connotes. Take East Kootenay, British Columbia, for example, a 20,000-square-mile pristine wilderness area in the Canadian Rockies. The government there has granted concessions to six backcountry eco-lodges, eleven heli-skiing and heli-hiking operators, and scores of other naturalists referring to themselves as eco-tourists. A good thing, right? Tourists can get back to nature and develop an appreciation for the area's rugged beauty. Not necessarily, says Katarina Hartwig of the East Kootenay Environmental Society. She claims the local caribou populations have plummeted from 2,300 to 1,885. Rare local wolves are disappearing, too. Nobody knows where they have gone. But Hartwig suspects it's the roar of the helicopters that is wreaking chaos. "It's endangering mountain caribou," Hartwig complains.

① So-called eco-tourism could impair the eco-system.
② East Kootenay is a desirable example of eco-tourism.
③ Eco-tourism should be encouraged.
④ The number of eco-tourists has soared recently.

어휘
eco-tourism 생태 관광 victim 희생자 exploitation 개발
promote 홍보하다 debate 논쟁하다 connote 의미하다
pristine 자연 그대로의 wilderness 황야 grant 승인하다
concession 영업권 backcountry 오지의 lodge 오두막 operator 회사
appreciation 감상 scores of 많은 rugged 바위투성이의
caribou 북미 순록 population 개체 수 plummet 급감하다
rare 희귀한 suspect 의심하다 so-called 소위 impair 해치다
desirable 바람직한 encourage 장려하다 soar 급증하다
recently 최근에

해석
만약 무언가를 하지 않으면, 생태 관광은 그 자체의 성공으로 인한 피해자가 될지도 모른다. 이 유형의 개발은 끝이 없는 것처럼 보인다: 필리핀에서는 말레이시아 사업가들이 '생태 관광 카지노'를 이미 홍보하고 있다. 심지어 자연주의자들조차 생태 관광이 정확히 무엇을 의미하는지에 대해 논쟁을 벌이기 시작했다. 캐나다 로키산맥에 있는 20,000 평방마일의 자연 그대로의 황야인 브리티시 컬럼비아의 동쿠트니를 예로 들어보자. 그곳에서 정부는 여섯 개의 오지 생태 오두막과 열한 개의 헬리콥터 스키와 헬리콥터 등산 회사, 그리고 스스로를 생태 관광객이라고 부르는 많은 자연주의자들에게 영업권을 주었다. 좋은 일이다, 그렇지 않은가? 관광객들은 자연으로 돌아가서 그 지역의 바위투성이의 아름다움을 감상할 수 있다. 하지만 동크투니 환경 협회의 Katarina Hartwig은 꼭 그렇지만은 않다고 말한다. 그녀는 지역의 순록 개체 수가 2,300마리에서 1,885마리로 급감했다고 주장한다. 희귀한 지역 늑대들도 또한 사라지고 있다. 그들이 어디로 갔는지 아무도 모른다. 하지만

Hartwig은 혼란을 가하는 것이 헬리콥터의 굉음이라고 의심한다. Hartwig은 "이것이 산악 순록을 위험에 빠뜨리고 있다"고 불평한다.

① 소위 생태 관광은 생태계를 해칠 수 있다.
② 동크투니는 생태 관광의 바람직한 예이다.
③ 생태 관광은 장려되어야 한다.
④ 최근 생태 관광객의 수가 급증했다.

해설

글의 중심 소재는 생태 관광이며, 첫 번째 문장이 주제문으로 생태 관광은 그것이 성공하면서 도리어 스스로 피해자가 될 수도 있다고 말하고 있다. 이후에 동크투니를 예로 들어서 생태 오두막, 헬리콥터 스키와 헬리콥터 등산 등으로 인해 순록과 늑대들의 개체 수가 급감하고 있다는 것을 제시한다. 따라서 이 글의 요지로 가장 적절한 것은 '① 소위 생태 관광은 생태계를 해칠 수 있다'이다.

정답 ①

10
주어진 글 다음에 이어질 글의 순서로 가장 적절한 것은?

> There is a wonderful story of a group of American car executives who went to Japan to see a Japanese assembly line. At the end of the line, the doors were put on the hinges, the same as in America.

> (A) But something was missing. In the United States, a line worker would take a soft hammer and tap the edges of the door to ensure that it fit perfectly. In Japan, that job didn't seem to exist.
> (B) Confused, the American auto executives asked at what point they made sure the door fit perfectly. Their Japanese guide looked at them and smiled sheepishly. "We make sure it fits when we design it."
> (C) In the Japanese auto plant, they didn't examine the problem and accumulate data to figure out the best solution — they engineered the outcome they wanted from the beginning. If they didn't achieve their desired outcome, they understood it was because of a decision they made at the start of the process.

① (A) – (B) – (C)   ② (A) – (C) – (B)
③ (B) – (A) – (C)   ④ (B) – (C) – (A)

어휘

executive 경영진   assembly line 조립 라인   hinge 경첩
tap 두드리다   edge 가장자리   ensure 확실하게 하다   confuse 혼란시키다
sheepishly 멋쩍게   plant 공장   examine 검사하다
accumulate 축적하다   figure out ~을 알아내다   engineer 설계하다
outcome 결과   achieve 성취하다   process 과정

해석

일본의 조립 라인을 견학하기 위해 일본에 간 미국 자동차 경영진에 관한 멋진 이야기가 있다. 미국과 동일하게, 조립 라인의 끝에서 문짝을 경첩에 붙였다. (A) 그런데 뭔가 빠져 있었다. 미국에서는 그것이 완벽히 맞게 하기 위해 생산직 노동자가 부드러운 망치를 가지고 문 가장자리를 두드렸다. 일본에서는 그런 일이 존재하지 않는 것 같았다. (B) 혼란스러운 미국 자동차 경영진은 어느 시점에 문이 꼭 맞도록 만드는지 물었다. 일본인 안내원은 그들을 바라보며 멋쩍게 웃었다. "우리는 디자인할 때 그것이 꼭 맞도록 합니다." (C) 일본 자동차 공장에서, 그들은 그 문제를 검사하고 데이터를 축적하여 최상의 해결책을 알아내지 않았다 — 그들은 처음부터 그들이 원하는 결과를 설계했다. 만약 그들이 원하는 결과를 성취하지 못했다면, 그들은 그것이 그 과정의 시작에서 내린 결정 때문이라고 이해했다.

해설

이 글은 미국 자동차 경영진이 일본 자동차 공장을 견학하면서 겪은 두 나라 공장의 조립 공정 차이를 다룬다. 주어진 글에서 일본도 미국과 마찬가지로 조립 라인 끝에서 문짝을 경첩에 붙인다고 했다. (A)는 역접의 접속사 But으로 시작되어 미국과 일본 조립 라인의 차이점을 서술한다. (B)는 양국 공장 간의 차이점을 발견해서 당황한 미국 경영진들의 반응에 대해 설명하고 있으므로 (A) 다음에 오는 것이 자연스럽다. 마지막으로 일본인 안내원이 일본 자동차 공장의 특징이 '설계 당시에 부품이 서로 딱 맞게 만드는 것'이라고 이야기한다. (C)의 첫 문장은 이 안내원의 말을 재진술하는 것이므로 (B)의 다음에 (C)가 이어지는 것이 문맥상 자연스럽다. 따라서 정답은 ① (A) – (B) – (C)이다.

정답 ①

DAY 29

01	①	02	④	03	③	04	③	05	①
06	③	07	②	08	④	09	②	10	①

[1~3] 밑줄 친 부분에 들어갈 말로 가장 적절한 것을 고르시오.

1

Despite facing numerous challenges throughout the season, the team remained undefeated, and it gave their fans the impression that they were truly _____ on the field.

① invincible
② conquerable
③ aggressive
④ disruptive

어휘
face 직면하다   numerous 수많은   undefeated 무패의
impression 인상   invincible 무적의   conquerable 정복할 수 있는
aggressive 공격적인   disruptive 지장을 주는

해석
시즌 내내 수많은 도전에 직면했음에도 불구하고, 팀은 무패를 유지했으며, 이는 팬들에게 그들이 경기장에서 정말로 무적이라는 인상을 주었다.

 ①

2

After seeing the stunning results of his hard work, his father was very _____ at his dedication and creativity.

① amaze
② amazing
③ to amaze
④ amazed

어휘
hard work 노력   stunning 놀라운   dedication 헌신

해석
그의 노력의 놀라운 결과를 보고, 그의 아버지는 그의 헌신과 창의성에 매우 감탄했다.

해설
[문법포인트] 현재분사 vs. 과거분사 감정유발동사는 주체가 감정을 일으키는 경우에는 현재분사로 쓰고, 감정을 느끼는 경우에는 과거분사로 쓴다. 주어인 his father가 감탄을 느끼는 것이므로 빈칸에는 과거분사인 ④ amazed가 들어가야 한다.

 ④

3

Alex Baldwin: Hey, are you joining the team dinner this Thursday?
Jamie Lee: I'm thinking about it, but I might have a prior engagement.
Alex Baldwin: You should come! It'll be a great way for everyone to bond outside of work.
Jamie Lee: That does sound fun! What time will it start?
Alex Baldwin: It starts at 6:00 PM at Downtown Grill. Just remember to confirm with the team if you're coming.
Jamie Lee: How should I do that?
Alex Baldwin: _____.

① You need to bring a plus one
② I already confirmed your attendance
③ Click the confirmation link in the email
④ You should call the restaurant to book a table

어휘
prior 사전의   engagement 약속   bond 친밀한 관계를 맺다
confirm 확인해주다   plus one 동반자   attendance 참석
confirmation 확인

해석
Alex Baldwin: 이번 목요일에 팀 저녁 모임에 올 거야?
Jamie Lee: 가고 싶은데, 나 선약이 있을지도 몰라.
Alex Baldwin: 꼭 와야 해! 다 같이 회사 밖에서 친해질 좋은 기회야.
Jamie Lee: 재밌겠다! 몇 시에 시작해?
Alex Baldwin: 6시에 Downtown Grill이야. 참석할지 팀에 꼭 확인해주도록 해.
Jamie Lee: 어떻게 하면 되는데?
Alex Baldwin: 이메일에 있는 확인 링크를 클릭해.

① 동반자를 데려와야 해
② 내가 이미 네가 참석할 거라고 확인했어
④ 레스토랑에 전화해서 예약을 해야 해

 ③

4

밑줄 친 부분 중 어법상 옳지 않은 것은?

It is considerate ① of you to pay attention to traffic signs, as they are essential for the safety of all road users. Traffic signs are as ② important as traffic regulations, helping drivers navigate and make decisions quickly. Designed to be ③ enough clear and noticeable to catch attention even in busy areas, they help prevent confusion on the road. Regular maintenance ensures that all signs ④ are taken care of by local authorities, keeping roads safer for everyone.

considerate 사려 깊은   pay attention to ~에 주의를 기울이다
traffic regulations (pl.) 교통 규칙   navigate 길을 찾다
noticeable 눈에 띄는   confusion 혼란   maintenance 유지보수
ensure 보장하다   take care of ~을 관리하다   authorities (pl.) 당국

해석

당신이 교통 표지판에 주의를 기울이는 것은 사려 깊은 것인데, 그것들은 모든 도로 이용자들의 안전을 위해 필수적이기 때문이다. 교통 표지판은 교통 규칙만큼 중요하며, 운전자가 빠르게 길을 찾고 결정을 내릴 수 있도록 돕는다. 붐비는 지역에서조차 주의를 끌 수 있을 만큼 분명하고 눈에 띄도록 설계되어 있어서, 그것들은 도로에서의 혼란을 막는 것을 돕는다. 정기적인 유지보수는 모든 표지판들이 지역 당국에 의해 관리되고 있다는 것을 보장하며, 모두를 위해 도로를 더 안전하게 만든다.

해설

③ [문법포인트] 주의할 형용사와 부사 enough가 부사로서 형용사나 다른 부사를 수식할 때는 수식하는 형용사나 부사의 뒤에 위치해야 한다. 따라서 enough clear and noticeable은 clear and noticeable enough로 고쳐야 한다. (enough clear and noticeable → clear and noticeable enough)

① [문법포인트] 준동사의 형태 변화 considerate가 인성형용사이고, 같은 문장에서 인성형용사의 근거로 쓰인 to부정사의 의미상의 주어는 「of + 목적격」의 형태로 표현해야 하므로 바르게 사용되었다.

② [문법포인트] 비교 구문 「as + 형용사 원급 + as」로 두 개의 대상이 서로 동등함을 표현하는 원급 비교 구문이 바르게 사용되었다. 또한 be동사 뒤에 형용사 보어가 필요하므로 important의 사용도 바르다.

④ [문법포인트] 동사의 유형별 수동태 동사구 take care of의 목적어가 없고, 주어인 all signs가 관리되는 수동의 의미이므로 수동태로 바르게 쓰였다.

정답 ③

[5~6] 다음 글을 읽고 물음에 답하시오.

(A)

With pet health issues on the rise, the local Animal Welfare Society is hosting an event focused on comprehensive pet healthcare and preventive wellness. This event aims to educate pet owners on maintaining optimal pet health, reducing preventable illnesses, and promoting longevity.

At this event, you'll learn essential preventive care techniques from licensed veterinarians, including nutritional advice, grooming practices, and guidance on common pet health emergencies. The event includes free health check-ups, vaccination clinics, and consultations on chronic disease management for pets.

Event Details:
• Date: Saturday, February 15
• Time: 10:00 a.m. – 2:00 p.m.
• Location: City Pet Park, Shelter Area

All services are free, but donations to the Animal Welfare Society are encouraged. Bring your pet's vaccination records for reference if available.

For more details, visit www.citypetsociety.org or call (555) 123-7890.

5

(A)에 들어갈 윗글의 제목으로 가장 적절한 것은?
① Caring for Pets: Health & Wellness Day
② Living Healthier Together: Tips for You and Your Pet
③ Common Misconceptions in Pet Health
④ A Guide to Pet Grooming & Diet

6

위 안내문의 내용과 일치하지 않는 것은?
① 무료로 반려동물 털 손질 기술을 배울 수 있다.
② 반려동물 예방접종 기록을 준비하는 것이 좋다.
③ 예방접종 서비스는 행사에서 유료로 제공된다.
④ 후원금 기부가 권장된다.

welfare 복지   society 협회   comprehensive 종합적인
preventive 예방적   wellness 웰니스: 균형 잡힌 건강   maintain 유지하다
optimal 최상의   preventable 예방 가능한   longevity 장수
veterinarian 수의사   grooming 털 손질   check-up 건강 검진
vaccination 예방접종   consultation 상담   chronic 만성적인
shelter 쉼터   donation 기부   encourage 권장하다
misconception 오해

해석

(A) 반려동물 건강과 웰니스의 날

반려동물 건강 문제가 증가하는 가운데, 지역 동물 복지 협회는 종합적인 반려동물 건강관리와 예방적 웰니스에 중점을 둔 행사를 개최합니다. 이 행사는 반려동물 주인들에게 최상의 반려동물 건강을 유지하고, 예방 가능한 질병들을 줄이고 장수를 촉진하는 것에 대해 교육하는 것을 목표로 합니다.

이 행사에서 면허증을 가진 수의사로부터 영양 조언, 털 손질 기술, 그리고 흔한 반려동물 건강 응급 상황에 대한 지침을 포함한 필수적인 예방 관리 기술들을 배우게 될 것입니다. 애완동물들을 위한 무료 건강 검진, 예방접종, 그리고 만성 질환 관리에 대한 상담도 진행합니다.

행사 세부 사항:
• 날짜: 2월 15일 토요일
• 시간: 오전 10시 – 오후 2시
• 장소: 시 애완동물 공원, 쉼터 지역

모든 서비스는 무료로 제공되지만, 동물 복지 협회에 대한 기부는 권장됩니다. 가능하다면 반려동물의 예방접종 기록을 지참해 주세요.

자세한 사항은 www.citypetsociety.org를 방문하시거나 (555) 123-7890으로 전화해 주세요.

5 ② 더 건강하게 함께 살기: 당신과 반려동물을 위한 팁
③ 반려동물 건강에 대한 흔한 오해
④ 반려동물 털 손질과 식단 가이드

해설

5 글의 중심 소재는 반려동물의 건강 관련 행사이고, 행사에서 반려동물의 건강관리와 질병 예방을 위한 교육을 하고, 건강 검진과 털 손질 기술을 가르친다고 말한다. 그러므로 이 글의 제목으로 가장 적절한 것은 ① '반려동물 건강과 웰니스의 날'이다.

6 ③ 두 번째 단락의 두 번째 문장에서 무료 예방 접종을 해준다고 했고, 네 번째 단락의 첫 문장에서 모든 서비스가 무료라고 했으므로 글의 내용과 일치하지 않는다.
① 두 번째 문단 첫 번째 문장에서 수의사에게 털 손질에 대한 기술을 배울 수 있다고 했고, 네 번째 단락 첫 번째 문장에서 모두 무료라고 했으므로 글의 내용과 일치한다.
② 네 번째 단락의 두 번째 문장에서 가능하다면 애완동물의 예방접종 기록을 가지고 오라고 했으므로 글의 내용과 일치한다.
④ 네 번째 문단의 첫 문장에서 동물 복지 협회에 대한 기부가 권장된다고 했으므로 글의 내용과 일치한다.

정답 5 ① 6 ③

7
다음 글의 요지로 가장 적절한 것은?

Sugar Poisoning
The prevalent excessive sugar intake can lead to severe health complications, including metabolic disorders, which impact both individual health and healthcare costs. Addressing the dangers of sugar poisoning has been a priority for the National Health Advisory Council (NHAC).

Chronic Sugar Toxicity
Chronic sugar toxicity refers to the gradual, harmful effects of prolonged high sugar consumption. This often results in high blood pressure, increased cholesterol levels, and other issues that threaten the overall health of the population.

NHAC nutrition experts are working to provide educational resources and intervention programs focused on sugar toxicity. Investigations are triggered when reports of sugar-related health issues emerge or when health screenings reveal high sugar consumption trends within communities. These investigations are a crucial first step in quickly managing these widespread health threats.

① The NHAC strongly warns against the complications of sugar poisoning.
② The NHAC responds to public health crises caused by sugar toxicity.
③ The NHAC promotes international research on sugar's health effects.
④ The NHAC leads a campaign to prevent the causes of sugar toxicity.

어휘

poisoning 중독 prevalent 만연한 excessive 과도한 intake 섭취
complication 합병증 metabolic disorder 대사장애
impact 영향을 미치다; 영향 address 다루다 priority 우선 사항
advisory 자문의 council 위원회 chronic 만성적인 toxicity 독성 효과
prolonged 장기적인 consumption 섭취 result in ~을 일으키다
overall 전반적인 population 사람들 nutrition 영양 intervention 개입
investigation 조사 trigger 유발하다 emerge 나타나다
health screening 건강 검진 reveal 보여주다 crucial 매우 중요한
warn 경고하다 respond 대응하다 promote 촉진하다

해설

설탕 중독
만연한 과도한 설탕 섭취는 개인의 건강과 의료비용 모두에 영향을 미치는 대사장애를 포함한 심각한 건강 합병증을 초래할 수 있다. 설탕 중독의 위험을 다루는 것이 국가 건강 자문 위원회(NHAC)의 중요한 우선 사항이 되어 왔다.

만성 설탕 독성 효과
만성 설탕 독성 효과는 장기적인 고당분 섭취의 점진적이고 해로운 영향을 말한다. 이것은 종종 고혈압, 콜레스테롤 수치 증가, 그리고 사람들의 전반적인 건강을 위협하는 다른 문제들을 일으킨다.

NHAC의 영양 전문가들은 설탕 독성 효과에 초점을 맞춘 교육 자료와 개입 프로그램을 제공하기 위해 노력하고 있습니다. 설탕과 관련된 건강 문제에 대한 보고가 나타나거나 건강 검진이 지역 사회 내에서 고당분 섭취 경향을 보여줄 때, 조사가 시작된다. 이러한 조사는 이 광범위한 건강 위협을 빠르게 관리하는 매우 중요한 첫걸음이다.

① NHAC는 설탕 중독의 합병증에 대해 엄중히 경고한다.
② NHAC는 설탕 독성으로 인한 공공 건강 위기에 대응한다.
③ NHAC는 건강에 대한 설탕의 영향에 대한 국제적인 연구를 촉진한다.
④ NHAC는 설탕 독성의 원인을 예방하는 캠페인을 이끌고 있다.

해설

글의 중심 소재는 설탕 독성이고 주제문은 첫 단락 두 번째 문장으로 NHAC는 최우선적으로 설탕 중독의 위험을 다룬다고 했다. 또한 마지막 단락에서 설탕과 관련된 특별한 사항이 발생하면 바로 조사를 통해 조치한다고 했으므로 글의 요지로는 ② 'NHAC는 설탕 독성으로 인한 공공 건강 위기에 대응한다'가 가장 적절하다.

정답 ②

8
다음 글의 요지로 가장 적절한 것은?

> One reason many people keep delaying things they should do is that they fear they will do them wrong or poorly, so they just don't do them at all. For example, one of the best ways to write a book is to write it as quickly as possible, getting your thoughts onto paper without regard to style. Then, you can go back to revise and polish your writing. If I only wrote when I knew it would be perfect, I'd still be working on my first book! Do you have a hard time relaxing if your house is a mess? Do you beat yourself up for making mistakes? I've got a simple message for you today: It's time to let go of your perfectionism. It becomes a stumbling block that keeps you from advancing.

① Frequent mistakes could lead to big mistakes.
② It is important to organize your surroundings.
③ Patience is an essential virtue for creating a masterpiece.
④ You should overcome perfectionism to make progress.

어휘
delay 미루다   without regard to ~에 구애받지 않고   revise 수정하다
polish 다듬다   mess 엉망인 상태   beat oneself up 자책하다
let go of ~을 놓다   perfectionism 완벽주의   stumbling block 걸림돌
advance 앞으로 나아가다   organize 정리하다
surroundings (pl.) 주변 환경   patience 인내   essential 꼭 필요한
virtue 덕목   masterpiece 걸작   overcome 극복하다   progress 발전

해석
많은 사람들이 해야 할 일을 계속 미루는 이유 중 하나는 그것을 잘못하거나 형편없이 할까 봐 두려워하기 때문인데, 그래서 아예 하지 않는 것이다. 예를 들어, 책을 쓰는 가장 좋은 방법 중 하나는 스타일에 구애받지 않고 당신의 생각을 종이에 옮기면서 가능한 한 빨리 쓰는 것이다. 그런 다음 수정하고 글을 다듬기 위해서 다시 되돌아가면 된다. 만약 내가 글이 완벽할 것을 알 때만 글을 썼다면, 나는 여전히 첫 번째 책을 쓰고 있을 것이다! 당신은 집이 엉망이면 편히 쉴 수 없는가? 실수한 것에 대해서 자신을 자책하는가? 오늘 당신을 위한 간단한 메시지가 있다: 이제 완벽주의를 놓아야 할 때다. 그것은 당신이 앞으로 나아가지 못하게 하는 걸림돌이 된다.

① 잦은 실수가 큰 실수로 이어질 수 있다.
② 주변 환경을 정리하는 것은 중요하다.
③ 인내는 걸작을 창작하기 위해 꼭 필요한 덕목이다.
④ 발전을 이루기 위해 완벽주의를 극복해야 한다.

해설
글의 중심 소재는 완벽주의이고 주제문은 완벽주의는 걸림돌이 되므로 버리라는 마지막 두 문장이다. 첫 문장에서 사람들이 해야 할 일을 하지 않는 이유가 완벽하게 해내지 못하는 것을 두려워하기 때문이라고 제시하고, 책을 쓰는 것으로 예시를 들어 완벽하지 않아도 일단 글을 써야 한다고 강조한다. 마지막 문장에서 완벽주의가 걸림돌이 된다고 말했으므로 글의 요지로 적절한 것은 ④ '발전을 이루기 위해 완벽주의를 극복해야 한다.'이다.

정답 ④

9
다음 빈칸에 가장 적절한 것은?

> Renowned investor Warren Buffett once said, "You can determine the strength of a business by the amount of agony it goes through in raising prices." He has pointed to consumer psychology as the rationale behind his famed investments in companies like See's Candies and Coca-Cola. Buffett understands that _____ _____. For example, in the free-to-play video game business, it is standard practice for game developers to delay asking users to pay money until they have played consistently and habitually. Once the compulsion to play is in place, converting users into paying customers is much easier.

① quality is valued more than price by consumers
② habits give companies greater flexibility to increase prices
③ rational decisions are more persuasive than habits
④ companies should diversify their investments

어휘
renowned 저명한   investor 투자자   determine 판단하다   agony 고통
go through 겪다   rationale 근거   famed 유명한   investment 투자
standard 일반적인   practice 관행   delay 연기하다   consistently 꾸준히
habitually 습관적으로   compulsion 강박   convert 전환시키다
quality 질   value 가치 있게 여기다   flexibility 유연성   rational 합리적인
persuasive 설득력 있는   diversify 다각화하다

해석
저명한 투자자 워런 버핏은 "가격을 올리면서 겪는 고통의 양으로 그 기업의 역량을 판단할 수 있다."고 말했다. 그는 씨즈캔디와 코카콜라 같은 회사들에 대한 자신의 유명한 투자에 대한 근거로 소비자 심리를 지목해왔다. 버핏은 습관이 회사에 가격을 인상할 수 있는 더 큰 유연성을 제공한다는 것을 이해한 것이다. 예를 들어, 무료로 즐길 수 있는 비디오 게임 사업에서 게임 개발자들은 사용자들이 꾸준히 그리고 습관적으로 게임을 할 때까지는 돈을 내라고 요구하지 않는 것이 일반적인 관행이다. 일단 게임을 하고 싶은 강박이 자리를 잡으면, 사용자를 유료 고객으로 전환하는 것이 훨씬 더 쉬워진다.

① 가격보다 품질이 소비자에 의해 더 가치 있게 여겨진다
③ 이성적인 결정은 습관보다 더 설득력이 있다
④ 기업은 투자를 다각화해야 한다

해설
글의 중심 소재는 소비자 심리와 가격 인상이다. 빈칸의 바로 앞 문장에서 버핏의 투자 근거로 소비자 심리를 지목했다고 했고, 빈칸 뒤의 문장들에서 그에 대한 예시를 들었기 때문에 빈칸에는 소비자 심리를 설명하는 내용이 나와야 한다. 예시로 든 비디오 게임 산업에서 사용자들이 일단 게임에 빠지면 유료 고객으로의 전환이 훨씬 더 쉬워진다고 했으므로 이를 설명하는, ② '습관은 회사에 가격을 인상할 수 있는 더 큰 유연성을 제공한다'가 빈칸에 가장 적절하다.

정답 ②

10
주어진 글 다음에 이어질 글의 순서로 가장 적절한 것은?

> People are too seldom interested in having a genuine exchange of points of view where a desire to understand takes precedence over the desire to convince at any price.

(A) Yet conflict isn't just an unpopular source of pressure to act. There's also a lot of energy inherent to it, which can be harnessed to create positive change, or, in other words, improvements, with the help of a skillful approach. Basically, today's misery is the starting shot in the race towards a better future.

(B) An opposing opinion is quickly accompanied by devaluation, insults, or even physical confrontations. If you look at the "discussions" taking place on social media networks, you don't even have to look to such hot potatoes as the refugee crisis or terrorism to see a clear degradation in the way people exchange opinions.

(C) You probably know this from your own experience, too, when you have succeeded in finding a constructive solution to a conflict and, at the end of a tough explanation process, realize that the successful outcome has been worth all the effort.

① (B) – (A) – (C) ② (B) – (C) – (A)
③ (C) – (A) – (B) ④ (C) – (B) – (A)

어휘
genuine 진정한   precedence 우선함   convince 설득하다
at any price 어떤 대가를 치르더라도   conflict 갈등   inherent 내재된
harness 이용하다   improvement 개선   approach 접근법   misery 고통
oppose 반대하다   accompany 동반하다   devaluation 평가절하
insult 모욕   confrontation 충돌   look to ~을 고려하다
hot potato 난감한 주제   refugee 난민   degradation 퇴보
constructive 건설적인   tough 고된   explanation 설명

해석
사람들은 이해하려는 욕구가 어떤 대가를 치르더라도 설득하려는 욕구보다 우선하는 진정한 의견 교환에는 좀처럼 관심을 가지지 않는다. (B) 반대하는 의견은 곧바로 평가절하, 모욕 또는 심지어 신체적 충돌까지 동반된다. 만약 당신이 소셜 미디어 네트워크에서 일어나는 '토론'을 본다면, 사람들이 의견을 교환하는 방식에서 명백한 퇴보를 알아차리기까지 난민 위기나 테러리즘 같은 난감한 주제까지 고려하지 않아도 된다. (A) 하지만 갈등은 단순히 행동하라고 압박하는 달갑지 않은 원천이 아니다. 그것에 내재된 많은 에너지가 있고, 그것은 능숙하게 다루면 긍정적인 변화, 다시 말해서 개선을 만들어 내기 위해 이용될 수 있다. 기본적으로 오늘의 고통은 더 나은 미래를 향한 경기의 출발 신호탄인 것이다. (C) 아마도 당신은 이것을 자신의 경험에서도 또한 알고 있을 텐데, 그때 당신은 갈등에 대한 건설적인 해결책을 찾는 데 성공하고 고된 설명 과정의 끝에 그 성공적인 결과가 그 모든 노력을 들일 만한 가치가 있다는 것을 깨닫는다.

해설
주어진 문장은 설득하는 욕구가 강할 경우, 진정한 의견 교환이 이루어지지 않는다고 말한다. (B)에서는 의견 교환 대신 일어나는 부정적인 상황을 설명하며 소셜 미디어를 예로 든다. 이 (B)의 평가절하, 모욕 또는 심지어 신체적 충돌 등이 (A)의 갈등(conflict)이라는 말로 이어진다. 그러나 (A)는 오히려 Yet이라는 반전 혹은 역접의 접속부사를 사용하면서 이러한 갈등의 장점에 대해서 설명한다. 갈등이 개선을 만들어 내기 위한 동력으로 사용될 수 있다는 것이다. 그리고 (C)에서 갈등의 장점을 경험했을 만한 상황을 제시하며 글을 마무리하고 있다. 따라서 정답은 ① (B) – (A) – (C)이다.

정답 ①

DAY 30

| 01 | ④ | 02 | ③ | 03 | ② | 04 | ② | 05 | ④ |
| 06 | ② | 07 | ① | 08 | ③ | 09 | ③ | 10 | ② |

[1~3] 밑줄 친 부분에 들어갈 말로 가장 적절한 것을 고르시오.

1

A strong economy relies on _____ infrastructure, such as reliable transportation systems, efficient energy grids, and effective public services, to function smoothly and support business growth.

① sterile   ② feeble
③ illegitimate   ④ robust

어휘
infrastructure 기반시설   reliable 신뢰할 수 있는   transportation 교통
efficient 효율적인   energy grid 전력망   effective 효과적인
function 작동하다   sterile 무익한   feeble 허약한   illegitimate 불법의
robust 튼튼한

해석
강한 경제는 원활하게 작동하고 사업 성장을 지원하기 위해서 신뢰할 수 있는 교통체계, 효율적인 전력망, 효과적인 공공 서비스와 같은 튼튼한 기반시설에 의존한다.

정답 ④

2

The committee recommended that the proposal _____ before the final decision is made.

① revise   ② revised
③ be revised   ④ will revise

어휘
committee 위원회   recommend 권고하다

해석
위원회는 최종 결정이 내려지기 전에 제안서를 수정할 것을 권고했다.

해설
[문법포인트] 당위의 조동사 should 제안의 동사 recommend의 목적어로 that절이 오는 경우 that절의 동사는 「(should) + 동사원형」으로 사용되어야 한다. that절의 주어인 proposal과 동사인 revise의 관계가 수동이므로 should가 생략된 ③ be revised가 빈칸에 적절하다.

정답 ③

3

A: Did you hear about the company's new "wellness initiative" to reduce stress?
B: What kind of things are they planning?
A: They mentioned some meditation sessions and an extra hour each week for self-care.
B: That sounds like a nice break.
A: Just be prepared, though. They're also launching a daily wellness check-in app.
B: Wait, you mean _____?
A: Yes, they'll analyze our mood trends over time to alert your manager about it.

① it will reduce our stress level that often
② our mood will be monitored every day
③ you need to track my emotions daily
④ we'll have to report our breaks regularly

어휘
wellness 건강   initiative 계획   reduce 줄이다   meditation 명상
launch 출시하다   analyze 분석하다   mood 기분   alert 알리다
track 추적하다   emotion 감정   regularly 정기적으로

해석
A: 스트레스를 줄이기 위한 회사의 새로운 "건강 계획"에 대해 들었어?
B: 어떤 것들을 계획하고 있대?
A: 명상 시간과 자기 관리를 위한 추가 시간이 매주 한 시간 제공된다고 했어.
B: 그거 좋은 휴식 같네.
A: 그런데 준비는 해둬. 매일 하는 건강 체크인 앱도 출시한대.
B: 잠깐, 네가 말하는 건 우리의 기분이 매일 모니터링될 거라는 거야?
A: 응, 오랜 시간 우리의 기분 동향을 분석해서 그걸 매니저에게 알리는 거야.

① 그것이 우리의 스트레스 수준을 그렇게 자주 줄여줄 거라는
③ 네가 내 감정을 매일 추적해야 한다는
④ 우리가 휴식 시간을 정기적으로 보고해야 한다는

정답 ②

4

밑줄 친 부분 중 어법상 옳지 않은 것은?

With no important world event ① planned for the next five years concerning AIDS and with ambitious targets set at the meeting, it is a task of hard and constant effort that ② lays ahead for countries to fulfill the commitments they have made at the meeting. Five years ③ is not a long period in the global fight against AIDS but the next five will determine ④ whether 'Ending AIDS by 2030' is an achievable goal or will remain a distant dream.

어휘
concerning ~와 관련된   ambitious 야심찬   target 목표   set 설정하다

task 과제 constant 지속적인 fulfill 이행하다 commitment 약속
determine 결정하다 achievable 달성 가능한 goal 목표 distant 먼

해석
앞으로 5년 동안 계획된 에이즈와 관련된 중요한 세계적 행사가 없고, 회의에서 설정된 야심찬 목표들이 있어서, 국가들이 회의에서 결정한 약속들을 이행하는 것은 앞으로 놓인 힘들고 지속적인 노력을 기울일 과제이다. 에이즈와의 전 세계적인 싸움에서 5년은 긴 기간은 아니지만, 향후 5년은 "2030년까지 에이즈 종식"이 달성 가능한 목표가 될지 아니면 여전히 먼 꿈에 그칠 것인지를 결정할 것이다.

해설
② [문법포인트] 혼동하기 쉬운 동사의 불규칙 변화 lay는 '~을 놓다'라는 의미의 타동사로 반드시 목적어가 필요하다. 이 문장에는 목적어가 없고 주어가 어떤 것을 내려놓는다는 의미가 아니므로, 자동사인 lie가 오는 것이 올바르다. 주어가 a task이므로 3인칭 단수형으로 lies가 사용되어야 한다. (lays → lies)
① [문법포인트] 분사구문 「with + 분사구문」의 경우 목적어와 목적격보어의 관계가 능동이면 목적격보어로 현재분사를, 수동이면 과거분사를 쓴다. 목적어인 행사가 스스로를 계획하는 것이 아니라 누군가에 의해서 계획되는 수동의 의미이므로 planned라는 과거분사가 바르게 사용되었다.
③ [문법포인트] 주어 – 동사 수 일치 돈, 거리, 시간, 무게가 단위 개념일 경우에는 단수로 취급하므로 단수형 동사인 is가 바르게 사용되었다.
④ [문법포인트] 명사절 접속사의 선택 동사 determine의 목적어 자리에 완벽한 절의 요소를 갖춘 '~인지 아닌지'의 의미를 가진 whether절이 바르게 사용되었다.

정답 ②

5
다음 글의 요지로 가장 적절한 것은?

Empowering the Next Generation
The importance of digital literacy in education has grown significantly in recent years. Organizations such as the National Education Technology Alliance (NETA) recognize the need for students to develop essential digital skills to succeed in today's technology-driven world. NETA is playing a key role in enhancing digital literacy among students and educators through its various programs and resources.

Empowering Educators
NETA provides training workshops for teachers to effectively integrate technology into their classrooms. These workshops help educators develop strategies for incorporating digital tools that promote interactive learning experiences. Additionally, NETA supports the creation of online resources that students can access to improve their digital skills and knowledge.

Through its efforts, NETA strives to ensure that all students are equipped with the digital competencies necessary for academic and career success.

① NETA focuses on traditional teaching methods for digital literacy.
② NETA emphasizes the importance of physical classroom resources.
③ NETA primarily provides online courses for students.
④ NETA fosters digital literacy in education through resources and programs.

어휘
empower 능력을 향상시키다 digital literacy 디지털 활용 능력
significantly 크게 recent 최근의 organization 조직
enhance 향상시키다 alike 똑같이 effectively 효과적으로
integrate 통합하다 strategy 전략 incorporate 통합하다
interactive 상호적인 access 이용하다 strive 노력하다 ensure 보장하다
equip 갖춰주다 competency 능력 emphasize 강조하다
physical 물리적인 primarily 주로 foster 증진하다

해석
다음 세대의 능력 향상
교육에서 디지털 활용 능력의 중요성은 최근에 크게 증가했다. 전미 교육 기술 연합(NETA)과 같은 조직들은 오늘날 기술 중심의 세상에서 성공하기 위해 학생들이 필수적인 디지털 기술을 개발할 필요성을 인식하고 있다. NETA는 다양한 프로그램과 자원을 통해 학생들과 교육자들의 디지털 활용 능력을 향상시키는 데 중요한 역할을 하고 있다.

교육자들의 능력 향상
NETA는 교사들이 자신들의 교실에 기술을 효과적으로 통합할 수 있도록 훈련 워크숍을 제공한다. 이 워크숍은 교육자들이 상호적인 학습 경험을 촉진하는 디지털 도구를 통합하는 전략을 개발하는 것을 돕는다. 또한, NETA는 학생들이 디지털 기술과 지식을 향상시키기 위해 이용할 수 있는 온라인 자원을 제작하는 것을 지원한다.

이러한 노력을 통해 NETA는 모든 학생이 학업과 직업의 성공을 위해 필요한 디지털 역량을 갖추고 있다는 것을 보장하기 위해 노력하고 있다.

① NETA는 디지털 활용 능력을 위한 전통적인 교육 방법에 중점을 둔다.
② NETA는 물리적 교실 자원의 중요성을 강조한다.
③ NETA는 주로 학생들을 위한 온라인 과정을 제공한다.
④ NETA는 자원과 프로그램을 통해 교육에서 디지털 활용 능력을 증진한다.

해설
글의 중심 소재는 교육에서 디지털 활용 능력의 중요성이고 주제문은 첫 번째 문단의 마지막 문장이다. 첫 번째 문단에서 교육에서 디지털 활용 능력의 중요성을 말하고 학생들과 교육자 모두의 디지털 활용 능력을 높이기 위해 다양한 프로그램들과 자원들을 제공한다고 했고, 두 번째 문단에서 교사들을 위한 훈련 워크숍을 제공한다고 했으며, 마지막 문단에서 글의 주제를 재진술하고 있다. 따라서 글의 요지로 가장 적절한 것은 ④ 'NETA는 자원과 프로그램을 통해 교육에서 디지털 활용 능력을 증진한다.'이다.

정답 ④

6
다음 글의 빈칸 (A), (B)에 들어갈 말로 가장 적절한 것은?

> Fast food is everywhere. It's available on the main corners of a busy street and in the luxury of your own home. Effects of fast food are quickly catching up with us. The nation has become a culture of fast food eating and on-the-go living, ultimately creating "fat" America. ____(A)____, fast food has some advantages in the short term: people appreciate the fact that it's fast and convenient. There is no other food that you can pick up and have ready at a moment's notice. It involves no cooking, shopping, or dishwashing. In the end, you are saving an immense amount of time. ____(B)____, there seems to be a direct link in America between obesity and fast food. A typical meal from a fast-food restaurant, say a serving of fries and cheeseburger, adds up to over 1,000 calories per serving. This is about half the recommended dietary allowance for an individual per day.

	(A)	(B)
①	However	As a result
②	However	Nevertheless
③	In addition	As a result
④	In addition	Nevertheless

어휘

available 구할 수 있는 luxury 호화로움 effect 영향
catch up with ~을 따라잡다 on-the-go 끊임없이 일하는
ultimately 결국 advantage 장점 in the short term 단기적으로
appreciate 인정하다 convenient 편리한 at a moment's notice 즉시
involve 포함하다 immense 엄청난 obesity 비만 serving 1인분
recommended dietary allowance 권장 식사 허용량 individual 사람
nevertheless 그럼에도 불구하고

해석

패스트푸드는 어디에나 있다. 그것은 번잡한 거리의 주요 모퉁이에서도 여러분 집의 호화로움 속에서도 구할 수 있다. 패스트푸드의 영향은 우리를 빠르게 따라잡고 있다. 이 나라는 패스트푸드를 먹고 끊임없이 일하며 사는 문화가 되어, 결국 '살찐' 미국을 만들어냈다. (A) 하지만, 패스트푸드에는 단기적으로 몇 가지 장점들이 있다: 사람들은 그것이 빠르고 편하다는 사실을 인정한다. 여러분이 집어 들고 즉시 준비할 수 있는 다른 음식들은 없다. 그것은 어떤 조리나 장보기 또는 설거지를 포함하지 않는다. 결국, 여러분은 엄청난 양의 시간을 절약하고 있는 것이다. (B) 그럼에도 불구하고, 미국에서 비만과 패스트푸드 간에는 직접적인 관련이 있는 것 같다. 1인분의 감자튀김과 치즈버거 같은 패스트푸드 음식점의 일반적인 한 끼 식사는 그 총합이 1인분에 1,000칼로리 이상이다. 이것은 하루에 한 사람의 권장 식사 허용량의 약 절반 정도이다.

해설

글의 중심 소재는 미국의 패스트푸드이다. (A) 앞에는 '살찐 미국, 일만 하는 문화'라는 패스트푸드의 부정적 영향을 말하고, 뒤에는 패스트푸드의 장점을 말하고 있으므로 역접의 연결어인 However가 오는 것이 적절하다. (B) 앞에는 패스트푸드의 장점이지만, 뒤에는 비만과 패스트푸드의 관련성, 즉 문제점을 다시 언급하고 있으므로, (B)에도 역접의 연결어인 Nevertheless가 오는 것이 적절하다. 따라서 정답은 이 둘을 모두 만족시키는 ②이다.

정답 ②

[7~8] 다음 글을 읽고 물음에 답하시오.

> To: City Hall IT Department
> From: Alex Johnson
> Date: February 10
> Subject: Please read
>
> Dear City Hall IT Department,
>
> I am reaching out to report an issue that has been affecting my ability to use a particular online service. I am encountering persistent difficulties, which seem to be related to the website's functionality.
>
> Specifically, when I attempt to access the online building permit application, I receive an error message stating that my credentials are incorrect, despite entering them <u>accurately</u>. Additionally, the page frequently fails to load fully, which prevents me from completing the application process.
>
> Could you please investigate this issue and provide assistance? If there are alternative ways to submit my application or if additional information is needed, please let me know.
>
> Best regards,
> Alex Johnson

7
윗글의 목적으로 가장 적절한 것은?
① 웹사이트의 온라인 서비스 문제를 해결할 것을 촉구하려고
② 온라인 건축 허가 신청서의 형식 변경을 요구하려고
③ 온라인 건축 허가 신청 절차의 간소화를 요청하려고
④ 사업 허가 신청의 다른 방법이 있는지 문의하려고

8
밑줄 친 "accurately"의 의미와 가장 가까운 것은?
① truly   ② seriously
③ precisely   ④ rapidly

어휘

department 부서 reach out 연락하다 affect 영향을 주다
particular 특정한 encounter 겪다 persistent 지속적인
functionality 기능 specifically 구체적으로 attempt 시도하다
access 접속하다 permit 허가 application 신청서 credential 자격증
accurately 정확하게 frequently 자주 investigate 조사하다
assistance 도움 truly 진짜로 seriously 심각하게 precisely 정확하게
rapidly 급격히

해석

수신: 시청 IT 부서
발신: Alex Johnson
날짜: 2월 10일
제목: 읽어주시길 바랍니다.

시청 IT 부서 여러분께,

특정 온라인 서비스를 이용하는 것에 영향을 주는 문제가 있어서 보고하려고 연락 드렸습니다. 저는 지속적으로 어려움을 겪고 있는데, 웹사이트의 기능과 관련된 것으로 보입니다.

구체적으로, 저는 온라인 건축 허가 신청서를 이용하려고 할 때, 자격증을 정확하게 입력했는데도 불구하고 그것이 잘못되었다는 오류 메시지를 받았습니다. 게다가 페이지가 자주 완전히 로드되지 않아서 신청 과정을 완료할 수 없습니다.

이 문제를 조사해서 도움을 주실 수 있을까요? 만약 신청서를 제출할 수 있는 다른 방법이 있거나 추가 정보가 필요한 경우에 알려주시길 바랍니다.

안부를 전하며,
Alex Johnson

해설

7 글의 중심 소재는 웹사이트의 기능 오류이다. 첫 번째 문단에서 웹사이트에서 지속적으로 문제를 겪었다고 말했고 두 번째 문단에서 그 문제들을 구체적으로 제시하고 있다. 그리고 세 번째 문단에서 도움을 요청하고 있으므로, 이 글의 목적으로 ① '웹사이트의 온라인 서비스 문제를 해결할 것을 촉구하려고'가 가장 적절하다.

정답 7 ① 8 ③

9

주어진 글 다음에 이어질 글의 순서로 가장 적절한 것은?

There are many situations where other people try to influence our mood by changing the atmosphere of the environment; probably you have already done the same.

(A) The low-level light of the candle puts her in a relaxed spirit. And finally, the romantic music does the rest to make the wife willing to accept the husband's apology for the mistake.

(B) For example, let us imagine that a man is in the unfortunate situation where he forgot his wedding anniversary. The man tries to rescue the situation by preparing a self-cooked, candlelit dinner for his wife with romantic background music.

(C) Whether or not he is aware of it, the candlelit dinner is a fantastic way to influence a person's mood. When the man's wife enters the room, she is surprised by the delicious aroma of the outstanding dinner he has prepared.

① (A) – (C) – (B) ② (B) – (A) – (C)
③ (B) – (C) – (A) ④ (C) – (A) – (B)

어휘

mood 기분 atmosphere 분위기 environment 환경 probably 아마도
relaxed 느긋한 spirit 기분 willing 기꺼이 ~하는 apology 사과
unfortunate 유감스러운 anniversary 기념일 rescue 수습하다
candlelit 촛불을 켠 outstanding 훌륭한 aroma 향기

해설

다른 사람들이 환경의 분위기를 바꿔서 우리의 기분에 영향을 주려고 하는 상황은 많이 있다; 아마 당신도 이미 같은 행동을 한 적이 있을 것이다. (B) 예를 들어, 한 남자가 결혼기념일을 잊어버리는 유감스러운 상황에 처해있다고 가정해보자. 그 남자는 아내를 위해 로맨틱한 배경 음악을 깔고 직접 요리한, 촛불을 켠 저녁 식사를 준비함으로써 이 상황을 수습하려고 노력한다. (C) 그가 그것을 의식하든 아니든, 촛불을 켠 저녁 식사는 사람의 기분에 영향을 미치는 훌륭한 방법이다. 그의 아내는 방에 들어올 때, 그가 준비한 훌륭한 저녁 식사의 맛있는 향기에 놀란다. (A) 촛불의 은은한 조명은 그녀를 느긋한 기분으로 만들어 준다. 그리고 마지막으로, 로맨틱한 음악은 그녀가 실수에 대한 남편의 사과를 기꺼이 받아들이게 만드는 나머지 일들을 한다.

해설

글의 중심 소재는 환경의 분위기 변화가 기분에 미치는 영향이다. 주어진 문장에서 환경을 바꾸는 것이 우리의 기분에 영향을 준다고 말하고, (B)에서 결혼기념일을 잊은 남자를 예시로 들어 설명하고 있으므로 주어진 문장 뒤에는 (B)가 이어져야 한다. (B)의 촛불을 켠 저녁을 (C)에서 다시 받아 설명한 뒤, 그의 아내가 방에 들어오는 순간을 언급했고 (A)에서 finally라는 부사를 사용했기 때문에 (C) 뒤에 (A)가 이어지는 것이 자연스럽다. 그러므로 정답은 ③ (B) – (C) – (A)이다.

정답 ③

10

다음 글에서 필자가 주장하는 바로 가장 적절한 것은?

Breaks are necessary to revive your energy levels and recharge your mental stamina, but they shouldn't be taken carelessly. If you've planned your schedule effectively, you should already enjoy scheduled breaks at appropriate times throughout the day, so any other breaks in the midst of ongoing work hours are unnecessary. While scheduled breaks keep you on track by being strategic, re-energizing methods of self-reinforcement, unscheduled breaks throw you off track from your goal, as they offer you opportunities to procrastinate by making you feel as if you've got "free time." Taking unscheduled breaks is a sure-fire way to fall into the procrastination trap. You may rationalize that you're only getting a cup of coffee to keep yourself alert, but in reality, you're just trying to avoid having to work on a task at your desk. So to prevent procrastination, commit to having no random breaks instead.

① You should stop procrastinating to manage your work efficiently.
② You should not take unplanned breaks to prevent work delays.
③ You should relieve your work stress with scheduled breaks.
④ You should increase productivity by allocating work based on individual abilities.

어휘

revive 회복시키다   recharge 재충전하다   mental 정신적인
carelessly 부주의하게   effectively 효과적으로   appropriate 적절한
in the midst of ~ 중에   ongoing 진행 중인
keep ~ on track 순조롭게 진행시키다   strategic 전략적인
energize 활력을 북돋우다   method 방법   self-reinforcement 자기 강화
throw ~ off track ~을 벗어나게 하다   offer 제공하다
procrastinate 미루다   sure-fire 확실한   procrastination 미루기
trap 덫   rationalize 합리화하다   alert 정신을 차리는   avoid 피하다
prevent 막다   commit 전념하다   random 무작위의
efficiently 효율적으로   relieve 해소하다   allocate 분배하다

해석

휴식은 에너지 수준을 회복시키고 정신적인 체력을 재충전하는 데 필요하지만, 그것들을 부주의하게 취해서는 안 된다. 만약 당신이 일정을 효과적으로 계획했다면, 당신은 이미 하루 동안에 적절한 시간에 계획된 휴식을 누렸을 것이므로, 진행 중인 근무 시간 중간에 다른 휴식은 불필요하다. 계획된 휴식들은 자기 강화의 전략적이고 활력을 되살려주는 방법이 됨으로써 당신이 일을 순조롭게 진행하도록 하는 반면, 계획되지 않은 휴식들은 마치 '자유 시간'이 있다고 느끼게 만듦으로써 일을 미루는 기회를 제공하기 때문에 당신을 목표에서 벗어나게 한다. 계획되지 않은 휴식을 취하는 것은 일을 미루는 덫에 빠지는 확실한 방법이다. 당신은 스스로 정신을 차리기 위해 커피 한 잔을 마시고 있을 뿐이라고 합리화할 수도 있지만, 실제로는 단순히 책상 위에 놓인 과업을 처리해야만 하는 것을 피하려고 시도하고 있을 뿐이다. 따라서 일을 미루는 것을 막기 위해서, 대신에 무작위로 휴식을 취하지 않도록 전념해라.

① 일을 효율적으로 관리하려면 미루기를 멈춰야 한다.
② 작업 지연을 막기 위해서는 계획되지 않은 휴식을 취해서는 안 된다.
③ 정해진 휴식 시간을 통해 업무 스트레스를 해소해야 한다.
④ 개인의 능력에 근거를 둔 작업 분배를 통해 생산성을 높여야 한다.

해설

글의 중심 소재는 계획되지 않은 휴식이고 주제문은 마지막 문장으로 일을 미루지 않기 위해서 계획되지 않은 휴식을 취하지 말라고 한다. 글의 앞부분에서 휴식은 필요하지만 계획된 휴식을 취하라고 했다. 그리고 이어지는 글에서 계획되지 않은 휴식을 취함으로써 일을 미루게 된다고 했으므로 필자의 주장으로 가장 적절한 것은 ② '작업 지연을 막기 위해서는 계획되지 않은 휴식을 취해서는 안 된다'이다.

정답 ②

실전동형모의고사 2 DAY 31~32

01	②	02	④	03	④	04	②	05	②
06	④	07	①	08	④	09	③	10	④
11	①	12	③	13	②	14	③	15	①
16	④	17	②	18	③	19	②	20	②

[1~3] 밑줄 친 부분에 들어갈 말로 가장 적절한 것을 고르시오.

1

The new software update is designed to _____ the user experience by enhancing functionality and speed.

① degrade
② improve
③ complicate
④ hinder

어휘

enhance 향상시키다   functionality 기능   degrade 저하시키다
improve 개선하다   complicate 복잡하게 만들다   hinder 방해하다

해석

새로운 소프트웨어 업데이트는 기능과 속도를 향상시킴으로써 사용자 경험을 개선하도록 설계되어 있다.

정답 ②

2

_____ with her own work, she took the time to help her colleagues with their tasks.

① Busy was she
② Busy as was she
③ Busily as she was
④ Busy though she was

어휘

colleague 동료   task 업무

해석

그녀 자신의 일로 바빴음에도 불구하고, 그녀는 동료들의 업무를 돕는 것에 시간을 냈다.

해설

[문법포인트] 주요 양보 구문 「(As) + 명사(무관사)/형용사/부사/분사 + as/though + S + V」의 양보 구문이다. 맨 앞의 As는 생략할 수 있고, be동사가 사용되었으므로 보어가 될 수 있는 형용사 Busy가 오는 것이 적절하다. 그러므로 ④ Busy though she was가 빈칸에 적절하다.

 ④

3

A: Hello, this is Dr. Kim's office calling to remind you of your appointment tomorrow at 10 a.m.
B: Oh gosh, I completely forgot about that. Thank you for reminding me.
A: No problem. Then, can you make it tomorrow?
B: Sure! _____
A: We'll send you our address and the map via text message.
B: Thank you, I'll see you tomorrow.

① It doesn't make any difference to me.
② I didn't receive a confirmation message though.
③ Is it possible to put off our appointment?
④ Can you tell me how I can get there?

어휘

remind 상기시키다   appointment 예약   make it 오다   via ~을 통해
not make any difference 차이가 없다   confirmation 확인
put off ~을 미루다

해석

A: 여보세요, 여기는 김 박사님 사무실입니다. 내일 오전 10시에 예약이 있는 것을 상기시켜드리려고 전화 드렸어요.
B: 아, 세상에, 완전히 잊고 있었네요. 상기시켜 주셔서 감사합니다.
A: 별말씀을요. 그러면 내일 오실 수 있으신가요?
B: 물론이죠! 거기에 어떻게 가는지 알려주실 수 있나요?
A: 주소와 지도를 문자로 보내드리겠습니다.
B: 감사합니다, 내일 뵙겠습니다.

① 저에겐 차이가 없어요.
② 그런데 확인 메시지를 못 받았어요.
③ 예약을 미룰 수 있을까요?

정답 ④

4

밑줄 친 부분 중 어법상 옳지 않은 것은?

Scarcely ① had the sun risen when the hikers began their journey up the mountain. They couldn't believe ② that they saw as they climbed higher; the view was breathtaking. The peak appeared ③ three times taller than they had imagined from the base. It was in that quiet, early hour ④ that the beauty of nature truly took their breath away.

어휘

scarcely 거의 ~ 않는   rise (해가) 뜨다   climb 오르다   view 전망
breathtaking 숨이 멎을 만큼 놀라운   peak 정상
take one's breath away (아름다움으로) 숨이 멎게 하다

해석

태양이 막 떠오르자마자 등산객들은 산으로 오르는 여정을 시작하였다. 그들은 높이 올라가면서 본 것을 믿을 수 없었다; 전망은 숨이 멎을 만큼 놀라웠다. 정상은 산 아래에서 상상했던 것보다 세 배는 더 높아 보였다. 자연의 아름다움이 진정으로 그들의 숨을 멎게 한 것은 바로 그 고요한 이른 시간이었다.

해설

② **[문법포인트]** 명사절 접속사의 선택 believe의 목적어 자리에 명사절이 왔다. 그러나 saw의 목적어가 없는 불완전한 절이 왔으므로 that이 아닌 what이 와야 한다. (that → what)
① **[문법포인트]** 도치 / 시제 관련 표현 '~하자마자 …했다'를 의미하는 「Scarcely had S p.p., when/before S V(과거 시제)」의 구문이다. 이때 Scarcely는 부정부사이므로 문장의 앞으로 강조되어 나올 때 주어와 동사는 도치된다. 과거완료 시제이므로 had가 도치되어서 올바르게 사용되었다.
③ **[문법포인트]** 비교 사용 표현 배수 비교를 쓸 때 배수사는 원급이나 비교급 구문 앞에 써야 한다. three times라는 배수사가 왔고, taller라는 비교급이 뒤에 와서 바르게 쓰였다.
④ **[문법포인트]** 강조 It ~ that 강조구문으로 It과 that 사이에 부사구가 강조되었고, that 이하의 문장이 완전하므로 강조구문이 바르게 쓰였다.

정답 ②

[5~6] 다음 글을 읽고 물음에 답하시오.

(A)

Paper production is changing rapidly. However, traditional wood-based paper cannot remain a sustainable choice forever. Efforts to find better alternatives are actively underway. Woodfree printing paper offers an eco-friendly solution, preserving forests while providing high-quality print media. At this exhibition, you can learn how this innovation can transform your practices and contribute to the conservation of natural resources.

A group of industry experts will be presenting their research at this special exhibition. Attend to see how this initiative could impact the market and your business. Join us in moving toward a cleaner, more sustainable future in printing.

Who wouldn't want a better tomorrow?

Sponsored by the National Sustainable Printing Association

- Location: Elmwood Conference Hall, across from Westfield Technical College
- Date: February 13, 2025
- Time: 3:00 p.m.

For more information about the exhibition, please visit our website at www.sustainableprintingexhibit.org or call our office at (555) 789-1234.

5
(A)에 들어갈 윗글의 제목으로 가장 적절한 것은?
① Forests on the Brink of Disappearance
② Beyond Trees: The Future of Print
③ The Artistic Potential of Paper
④ Eco-Friendly Printing: Its Economics

6
위 안내문의 내용과 일치하지 않는 것은?
① 친환경 인쇄의 미래를 위해 전문가들이 각자의 성과를 발표한다.
② 참가자는 새로운 종이 기술이 시장에 미치는 영향을 알게 된다.
③ 전시회는 숲의 보존을 지원하는 친환경적인 종이를 제안한다.
④ 전통 기법의 종이는 급변하는 제지업계에서도 여전히 건재하다.

어휘
rapidly 빠르게   sustainable 지속 가능한   effort 노력   alternative 대안
actively 활발히   underway 진행 중인   eco-friendly 친환경적인
preserve 보존하다   exhibition 전시회   innovation 혁신
contribute 기여하다   conservation 보호   expert 전문가
attend 참석하다   initiative 계획   impact 영향을 미치다
association 협회   on the brink of ~의 직전에   potential 잠재력
economics 경제적 측면

해석
종이 생산은 빠르게 변화하고 있습니다. 그러나 전통적인 나무 기반의 종이는 영원히 지속 가능한 선택이 될 수 없습니다. 더 나은 대안을 찾기 위한 노력이 활발히 진행 중입니다. 나무를 사용하지 않는 인쇄용 종이는 친환경적인 해결책을 제공하며, 숲을 보호하는 한편, 고품질의 인쇄 매체를 제공합니다. 이번 전시회에서 여러분은 이 혁신이 어떻게 여러분의 관습을 변화시키고 천연자원의 보호에 기여할 수 있는지 배울 수 있습니다.

업계 전문가 그룹이 이번 특별 전시회에서 그들의 연구를 발표할 예정입니다. 이 계획이 시장과 여러분의 사업에 어떻게 영향을 미칠 수 있는지 보기 위해 참석해 보세요. 더 깨끗하고, 더 지속 가능한 인쇄의 미래를 향해 나아가는 데 동참해 주십시오.

누가 더 나은 내일을 원하지 않겠습니까?

국립 지속 가능 인쇄 협회가 후원합니다.

• 장소: Elmwood 컨퍼런스 홀, Westfield 기술대학 맞은편
• 날짜: 2025년 2월 13일
• 시간: 오후 3시

전시회에 대한 더 자세한 정보는 저희 웹사이트 www.sustainableprintingexhibit.org를 방문하시거나 저희 사무실 (555) 789-1234로 전화 주시면 됩니다.

5 ① 사라지기 직전의 숲들
  ③ 종이의 예술적 잠재력
  ④ 친환경 인쇄: 그 경제적 측면

해설
5 첫 번째 문단의 두 번째 문장에서 나무를 기반으로 하는 종이는 지속 가능하지 않다고 했다. 네 번째 문장에서 나무를 사용하지 않는 인쇄 종이를 소개하면서, 두 번째 단락 마지막 문장에서 지속 가능한 인쇄의 미래로 나아가는 데 동참하라고 한다. 따라서 제목으로 가장 적절한 것은 ② '나무를 넘어서: 인쇄의 미래'이다.

6 ④ 첫 번째 문단의 첫 번째 문장에서 종이 생산이 급변하고 있다고 말하고, 두 번째 문장에서 전통적인 나무 기반의 종이가 영원히 지속 가능하지는 않다고 했으므로 글의 내용과 일치하지 않는다.
① 두 번째 문단의 첫 문장에서 전문가들의 연구 발표가 있을 것이라고 했으므로 글의 내용과 일치한다.
② 두 번째 문단 두 번째 문장에서 시장과 사업에 어떤 영향을 미칠지 보게 될 것이라고 했으므로 글의 내용과 일치한다.
③ 첫 번째 문단 네 번째와 다섯 번째 문장에서 나무를 사용하지 않는 인쇄 종이를 소개하면서 전시회가 열린다고 했으므로 글의 내용과 일치한다.

 5 ② 6 ④

7
다음 글의 요지로 가장 적절한 것은?

Wildlife Conservation Program
Maintaining biodiversity is essential for ecological health. The Global Wildlife Conservation Program (GWCP) focuses on the protection of endangered species to address the urgent need to preserve those at risk of extinction.

Threats to Endangered Species
Endangered species face various threats, including habitat destruction, poaching, and climate change. These factors can significantly reduce their populations, resulting in an increased risk of extinction.

The dedicated conservation team of GWCP continuously works to monitor and implement protective measures for endangered species. They collaborate with local communities and governments to raise awareness and promote sustainable practices that benefit both wildlife and people.

① GWCP prioritizes the protection of endangered species.
② GWCP aims to reduce the impact of climate change on all species.
③ GWCP conducts research on animal behavior in the wild.
④ GWCP promotes international tourism for wildlife enthusiasts.

어휘
wildlife 야생동물   conservation 보호   maintain 유지하다
biodiversity 생물 다양성   ecological 생태의   endangered 멸종 위기의
species 종   address 대응하다   urgent 긴급한   preserve 보존하다
extinction 멸종   threat 위협   habitat 서식지   destruction 파괴
poaching 밀렵   factor 요인   significantly 크게   reduce 줄이다

population 개체 수   dedicated 헌신적인   implement 시행하다
measure 조치   collaborate 협력하다   awareness 인식
sustainable 지속 가능한   benefit 혜택을 주다   impact 영향
prioritize 우선시하다   conduct 실시하다   enthusiast 애호가

해석

야생동물 보호 프로그램
생물 다양성을 유지하는 것은 생태 건강에 필수적이다. 글로벌 야생동물 보호 프로그램(GWCP)은 멸종의 위험에 처한 종들을 보존해야 하는 긴급한 필요성에 대응하기 위해서 멸종 위기 종들을 보호하는 데 중점을 둔다.

멸종 위기 종들에 대한 위협
멸종 위기 종들은 서식지 파괴, 밀렵, 그리고 기후 변화를 포함한 다양한 위협에 직면해 있다. 이러한 요인들은 그들의 개체 수를 크게 줄일 수 있고, 그로 인해 멸종의 위험이 증가하게 됩니다.

GWCP의 헌신적인 보호팀은 멸종 위기 종들을 위한 보호 조치들을 감시하고 시행하기 위해서 지속적으로 노력한다. 그들은 인식을 높이고 야생동물과 사람 모두에게 혜택을 주는 지속 가능한 실천을 촉진하기 위해 지역 사회 및 정부와 협력한다.

① GWCP는 멸종 위기 종들을 보호하는 것을 우선시한다.
② GWCP는 모든 종에 대한 기후 변화의 영향을 줄이는 것을 목표로 한다.
③ GWCP는 야생에서의 동물 행동에 대한 연구를 수행한다.
④ GWCP는 야생동물 애호가를 위한 국제적인 관광을 촉진한다.

해설

글의 중심 소재는 멸종 위기 종의 보호이다. 첫 번째 단락에서 GWCP가 멸종 위기 종들을 보호하는 것에 중점을 두고 있다고 설명하면서, 두 번째 단락에서는 이들이 왜 멸종 위기에 처하게 되었는지 원인을 제시하고 있다. 세 번째 단락에서 멸종 위기 종의 보호를 위하여 어떤 노력을 하는지 언급했다. 따라서 이 글의 요지로 적절한 것은 ① 'GWCP는 멸종 위기 종들을 보호하는 것을 우선시한다'이다.

정답 ①

8
다음 글의 주제로 가장 적절한 것은?

We all worry about getting old. We all worry about getting sick. But we really worry about losing our minds. Yes, the brain at middle age has lost a step. Our problems are not imaginary, and our worries are not unreasonable. But neuroscientists have found positive aspects of the middle-aged brain. It has developed powerful systems that can decode the details of complex problems to find concrete answers. It manages emotions and information more calmly than in younger years. Indeed, one new series of fascinating studies suggests that the way our brains age may give us a broader and even more creative perspective. Older brains are also better at making connections. Yes, the old take longer to assimilate new information. But faced with information that relates to what they already know, their brains tend to work quicker and smarter, discerning patterns and jumping to the logical end point.

① ways to delay brain aging
② the problems of getting old
③ effects of exercise on creativity
④ benefits of the brain with aging

어휘

lose one's mind 정신줄을 놓다   lose a step 속도가 줄다
imaginary 상상의   unreasonable 비합리적인
neuroscientist 신경 과학자   positive 긍정적인   aspect 측면
decode 이해하다   detail 세부 사항   complex 복잡한   concrete 구체적인
calmly 차분하게   fascinating 흥미로운   perspective 관점
assimilate 완전히 이해하다   discern 파악하다   delay 지연시키다
benefit 이득   effect 영향

해석

우리 모두는 늙는 것에 대해 걱정한다. 우리 모두는 아프게 되는 것에 대해 걱정한다. 하지만 우리는 정신줄을 놓게 되는 것에 정말로 걱정한다. 그렇다, 중년의 뇌는 속도가 준다. 우리의 문제는 상상 속의 것이 아니며, 우리의 걱정은 비합리적인 것이 아니다. 하지만 신경 과학자들은 중년 뇌의 긍정적인 측면을 발견했다. 중년의 뇌는 복잡한 문제의 세부 사항들을 이해하고 구체적인 답을 찾을 수 있는 강력한 시스템을 발전시킨다. 그것은 젊었을 때보다 감정과 정보를 더 차분하게 관리한다. 실제로 최근의 한 흥미로운 연구는 우리의 뇌가 나이를 먹는 방식이 우리에게 더 넓고 심지어 더 창의적인 관점을 준다는 것을 시사했다. 나이 든 뇌는 또한 연결성을 더 잘 만들어낸다. 그렇다, 나이 든 사람들은 새로운 정보를 완전히 이해하는 데 시간이 더 걸린다. 하지만 그들이 이미 알고 있는 것과 연관된 정보를 만났을 때 그들의 두뇌는 더 빠르게 그리고 더 똑똑하게 작동하는 경향이 있어서 패턴을 파악하고 논리적 결론을 내린다.

① 뇌 노화를 늦추는 방법
② 노화로 인한 문제
③ 운동이 창의성에 미치는 영향
④ 나이 들어가는 뇌의 장점

해설

글의 중심 소재는 나이 들어가는 뇌이다. 글의 앞부분에서는 늙어가는 뇌에 대한 우리의 걱정에 대해서 이야기하고, 여섯 번째 문장에서 신경 과학자들이 나이 든 뇌의 긍정적인 측면을 밝혀냈다고 하면서 반전을 이룬다. 이후 주제문인 일곱 번째 문장에서 나이 든 뇌가 가진 장점을 제시하고 있다. 따라서 이 글의 주제로 가장 적절한 것은 ④ '나이 들어가는 뇌의 장점'이다.

정답 ④

9
다음 중 흐름상 주어진 문장이 들어갈 가장 알맞은 곳은?

Now, what do you think will happen if you connect a light bulb between the nail and the copper wire?

When you combine the lemon, the copper wire, and the nail, two chemical reactions happen: one between the lemon juice and the nail, and the other between the lemon juice and the copper wire. In the first reaction, electrons build up on the nail; in the second, electrons leave the copper wire. The nail gets too crowded with electrons, and the copper wire ends up with too few. (①) Electrons don't like to be in crowded places, so the electrons on the nail want to go over to the copper wire to even things out. (②) But the chemical reactions with the lemon juice are pushing the electrons the other way. (③) The electrons on the nail really want to get to the copper wire, so they'll take the easiest path they can find, and when this closed-loop circuit is created, they flow from the nail to the copper wire through the light bulb. (④) Recall that current is just electrons flowing in a wire; if there is enough current flowing through the light bulb, it lights up!

어휘
connect 연결하다   light bulb 전구   nail 못   copper 구리
combine 결합하다   chemical 화학의   reaction 반응   electron 전자
build up 쌓이다   end up wiry 결국 ~을 가지게 되다
even out 균등하게 맞추다   the other way 반대로
closed-loop circuit 폐쇄 회로   current 전류

해석
레몬, 구리선, 못을 결합하면 두 가지 화학 반응이 일어난다: 첫 번째 반응은 레몬즙과 못 사이에서 일어나며, 두 번째 반응은 레몬즙과 구리선 사이에서 일어난다. 첫 번째 반응에서는 전자가 못에 쌓이고; 두 번째 반응에서는 전자가 구리선을 떠난다. 못은 전자로 너무 붐비고, 구리선은 결국 전자가 부족하게 된다. (①) 전자는 혼잡한 장소에 있는 것을 좋아하지 않으므로, 못에 있는 전자들은 균형을 맞추려고 구리선으로 이동하려고 한다. (②) 하지만 레몬즙과의 화학 반응이 전자를 반대 방향으로 밀어낸다. (③) 이제 못과 구리선 사이에 전구를 연결하면 어떤 일이 일어날지 생각해 보자. 못에 있는 전자들은 구리선으로 매우 가고 싶어 하므로, 찾을 수 있는 가장 쉬운 경로를 취할 것이고, 이런 폐쇄 회로가 만들어지면 전자들은 전구를 통해 못에서 구리선으로 흐른다. (④) 전류란 단순히 전선에서 흐르는 전자라는 것을 기억하라; 만약 전구를 통해 흐르는 전류가 충분하다면, 전구는 불이 들어올 것이다!

해설
주어진 문장은 이제 못과 구리선 사이에 전구를 연결한다고 했으므로, 이 문장의 앞에는 다른 실험에 대한 이야기가 나와야 하고, 이 문장의 뒤에는 못, 전구, 구리선을 연결했을 때의 결과에 대해 설명할 것으로 예측할 수 있다. ③의 앞에서는 레몬, 구리선, 못을 연결했을 때의 결과를 이야기했고, ③의 뒤에서 못에 있는 전자들이 전구를 통해 구리선으로 이동할 것이며 전류량이 충분하면 전구에 불이 켜질 것이라고 했다. 따라서 주어진 문장은 ③에 들어가는 것이 가장 적절하다.

정답 ③

10
밑줄 친 부분에 들어갈 가장 적절한 것은?

You as the parent must try to read children's crying to be able to help them. This will also help you assess your children's perception of your discipline. In many cases, when a child feels that he has been punished wrongly, it is more difficult to console him. Some may cry pathetically and others may receive the punishment in a defiant mood._____, when a child feels guilty and he is not punished or assured of forgiveness, he is likely to feel insecure and timid. In such a case when punished they may cry but quickly compose themselves and seek to attract love from the parent. Children usually want the crisp and clean punishment followed by fellowship rather than living with uncertainty.

① As a result
② For example
③ In other words
④ On the other hand

어휘
read 해석하다   assess 평가하다   perception 인식   discipline 훈육
punish 벌 주다   wrongly 부당하게   console 위로하다
pathetically 애처롭게   defiant 반항적인   mood 태도
guilty 죄책감이 드는   assured 확신하는   forgiveness 용서
insecure 불안한   timid 소심한   compose 가다듬다   attract 끌다
crisp 명확한   fellowship 유대감   uncertainty 불확실성

해석
부모로서 당신은 아이를 돕기 위해서 아이의 울음을 해석하려고 노력해야만 한다. 이것은 또한 당신이 당신의 훈육에 대한 아이의 인식을 평가하는 것을 도울 것이다. 많은 경우, 아이가 부당하게 벌을 받았다고 느낄 때, 아이를 위로하는 것은 더 어렵다. 어떤 아이는 애처롭게 울 수도 있고 다른 아이들은 반항적인 태도로 벌을 받을 수도 있다. 반면에, 아이가 죄책감을 느끼지만 벌을 받지 않거나 용서를 확신하지 못할 때, 그는 불안해하고 소심해질 것이다. 그런 경우에는, 벌을 받으면, 울 수도 있지만 빠르게 자신을 가다듬고 부모의 사랑을 끌기 위해 노력한다. 아이들을 대개 불확실한 상태로 사는 것보다 유대감이 뒤따르는 명확하고 깔끔한 처벌을 원한다.

① 그 결과
② 예를 들어
③ 다시 말해서

해설
글의 중심 소재는 부모의 훈육에 대한 아이들의 인식이다. 밑줄의 앞에서는 부당하게 벌을 받았다고 생각하는 아이들의 행동에 대한 설명이 나오고, 밑줄의 뒤에서는 죄책감을 느끼는 아이의 반응에 대한 설명이 나온다. 밑줄 앞뒤로 서로 다른 맥락의 내용이 나오므로 대조의 의미가 있는 ④ 'On the other hand'가 들어가는 것이 가장 적절하다.

정답 ④

11

밑줄 친 부분 중 어법상 옳지 않은 것은?

The new policy ① has been released by the Transportation Secretary will no longer grant preference to the 10 facilities, because it recognizes that ② given the rapid increase in automated vehicle testing activities in many locations, ③ there is no need for the U.S. Department of Transportation to favor particular locations or ④ to pick winners and losers.

어휘

policy 정책 release 발표하다 secretary 장관 grant 부여하다
preference 특혜 facilities (pl.) 시설 recognize 인지하다
given ~을 고려할 때 automated 자동화된 favor 선호하다

해석

교통부 장관에 의해 발표된 새로운 정책은 10개의 시설에 특혜를 더 이상 부여하지 않을 것인데, 왜냐하면 그 정책이 많은 지역에서 자동화 차량 테스트 활동이 급격히 증가하고 있다는 점을 고려할 때, 미국 교통부가 특정 지역을 선호하거나 승자와 패자를 가릴 필요가 없다는 점을 인지했기 때문이다.

해설

① [문법포인트] 문장의 구성 The new ~ Secretary 명사구가 문장의 주어이고 will grant가 문장의 동사이므로, release는 동사형인 현재완료의 형태로 사용될 수 없다. 분사가 명사의 뒤에 놓여 명사를 수식하는데, release의 목적어가 없으므로 과거분사의 형태인 released가 올바르다. (has been released → released)

② [문법포인트] 전치사의 목적어 무인칭 독립분사구문이었던 given은 전치사로 사용되므로 바로 뒤에 명사구인 the rapid increase가 바르게 쓰였다.

③ [문법포인트] 주어 – 동사 수 일치 주어인 no need가 불가산명사이므로 동사의 단수형이 바르게 사용되었다.

④ [문법포인트] 등위접속사의 병렬 구조 등위접속사 or가 to favor와 to pick을 병렬로 바르게 연결하고 있다.

정답 ①

[12~14] 밑줄 친 부분에 들어갈 말로 가장 적절한 것을 고르시오.

12

The _____ tribe traveled across vast deserts as they relied on seasonal migrations to find new water sources and grazing land for their herds.

① complacent
② carnivorous
③ nomadic
④ sedentary

어휘

travel across ~을 가로지르다 vast 광활한 rely on ~에 의존하다
migration 이주 grazing land 방목지 herd 가축 떼
complacent 현실에 안주하는 carnivorous 육식의 nomadic 유목의
sedentary 앉아 지내는

해석

유목 부족은 새로운 수원과 가축 떼를 위한 방목지를 찾기 위해 계절에 따른 이주에 의존하면서 광활한 사막을 가로질렀다.

정답 ③

13

The collection of ancient manuscripts and artifacts, which were discovered during the recent excavation, _____ texts written in several forgotten languages.

① consist of
② consists of
③ are consisted of
④ is consisted of

어휘

collection 모음 ancient 고대의 manuscript 필사본 artifact 유물
excavation 발굴 forgotten 잊힌 consist of ~로 구성되다

해석

최근 발굴 중에 발견된 고대 필사본과 유물들의 모음은 여러 잊힌 언어로 쓰인 문서들로 구성되어 있다.

해설

[문법포인트] 동사의 유형별 수동태 / 주어 – 동사 수 일치 consist는 자동사로 전치사 of와 함께 쓰면 목적어를 취하여 '~으로 이루어지다'라는 뜻을 표현한다. 하지만 consist of는 수동태 불가 동사이므로 수동태인 ③과 ④는 답이 될 수 없다. 문장의 핵심 주어가 단수 명사인 collection이므로 단수 동사인 ② consists of가 정답이다.

정답 ②

14

Alice Walker: Are you coming to the team-building event on Friday?
Ben Affleck: It depends on what the plan for it is.
Alice Walker: It's a mix of indoor and outdoor activities, followed by a lunch.
Ben Affleck: Nice! Do I need to bring anything?
Alice Walker: Nothing much, maybe a water bottle. _____.
Ben Affleck: Do you really see me as someone who's never on time?
Alice Walker: Let's just say being on time isn't your greatest strength.

① I'm expected to arrive by 9 AM at the very latest
② I heard the lunch will be served in a buffet style
③ They won't wait for latecomers, so don't be late
④ There will be a quick orientation at the start

어휘

Let's just say 그냥 ~라고 해두자   expect 예상하다
at the very latest 늦어도   latecomer 지각한 사람

해석

Alice Walker: 금요일에 있는 팀 단합 행사에 올 거야?
Ben Affleck: 행사 계획이 어떻게 되느냐에 따라 달렸지.
Alice Walker: 실내외 활동이 혼합된 프로그램이고, 그다음에 점심이 있어.
Ben Affleck: 좋네! 내가 뭔가 가져가야 해?
Alice Walker: 별로 없고, 물병 정도만 가져오면 돼. 지각한 사람은 기다리지 않는다고 하니까, 늦지 마.
Ben Affleck: 나를 시간을 절대 안 지키는 사람이라고 정말 생각하는 거야?
Alice Walker: 시간 엄수가 네 최대 장점은 아니라고만 말해둘게.

① 나는 늦어도 아침 9시까지는 도착해야 할 것 같아
② 점심은 뷔페 스타일로 제공된다고 들었어
④ 시작할 때 간단한 오리엔테이션이 있을 거야

정답 ③

[15~16] 다음 글을 읽고 질문에 답하시오.

(A)

In today's rapidly advancing digital landscape, many seniors face challenges when it comes to using technology. They may feel disconnected from family, friends, and important services due to a lack of familiarity with digital tools. This gap can create frustration and limit their ability to fully engage with the world around them. To help bridge this divide, we are offering a one-week program to equip seniors with essential computer and smartphone skills.

The program will cover key topics such as using social media, sending emails, making video calls, and setting up useful smartphone applications. Skilled instructors will provide hands-on assistance and personalized guidance.

- Date: February 20 – February 26
- Location: Community Center, Room 204
- Registration: Visit www.techsenior.org/register or call 987-654-3210.
- Requirements: Open to all seniors aged 60 and above

We encourage all interested seniors to join us for a week of learning and connection, making technology accessible and enjoyable for everyone. The program fee is $40, with a 50% discount available for participants aged 70 and above.

15
(A)에 들어갈 윗글의 제목으로 가장 적절한 것은?
① Building Digital Skills for the Elderly
② Understanding Advanced Technology for Seniors
③ Comprehensive Online Education for Seniors
④ Empowering Connections with Technology

16
위 안내문의 내용과 일치하지 않는 것은?
① 노인을 위한 일주일간의 교육 프로그램이 제공된다.
② 이메일 주고받기와 화상 통화 사용법이 교육 내용에 포함된다.
③ 프로그램에서 강사들이 개인의 수준에 맞게 교육할 것이다.
④ 60세 이상의 노인들의 수강료는 50프로 할인되어 $40이다.

어휘

rapidly 빠르게   advance 발전하다   landscape 환경   senior 노인
when it comes to ~에 관해서   disconnected 단절된   familiarity 익숙함
gap 격차   engage with ~와 관계를 맺다   be equipped with ~을 갖추다
bridge the divide 간극을 메우다   cover 다루다   set up ~을 설정하다
instructor 강사   assistance 지원   personalized 맞춤형의
guidance 지도   register 등록하다   requirement 자격
encourage 권하다   accessible 이용 가능한   fee 요금
participant 참가자   comprehensive 종합적인   empower 강화하다

해석

(A) 노인을 위한 디지털 능력 구축

오늘날 빠르게 발전하는 디지털 환경에서 많은 노인들이 기술 사용에 관해서 어려움을 겪고 있습니다. 디지털 도구에 익숙하지 않아서 가족, 친구, 그리고 중요한 서비스와 단절된 느낌을 받을 수 있습니다. 이러한 격차는 좌절감을 일으킬 수 있으며, 주변 세계와 완전히 관계를 맺을 수 있는 능력을 제한할 수 있습니다. 이 간극을 메우는 것을 돕기 위해서 우리는 노인분들이 필수적인 컴퓨터 및 스마트폰 기술을 갖출 수 있도록 하는 일주일짜리 프로그램을 제공하고 있습니다.

이 프로그램은 소셜 미디어 사용하기, 이메일 보내기, 영상 통화하기, 유용한 스마트폰 애플리케이션 설정하기와 같은 중요한 주제를 다룰 것입니다. 숙련된 강사들이 실습 지원과 맞춤형 지도를 제공할 것입니다.

- 날짜: 2월 20일 – 2월 26일
- 장소: 커뮤니티 센터, 204호
- 등록: www.techsenior.org/register를 방문하거나 987-654-3210으로 전화하세요
- 참가 자격: 60세 이상 모든 노인분들

모든 관심 있는 노인분들이 일주일 동안 배움과 연결에 참가하기를 권해드리며, 모두에게 기술을 이용 가능하고 즐겁게 만들어 드립니다. 프로그램 비용은 40달러이며, 70세 이상 참가자에게는 50% 할인 혜택이 제공됩니다.

15 ② 노인을 위한 고급 기술 이해
③ 노인을 위한 종합 온라인 교육
④ 기술로 연결을 강화하기

해설

15 첫 번째 문장에서 노인들이 디지털 기술 사용에 있어서 어려움을 겪는다고 했고, 네 번째 문장에서 노인들에게 필수적 기술을 가르쳐주는 프로그램을 제공한다고 안내했다. 그리고 이후의 글에서 이 프로그램에 대해 자세한 설명을 하고

있으므로 글의 제목으로 적절한 것은 ① '노인을 위한 디지털 능력 구축'이다.

16 ④ 글의 마지막 문장에서 프로그램 비용이 40달러이고, 70세 이상은 50%를 할인해준다고 했으므로 글의 내용과 일치하지 않는다.
① 첫 번째 문단 네 번째 문장에서 일주일짜리 프로그램을 제공한다고 했으므로 글의 내용과 일치한다.
② 두 번째 문단 첫 번째 문장에서 이메일과 화상 통화를 다룬다고 했으므로 글의 내용과 일치한다.
③ 두 번째 문단 두 번째 문장에서 맞춤형 지도를 제공한다고 했으므로 글의 내용과 일치한다.

정답 15 ① 16 ④

17
HomeDesign 앱에 관한 다음 글의 내용과 일치하지 않는 것은?

> **HomeDesign**
>
> Use the new HomeDesign app to decorate and remodel your home. This app helps users visually plan their spaces and explore various interior design styles. One of the key features of HomeDesign is the virtual reality tool, allowing users to simulate their homes in 3D and preview furniture arrangements. Additionally, based on user feedback, HomeDesign plans to add DIY project guides in the future. The app can be downloaded from the app store, and users can access additional resources and tips through the website.

① Users can simulate their homes in 3D.
② The DIY project guides allow users to create furniture.
③ The app can be downloaded from the app store.
④ More resources are available on the website.

어휘
decorate 장식하다 visually 시각적으로 virtual reality 가상현실
arrangement 배치 access 이용하다

해설

HomeDesign

집을 장식하고 리모델링하기 위해 새로운 HomeDesign 앱을 사용해 보세요. 이 앱은 사용자가 공간을 시각적으로 계획하고 다양한 인테리어 스타일을 탐색할 수 있도록 도와줍니다. HomeDesign의 주요 기능 중 하나는 가상현실(VR) 도구로, 사용자가 3D로 집을 시뮬레이션하고 가구 배치를 미리 볼 수 있게 합니다. 또한, 사용자 피드백을 바탕으로 HomeDesign은 앞으로 DIY 프로젝트 가이드를 추가할 계획입니다. 앱은 앱스토어에서 다운로드할 수 있으며, 사용자는 웹사이트를 통해 추가적인 자료와 팁을 이용하실 수 있습니다.

① 사용자는 3D로 자신의 집을 시뮬레이션할 수 있다.
② DIY 프로젝트 가이드는 사용자가 가구를 만들 수 있도록 돕는다.
③ 앱은 앱스토어에서 다운로드할 수 있다.
④ 더 많은 자료는 웹사이트에서 확인할 수 있다.

해설
② 네 번째 문장에서 DIY 프로젝트 가이드를 추가할 계획이라고 했지만, 그것이 가구를 만들 수 있게 한다는 것은 언급되지 않았으므로 글의 내용과 일치하지 는다.
① 세 번째 문장에서 가상현실 도구를 사용해서 자신의 집을 3D로 시뮬레이션할 수 있다고 했으므로 글의 내용과 일치한다.
③ 마지막 문장에서 앱스토어에서 앱을 다운로드할 수 있다고 했으므로 글의 내용과 일치한다.
④ 마지막 문장에서 웹사이트에서 추가 자료들과 팁을 얻을 수 있다고 했으므로 글의 내용과 일치한다.

정답 ②

18
다음 글의 제목으로 가장 적절한 것은?

> The body is like a symphony where thousands of metabolic actions are orchestrated into harmony through the constant finetuning of conscious (e.g. exercise) and subconscious (e.g. digestion) instructions. When the harmony is broken, the body sends us information, signals and symptoms in very direct and obvious ways. It is necessary that we pay attention to these signals instead of viewing them as burdens in our life. If we ignore or suppress health symptoms, they will become progressively louder and more extreme as the body attempts to capture our attention. When the oil light comes on in our car, do we disconnect the light, or do we take the car in for service? We usually take our car to the shop at the first sign of trouble. However, when it comes to our health, how many of us wait until the situation becomes serious before taking action?

① Less Driving, Better Health
② Don't Put Burdens on Your Mind
③ Listen to the Signals from Your Body
④ The Human Body: Art in Performance

어휘
symphony 교향곡 metabolic 대사의 orchestrate 조직하다
constant 끊임없는 fine-tune 미세 조정하다 conscious 의식적인
subconscious 무의식적인 digestion 소화 instructions (pl.) 지시
symptom 증상 obvious 분명한 ignore 무시하다 suppress 억압하다
progressively 점차적으로 extreme 극단적인 oil light 오일 경고등
attempt 시도하다 take action 조치를 취하다

해설
우리의 몸은 의식적이고(예: 운동) 무의식적인(예: 소화) 지시들의 끊임없는 미세 조정을 통해 수천 개의 대사 작용이 조화를 이루도록 조직되어 있는 교향곡과 같다. 이 조화가 깨질 때, 몸은 매우 직접적이고 명확한 방식으로 우리에게 정보, 신호, 그리고 증상을 보낸다. 우리는 이러한 신호를 삶의 짐으로 여기는 대신, 이 신호에 주의를 기울일 필요가 있다. 만약 우리가 건강상의 증상을 무시하거나 억압하면, 몸은 우리의 관심을 끌기 위해서 그것들은 점점 더 크고 극단적이게 될 것이다. 자동차의 오일 경고등이 커지면, 우리는 경고등을 끄는가, 아니면 차를 점검소에 가져가는가? 우리는 보통 첫 번째 문제 신호에 자동차를 정비소에 가져간다. 그러나 우리의 건강에 관해서는, 얼마나 많은 사람들이 상황이 심각해질 때까지 기다렸다가 조치를 취하는가?

① 운전을 줄이면 더 건강해진다
② 마음에 짐을 지우지 마라
③ 몸에서 보내는 신호를 들어라
④ 인간의 몸: 실행의 예술

해설

글의 중심 소재는 몸이 보내는 건강 신호이고, 주제문은 세 번째 문장으로 우리가 건강 신호들에 주의를 기울여야 한다는 것이다. 몸의 조화가 깨졌을 때 우리 몸은 신호를 보내는데 이것을 무시하면 이 신호들은 점점 더 커지고 극단적이 될 것이라고 했다. 글의 후반부에서 차의 예시를 들어서, 차에 이상 신호가 들어오면 바로 정비소로 가져가는데, 몸에 이상 신호가 생겼을 때 사람들이 그것을 무시한다는 것을 이야기한다. 그러므로 글의 제목으로 가장 적절한 것은 ③ '몸에서 보내는 신호를 들어라'이다.

정답 ③

19

주어진 문장이 들어갈 위치로 적절한 곳은?

> Another key to this rapidly changing economy of the early Industrial Revolution was a new organizational strategy to increase productivity.

> The start of the American Industrial Revolution is often attributed to Samuel Slater, who opened the first industrial mill in the United States in 1790. His technology greatly increased the speed with which cotton thread could be spun into yarn. (①) While he introduced a vital new technology to the United States, the economic takeoff of the Industrial Revolution required several other elements before it would transform American life. (②) This had begun with the "outwork system" whereby small parts of a larger production process were carried out in numerous individual homes. (③) This organizational reform was especially important for shoe and boot making. (④) However, the chief organizational breakthrough of the Industrial Revolution occurred in its transition to the "Factory System," where work was performed on a large scale in a single centralized location.

어휘

rapidly 빠르게   organizational 조직의   strategy 전략
productivity 생산성   attribute A to B A가 B에서 기인한다고 여기다
mill 공장   cotton thread 면사   spin 방직하다   yarn 굵은 실   vital 중요한
takeoff 초기 단계   element 요소   whereby 그것으로 인해
carry out ~을 수행하다   numerous 수많은   reform 개혁
breakthrough 획기적인 발전   occur 일어나다   transition 전환
centralized 중앙 집중화된

해석

미국 산업혁명의 시작은 종종 1790년에 미국 최초의 산업 공장을 세운 새뮤얼 슬레이터에게 기인한다고 여겨진다. 그의 기술은 면사가 굵은 실로 방직되는 속도를 크게 증가시켰다. (①) 그가 미국에 중요한 신기술을 도입했지만, 산업혁명의 경제적인 초기 단계가 미국인의 삶을 변화시키기 전에 몇 가지 다른 요소들이 필요했다. (②) 초기 산업혁명의 빠르게 변하는 경제에서 또 하나의 핵심은 생산성을 높이기 위한 새로운 조직 전략이었다. 이것은 '외주 시스템(outwork system)'과 함께 시작되었는데, 그것으로 인해 더 큰 생산 과정의 작은 부분들은 수많은 개인의 가정에서 수행되었다. (③) 이 조직 개혁은 특히 신발과 부츠 제작에 중요했다. (④) 그러나 조직의 산업혁명 최고의 획기적인 발전은 그것의 '공장 시스템'으로의 전환에서 일어났는데, 여기서 작업이 단일 중앙 집중화된 장소에서 대규모로 수행되었다.

해설

주어진 문장에서 미국 산업혁명의 또 하나의 핵심 요소는 조직 전략이라고 했으므로, 이 문장의 앞에는 미국 산업혁명의 다른 핵심 요소가 제시되어야 하는 것을 추측할 수 있다. 또한 주어진 문장의 뒤에는 조직 전략에 대한 부연 설명이 이어지는 것이 자연스럽다. ②의 앞에서는 신기술이라는 요소를 설명하고, 이후 다른 요소도 필요하다고 말한다. ②의 다음 문장은 This로 시작이 되는데, 이 this가 문맥상 주어진 문장의 Another key(new organizational strategy)임을 알 수 있다. 그리고 이후 외주 시스템에서 공장 시스템으로의 변화를 조직 전략으로 제시하고 있으므로 주어진 문장이 ②에 들어가는 것이 적절하다.

정답 ②

20

밑줄 친 부분에 들어갈 말로 가장 적절한 것은?

> Festivals are significant cultural events that showcase tradition, heritage and community spirit globally. They serve as opportunities to celebrate diversity, with each festival reflecting unique traditions like Brazil's Carnival or India's Diwali. Festivals also commemorate historical moments, such as Independence Day in the US or Bastille Day in France. Additionally, they preserve customs and rituals that strengthen personal and cultural identity, while fostering strong community ties through shared activities. Festivals reflect societal values, promote local crafts and arts, enhance spirituality, and attract tourism, which facilitates cultural exchange and understanding. Seasonal festivals, like Holi in India, align with natural cycles, celebrating times of renewal. Ultimately, participating in festivals reinforces community and individual identity, contributing to a global narrative that _____.

① makes the participants forget their daily concerns and pains
② values diversity and encourages mutual respect and understanding
③ allows people to break the link between personal life and social life
④ keeps the festivals from determining how people think about themselves

어휘

significant 중요한   showcase 보여주다   tradition 전통   heritage 유산

diversity 다양성   **reflect** 반영하다   **unique** 고유한
commemorate 기념하다   **preserve** 보존하다   **custom** 관습   **ritual** 의식
identity 정체성   **foster** 조성하다   **tie** 유대   **societal** 사회의   **craft** 공예
enhance 강화하다   **spirituality** 영성   **attract** 유치하다
facilitate 가능하게 하다   **align** 일치하다   **renewal** 부활
ultimately 궁극적으로   **participate** ~에 참가하다   **reinforce** 강화하다
contribute 기여하다   **narrative** 서사   **participant** 참가자
encourage 장려하다   **mutual** 상호적인   **respect** 존경
determine 결정하다

해석
축제는 전통, 유산, 그리고 공동체 정신을 전 세계적으로 보여주는 중요한 문화 행사이다. 축제는 다양성을 축하하는 기회의 역할을 해서, 각각의 축제는 브라질의 카니발이나 인도의 디왈리처럼 고유한 전통을 반영한다. 축제는 또한 미국의 독립기념일이나 프랑스의 바스티유 데이와 같은 역사적 순간을 기념한다. 게다가, 그것들은 개인과 문화의 정체성을 강화하는 관습과 의식을 보존하며, 동시에 공동 활동을 통해 강한 공동체 유대를 조성한다. 축제는 사회적 가치를 반영하고, 지역 공예와 예술을 장려하며, 영성을 강화하고, 관광을 유치하는데, 이는 문화적 교류와 이해를 가능하게 한다. 인도의 홀리와 같은 계절 축제는 자연의 순환과 일치하며, 부활의 시간들을 축하한다. 궁극적으로, 축제에 참여하는 것은 공동체와 개인의 정체성을 강화하며, 다양성을 가치 있게 여기고 상호 존중과 이해를 장려하는 세계적인 서사에 기여한다.

① 참가자들이 일상의 걱정과 고통을 잊게 하는
③ 사람들이 개인 생활과 사회생활의 연결을 끊을 수 있게 하는
④ 축제가 사람들이 자신에 대해 생각하는 방식을 결정하지 못하도록 하는

해설
글의 중심 소재는 축제의 역할이고 주제문은 첫 번째 문장으로 축제가 매우 중요한 문화 행사라고 한다. 여러 축제의 예시를 통해서 축제가 전통을 반영하고 다양성을 축하하며, 역사적 순간을 기념하며, 문화적 교류와 이해를 가능하게 한다고 했다. 빈칸이 있는 문장은 예시를 바탕으로 주제문을 보강하고 있기 때문에 글의 내용을 아우를 수 있는 ② '다양성을 존중하며 상호 존중과 이해를 장려하는'이 적절하다.

정답 ②

MEMO

MEMO

MEMO

MEMO

2025 이동기 영어 하루프로젝트 — 실전 Vol.1

Study Plan

WEEK 1
- Day 01 _____ /10
- Day 02 _____ /10
- Day 03 _____ /10
- Day 04 _____ /10

WEEK 2
- Day 05 _____ /10
- Day 06 _____ /10
- Day 07 _____ /10
- Day 08 _____ /10

WEEK 3
- Day 09 _____ /10
- Day 10 _____ /10
- Day 11 _____ /10
- Day 12 _____ /10

WEEK 4
- Day 13 _____ /10
- Day 14 _____ /10
- Day 15~16 _____ /20

WEEK 5
- Day 17 _____ /10
- Day 18 _____ /10
- Day 19 _____ /10
- Day 20 _____ /10

WEEK 6
- Day 21 _____ /10
- Day 22 _____ /10
- Day 23 _____ /10
- Day 24 _____ /10

WEEK 7
- Day 25 _____ /10
- Day 26 _____ /10
- Day 27 _____ /10
- Day 28 _____ /10

WEEK 8
- Day 29 _____ /10
- Day 30 _____ /10
- Day 31~32 _____ /20

Day 01

[1 ~ 3] 밑줄 친 부분에 들어갈 말로 가장 적절한 것을 고르시오.

1.
> The witness's testimony seemed to _____ the evidence presented by the prosecution, leading to further confusion in the trial.

① confirm ② enhance
③ contradict ④ support

2.
> Before the family gathered to celebrate her 20th wedding anniversary, she had her house thoroughly _____ to perfection.

① clean and prepare
② cleaned and prepared
③ cleaning and preparing
④ was cleaned and prepared

3.

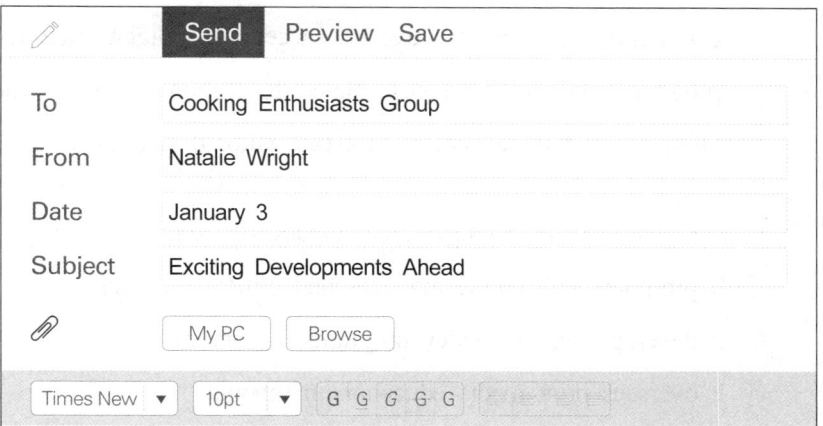

Daniel Rogers: I recently ordered a Wellness Kit from your service, but I haven't received it yet. Can you help? 10:42

ZenBox Customer Support: I'm sorry to hear that! Could I have your order number to check the status? 10:42

Daniel Rogers: Sure, it's #34251. 10:43

ZenBox Customer Support: Thanks for that information. It seems your kit is delayed due to unexpected demand. 10:44

Daniel Rogers: _____? 10:45

ZenBox Customer Support: It should arrive within the next two days. I'll keep you updated. 10:45

① How soon can I expect the delivery
② Is it possible to get a refund right now
③ Will I receive an additional item as compensation
④ When did the shipping delay begin

4. 밑줄 친 부분 중 어법상 옳지 않은 것은?

> Securing a residence in one of America's luxurious coastal cities ① has historically been unattainable, even for ② the rich. However, recent trends indicate that property values in two of the trendiest beach towns have decreased notably over the past year. In the popular surf spot of Malibu in California, prices ③ have dropped by 7.5%, according to a recent report. Meanwhile, in the exclusive neighborhood of The Hamptons known for being one of the priciest areas in the US, prices ④ declining by 4.3%.

[5 ~ 6] 다음 글을 읽고 물음에 답하시오.

To: Cooking Enthusiasts Group
From: Natalie Wright
Date: January 3
Subject: Exciting Developments Ahead

Dear Cooking Enthusiasts,

I hope all is well with you. I wanted to connect with you regarding our recent activities. As a member of the Cooking Enthusiasts Group, I'm eager to hear your thoughts and insights.

I'm particularly interested in your impressions of our last gathering, where we tried some new recipes. Your feedback will be <u>invaluable</u> in helping us improve future events and ensure that everyone has an enjoyable experience. Any suggestions would be greatly appreciated.

Please take a moment to share your feedback with me. Thank you for your participation, and I look forward to hearing from you soon.

Best regards,
Natalie Wright

5. 윗글의 목적으로 가장 적절한 것은?
① 지난달 요리 모임의 참가자 명단을 요청하려고
② 지난달 요리 모임에 대한 의견을 요청하려고
③ 다음 달 요리 모임의 일정 변경을 공지하려고
④ 다음 달 요리 모임의 주제를 제안하려고

6. 밑줄 친 "invaluable"의 의미와 가장 가까운 것은?
① worthless ② priceless
③ negligible ④ limited

7. 다음 글의 내용과 일치하는 것은?

Office of Digital Literacy (ODL) Responsibilities

The ODL is the primary agency dedicated to enhancing digital skills among residents of all ages. Its responsibilities include offering training programs in digital tools, providing resources for online safety, and promoting critical thinking in digital media consumption. The ODL's mission is to ensure that individuals can navigate the digital landscape effectively and responsibly. It also collaborates with local libraries and community centers to expand access to digital literacy programs. When challenges related to technology arise, the ODL works with educators to create tailored solutions.

① It focuses on improving digital literacy of experts.
② It promotes safe online practices and critical thinking.
③ It develops digital literacy programs for libraries.
④ It oversees print media education in schools.

8. 다음 주어진 문장 다음에 이어질 글의 순서로 가장 적절한 것은?

For at least a century, psychologists have assumed that terrible events — such as losing a loved one to death or becoming the victim of a crime — must have a powerful, devastating, and enduring impact on those who experience them.

(A) In other words, while most bereaved people are quite sad for a while, very few become chronically depressed and most experience relatively low levels of relatively short-lived distress.

(B) But recent research suggests that the absence of grief is quite normal, and that rather than being the fragile flowers a century of psychologists have made us out to be, most people are surprisingly resilient.

(C) This assumption has been so deeply embedded in our conventional wisdom that people who don't have dire reactions to events such as these are sometimes diagnosed as having a pathological condition known as "absent grief."

① (B) − (A) − (C) ② (B) − (C) − (A)
③ (C) − (A) − (B) ④ (C) − (B) − (A)

9. 다음 글의 제목으로 가장 적절한 것은?

Illustrations in picture books invite children to engage with the text and motivate them to find hidden objects or predict what will happen next. Young children enjoy activities like hide-and-seek, which enhances their excitement when exploring pictures. Picture books can effectively promote creativity by allowing children to use their imaginations to interpret and create mental representations of stories. They often connect illustrations to their life experiences, constructing meaning based on their background knowledge. For instance, in David Wiesner's *Tuesday*, the limited text provides a time frame, while the illustrations invite readers to predict the pigs' future adventures. This interactive element encourages children to invent their own stories and develop unique interpretations of plots, settings, and characters. By doing so, picture books foster creativity, critical thinking, and a love for reading that can last a lifetime. Ultimately, these stories help shape children's understanding of narrative while providing a rich foundation for their imaginative play and exploration.

① The Miracle of Storytelling
② The History of Picture Books
③ Why Early Education Matters
④ The Roles of Illustrations in Picture Books

10. 밑줄 친 부분에 들어갈 말로 가장 적절한 것은?

One important feature of perceptions is that they are rarely exact copies of the real world. To study how _____, researchers asked 20 college students who liked rock music and 20 who disliked it to listen to a 10-second sample of rock music. Then, the subjects in each group were asked to adjust the volume of the rock-music sample to match different levels of intensity, ranging from very soft to extremely loud. Researchers reported that subjects who liked rock music consistently set the volume louder than the reference level, while subjects who disliked rock music consistently set the volume lower.

① experience can bias our perceptions
② perceptions can affect musical preferences
③ our perceptions can distort consistent behavior
④ expertises in music can influence performances

Day 02

[1 ~ 3] 밑줄 친 부분에 들어갈 말로 가장 적절한 것을 고르시오.

1. The community praised the philanthropist for his _____ efforts, which included funding education programs and supporting local charities.

   ① selfish
   ② benevolent
   ③ negligent
   ④ hostile

2. When asked, he said he didn't know _____.

   ① who had broken the window
   ② had who broken the window
   ③ who had been broken the window
   ④ had who been broken the window

3. A: I had such a hard time keeping up with the project schedule last week. Everything kept getting delayed, and it was really stressful.
   B: I've had a similar experience. So, I shifted my focus to more important tasks.
   A: How did you do that?
   B: I focused on the urgent tasks first and delegated the rest to my team members.
   A: _____
   B: It made things much more efficient. I got the important things done early, and handling the less urgent ones more slowly eased the pressure.
   A: That sounds like a good idea. I'll try that next time!

   ① Did you aim for perfection in every task?
   ② I know project delays can be really stressful.
   ③ Did that have any effect on the situation?
   ④ Urgent issues can make you miss smaller details.

4. 밑줄 친 부분 중 어법상 옳지 않은 것은?

   Coral reefs ① have also been sacrificed by the tourist industry. Coral and shells are hot tourist commodities, and ② they have been collected in large quantities for sale to souvenir-hungry tourists. The most violent assault on the reefs ③ has come from nuclear testing. France, for example, has exploded more than 100 nuclear devices in Polynesian waters once rich with coral reefs that ④ are rapidly disappeared.

[5 ~ 6] 다음 글을 읽고 물음에 답하시오.

(A)

We are excited to announce the Community Career Fair! This event provides a platform for job seekers and employers to connect, offering a variety of career opportunities across multiple industries. Whether you're looking for a new job or considering a career change, this fair is the perfect place to start!

Event Details
- When: Saturday, March 10 – Sunday, March 11
- Where: Vista Venue, 300 Foxglove St.

Event Highlights
- Employer Booths
  Meet with recruiters from various companies, learn about job openings, and submit your resume on the spot.
- Workshops and Panels
  Attend informative sessions on resume writing, interview skills, and networking strategies to enhance your job search.

For more information, visit www.communitycareerfair.org or call us at (222) 555-0198.

5. (A)에 들어갈 윗글의 제목으로 가장 적절한 것은?

   ① Discover Your Dream Job Opportunities
   ② Network with Industry Professionals
   ③ Enhance Your Resume and Interview Skills
   ④ Participate in a Community Volunteer Day

6. 위 안내문의 내용과 일치하지 않는 것은?

   ① 구직자들이 서로 소통할 수 있는 기회가 제공된다.
   ② 이틀 동안 진행되는 행사이다.
   ③ 다양한 기업에 이력서를 제출할 수 있다.
   ④ 면접 기술에 대한 세션이 있다.

7. Dengue Fever Overview에 관한 다음 글의 내용과 일치하지 않는 것은?

Dengue Fever Overview

Dengue fever is a serious mosquito-borne viral infection that poses a significant global health threat, particularly in tropical regions. The World Health Organization (WHO) has identified dengue as a major health concern due to ongoing outbreaks worldwide. The disease, caused by any of four related viruses, ranges from mild symptoms to severe cases requiring hospitalization and can even be fatal. Dengue epidemics often follow seasonal patterns, peaking during and after rainy seasons when mosquito populations are high. Environmental factors, such as temperature, humidity, and precipitation, along with challenges in mosquito control and staffing, contribute to its spread.

① Dengue fever is a infectious disease caused by a virus.
② Dengue epidemics are ongoing and occurring globally.
③ The spread of dengue fever is affected by rainfall and humidity.
④ Mosquito control is responsible for the spread of dengue fever.

8. 주어진 문장이 들어갈 위치로 가장 적절한 것은?

There is only one unit in the brain, the neuron, which must somehow carry out both functions.

The basic structure of a digital computer consists of a central processing unit (CPU) and a memory store. The CPU retrieves items from memory, carries out a sequence of operations, such as addition and subtraction, and then transfers the result back to memory. (①) The brain, however, is organized very differently. (②) For one thing, there is no obvious distinction in the brain between the processing of information and its storage. (③) When a neuron is stimulated, it produces an electrical impulse that is transmitted along the long part of the cell called the axon. (④) When this impulse arrives at the axon terminal, it causes the release of neuro-transmitter chemicals that move across the synaptic gap to the next neuron in the chain. The arrival of these neurotransmitters causes the second neuron to produce an electrical impulse, and so on.

* axon: 축삭 돌기

9. 밑줄 친 부분에 들어갈 말로 가장 적절한 것은?

Social relationships variables represent the social connections and interpersonal interactions among people that influence media effects. Communication researches noted that people play a role in the flow of mass communication. Interested people pay attention to specialized media and pass along that information to others to whom they are socially connected. Social relationships variables are also represented in the influential role of the social context of media exposure. The social facilitation hypothesis suggests that people enjoy media content more in group settings than when alone. Television producers have recognized the impact of an audience on enjoyment and routinely add studio audience applause and laugh tracks to programs. These elements may increase enjoyment because they help reduce uncertainty about whether something is supposed to be funny, hence _____.

① focus on the specialized media
② deliver the information to others
③ enjoy the media content and laugh
④ reinforce in-group cohesion

10. 다음 글의 주제로 가장 적절한 것은?

Obesity has a strong genetic component, and this plays an important role in explaining why a given individual is obese. But genetic characteristics in the population change very slowly, and so they clearly cannot explain why obesity has increased so rapidly in recent decades. Researchers have instead sought to explain obesity by looking at technological changes, changes in consumer habits, and changes in the social environment. Economists have taken the lead in these efforts. According to them, technological advances in agriculture have caused grocery prices to fall, and these declines have caused consumers to demand more groceries. The increase of food consumption has contributed to a surge in caloric intake that can account for as much as 40 percent of the increase in the body mass index of adults since 1980.

① reasons for recent rapid growth in obesity
② worldwide efforts to reduce caloric intake
③ risks overweight people might struggle with
④ the main culprit of increased food consumption

Day 03

[1 ~ 3] 밑줄 친 부분에 들어갈 말로 가장 적절한 것을 고르시오.

1. Her poem conveyed a deep _____ of longing and melancholy, reflecting her personal experiences.

   ① sentiment ② statistics
   ③ experiment ④ technique

2. By the time you _____ your product to the market, many competitors will have already entered the market.

   ① will have introduced ② is introducing
   ③ will introduce ④ introduce

3.

Alice Halland: Hi, I need an oil change for my car. Are you able to do it today?
10:42

City Auto Repair: Yes, we can fit you in this afternoon. Could you bring the car by at 3 PM?
10:42

Alice Halland: Sure, I'll be there. Also, I noticed my tires look worn out.
10:43

City Auto Repair: We can inspect them for you and recommend replacements if needed.
10:44

Alice Halland: _____?
10:45

City Auto Repair: It depends on the tire type, but usually it's around $80 each.
10:45

① How much would new tires cost
② How long does an oil change take
③ Are there any additional free checks
④ Will I need to pay for the oil up front

4. 밑줄 친 부분 중 어법상 옳지 않은 것은?

The study of the effects of climate change ① has become increasingly urgent, as they become more evident. Scientists now observe significant changes in weather patterns, which affect ecosystems worldwide. With a growing amount of evidence ② highlighted the impact of human activity, many researchers advocate immediate action. These findings ③ are presented at various global forums, emphasizing the need for collaboration. Addressing climate change requires understanding the complex interactions within our environment, making it essential ④ for all stakeholders to engage in sustainable practices.

[5 ~ 6] 다음 글을 읽고 물음에 답하시오.

Educational Resources Office

Purpose

Our office provides support programs for both students and educators to enhance the quality and accessibility of educational resources. We work closely with schools and academic institutions to ensure resources meet current educational standards and promote lifelong learning.

Goals

We aim to increase access to quality educational materials, support online and in-person learning environments, and encourage active engagement from educators and students alike. By fostering collaboration among educational institutions, we work to build a learning experience that is both congruous and inclusive.

Principles

- Inclusivity & Accessibility: We prioritize resources that cater to diverse learning needs and promote equal opportunities for all students.
- Continuous Improvement: We continually assess and upgrade our resources to stay aligned with evolving educational trends and student needs.

5. 윗글에서 Educational Resources Office에 관한 내용과 일치하는 것은?

① It innovates existing educational standards for lifelong learning.
② It supports face-to-face learning environments over online ones.
③ It respects institutional individuality to unify learning experiences.
④ It evolves resources to match changing educational trends and needs.

6. 밑줄 친 congruous의 의미와 가장 가까운 것은?

① ancillary ② intense
③ harmonious ④ contrasting

7. 다음 글의 목적으로 가장 적절한 것은?

To: poetry@litfestival.com
From: organizer@litfestival.com
Date: April 12, 2024
Subject: Important information for participants

Dear Poetry Enthusiasts,

We are thrilled to welcome you to this year's Poetry Recitation Competition. To ensure a smooth and enjoyable experience, please review the following:

- Choose a meaningful poem and practice with emotion.
- Memorize the poem to keep it engaging.
- Focus on pace, tone, and volume for impact.
- Dress well to enhance your presentation.
- Arrive 30 minutes early to check in and relax.

Visit our website to learn more about judging criteria and tips from previous winners. With passion and preparation, we believe you can captivate the audience and judges alike. Best of luck!

Warm regards,
Literary Festival Organizing Committee

① to inform participants of far-famed poems
② to inform participants of great recitation skills
③ to inform participants of the event's dress code
④ to inform participants of participation tips

8. 주어진 글 다음에 이어질 글의 순서로 가장 적절한 것은?

You'll see a good example of science in action every time a police car with its siren blaring passes you in the street. Everyone knows that the sound changes as it passes you.

(A) Something similar happens with light waves as well as other electromagnetic radiation such as X-rays and microwaves. Things moving away from you get redder while things moving toward you get bluer.

(B) It's not that the siren changes its tune but it is because of something known as the Doppler Effect, in which the sound waves coming from moving objects get squashed or stretched depending on whether something is moving toward or away from you.

(C) As a result, this effect is known as red or blue shift. You can't normally notice this effect with light because the object has to be moving at huge speeds but you can with distant galaxies.

① (B) − (A) − (C) ② (B) − (C) − (A)
③ (C) − (A) − (B) ④ (C) − (B) − (A)

9. 밑줄 친 부분에 들어갈 말로 가장 적절한 것은?

A traffic sign could make the difference between a driver making a life-saving stop and possibly running into oncoming cars. Therefore, it might seem logical to have a traffic sign for something this important, so that it can really grab your attention. Then, why not make stop signs orange or square or with blue flashing lights, to keep drivers on their toes? It turns out that signs are standardized not just because of government regulations, but because they're actually much more effective when you don't focus on them. A standardized set means you'll glance at a sign ever so briefly, get the message, and then go back to concentrating on not hitting anyone. At an unconscious level, common road signs function just like brands — you know exactly what to expect, just like you do when you see a McDonald's arch. In fact, some signs exist because they have assumed _____.

① drivers will be attentive enough to catch them
② most drivers will ignore them completely
③ standardization is the only way to be noticed
④ they will always require extra attention from drivers

10. 다음 글에서 필자가 주장하는 바로 가장 적절한 것은?

Creating a culture that inspires out-of-the-box thinking is ultimately about inspiring people to stretch and empowering them to drive change. As a leader, you need to provide support for those times when change is hard, and that support is about the example you set, the behaviors you encourage and the achievements you reward. First, think about the example you set. Do you consistently model out-of-the-box behaviors yourself? Do you step up and take responsibility and accountability, focus on solutions and display curiosity? Next, find ways to encourage and empower the people who are ready to step out of the box. Let them know that you recognize their efforts; help them refine their ideas and decide which risks are worth taking. And most importantly, be extremely mindful of which achievements you reward. Do you only recognize the people who play it safe? Or, do you also reward the people who are willing to stretch, display out-of-the-box behaviors and fall short of an aggressive goal?

*mindful: 신경을 쓰는, 염두에 두는

① 책임감 있는 지도자가 되기 위해서는 보편적 윤리관을 가져야 한다.
② 구성원에 따라 다양한 전략과 전술을 수립하고 적용해야 한다.
③ 팀원들의 근무 환경 개선을 위해 외부의 평가를 받아야 한다.
④ 팀원에게 창의적인 사고를 할 수 있는 토대를 만들어줘야 한다.

Day 04

1~3] 밑줄 친 부분에 들어갈 말로 가장 적절한 것을 고르시오.

1. He tends to _____ about his achievements, often talking about his success to anyone who wants to listen.

   ① boast ② disguise
   ③ hesitate ④ modify

2. It is generous _____ to offer his time and resources to help the community rebuild after the recent disaster.

   ① his ② him
   ③ of him ④ to him

3. A: The big presentation is coming up. Are you ready for it?
   B: Not quite yet. I just finished the slides last night. Didn't get much sleep.
   A: No wonder you look so tired.
   B: I still have a few things left — rehearsing, printing materials, and setting up the meeting room.
   A: I can help you with the setup if you'd like.
   B: Thanks, but _____.
   A: All right. Let me know if there's anything else.
   B: Appreciate it, really.

   ① I already arranged for Sarah to handle that
   ② I think I need to finalize my slides first
   ③ the meeting room will be ready
   ④ I want to go over my points once more

4. 밑줄 친 부분 중 어법상 옳지 않은 것은?

   If the demise of his campaign underscores anything, it is the increasingly intense pressure ① that candidates are under to raise enormous sums of money not only for their political operations but also ② for their "super PACs." The former governor of Florida raised more than $100 million in the first half of 2015, providing him ③ with enormous resources to ④ competing in a potentially long and costly nomination fight.

[5~6] 다음 글을 읽고 물음에 답하시오.

(A)

Hello, residents! Our planet faces challenges, especially like climate change and pollution, which affect us all. We should each play a part in addressing these issues. So we're reaching out to raise awareness about key environmental issues and invite you to join us in making a positive impact.

Simple Actions to Take
- Reduce, Reuse, Recycle: Cut down on waste and choose reusable options.
- Conserve Resources: Save energy and water by adopting mindful habits.
- Support Sustainable Local Products: Reduce emissions and support local economies.
- Get Involved: Join our community events and learn more about sustainable practices.

Upcoming Events
- Community Clean-Up Day: May 15 at Lobby of the Community Center
- Recycling Workshop: May 16 at Conference Room 2 of the Community Center
- Sustainable Living Fair: May 17 at Parking Lot of the Community Center

Residents interested in joining the event should reserve in advance by visiting the community center website or contacting us at 515-826-7832. Together, we can create a greener, healthier community.

5. (A)에 들어갈 윗글의 제목으로 가장 적절한 것은?

   ① Celebrate Your Days In Your Own Way: Carpe diem
   ② Make a Difference: Environmental Action in Our Community
   ③ Build Bridges Beyond Fences: Reaching Out to Neighbors
   ④ Remove the Cobwebs of Yesterday: Cleaning the Surroundings

6. 위 안내문의 내용과 일치하지 않는 것은?

   ① People need to have a role to combat climate change and pollution.
   ② There are four basic steps residents are encouraged to initiate.
   ③ There will be three events which residents can get involved in.
   ④ Residents can participate on site on the day of each event.

7. Public Health and Safety Agency에 관한 다음 글의 내용과 일치하는 것은?

Public Health and Safety Agency (PHSA) Responsibilities

The Public Health and Safety Agency (PHSA) is the state's leading authority on public health issues. Its primary responsibility is to monitor and control the spread of diseases, ensure safe food and water supplies, and promote overall community health. The PHSA works closely with hospitals, schools, and local organizations to provide education on health risks and preventive measures, stating that "community engagement is crucial for effective public health initiatives." In emergencies, the PHSA coordinates response efforts to protect public health, highlighting its role as "the backbone of the state's health response team." It also enforces health regulations to maintain sanitation standards in public spaces and food establishments, ensuring that "all public facilities adhere to strict health guidelines."

① Its main job is to oversee hospital operations throughout the state.
② It establishes legal provisions related to health regulations.
③ It partners with different organizations to enhance public health.
④ It focuses on emergencies, rather than daily health matters.

8. 주어진 글 다음에 이어질 글의 순서로 가장 적절한 것은?

We've all heard the phrase "the family that plays together, stays together." The wisdom in this phrase is that social play builds ties between people that are lasting and consequential.

(A) In crying out, the danger-spotting squirrel draws attention to itself, which may well attract the predator. Scientists used to think that animals would risk their lives like this only for kin with whom they shared common genes.

(B) This wisdom holds outside the human family circle as well. For example, when one ground squirrel sees a predator in the distance, it will sound an alarm call that alerts other squirrels to run for cover. It's a risky move.

(C) New evidence suggests, however, that squirrels also sound alarm calls for former playmates, not genetically related. These squirrels developed a social resource while playing — and these buddies will put their lives on the line to save their playmates.

① (B)−(A)−(C) ② (B)−(C)−(A)
③ (C)−(A)−(B) ④ (C)−(B)−(A)

9. 밑줄 친 부분에 들어갈 말로 가장 적절한 것은?

Humans generally prefer the culture they have been exposed to throughout their lives, which makes it difficult to evaluate cultural changes objectively. For example, how can we determine the cultural rank order of rock, jazz, and classical music when preferences are shaped by personal and generational familiarity? When it comes to public opinion polls about whether cultural changes are for the better or the worse, looking forward would lead to one answer and looking backward would lead to a very different answer. Our children would be horrified if they were told they had to go back to the culture of their grandparents. Our parents would be horrified if they were told they had to participate in the culture of their grandchildren. Humans tend to _____. After a certain age, anxieties arise when sudden cultural changes are coming. Our culture is part of who we are and where we stand, and we don't like to think that who we are and where we stand are short-lived.

① seek cooperation between generations
② be forgetful of what they experienced
③ make efforts to remember what their ancestors did
④ like what they have grown up in and gotten used to

10. 다음 글의 주제로 가장 적절한 것은?

The rise of cities and kingdoms and the improvement in transport infrastructure brought about new opportunities for specialization. Densely populated cities provided full-time employment not just for professional shoemakers and doctors, but also for carpenters, priests, soldiers and lawyers. Villages that gained a reputation for producing really good wine, olive oil or ceramics discovered that it was worth their while to specialize nearly exclusively in that product and trade it with other settlements for all the other goods they needed. This made a lot of sense. Climates and soils differ, so why drink mediocre wine from your backyard if you can buy a smoother variety from a place whose soil and climate is much better suited to grape vines? If the clay in your backyard makes stronger and prettier pots, then you can make an exchange.

① how climates and soils influence the local products
② ways to gain a good reputation for local specialties
③ what made people engage in specialization and trade
④ the rise of cities and full-time employment for professionals

Day 05

[1 ~ 2] 밑줄 친 부분에 들어갈 말로 가장 적절한 것을 고르시오.

1. Her _____ nature was evident when she took extra time to help her colleague, even though she had her own tight deadlines.

   ① considerate ② candid
   ③ lukewarm   ④ hasty

2. I wish I _____ harder for the exam during the last weekend; now I'm worried about my grades and how they will affect my future.

   ① studied   ② had studied
   ③ has studied ④ would study

3. 밑줄 친 부분 중 어법상 옳지 않은 것은?

   War, often ① perceived as an inevitable aspect of human conflict, embodies both the destructive power of violence and the profound impact on societies. Historical accounts reveal ② that wars are frequently fueled by political ambitions, economic interests, or cultural clashes, each factor intertwining to create a complex tapestry of motivations. ③ Although the devastation that ensues, wars can lead to significant advancements in technology and medicine, which illustrate a paradox ④ where destruction begets innovation.

4. 밑줄 친 부분에 들어갈 말로 가장 적절한 것은?

   Saint Paul said the invisible must be understood by the visible. That was not a Hebrew idea, it was Greek. In Greece alone in the ancient world people were preoccupied with the visible; they were finding the satisfaction of their desires in what was actually in the world around them. The sculptor watched the athletes contending in the games and he felt that nothing he could imagine would be as beautiful as those strong young bodies. So he made his statue of Apollo. The storyteller found Hermes among the people he passed in the street. He saw the god "like a young man at that age when youth is loveliest," as Homer says. Greek artists and poets realized how splendid a man could be, straight and swift and strong. He was the fulfillment of their search for beauty. They had no wish to create some fantasy shaped in their own minds. All the art and all the thought of Greece _____.

   ① had no semblance of reality
   ② put human beings at the center
   ③ were concerned with an omnipotent God
   ④ represented the desire for supernatural power

5. 밑줄 친 부분에 들어갈 말로 가장 적절한 것은?

   Emma White: Hi, I'd like to borrow some books, but I can't come to the library. Do you offer online borrowing? 10:42

   City Library: Yes, we do! Members can borrow e-books and audiobooks through our website. 10:42

   Emma White: Great! How do I log in to access the online collection? 10:43

   City Library: Just use your library card number and password to sign in. 10:44

   Emma White: _____. 10:45

   City Library: If you don't have a password, you can set one up by clicking "Forgot Password" on the login page. 10:45

   Emma White: Thank you! That helps a lot. 10:46

   City Library: You're welcome. Enjoy reading! 10:46

   ① Do I need a special app to borrow e-books?
   ② You can set up a password if you don't already have one.
   ③ Is there a separate fee for online borrowing?
   ④ I forgot my password. What should I do?

6. 글의 흐름상 가장 어색한 것은?

   One of the many strengths of the African American community is an intrinsic support for the athletic endeavors of African American girls and women. ① Since African American culture appreciates a greater flexibility of gender roles and accepts a broader range of gender-appropriate behaviors, African American women are not as bound as white women by gender role stereotypes. ② Athletics for girls and women is not perceived as conflicting with an African American female's gender role. ③ Hall and Bower's study of African American females found that African American women defined themselves as "softly strong" — owning both strength and femininity without conflict. ④ African American males have played an increasingly important role in global politics. Welcome support from the African American community has energized many African American girls and women to participate in sports.

[7 ~ 8] 다음 글을 읽고 물음에 답하시오.

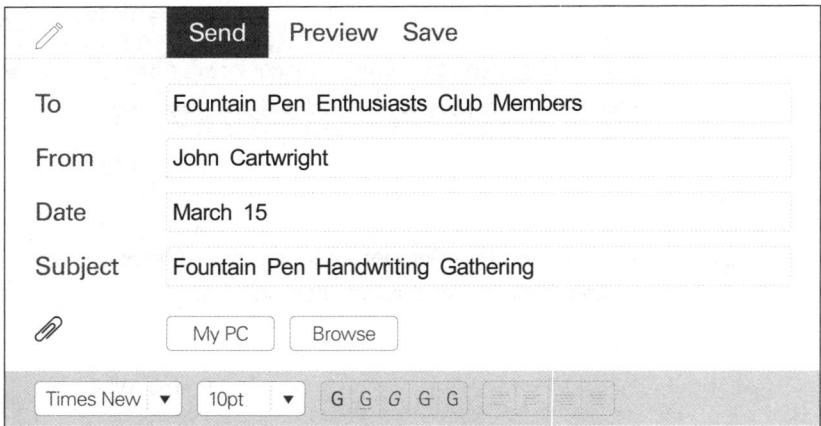

To All Members,

I am reaching out to express my excitement regarding the upcoming Fountain Pen Handwriting Gathering. As an <u>exuberant</u> member of the fountain pen community, I have long awaited such an opportunity to gather with others who share a love for the craftsmanship of writing by hand.

I am interested in contributing to the event, whether by organizing activities or offering materials to enhance the gathering experience. This event is an excellent chance for us to share tips, showcase our pens, and celebrate the art of handwriting together.

Please let me know if there is a way for me to assist with the preparations. Thank you for considering my offer, and I look forward to hearing from you soon.

Sincerely,
John Cartwright

7. 윗글의 목적으로 가장 적절한 것은?
① 만년필 필기 모임의 개최 일정을 안내하려고
② 만년필 필기 모임의 참석 여부를 확인하려고
③ 만년필 필기 모임에 기여하고 싶다고 알리려고
④ 만년필 필기 모임의 개선점에 대해 조언하려고

8. 밑줄 친 "exuberant"의 의미와 가장 가까운 것은?
① callous
② lethargic
③ abundant
④ enthusiastic

9. 다음 글의 내용과 일치하는 것은?

The Mars Research and Visitor Center is open daily from 10:00 a.m. to 5:30 p.m. (October to April) and 10:00 a.m. to 7:00 p.m. (May to September). Visitors can purchase tickets for exhibitions online through our official website. After purchasing tickets, you will receive a confirmation email, which must be presented — either printed or shown on a digital device — upon arrival to enter.

• Online tickets: buy.marscenter.com/events

The Mars Research and Visitor Center also offers guided tours. These include the Discovery Lab and the Astronaut Training Exhibit. Tickets for each tour must be bought separately at the ticket counter during regular hours. Admission fees are $15.00 per adult.

• Closed Days: The center is closed on all holidays.

Please note that access to the Research Library is available at no charge for visitors, and no appointment is necessary. If you need further details, call (555) 123-4567.

① The center closes at 7:00 p.m. during winter.
② Children are charged an admission fee of $15.00.
③ The verification email allows you entry to the center.
④ Visitors enter the Research Library at a discount price.

10. 주어진 글에 이어질 글의 순서로 알맞은 것은?

Timing is especially important when it comes to business transactions and how they are recorded on the financial statements. Businesses use two types of methods to record transactions: cash and accrual.

(A) However, most large businesses use accrual accounting, which is more complex than the cash basis. The purpose of the accrual method is to match revenues with the expenses that were used to earn them. To accomplish this, transactions are recorded when an economic event has occurred, such as a product being shipped or a machine being repaired, rather than when they are paid.

(B) Small businesses often use cash accounting because of its simplicity. For these businesses, revenue is recorded when the customer pays and expenses are recorded when the company pays for them.

(C) The cash accounting method records transactions only when money exchanges hands. Accrual accounting, on the other hand, records transactions when the transaction is complete, whether or not the transaction has been paid for yet.

*accrual: 발생주의

① (B) − (A) − (C)
② (B) − (C) − (A)
③ (C) − (A) − (B)
④ (C) − (B) − (A)

Day 06

[1 ~ 3] 밑줄 친 부분에 들어갈 말로 가장 적절한 것을 고르시오.

1. His ability to solve complex problems with little effort seemed _____ as though he was simply born to do it.

   ① cultivated
   ② transient
   ③ innate
   ④ secondary

2. The library, the walls _____ took over two years to complete with local architects' and designers' contributions, now serves as a cultural hub.

   ① of which
   ② which
   ③ whose
   ④ that

3. A: Did you have dinner?
   B: Not yet. I'm starving.
   A: Let's go out and get something to eat. What about Mexican food?
   B: I'd love to but _____.
   A: If so, I can pick up some food for you.
   B: Would you? I'd appreciate that.

   ① I have already had dinner
   ② my order hasn't come yet
   ③ I should call and cancel the order
   ④ I have no time to go out for dinner

4. 밑줄 친 부분 중 어법상 옳은 것은?

   The great question of philosophy has always been, "How shall we live in order to be happy?" The greatest minds of all time have dedicated years, often entire lifetimes, ① to seek the answers to this question. Your ability to ask and answer this question correctly for yourself is the key to everything that happens to you and to everything that you accomplish. The worst use of time and life is to work hard to climb the ladder of success ② only to find that it is leaning against the wrong building. I did not ③ graduate high school. Because of my limited education, the only work I could find was at laboring jobs. For years, I traveled from place to place, washing dishes, working in sawmills and on construction sites, ④ slashed brush with a chain saw as part of a logging crew, and working on farms and ranches.

5. 다음 글의 내용과 일치하지 않는 것은?

   The Mountain Adventure Festival will take place from June 5th to June 10th at Rocky Ridge Park. This event features thrilling outdoor activities, including guided hikes, rock climbing, and mountain biking. The festival is open daily from 8:00 a.m. to 6:00 p.m. All activities are open to the public, but some require pre-registration on the official website. Once registered, participants will receive a confirmation email, a hard copy of which should be presented upon arrival for any booked activity.

   • Activity Registration: rockyadventures.com/register

   The festival also offers Night Campfire gatherings and Storytelling Sessions in the evenings. These special sessions are free but have limited seating, and spots are available on a first-come, first-served basis. Registration for these is only available on site from 7:00 p.m. each evening.

   For more information or inquiries, call (555) 456-7890.

   ① The Mountain Adventure Festival is going to run for six days.
   ② Some activities require advance registration on the website.
   ③ Night Campfire parties require in-person registration at the venue.
   ④ Attending activities is allowed without a printed confirmation email.

6. 주어진 문장이 들어갈 위치로 가장 적절한 것은?

   However, the concept of a rational action also incorporates the concept of a reason, and reasons need not be egocentric.

   The concept of a rational action can be seen to be quite complex: it is a hybrid concept. A rational action is one that is not irrational. Any action that is not irrational counts as rational; that is, any action that does not have (is not believed to have) harmful consequences for you or those for whom you care is rational. (①) So rationality does involve, if only indirectly, the egocentric character of an irrational action. (②) The fact (belief) that anyone will benefit from your actions is a reason. (③) Reasons are not limited to facts (beliefs) about benefits to you or those for whom you care. (④) Thus an action that has (is believed to have) harmful consequences for you can be rational if (you believe) there are compensating benefits for others, even if you do not care about them.

[7 ~ 8] 다음 글을 읽고 물음에 답하시오.

International Red Cross

Mission

The International Red Cross, established in 1863, is a leading humanitarian organization dedicated to providing emergency aid and disaster relief globally. Its mission is to <u>alleviate</u> human suffering during crises, conflicts, and natural disasters. Guided by principles of neutrality, impartiality, and independence, the Red Cross ensures that aid reaches those in need regardless of nationality, race, or religion.

Core Activities

The Red Cross engages in a wide range of activities, such as emergency relief, medical care, and support for displaced persons. Its efforts encompass disaster response and promoting humanitarian law. The organization operates globally through the International Committee of the Red Cross (ICRC) and 192 National Societies, each contributing to local and international relief efforts.

Global Reach and Impact

The Red Cross operates worldwide, providing crucial humanitarian aid and fostering global cooperation. Its extensive network ensures effective relief in emergencies and conflicts, significantly benefiting affected communities.

7. International Red Cross에 관한 윗글의 내용과 일치하지 않는 것은?
① It works through ICRC and National Societies.
② Founded in 1863, it provides global humanitarian aid.
③ It provides aid to those in need without bias or favoritism.
④ It focuses on building medical centers during crises.

8. 밑줄 친 "alleviate"의 의미와 가장 가까운 것은?
① advocate   ② relieve
③ aggravate   ④ implement

9. 다음 글의 제목으로 가장 적절한 것은?

If you are the sort of parent who frowns when you hear the word "messy," then relax. No one is suggesting that you spread mud or baked beans all over the walls of your home. Messy play can quite easily be confined to one part of a room. With plenty of newspaper, trash bags, and aprons, any untidiness can be cleaned up in no time. Messy play at home will help your child develop his creative skills, as he experiments with different materials and textures and learns about colors by mixing paints together. And don't worry too much about clearing up afterwards. The benefits of messy play far outweigh the disadvantages of a few spots of paint or mud.

① Messy Play: A Way of Enhancing Kids' Creativity
② Negative Effects of Children's Messy Play at Home
③ Painting: A Cure for Lack of Concentration
④ Parenting as a Way of Self-Discipline

10. 밑줄 친 부분에 들어갈 가장 적절한 것은?

Information stored in the short-term memory lasts only a few seconds, 30 seconds at most. Try recalling how many lunches you ate over the last week. Can you recall what you even had for lunch? I think it will take a moment's effort. It's not so much that your memories regarding your lunches have disappeared, rather, they go directly to your short-term memory storage. That's where images you see, sounds you hear, odors you smell, taste sensations, and emotional reactions are stored along with your lunch memories. Information in this storage is temporarily forgotten because if you remember everything you saw, heard, tasted, touched, or smelt, your memory system would be overwhelmed and unable to function properly. You can always recall them later as long as you have the right cue, like where, when and with whom you had lunch. To sum up, you need not panic if you don't remember a certain thing that happened only a few days or weeks ago because the memory is not necessarily gone; you just need a few seconds and _____.

① the channel to let the memory flow into the pool of short-term memories
② the glue to attach the memory to just another short-term memory
③ the right hook to pull the memory out of sea of short-term memories
④ the memory capacity to store a bunch of lunchtime memories

Day 07

[1 ~ 3] 밑줄 친 부분에 들어갈 말로 가장 적절한 것을 고르시오.

1.
After months of dedicated training, the athlete showed a _____ improvement in performance, breaking several personal records in the recent competition.

① marginal
② negligible
③ substantial
④ futile

2.
She saved a portion of her earnings each month _____ she could afford to travel abroad to broaden her experiences.

① as that
② such that
③ so that
④ so as to

3.

Sammy Jackson
Are you attending the new product launch presentation tomorrow?
10:42

Jake Gyllenhaal
I wasn't planning on it. What's it about?
10:42

Sammy Jackson
They'll present new product and discuss the launch strategy and timeline. It's pretty exciting.
10:43

Jake Gyllenhaal
Hmm, sounds interesting. Do you think it's worth attending?
10:44

Sammy Jackson
Well, _____.
So it might be worth your time.
10:45

Jake Gyllenhaal
In that case, I'll make sure to be there.
10:45

① they'll share key product launch details
② it's mandatory for all team members
③ the launch details will be minimal for our team.
④ there will be free entrance and parking

4. 밑줄 친 부분 중 어법상 옳지 않은 것은?

Individuals unaccustomed to extreme temperatures ① <u>may struggle</u> to adapt to the cold in the Arctic, as the frigid conditions can leave them ② <u>feeling</u> weak and dizzy, or even cause them ③ <u>to lose</u> consciousness if they are not properly prepared. Therefore, taking necessary precautions and ④ <u>adapt</u> gradually to the cold can be essential for survival in such an extreme climate.

[5 ~ 6] 다음 글을 읽고 물음에 답하시오.

(A)

As a valued member of the community, you should be aware of the new policies that may affect you.

Starting next month, the town council will implement several changes to improve public safety. These updates will include enhanced street lighting, additional security cameras, and new traffic regulations in key areas. Residents are encouraged to attend the upcoming town hall meeting to learn more.

This is your opportunity to ask questions, voice concerns, and provide feedback directly to council members. Your opinion matters, and the decisions made at this meeting will shape the future of our town.

Join us and ensure your voice is heard!

• Location: Wythfield Community Center, Main Hall
• Date: Thursday, January 23, 2025
• Time: 6:30 p.m.

For more information, visit our website at www.wythfieldtown.gov or call (789) 555-1234.

5. (A)에 들어갈 윗글의 제목으로 가장 적절한 것은?

① Important Changes to Public Safety
② Home Safety Tips for the Winter Season
③ Your Local Council's Financial Report
④ The Benefits of Community Volunteering

6. 위 안내문의 내용과 일치하지 않는 것은?

① 공공 안전을 위한 새로운 정책이 다음 달부터 시행된다.
② 회의에 지역 주민이 의견을 낼 기회가 있다.
③ 회의는 Wythfield 시청에서 열린다.
④ 지역에 방범 카메라가 추가될 예정이다.

7. National Oceanic and Atmospheric Administration에 관한 다음 글의 내용과 일치하는 것은?

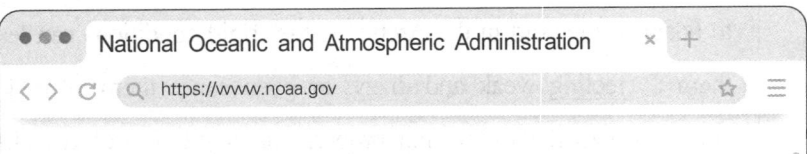

Overview of the National Oceanic and Atmospheric Administration

The National Oceanic and Atmospheric Administration (NOAA) is a key agency of the U.S. government responsible for monitoring and studying the oceans, atmosphere, and climate. NOAA aims to provide accurate weather forecasts, manage ocean resources, and protect the environment to ensure public safety. Key responsibilities of NOAA include weather monitoring to provide timely forecasts and warnings. Additionally, NOAA manages marine ecosystems to promote the sustainable use of ocean resources. It also conduct climate research to affect policies related to climate change. Through its efforts, NOAA plays a vital role in safeguarding lives and property while enhancing understanding of environmental changes.

① It seeks to ensure public safety through weather monitoring.
② It provides accurate weather forecasts for the safety of the navy.
③ It prohibits the use of marine resources to protect the ecosystem.
④ It establishes policies related to climate change.

8. 밑줄 친 부분에 들어갈 말로 가장 적절한 것은?

Hindsight bias occurs in a variety of settings, with all sorts of people. Most of the time, people are not aware of the way their explanations are distorted by the fact that the outcome is already known. The research on hindsight bias offers a rich array of findings on how the knowledge of an outcome biases the way people think about its causes. For example, when college students were told the results of hypothetical experiments, each group of students could "explain" why the studies turned out the way they did, even though different groups were given opposite results to explain. The students believed that the results of the studies were obvious when they were told what the experimenter found, but when they were given only the information that was available before the outcome was known, it was not obvious at all. This bias is also called the "_____" effect.

* hindsight bias: 후판단 편파

① I wish I had their luck
② I knew it all along
③ knowledge is power
④ it doesn't make sense

9. 주어진 글 다음에 이어질 글의 순서로 가장 적절한 것은?

When Alexandre-Gustave Eiffel designed his famous free-standing 986-foot iron tower in Paris in the late 19th century, he did so without modern science or engineering. Mathematicians, though, have long suspected that an elegant logic lies behind the monument's graceful shape.

(A) Initially frustrated, Weidman's eureka moment came when he found a long-overlooked memo written by Eiffel in 1885.
(B) The document gave Weidman the insights he needed to work out the mathematical formula that describes the tower.
(C) That suspicion led engineer Patrick Weidman to search for the mathematical formula behind the tower's curve.

① (B) − (A) − (C) ② (B) − (C) − (A)
③ (C) − (A) − (B) ④ (C) − (B) − (A)

10. 다음 글의 제목으로 가장 적절한 것은?

When accepted and expressed, envy can be beneficial, and even pleasant. It's an emotion which carries the power to motivate change combined with a clearly defined goal. It is a desire which induces competitiveness, pushes us out of our comfort zone, and drives us to try harder and pursue greater things. When accepted and dealt with consciously, envy may also transform into respect. With the understanding and appreciation of the challenges and difficulties of reaching some goals, we also learn to appreciate the efforts which the object of our envy must have invested. And it is that exact same desire for someone else's achievements, joint with understanding and appreciation, which bring forth the emotion of respect.

① The Consequences of Suppressing Envy
② Envy: The Double-Edged Sword
③ Can Envy Be a Positive Emotion?
④ How to Overcome Envy

Day 08

1~3] 밑줄 친 부분에 들어갈 말로 가장 적절한 것을 고르시오.

1. She needed to _____ her presentation to include the latest data and ensure its relevance to the audience.

① overlook
② suppress
③ refine
④ diminish

2. Not until she faced challenges in managing multiple projects at work _____ the importance of staying organized.

① she realized
② she didn't realize
③ did she realize
④ did she realized

3. A: Have you heard about the early leave Fridays starting next month?
B: No, I haven't. What's that about?
A: On the second and fourth Fridays of each month, you can leave two hours early! I saw it on the company bulletin board.
B: That sounds great. I hope we get more benefits like this.
A: What other benefits would you like to see?
B: _____
A: That's a great idea!

① We already have early leave on Wednesdays, don't we?
② I'd love it if we could also leave early on our birthdays.
③ The last time we had early leave, I couldn't finish all my work.
④ My work-life balance will improve a lot with the early leave day.

4. 다음 밑줄 친 부분 중 어법이 바르지 않은 것은?

Climate change, or global warming, is the process of ① our planet heating up. Scientists estimate ② that since the Industrial Revolution, human activity ③ has caused the Earth to warm by approximately 1°C. While that might not sound like much, it means big things for people and wildlife around the globe. The changing climate will actually make our weather ④ more unpredictably.

5. 다음 글의 내용과 일치하는 것은?

The Square Fitness Center offers various facilities for local residents, including a gym, swimming pool, and yoga studio. The center is open Monday through Saturday from 6:00 a.m. to 9:00 p.m. and on Sundays from 8:00 a.m. to 6:00 p.m. Membership is required for access, with monthly and yearly options available. Non-members may purchase a day pass for $15.

All fitness classes, such as yoga, Pilates, and aerobics, require advance booking online. Members receive a 20% discount on class fees. The swimming pool is available for open swim daily, except during reserved class times, which are listed on the center's website.

CLOSED: New Year's Day, Thanksgiving, and Christmas Day.

There is no additional charge for parking at the fitness center.

For more details, visit squarefitness.com or call (820) 573-9426.

① The fitness center is open year-round without any days off.
② Non-members can use the facilities by buying a day pass.
③ You need to pay an extra fee to park at the fitness center.
④ Reservations are not needed for any fitness classes.

6. 밑줄 친 부분에 들어갈 말로 가장 적절한 것은?

Less well known is the paradox of tolerance: unlimited tolerance must lead to the disappearance of tolerance. If we extend unlimited tolerance even to those who are intolerant, if we are not prepared to defend a tolerant society against the onslaught of the intolerant, then the tolerant will be destroyed, and tolerance with them. In this formulation, I do not imply, for instance, that we should always suppress the utterance of intolerant philosophies; as long as we can counter them by rational argument and keep them in check by public opinion, suppression would certainly be unwise. But we should claim the right to suppress them if necessary even by force; for it may easily turn out that they are not prepared to meet us on the level of rational argument, but begin by denouncing all argument; they may forbid their followers to listen to rational argument, because it is deceptive, and teach them to answer arguments by the use of their fists or pistols. We should therefore claim, in the name of tolerance, the right _____.

① not to tolerate the intolerant
② not to suppress a tolerant society
③ to tolerate unlimited tolerance
④ to forbid rational argument

[7~8] 다음 글을 읽고 물음에 답하시오.

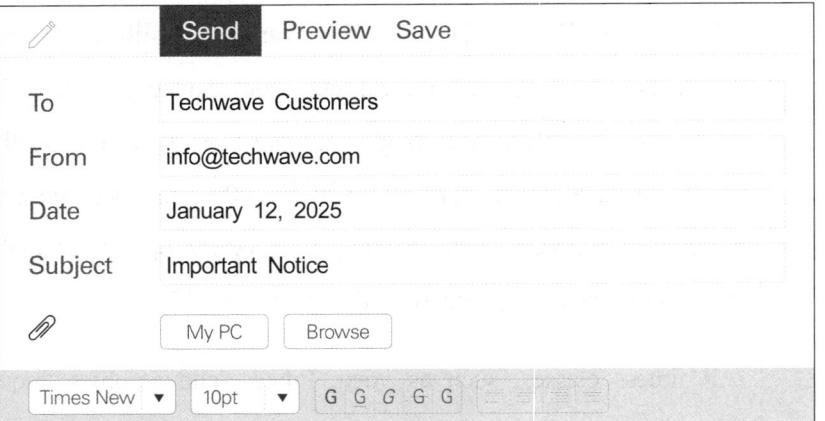

Dear TechWave Customers,

At TechWave, your security is our top priority. As part of our commitment to keeping your accounts and information safe, we are introducing a new <u>mandatory</u> security update for all users. This update includes enhanced encryption protocols, improved Two-Factor Authentication options, and additional security features to protect your personal and financial information.

Here's what you need to do:
1. Log in to your TechWave account.
2. Follow the prompts to install the latest security update.
3. Set up the new security features, including updated Two-Factor Authentication.

Please complete this update by February 1, 2025, to ensure your account remains secure.

For more information, visit our Security Help Center or contact our customer support team.

Thank you for helping us protect your data.

Sincerely,
The TechWave Team

7. 윗글의 목적으로 가장 적절한 것은?
① 고객에게 새로운 보안 업데이트의 설치에 관해 알려주려고
② 고객에게 정기적인 비밀번호 재설정의 필요성을 알려주려고
③ 고객에게 새로운 제품의 출시 일정과 서비스 개선을 알려주려고
④ 고객에게 이중 인증을 설정하고 해제하는 방법을 알려주려고

8. 밑줄 친 "mandatory"의 의미와 가장 가까운 것은?
① optional
② territorial
③ obtained
④ required

9. 다음 글의 주제로 가장 적절한 것은?

Libraries are becoming increasingly interested in the services they are providing for their users. This is an important focus — especially as more and more information becomes available electronically. However, the traditional strengths of libraries have always been their collections. This is true still today — especially in research libraries. Collection makeup is the hardest thing to change quickly. For example, if a library has a long tradition of heavily collecting materials published in Mexico, then even if that library stops purchasing all Mexican imprints, its Mexican collection will still be large and impressive for several years to come unless they start withdrawing books. Likewise, if a library has not collected much in a subject, and then decides to start collecting heavily in that area, it will take several years for the collection to be large enough and rich enough to be considered an important research tool.

① online services as a key to the success of research libraries
② lasting significance of library collections even in the digital age
③ rare book collectors' contributions to a library's reputation
④ growing needs for analyzing a large volume of library data

10. 주어진 문장에 이어질 글의 순서로 알맞은 것은?

There are many similar characteristics between comets and asteroids, such as structure materials, orbits that circle the Sun, etc. But comets are distinguished from asteroids by the presence of an extended, gravitationally unbound atmosphere surrounding their central nucleus.

(A) The discovery of asteroid-like comets has blurred the distinction between asteroids and comets. In the early 21st century, the discovery of some minor bodies with long-period comet orbits, but characteristics of inner solar system asteroids, were called Manx comets. They are still classified as comets.

(B) However, extinct comets that have passed close to the Sun many times have lost nearly all of their volatile gases and dusts and may come to resemble small asteroids. Asteroids are thought to have a different origin from comets, having formed inside the orbit of Jupiter rather than in the outer Solar System.

(C) This atmosphere has parts termed the coma, which is the central part immediately surrounding the nucleus, and the tail which is a typically linear section consisting of dusts or gases blown out from the coma by the Sun's light pressure or outstreaming solar wind plasma.

① (A) − (B) − (C)
② (A) − (C) − (B)
③ (C) − (A) − (B)
④ (C) − (B) − (A)

Day 09

[1 ~ 3] 밑줄 친 부분에 들어갈 말로 가장 적절한 것을 고르시오.

1.
> The professor appreciated the student's _____ summary of the complex topic, which made it easy for everyone to understand the key points.

① succinct ② verbose
③ vague   ④ ambiguous

2.
> The company, whether it is large or small, serves as a place _____ you can either engage ardently in your tasks or pursue your dreams.

① which   ② what
③ where   ④ of which

3.

Michael Roberts
Hello, I recently stayed at your hotel and left my cellphone charger in my room. Is there a way to retrieve it?
10:42

Hotel Reception
Certainly, Mr. Roberts. Could you provide the room number you stayed in?
10:42

Michael Roberts
Room 502.
10:43

Hotel Reception
Thank you. We'll check with our housekeeping team.
10:44

Michael Roberts
_____
10:45

Hotel Reception
No need for that. We'll verify the address and send it to you.
10:45

① Can you tell me if it was found?
② Should I come pick it up if you find it?
③ Can I receive a discount for my next stay?
④ What if it's not located?

4. 밑줄 친 부분 중 어법상 옳지 않은 것은?

> What many students struggled with was managing their time effectively. Teachers helped students ① <u>develop</u> strategies that promote organization and focus. Since the program began, students ② <u>have shown</u> significant progress in their study habits. Never ③ <u>they experienced</u> such support, which helped boost their confidence. This shift in mindset is crucial for achieving academic success. It is essential that these skills ④ <u>be continued</u> to be fostered for their future endeavors.

5. 다음 글의 목적으로 가장 적절한 것은?

To: Quality Guardians Team
From: Ethan Rivers
Date: November 23
Subject: Important Updates for Our Team

Dear Quality Guardians Team,

Recently, we've received feedback from customers expressing concerns about the quality of the Nero Smartwatch. To address these issues, please follow the simplified quality management procedures outlined below:

1. Establish Quality Standards: Define key quality standards (e.g., battery life, water resistance).
2. Conduct Product Inspections: Inspect all smartwatches before shipping.
3. Address Issues Promptly: Recall any products with quality issues and analyze root causes.
4. Regular Review: Review the procedures monthly for improvements.

By following these steps, we can ensure better quality for our customers. If you have any questions, please reach out.

Thank you for your cooperation.

Best Wishes,
Ethan Rivers
Quality Manager
Innovatech Solutions

① to promote the launch of a new product line
② to gather customer feedback on product quality
③ to request the recall of defective merchandise
④ to outline policies for enhancing quality management

[6~7] 다음 글을 읽고 물음에 답하시오.

Single Mothers Support Network

Introduction

The Single Mothers Support Network (SMSN) is a non-profit organization that provides emotional, financial, and educational support for single mothers. Our mission is to empower them to lead stable lives and create a supportive community where no mother feels isolated.

What We Do

SMSN offers legal aid, financial planning workshops, and childcare assistance. We also provide individuals with housing and healthcare resources, ensuring that single mothers receive comprehensive support to meet their needs.

Sponsorship Recruitment

Our work depends on the generosity of sponsors. Sponsors can contribute financially, offer services, or donate essential items like clothing and baby supplies to help single mothers and their children <u>thrive</u>.

---

6. 윗글에서 Single Mothers Support Network에 관한 내용과 일치하는 것은?

① It provides educational services for the children of single mothers.
② It contributes to single mothers feeling cut off from others.
③ It provides legal and financial support for single mothers.
④ It relies on government funding for its operations and activities.

7. 밑줄 친 "thrive"의 의미와 가장 가까운 것은?

① prevail   ② flourish
③ weaken   ④ stagnate

8. 글의 흐름상 가장 어색한 것은?

The spirited shade of Living Coral has appeared everywhere, from fashion runway shows to social media influencer posts and consumer packaging. ① It evokes aspects of life — recreation, leisure, and celebration — that help balance the many challenges of today's world. ② Fittingly, Living Coral also highlights the urgency of respecting and preserving nature and natural resources. ③ Coral reefs are an essential part of the global environment, protecting marine ecosystems, supporting water filtration, and aiding marine life reproduction, among other benefits. ④ One unanswered question is whether coral bleaching is a natural signal that has been misinterpreted as a sign of climate change. With critical environmental threats taking center stage in recent months, this color and its connection to nature feel especially relevant.

9. 밑줄 친 부분에 들어갈 말로 가장 적절한 것은?

Several species of oceanic bacteria consume methane gas that naturally seeps from the ocean floor. So after the BP blowout in spring and summer of 2010, when 172 million gallons of methane-rich oil spilled into the Gulf of Mexico, scientists wondered how much of the dissolved gas might be consumed by native microbes. To find out, oceanographers collected more than 700 water samples around the spill. They found bacteria had eliminated more than 120,000 tons of methane, essentially returning the concentrations in the area to normal. But there is still work to be done. The bacterial cleanup probably did not eliminate aromatic hydrocarbons, known as one of the most toxic and potentially dangerous ingredients in oil. "The bacteria did a nice job taking care of some of the major oil components," the researcher says, "but that doesn't mean we can _____."

① eliminate all bacteria from the ocean
② use technology to dissolve toxic chemicals
③ prevent bacteria from contaminating the ocean
④ count on nature to handle all man-made disasters

10. 주어진 문장이 들어갈 위치로 가장 적절한 것은?

"Soft power" on the contrary is "the ability to achieve goals through attraction and persuasion, rather than coercion or fee."

The concept of "soft power" was formed in the early 1990s by the American political scientist, deputy defense of the Clinton's administration, Joseph Nye. The ideas of the American Professor Nye allowed to take a fresh look at the interpretation of the concept of "power," provoked scientific debate and stimulated the practical side of international politics. (①) In his works he identifies two types of power: "hard power" and "soft power." (②) He defines "hard power" as "the ability to get others to act in ways that contradict their initial preferences and strategies." (③) The "soft power" of the state is its ability to "charm" other participants in the world political process, to demonstrate the attractiveness of its own culture (in a context it is attractive to others), political values and foreign policy (if considered legitimate and morally justified). (④) The main components of "soft power" are culture, political values and foreign policy.

Day 10

[1 ~ 3] 밑줄 친 부분에 들어갈 말로 가장 적절한 것을 고르시오.

1. The company decided to _____ unnecessary expenses in order to strengthen its financial stability and optimally prepare its long-term planning.

① impose
② multiply
③ warrant
④ curtail

2. The world-renowned violinist's captivating performance, filled with emotion and precision, left audiences in the grand concert hall completely _____ and speechless.

① astound
② astounded
③ astounding
④ to astound

3. A: How would you like to pay for it?
B: By credit card. Here it is.
A: There is something wrong with your card.
B: What's going on?
A: The machine says your card was declined. _____
B: That's my only one. I'll just come tomorrow with cash.

① Do you have another card?
② Would you like to buy on credit?
③ Your declination surprised me.
④ Let me take care of this bill.

4. 밑줄 친 부분 중 어법상 옳지 않은 것은?

The strategy, ① carried out since April 2018, integrates four forms of support: labor relocation, family reunification, temporary shelter, and the support of civil society partners that provide accommodation throughout the country. Over the past 12 months, the program ② has relocated more than 5,800 Venezuelans from Roraima to 17 Brazilian states. São Paulo is one of places ③ where the strategy is being implemented. Some 800 Venezuelans have benefited, with another 100 more migrants and asylum seekers ④ arrived in the city in the coming days.

[5 ~ 6] 다음 글을 읽고 물음에 답하시오.

(A)

Join us for an exciting day dedicated to nature and sustainability! We are hosting a Green Guardians Program, specially designed for young learners interested in making a positive impact on the environment. Each child will have the opportunity to plant a tree and participate in hands-on activities that promote eco-friendly practices. Please bring a simple packed lunch to enjoy during the break.

Event Details:
- Date: Saturday, April 20, 2024
- Time: 10:00 a.m. – 2:00 p.m.
- Location: Pine Grove Park
- Ages: 6 – 12 years old

Highlights:
- Tree Planting: Children will learn about the importance of trees and plant one to take care of.
- Eco-Friendly Crafts: Activities will be provided to teach sustainable practices and creativity.
- Nature Scavenger Hunt: Children can explore the park with an educational scavenger hunt.

This is a wonderful chance for kids to connect with nature and learn about protecting our planet. To register or for more information, please visit our website at www.greenguardians.org or call us at (555) 123-4567.

5. (A)에 들어갈 윗글의 제목으로 가장 적절한 것은?

① Nature Conservation Tips and Tricks
② Invitation for Young Environmental Heroes
③ Explore Pine Grove Park with Your Family
④ Join the Community Gardening Event

6. 위 안내문의 내용과 일치하지 않는 것은?

① 참가자는 6~12세 연령층의 어린이들이다.
② 나무 심기 활동을 통해 환경의 중요성을 배울 수 있다.
③ 참가자들은 공원 내 자연 탐험 활동에 참여할 수 있다.
④ 활동 중간에 간단한 점심이 제공된다.

7. Department of Environmental Protection에 관한 다음 글의 내용과 일치하는 것은?

Department of Environmental Protection
www.dep.pa.gov.

Department of Environmental Protection Responsibilities

The Department of Environmental Protection (DEP) is the primary state agency responsible for safeguarding the environment. The DEP oversees regulations related to air and water quality, waste management, and environmental conservation. Its mission is to ensure a clean, healthy environment for all residents while balancing industrial development with environmental protection. The DEP also engages in public education, informing businesses and citizens of environmental laws and best practices. When necessary, the DEP enforces environmental regulations to prevent pollution and protect natural resources.

① It focuses primarily on global industrial development.
② It ensures air and water quality is effectively managed.
③ It creates environmental laws to protect the environment.
④ It delivers private environmental training to companies.

8. 밑줄 친 부분에 들어갈 말로 가장 적절한 것은?

The relationship between physical products and individual ownership is undergoing a profound evolution. We don't want the CD; we want the music it plays. We don't want the disc; we want the storage it holds. We don't want the answering machine; we want the messages it saves. We don't want the DVD; we want the movie it carries. In other words, we want not the stuff but the needs it meets or experiences it provides. As our possessions "dematerialize" into the intangible, our preconceptions of ownership are changing, blurring the boundaries between "what's mine," "what's yours," and "what's ours." This shift is fueling a world where _____ has more value than possession, and as Kevin Kelly, a founder of *Wired* magazine, puts it, where "access is better than ownership."

① disposal   ② donation
③ usage   ④ cooperation

9. 주어진 문장이 들어갈 위치로 가장 적절한 것은?

That may change, however.

South Korea is the ideal environment for taking advantage of gender disparities. (①) Lots of brainy female graduates enter the job market each year. In time their careers are eclipsed by those of men of no greater ability. This makes them seem desirable for other employers. (②) Only 60% of female South Korean graduates aged between 25 and 64 are in work — making educated South Korean women the most underemployed in OECD countries. (③) As companies face growing competition and the need for skilled professionals, they may increasingly turn to underutilized female talent. (④) With greater recognition of women's capabilities, more businesses are likely to recruit and retain qualified women to stay competitive. If companies fail to do so, they risk losing valuable talent to more forward-thinking rivals.

10. 다음 글의 주제로 가장 적절한 것은?

Deforestation can destroy natural habitats for millions of species. To illustrate, seventy percent of Earth's land animals and plants live in forests, and many cannot survive the deforestation. Deforestation also deprives the forest of its canopy that blocks the sun's rays during the day and holds in heat at night. This disruption leads to more extreme temperature swing that can be harmful to plants and animals. Furthermore, trees help maintain the water cycle by returning water back into the atmosphere. Without trees to fill these roles, many former forest lands can quickly become deserts.

① Negative effects of deforestation on the environment
② Efforts to prevent deforestation around the world
③ The process of desertification by deforestation
④ A bitter controversy over forest development

Day 11

[1 ~ 3] 밑줄 친 부분에 들어갈 말로 가장 적절한 것을 고르시오.

1.
Before starting his own business, he had to obtain a _____ from the local authorities to ensure he was operating legally.

① license ② receipt
③ suggestion ④ opposition

2.
_____, she demonstrates remarkable maturity and wisdom beyond her age in every situation she encounters.

① With her being young ② Despite she is young
③ Because being young ④ Young as she is

3.
Passenger: I'm calling about my upcoming flight. Could you tell me if I can bring an extra bag? 10:42

SkyFly Airlines: Yes, you can bring one additional checked bag for a fee. 10:42

Passenger: Thanks. Could you also clarify the weight limit for carry-on bags? 10:43

SkyFly Airlines: Certainly. Each carry-on should not exceed 10 kg. 10:44

Passenger: _____? 10:45

SkyFly Airlines: Yes, you can upgrade for extra legroom. 10:45

① When should I pay for the extra baggage
② Will my carry-on need to be weighed
③ Are additional bags refundable if not used
④ Do you have any seats with more space

4. 밑줄 친 부분 중 어법상 옳지 않은 것은?

The city, like many urban areas, ① faces challenges related to social equity, environmental sustainability, and the provision of adequate public spaces. This project addresses these challenges head-on by proposing a multi-functional public space ② what integrates green infrastructure, community facilities, and recreational areas. This holistic approach aims ③ to create a space that caters to the diverse needs of the community while ④ promoting a sense of belonging and ownership.

[5 ~ 6] 다음 글을 읽고 물음에 답하시오.

(A)

Celebrate the wonders of science and technology at our STEM Expo, where young minds can explore exciting discoveries! This event features interactive exhibits, hands-on experiments, and inspiring talks by scientists. It is a fantastic opportunity for children to stimulate their curiosity and creativity! Don't forget to bring a notebook to jot down ideas.

Event Details:
- Date: Saturday, January 25, 2025
- Time: 10:00 a.m. – 3:00 p.m.
- Location: City Convention Center

Highlights:
- Interactive Exhibits: Explore various scientific concepts through engaging activities.
- Hands-On Experiments: Participate in fun experiments guided by experts.
- Inspiring Speakers: Listen to talks from scientists and innovators.

For more information, visit www.stemexpo.org or call (555) 111-2222.

5. (A)에 들어갈 윗글의 제목으로 가장 적절한 것은?

① Engaging Activities to Inspire Young Learners
② Annual Gathering for STEM Enthusiasts
③ Ignite Curiosity for Young Minds at the Science Fair
④ Technology in the Classroom: Innovations and Ideas

6. 위 안내문의 내용과 일치하지 않는 것은?

① 어린이들이 과학과 기술을 배울 기회가 제공된다.
② 아이디어를 기록할 공책이 기념품으로 제공된다.
③ 전문가의 지도를 받으며 실험에 참여할 수 있다.
④ 참가자들은 흥미로운 전시를 관람하게 된다.

7. EcoRide Electric Bus Service에 관한 다음 글의 내용과 일치하지 않는 것은?

Urban EcoNews
https://urbaneconews.com

Launch of the "EcoRide" Electric Bus Service

On February 15, 2025, a significant launch event for EcoRide, a new electric bus service introduced by the Ministry of Environment and the local transit authority, will take place at City Hall Plaza. EcoRide aims to reduce emissions, improve air quality, and provide quieter travel in urban areas. Following initial testing in select districts, the program's first phase begins in February 2025, with complete implementation expected by June 2027. EcoRide buses, equipped with fast-charging batteries, can charge within 30 minutes and are accessible by using existing transit cards. Designated routes prioritize high-traffic areas to maximize environmental benefits.

---

① EcoRide buses has been brought in by independent eco-advocacy groups.
② The EcoRide program will be fully operational within two and a half years.
③ EcoRide buses require passengers to use no special transit card.
④ EcoRide buses are designed to charge within half an hour.

---

8. 글의 흐름상 가장 어색한 것은?

Traditional advertising that disrupts entertainment with one-sided sales messages is now ineffective for much of society. ① Consumers, with so many other entertainment options at their fingertips, simply switch over when the ad cuts in. ② Tiresome advert slots and the accompanying decrease in television quality have pushed many audiovisual consumers over to the internet and social media. ③ With the proliferation of social media, it has become essential for everyone to embrace personal branding. ④ You will admit that not even the most addictive HBO series can compete with the personalized feed on social media, given how much time you spend on Instagram, Facebook or YouTube. So where did traditional advertising go wrong? The lack of specific targeting and the scant imagination of some brands have no doubt contributed to the decline and rejection of traditional advertising.

---

9. 밑줄 친 부분에 들어갈 말로 가장 적절한 것은?

Grown humans are less logical than babies and chimps, according to new research. Scientists say that the constant pressure for grown-ups to outdo their peers makes them perform worse. The researchers tested 96 children aged between five and ten and asked them to complete the same task as 15 chimpanzees. They were required to sit opposite a peer and two trays with treats were presented to them. One tray allowed the subject to obtain two snacks and their counterpart would be given one while the other gave the chooser three and their fellow participant six. Chimps and younger children (younger than six) acted rationally and picked the second option which gave them more treats. However, older children were more concerned with the amount their peer was getting when picking the more fruitful option. Instead of taking three and giving them six, they decided _____ by choosing the other tray.

① to win the fictional battle of who gets more treats
② to stand up against the social pressure of peers
③ to ignore how many treats are given to their peers
④ not to cloud their judgment of who's winning

---

10. 주어진 문장 다음에 이어질 글의 순서로 가장 적절한 것은?

Samuel Langhorne Clemens, better known by his pen name Mark Twain had worked as a typesetter and a riverboat pilot on the Mississippi River before he became a writer.

(A) Mark Twain began his career writing light, humorous verse, but evolved into a chronicler of the vanities and hypocrisies of mankind.
(B) Though Twain earned a great deal of money from his writings and lectures, he lost a great deal through investments in ventures in his later life.
(C) At mid-career, with *The Adventures of Huckleberry Finn*, he combined rich humor, sturdy narrative and social criticism, popularizing a distinctive American literature built on American themes and language.

① (A) − (B) − (C) ② (A) − (C) − (B)
③ (B) − (A) − (C) ④ (B) − (C) − (A)

Day 12

1 ~ 3] 밑줄 친 부분에 들어갈 말로 가장 적절한 것을 고르시오.

1. To succeed in his new role, the boy needed to be more _____ and not rely on others for every decision.

   ① pessimistic ② dependent
   ③ independent ④ passive

2. She may as well take the challenging job in a new city as _____ in her current role that no longer offers growth or excitement.

   ① stay   ② staying
   ③ to stay ④ stayed

3. A: Hello. I'd like to check in.
   B: Hello! Could you please provide your ID and let me know the last four digits of your phone number?
   A: The last four digits of my phone number are 0190.
   B: Thank you. Your reservation is confirmed. You've been assigned a room on the 2nd floor.
   A: I was hoping for a room with a better view. _____?
   B: Certainly. I'll prepare a room for you on the 8th floor, room 813. Could you please wait for about 30 minutes?
   A: Of course, thank you!

   ① Do you offer room service, and until what time
   ② Could you provide a room on a higher floor
   ③ Doesn't a spacious room make the stay comfortable
   ④ Could you move me to a room on the ground floor

4. 밑줄 친 부분 중 어법상 옳지 않은 것은?

   A growing number of investors like Mr. Hart ① have concluded that a dollar that strengthens with the United States economy will have a ② devastating effect not only on China ③ but on emerging markets in general. Their view is that the trillions of dollars that chased risky investment opportunities in China, Brazil, Turkey and other countries are swiftly exiting and that the pace will pick up when the Federal Reserve eventually ④ will raise interest rates.

[5 ~ 6] 다음 글을 읽고 물음에 답하시오.

To Whom It May Concern,

I hope you are doing well. I am writing to bring attention to several issues at our community park. Recently, I've noticed that some playground <u>facilities</u> in the park, specifically the swings and slides, are in need of repair. There are also several broken benches and overflowing trash cans around the park, which affect the cleanliness and safety of the area.

As a frequent visitor to the park, I believe that addressing these issues will greatly improve the experience for all community members, especially the children who regularly use the playground. I kindly request that your department take the necessary steps to repair the facilities and clean the park grounds.

Thank you for your time. I look forward to seeing these improvements in the near future.

Sincerely,
Olivia Saunders

5. 윗글의 목적으로 가장 적절한 것은?

   ① 공원의 새로운 놀이기구 설치를 제안하려고
   ② 공원의 시설물 수리와 청소를 요청하려고
   ③ 공원 청결 유지를 위해 자원봉사를 신청하려고
   ④ 공원의 놀이기구 사용 규칙을 문의하려고

6. 밑줄 친 "facilities"의 의미와 가장 가까운 것은?

   ① function   ② action
   ③ equipment ④ opportunity

7. SMARTPASS Service에 관한 다음 글의 내용과 일치하지 않는 것은?

SMARTPASS Service at Incheon Airport

In the previous year, Incheon International Airport launched the SMARTPASS service, introducing facial recognition technology to streamline the departure process. By registering their facial data, passengers can pass through security without taking out their passports or boarding passes, which makes travel quicker and more convenient. SMARTPASS requires passengers to register their facial information either on a mobile app or at a kiosk, and this registration remains valid for five years. Although facial data replaces the need for document checks at airport security, passengers must still carry their passport and boarding pass. The complete implementation of SMARTPASS is planned for next year, with participating airlines enabling gate access.

① It allows passengers to skip showing their passports at airport security.
② Registered facial recognition data for it is valid for five years.
③ Passengers using it are required to carry their passport.
④ Boarding gates for its users are accessible for all airlines.

8. 밑줄 친 부분에 들어갈 말로 가장 적절한 것은?

Interestingly, in nature, _____. The distinction between predator and prey offers a clarifying example of this. The key feature that distinguishes predator species from prey species isn't the presence of claws or any other feature related to biological weaponry. The key feature is the position of their eyes. Predators evolved with eyes facing forward — which allows for binocular vision that offers accurate spatial awareness when pursuing prey. Prey, on the other hand, often have eyes facing outward, maximizing peripheral vision, which allows the hunted to detect danger that may be approaching from any angle. Consistent with our place at the top of the food chain, humans have eyes that face forward. We have the ability to gauge depth and pursue our goals, but we can also miss important happening around the edges of our view.

① the more powerful species have a narrower field of vision
② eyes facing outward are linked with the success of hunting
③ eyesight is closely related to the extinction of weak species
④ humans' eyes facing forward enable them to detect danger

9. 주어진 글 다음에 이어질 글의 순서로 가장 적절한 것은?

Ethical and moral systems are different for every culture. According to cultural relativism, all of these systems are equally valid, and no system is better than another.

(A) There exists an inherent logical inconsistency in cultural relativism, however. If one accepts the idea that there is no right or wrong, then there exists no way to make judgments in the first place. To deal with this inconsistency, cultural relativism creates tolerance.

(B) The basis of cultural relativism is the notion that no true standards of good and evil actually exist. Therefore, judging whether something is right or wrong is based on individual societies' beliefs.

(C) However, with tolerance comes intolerance, which means that tolerance must imply some sort of ultimate good. Thus, tolerance also goes against the very notion of cultural relativism, and the boundaries of logic make cultural relativism impossible.

① (B) − (A) − (C)
② (B) − (C) − (A)
③ (C) − (A) − (B)
④ (C) − (B) − (A)

10. 다음 글의 요지로 가장 적절한 것은?

It is first necessary to make an endeavor to become interested in whatever it has seemed worth while to read. The student should try earnestly to discover wherein others have found it good. Every reader is at liberty to like or to dislike even a masterpiece; but he is not in a position even to have an opinion of it until he appreciates why it has been admired. He must make an effort to realize not what is bad in a book, but what is good. The common theory that the critical faculties are best developed by training the mind to detect shortcoming is as vicious as it is false. Any carper can find the faults in a great work; it is only the enlightened who can discover all its merits. It will seldom happen that a sincere effort to appreciate good book will leave the reader uninterested.

① Give attention to a weakness which can damage the reputation of a book.
② Try to understand the value of the book while reading it before judging it.
③ Read books in which you are not only interested but also uninterested.
④ Until the book is finished, keep a critical eye on the theme.

Day 13

1. 밑줄 친 부분에 들어갈 말로 가장 적절한 것은?

   After hearing about the difficult situation her colleague was going through, she went out of her way to _____ him with her encouraging words and support.

   ① confront
   ② challenge
   ③ neglect
   ④ console

2. 밑줄 친 (A), (B)에 들어갈 말로 가장 적절한 것은?

   There ____(A)____ a number of secular performances staged in the Middle Ages, the earliest ____(B)____ dates back to 1276, including satirical scenes and folk elements.

	(A)	(B)		(A)	(B)
①	were	which	②	was	which
③	was	of which	④	were	of which

3. 밑줄 친 부분에 들어갈 말로 가장 적절한 것은?

   Sophie Davis: Jake, the coffee machine's out of order again. It's chaos in here! 10:42

   Jake Thompson: Oh no! I was just about to grab a cup myself. 10:42

   Sophie Davis: Can you grab some coffee from a nearby café and bring one for me too? 10:43

   Jake Thompson: Sure thing! I'll go get some coffee now. Anything else I should do while I'm out? 10:44

   Sophie Davis: Maybe let everyone know where they can get their coffee for the time being. 10:45

   Jake Thompson: Got it. _____ 10:45

   Sophie Davis: Perfect. Thanks! 10:46

   ① I'll call the repair service to fix the coffee machine.
   ② I'll order a new coffee machine for the office.
   ③ I'll send out a quick update and be back soon.
   ④ I'll prepare a detailed report on the coffee issues.

4. 밑줄 친 부분 중 어법상 옳지 않은 것은?

   If the team had secured more funding, they ① could expand their operations much earlier. Instead, they faced multiple setbacks ② that slowed their growth and limited their ability to innovate. Despite the challenges, the leadership remained resilient, ③ finding alternative ways to keep the company afloat. They negotiated new partnerships, improved internal processes, and motivated their employees ④ to push through tough times.

[5~6] 다음 글을 읽고 물음에 답하시오.

(A)

Are you passionate about coffee? We invite you to enhance your brewing skills at our upcoming workshop. Whether you're a complete beginner or a seasoned expert, everyone is welcome to explore the rich flavors and brewing techniques that coffee has to offer. Our Hand Drip Coffee Workshop will teach you the art of brewing the perfect cup, allowing you to enjoy the unique experience of hand-dripped coffee.

Workshop Information:
- Date: Saturday, January 11, 2025
- Time: 1:00 PM – 3:00 PM
- Location: Community Center, Room 102
- Age Requirement: 18 years and older

What to Expect:
- Learn about different coffee beans and their origins.
- Discover the brewing process and equipment needed for hand drip coffee.
- Taste various brewing methods and find your unique flavor profile.

Spaces are limited, so please register early to secure your spot. For more information, visit www.coffeeworkshop.org or call us at (555) 234-5678.

5. (A)에 들어갈 윗글의 제목으로 가장 적절한 것은?

   ① Workshop for Advanced Brewing Techniques
   ② Join Us in the World of Hand Drip Coffee
   ③ A Journey Through Coffee Varieties and Cultivation
   ④ The Art of Roasting: Transforming Beans into Brew

6. 위 안내문의 내용과 일치하지 않는 것은?

   ① 좌석이 제한되어 있어 조기 등록하는 것이 좋다.
   ② 커피 입문자를 위한 초보자 대상 워크숍이다.
   ③ 18세 이상이라면 누구나 참여할 수 있다.
   ④ 참가자는 커피 원두의 품종에 대해 배운다.

7. 다음 글의 목적으로 가장 적절한 것은?

To: All Explorers
From: NASA Team
Date: January 13, 2025
Subject: Regarding Space Flight

Dear adventurous explorers,

NASA has been committed to bringing the wonders of space closer to everyone. Thanks to our tireless efforts, we can offer you an unprecedented opportunity to be part of this exciting mission. Join the first civilian space flight to the International Space Station!

Here are five steps to apply for this extraordinary journey:
1. Visit Our Website: Go to www.nasa.gov/join-space-mission.
2. Complete the Application Form: Fill out all required details accurately.
3. Submit Your Personal Statement: Tell us why you want to be part of this mission.
4. Meet Eligibility Requirements: Applicants must be 18+ and in good health.
5. Prepare for Astronaut Training: Selected individuals will train with NASA experts.

Don't miss this chance to see Earth from orbit. Spots are limited!

Sincerely,
NASA Team

① To inform recipients of how to apply for the civilian space flight
② To inform recipients of the training details for the space exploration
③ To inform recipients of the schedule of the Space Station Visit
④ To inform recipients of the medical examination requirements

8. 밑줄 친 부분에 들어갈 말로 가장 적절한 것은?

Equality and social justice are dependent on recognizing that we live and work in a diverse society, and that such diversity is an asset to be valued rather than a problem to be solved. However, this presents some degree of complication when it comes to communication. This is because communication can be seen to work best when people are similar, or at least on a similar wave length. We have to recognize, then, that there is a tension between communication and diversity. We should not be defeatists and challenge this tension. This means that the valuing of diversity is something that _____.

① is difficult to be accepted from the perspective of social harmony
② should be pursued in different languages and cultures
③ should not be abandoned in favor of effective communication
④ can hinder our communication efforts in society

9. 다음 글의 요지로 가장 적절한 것은?

There's a surprisingly large body of research that praises the cognitive and social benefits of being in a bad mood. A 2006 study in the Journal of Experimental Social Psychology tested subjects on their ability to detect a lie. Subjects who were put in a negative mood by watching a short film about dying of cancer were far more likely to detect lies than subjects who were put in a good mood by watching a clip from a comedy show. Being in a bad mood "increased judges' skepticism toward the targets and improved their accuracy in detecting deceptive communications, while judges in a positive mood were more trusting and gullible." It doesn't end there. Feeling happy can decrease our accuracy as eyewitnesses and our ability to communicate strategically, while feeling bad can enhance these skills. One study found that happiness might blind us to our emotion-induced impairments.

① When being in a bad mood, your judgmental power increases.
② The way to improve your life is by always feeling bad.
③ You should judge in a good mood in order to be trusted.
④ When you are happy, you'll be emotionally impaired.

10. 주어진 글이 들어갈 위치로 가장 적절한 것은?

This led them to study insects, which work tirelessly, complete tasks perfectly, and possess impressive strength for their size.

For a long time scientists and engineers have struggled to fulfill their vision of man-like machines — with little success. (①) The progress of developing robots with artificial intelligence has been so slow that during the late-1980s many American companies, which had formed divisions to build and sell advanced robots, abandoned their efforts. (②) Not long ago, though, a few far-seeing scientists and engineers began to believe it was the old dream of creating machines in man's image that had caused so much trouble. (③) If a robot were modeled after some other kind of living creature, they reasoned, perhaps it would be more functional and easier to build. (④) They accomplish all this with small brains. The brain of an insect with an above-average IQ carries about as much computing power as a personal computer.

Day 14

[1 ~ 3] 밑줄 친 부분에 들어갈 말로 가장 적절한 것을 고르시오.

1. The scientist's discovery had an _____ impact on the field of medicine, which revolutionized the existing treatment methods for several diseases.

   ① trivial
   ② mutual
   ③ immense
   ④ subsidiary

2. The teacher was disappointed with the student _____ the assignment, as it was not completed on time.

   ① to forget
   ② to have forgotten
   ③ being forgotten
   ④ having forgotten

3. A: Any idea for this weekend?
   B: How about going to the park near the old town?
   A: That's a great idea.
   B: I'm thinking of making sandwiches and cookies for us.
   A: It makes my mouth watery only thinking about it.
   B: By the way, _____
   A: No worries, we can still enjoy the food indoors.

   ① how about staying home?
   ② I'm not very skilled in the kitchen.
   ③ what if it rains?
   ④ I have another appointment that day.

4. 밑줄 친 부분 중 어법상 옳은 것은?

   Dictionary.com added a new batch of words. Like every group of additions to the dictionary, the new entries reflect ① what English speakers are interested in right now. For example, if you don't feel like ② to label yourself a Mr. or a Ms. and would rather leave your gender ③ hiding, you may as well ④ to choose Mx. (pronounced like mix), a gender-neutral option.

[5 ~ 6] 다음 글을 읽고 물음에 답하시오.

Wireless Noise-Canceling Headphones

Product Introduction
Wireless Noise-Canceling Headphones are designed to give you an immersive audio experience while blocking out unwanted background noise. Whether you're traveling, working, or simply relaxing at home, these headphones will help you focus on what matters most — your music, podcasts, or calls.

Materials
These headphones are constructed from high-quality, lightweight materials for comfort during extended use. The ear cushions are made from memory foam covered in soft vegan leather, which ensures a snug fit without compromising on comfort. The durable headband is made from stainless steel, providing both style and longevity.

Features
- Active Noise Cancelation: Advanced technology that effectively reduces ambient noise, allowing you to enjoy your audio without distractions.
- Long Battery Life: Up to 30 hours of playtime on a single charge, with a quick charge feature that provides 5 hours of playback from just a 15-minute charge.
- Touch Controls: Intuitive touch-sensitive controls for easy music playback, call management, and voice assistant activation.

5. 윗글에서 Wireless Noise-Canceling Headphones에 관한 내용과 일치하는 것은?

   ① They are designed for wired connections only.
   ② They utilize excellent, lightweight materials in their design.
   ③ The memory foam cushions are covered with genuine leather.
   ④ They provide up to 5 hours of playback on a single charge.

6. 밑줄 친 "durable"의 의미와 가장 가까운 것은?

   ① flimsy
   ② resilient
   ③ delicate
   ④ long-lasting

7. 다음 글의 내용과 일치하지 않는 것은?

The Blue Horizon Art Studio offers various workshops and classes in painting, pottery, and sculpture for people of all ages. The studio is open Tuesday through Sunday, from 10:00 a.m. to 8:00 p.m., and is closed on Mondays. Participants must register in advance for all classes, and materials are included in the class fees.

Private lessons are available upon request and must be scheduled at least a week in advance. A gallery inside the studio displays artwork created by students, which is open to the public during studio hours. Admission to the gallery is free, though donations are appreciated to support studio maintenance and materials.

Free parking is available in the lot adjacent to the studio.

For more information, visit bluehorizonstudio.com or call (555) 123-4567.

① The art studio is open six days a week.
② Materials are provided at no additional cost.
③ The gallery exhibits artwork of the students.
④ Private lessons can be provided on the spot.

8. 밑줄 친 부분에 들어갈 말로 가장 적절한 것은?

In the 1990s, some researchers observed that French people — despite eating lots of saturated fat — tended to have low rates of heart disease. Dubbing this phenomenon the "French paradox," they speculated that regular wine consumption may be protecting their hearts from disease. In the early-2000s, evidence began to pile up tying Mediterranean-style eating and drinking patterns with longer lifespans. One component of these diets that got a lot of attention was the consumption of wine — red wine, in particular. But one of the challenges in assessing the health effects of red wine is the fact that _____.
A 2006 study revealed that wine drinkers often buy healthier foods than beer drinkers, which might explain some longevity benefits associated with wine. Dr. Claudia Kawas suggests this association may be due to factors related to alcohol consumption rather than alcohol itself.

① wine shows greater health benefits than beer
② other lifestyle variables can muddy the evidence
③ dietary therapy is all that matters for a vigorous life
④ one's habit of grocery shopping is more pivotal than wine consumption

9. 다음 글의 요지로 가장 적절한 것은?

The two-year-old child dances for her father when he comes home, before he takes her in his arms. The smallest child who is capable of any action is capable of making it worth watching, of capturing adult attention for a time. Though we learn early on that we can't always command others' attention, we never quite stop seeking it; we become our own observers and imagine others, whether people or gods, watching us too. Even without an audience, we instinctively perform — telling ourselves stories that frame our actions as if they're always worthy of attention. In deciding what to do or how to do it, we often ask ourselves what these watchers would think of us. And then we pretend. We tell ourselves stories about what we are doing as individuals, framing our actions all the while as deserving an audience. To imagine yourself totally without an audience would be painful and difficult.

① 우리는 가정교육을 통해 적절한 사회 규범을 배운다.
② 우리는 누군가가 우리를 지켜봐 주기를 바라며 행동한다.
③ 부모는 자기 자녀의 실수에 더 엄격한 기준을 적용한다.
④ 주변 사람의 관심은 어린이의 창의력 발달을 촉진한다.

10. 주어진 문장이 들어갈 위치로 가장 적절한 것은?

The great news is that this is true whether or not we remember our dreams.

Some believe there is no value to dreams, but it is wrong to dismiss these nocturnal dramas as irrelevant. There is something to be gained in remembering. (①) We can feel more connected, more complete, and more on track. We can receive inspiration, information, and comfort. Albert Einstein stated that his theory of relativity was inspired by a dream. (②) In fact, he claimed that dreams were responsible for many of his discoveries. (③) Asking why we dream makes as much sense as questioning why we breathe. Dreaming is an integral part of a healthy life. (④) Many people report being inspired with a new approach for a problem upon awakening, even though they don't remember the specific dream.

실전동형모의고사 1 (Day 15~16)

[1 ~ 3] 밑줄 친 부분에 들어갈 말로 가장 적절한 것을 고르시오.

1.
New York City is considering using traffic-camera violations to _____ reckless driving by requiring frequent violators to attend a safety course.

① curb
② spur
③ demean
④ emit

2.
The president planned to let his son who is under 20 _____ crimes, to cover up his own radical corruption.

① convicted of
② convicting of
③ be convicted of
④ to be convicted of

3.

Aron Maxwell
Hello, I'm calling to check if my reservation at your hotel includes breakfast.
10:42

Riverview Hotel
Yes, our standard reservations include a complimentary breakfast buffet.
10:42

Aron Maxwell
Perfect! Could I also request an extra pillow for my room?
10:43

Riverview Hotel
Certainly, we'll make sure an extra pillow is provided for your stay.
10:44

Aron Maxwell
_____?
10:45

Riverview Hotel
It's available in the lounge on the ground floor.
10:45

① When does breakfast start each morning
② Can I upgrade to a suite with breakfast
③ Is there a late check-out option available
④ Where can I find the breakfast buffet

4. 밑줄 친 부분 중 어법상 옳지 않은 것은?

One factor contributing to failures in business, ① in which the leading company ② considered more innovative to achieve its goals was expected to outperform its competitors, is ③ what the firm may not have regarded its rivals ④ as threatening to its market dominance.

[5 ~ 6] 다음 글을 읽고 물음에 답하시오.

(A)

As the seasons change and cooler weather approaches, it's important to take steps to protect your health and well-being. We are pleased to announce a free flu vaccination program for seniors in our community. Protect yourself and those around you by getting vaccinated this flu season.

Event Details:
- Date: Friday, January 17, 2025
- Time: 9:00 a.m. − 3:00 p.m.
- Location: Senior Center, 456 Elm Street

Who Can Participate: This program is available for all seniors aged 65 and older.

What to Bring: Please bring your ID and insurance card. The vaccination is free, regardless of insurance status.

Additional Information:
- No appointment is necessary; walk-ins are welcome.
- After receiving your vaccine, enjoy complimentary refreshments.

For more information, please contact us at (555) 678-9012 or visit our website at www.seniorfluclinic.org.

5. (A)에 들어갈 윗글의 제목으로 가장 적절한 것은?
① Protect Yourself During the Seasonal Change
② Health Fair for Local Seniors
③ Free Flu Vaccination for the Elderly
④ Flu Season Preparedness Workshop

6. 위 안내문의 내용과 일치하지 않는 것은?
① 이 프로그램은 65세 이상의 모든 노인에게 제공된다.
② 예방접종을 받기 위해 사전 예약이 필요하다.
③ 예방접종 후 무료 다과가 제공된다.
④ 본인 확인을 위해 신분증과 보험 카드를 지참해야 한다.

7. Office of Community Engagement에 관한 다음 글의 내용과 일치하는 것은?

Office of Community Engagement (OCE) Responsibilities

The OCE is the main agency focused on fostering community involvement and participation within the state. Its responsibilities include organizing volunteer opportunities, supporting local programs, and promoting civic engagement among residents. The OCE's mission is to strengthen community ties and ensure that all voices are heard in decision-making processes. It also conducts outreach programs to educate citizens about their rights and responsibilities. When issues arise in the community, the OCE collaborates with other agencies and local government to address residents' concerns effectively.

① It focuses on promoting interaction between states.
② It emphasizes strengthening community relationships.
③ It educates businesses about their rights and responsibilities.
④ It independently resolves community issues.

8. 다음 글의 제목으로 가장 적절한 것은?

All kinds of medicines have been blamed as potential accident-causers. For example, many tranquilizers, cold medications and motion-sickness drugs can make you sleepy and inattentive, destroy your judgment and slow your reaction time. Some pain relievers can make you feel overconfident. This can lead to careless behavior, such as ignoring speed limits and driving in and out of traffic. And some high-blood-pressure drugs and muscle relaxants can make you dizzy. A Los Angeles police officer found a man in his late sixties sitting motionless in his car, gripping the steering wheel without noticing that the stoplight had changed to green. The officer recalls, "The man did not speak clearly and showed a lack of balance — typical signs of drunkenness. However, it turned out he'd simply been taking blood-pressure medication along with a tranquilizer."

* tranquilizer: 신경 안정제

① Careless Driving
② Causes of Traffic Accidents
③ Effective Medical Treatment
④ Side Effects of Drugs

9. 밑줄 친 부분에 들어갈 말로 가장 적절한 것은?

When someone asks us, "How does that work?" or "Why does that happen?" we tend to answer the question directly if we know the answer. After all, it is efficient. Another person asks a question; we provide the answer to the question. However, the problem with this is that the direct approach can have an unintended consequence: the loss of confidence. Although the question wanted for an *explanation*, what the asker received was a statement of fact. Why does oil float on top of water in a glass? Relative density. What causes climate change? Increased CO_2 in the atmosphere. Giving direct, accurate, and factual answers may seem to solve the problem from the perspective of the answerer. But in reality, it can shut the asker down. If the asker isn't familiar with relative density or CO_2, he or she is likely to move on rather than ask a follow-up question or probe for related ideas. This is a failure in the form of a lost opportunity. A skilled explainer learns to see the intent behind the question and formulate an answer that focuses on understanding instead of _____.

① efficiency
② diversity
③ fluency
④ honesty

10. 주어진 글 다음에 이어질 글의 순서로 가장 적절한 것은?

The vast majority of farmers lived in permanent settlements; only a few were nomadic shepherds. Settling down caused most people's turf to shrink dramatically.

(A) Peasants, on the other hand, spent most of their days working a small field or orchard, and their domestic lives centred on a cramped structure of wood, stone or mud, measuring no more than a few dozen metres — the house. The typical peasant developed a very strong attachment to this structure.

(B) Ancient hunter-gatherers usually lived in territories covering many dozens and even hundreds of square kilometres. 'Home' was the entire territory, with its hills, streams, woods and open sky.

(C) This was a far-reaching revolution, whose impact was psychological as much as architectural. Henceforth, attachment to 'my house' and separation from the neighbours became the psychological hallmark of a much more self-centred creature.

① (A) − (C) − (B)
② (B) − (A) − (C)
③ (B) − (C) − (A)
④ (C) − (B) − (A)

[11~13] 밑줄 친 부분에 들어갈 말로 가장 적절한 것을 고르시오.

1. The thick, porous sponge has the property of _____ moisture so that it leaves no trace of liquid behind when coffee spills out of the cup into the countertop.

① digesting
② suppressing
③ diffusing
④ absorbing

2. The historic building standing in the middle of the city is said _____ by an architect in the early 1900s when urban architecture began to flourish.

① to design
② to be designed
③ to have designed
④ to have been designed

3. A: Hi, may I speak to Lee?
B: This is Lee speaking.
A: Oh, hey, Lee! How's it going?
B: I'm doing well. What's up?
A: Could we meet for lunch tomorrow to discuss the new project?
B: Sure! _____?
A: How about the new Chinese place next door?
B: Sounds good. See you there.

① Where did you have in mind
② Did you already make a reservation
③ Can we push it back to the evening
④ How about bring your boss along

4. 밑줄 친 부분 중 어법상 옳지 않은 것은?

The immediate and ① potentially dangerous future of AI lie detection is not with governments but in the private market. Politicians who support projects like iBorderCtrl ultimately ② have to answer to voters, and most AI lie detectors could be barred from court under the same legal precedent that governs the polygraph. Private corporations, however, face ③ less constraints in using such technology to screen job applicants and potential clients. Silent Talker is one of several companies that claim to offer a more objective way to detect anomalous or deceptive behavior, ④ giving clients a "risk analysis" method that goes beyond credit scores and social-media profiles.

15. 다음 글의 목적으로 가장 적절한 것은?

To: valuedclients@autoville.com
From: support@autoville.com
Date: January 25, 2025
Subject: Important Notice for Your Vehicle

Dear Valued Clients,

At Autoville, your safety is our top priority. We are reaching out to let you know that we've identified a potential issue affecting certain models. Please take a moment to review the following to ensure your safety and convenience:

1. Check your vehicle's identification number (VIN) on our website to see if it is affected by this recall.
2. If your vehicle is listed, contact your nearest Autoville dealership to schedule a free inspection and repair.
3. Avoid using certain features, as outlined in the recall details, until repairs have been completed to prevent any potential issues.
4. Prepare to bring all necessary documents (vehicle registration, ID) to streamline the repair process.
5. Contact our support team for any additional questions.

Thank you for your cooperation in helping us maintain the highest safety standards.

Sincerely,
Autoville Customer Support

① To inform clients of how to confirm their vehicle's recall status
② To inform clients of how to schedule a repair appointment
③ To inform clients of the steps to complete the recall process
④ To inform clients of potential safety features to avoid

16. 밑줄 친 부분에 들어갈 말로 가장 적절한 것은?

The understandings that children bring to the classroom can already be quite powerful in the early grades. For example, some children have been found to hold onto their preconception of a flat earth by imagining a round earth to be shaped like a pancake. This construction of a new understanding is guided by a model of the earth that helps the child explain how people can stand or walk on its surface. Many young children have trouble giving up the notion that one-eighth is greater than one-fourth, because 8 is more than 4. If children were blank slates, just telling them that the earth is round or that one-fourth is greater than one-eighth would be _____. But since they already have ideas about the earth and about numbers, those ideas must be directly addressed in order to transform or expand them.

① familiar
② irrelevant
③ improper
④ adequate

[17~18] 다음 글을 읽고 물음에 답하시오.

(A)

As someone curious about self-discovery, you might want to know how to enhance your personal style. Understanding the colors that suit you best can boost confidence and help you make smarter fashion choices.

This Style Avenue Personal Color Workshop offers insights into 3 basic color theories, the skin undertone theory, and seasonal palettes to help you identify the shades that flatter you most. Sponsored by Style Avenue, a leading fashion clothing company, this event is designed to guide you toward finding your personal color palette so you can select and try on clothing that truly complements you. Expert color consultants will be available to assist you.

Location: Bright Style Studio, 5th Avenue, Downtown
Date: Saturday, February 2, 2025
Time: 1:00 p.m.

For further details or to reserve a spot, visit our website at www.styleavenue.com or call us at (555) 789-0123.

17. (A)에 들어갈 윗글의 제목으로 가장 적절한 것은?
① Finding Confidence Through Color Choices
② Discover Your Signature Colors for Style
③ Style Avenue's Guide to Fashion Icons
④ How to Select Colors for This Season

18. Style Avenue Personal Color Workshop에 관한 윗글의 내용과 일치하지 않는 것은?
① 워크숍은 다양한 색상 이론에 관해 설명한다.
② 워크숍은 한 의류 업체의 후원으로 진행된다.
③ 참가자는 자신을 보완해 줄 옷을 구매할 수 있다.
④ 참가자는 전문가의 도움으로 옷을 선택할 수 있다.

19. 다음 글의 제목으로 가장 적절한 것은?

The earliest challenges and contests to solve important problems in mathematics date back to the sixteenth and seventeenth centuries. Some of these problems have continued to challenge mathematicians until modern times. For example, in 1657, Pierre de Fermat issued a set of mathematical challenges, many of which focused on prime numbers and divisibility. The solution to what is now known as Fermat's Last Theorem was not established until the late 1990s by Andrew Wiles. David Hilbert, a German mathematician, identified 23 unsolved problems in 1900 with the hope that these problems would be solved in the twenty-first century. Although some of the problems were solved, others remain unsolved to this day. More recently, in 2000, the Clay Mathematics Institute named seven mathematical problems that had not been solved with the hope that they could be solved in the twenty-first century. A $1 million prize will be awarded for solving each of these seven problems.

① Unsolved Math Problems Passed to Future Generations
② Unknown Geniuses Achieving the Greatest Things
③ Doubt: What Leads to Unexpected Findings
④ Formulas in Math Solve Problems in Other Areas

20. 주어진 문장이 들어갈 위치로 가장 적절한 것은?

Common sayings such as "the harmony of the spheres" and "it is music to my ears" point to the notion that music is often ordered and pleasant to listen to.

Music is an art form whose medium is sound and silence. (①) The creation, performance, significance, and even the definition of music vary according to culture and social context. Greek philosophers and ancient Indian philosophers defined music as tones ordered horizontally as melodies and vertically as harmonies. (②) However, 20th-century composer John Cage thought that any sound can be music. (③) Musicologist Jean-Jacques Nattiez summarizes the relativist, post-modern viewpoint: "The border between music and noise is always culturally defined — which implies that, even within a single society, this border does not always pass through the same place. (④) By all accounts there is no single and intercultural universal concept defining what music might be."

Day 17

[1 ~ 3] 밑줄 친 부분에 들어갈 말로 가장 적절한 것을 고르시오.

1. With the completion of the new bridge, travel between the two cities has become much more _____.

   ① scarce
   ② implicit
   ③ accessible
   ④ isolated

2. The employees _____ an overview of the new policy changes by the manager were able to implement them more effectively in their daily tasks.

   ① given
   ② were given
   ③ give
   ④ giving

3.
   John Lee: Hi, I'm interested in participating in the upcoming city marathon. What's the best way to sign up? 10:42

   City Sports Office: You can register on our official website or at our office. 10:42

   John Lee: Do you have different race categories? 10:43

   City Sports Office: Yes, we have a full marathon, a half-marathon, and a 10 Km run. 10:44

   John Lee: _____ 10:45

   City Sports Office: Yes, you can switch categories until the registration deadline. 10:45

   John Lee: I might decide between the half-marathon and the 10 Km. 10:46

   City Sports Office: No problem. We're here to assist if you need help with the decision. 10:46

   ① Do I need to bring my ID for registration?
   ② Can I change my race category after registering?
   ③ What is the starting point of the race?
   ④ I don't think I can participate this year.

4. 밑줄 친 부분 중 어법상 옳지 않은 것은?

   The Aztec civilization ① was referred to as the most sophisticated civilization compared to many of its neighboring cultures. Tenochtitlán, their capital, was one of ② the largest cities in the world at the time, with a more intricate layout than most other cities. The Aztecs had the most advanced agricultural techniques, utilizing *chinampas*, or floating gardens, for farming. Their religious rituals were more elaborate than ③ that of other Mesoamerican cultures. Among the fiercest in battle ④ were Aztec warriors whose war skills made the neighboring peoples afraid.

5. 다음 글의 목적으로 가장 적절한 것은?

   To: All Staff
   From: Sarah Lee
   Date: January 15
   Subject: Important Team Announcement

   Dear Team Members,

   I'm thrilled to share the details of our upcoming social outing, which promises to be a fantastic opportunity for us to relax, connect, and enjoy each other's company outside of our usual work environment.

   We will be gathering at Sunny Meadows Park on Saturday, February 15th, at 12:00 PM. This beautiful park offers plenty of space for activities, games, and a lovely picnic area. Please bring along your favorite dish to share, and feel free to bring any outdoor games you enjoy!

   This outing is not just a chance to unwind but also to strengthen our team bonds and create lasting memories together. I hope to see everyone there!

   If you have any questions or suggestions for activities, please don't hesitate to reach out.

   Best,
   Sarah Lee
   HR Manager

   ① To inform employees of a change in company policy
   ② To provide details about an upcoming business trip
   ③ To announce information about the company's social outing
   ④ To clarify participation in the company's policy

[6 ~ 7] 다음 글을 읽고 물음에 답하시오.

(A)

Every community has its own traditions that bring residents together and celebrate shared values. This winter, we invite you to experience an event that will light up the city with dazzling displays and festive activities rooted in traditional Korean themes.

The Cheonggye Stream Light Festival, held annually, will feature a stunning array of light installations inspired by Korean heritage, along with local vendor booths and family-friendly attractions along the Cheonggye Stream. Join us for an enchanting evening filled with beauty and community spirit!

Event Information:
- Dates: Friday, February 14 – Sunday, February 23
- Times: 5:00 p.m. – 10:00 p.m.
- Location: Cheonggye Stream

For further details, please visit our website at www.lightfestival.com or contact us at (02) 700-1234.

6. (A)에 들어갈 윗글의 제목으로 가장 적절한 것은?
① Discover the Magic of Cheonggye Stream
② Celebrate the Lights of Winter
③ A Festival for Family and Friends
④ Support Local Artists in Seoul

7. 위 안내문의 내용과 일치하지 않는 것은?
① 행사는 열흘간 진행된다.
② 한국 전통 테마로 빛 축제가 꾸며진다.
③ 청계천에서 매년 열리는 행사이다.
④ 행사는 아침부터 저녁까지 진행된다.

8. 다음 글의 제목으로 가장 적절한 것은?

Just as GPS trackers allow users to share their location with friends and family, they also allow users to inadvertently share their whereabouts with stalkers. This is particularly dangerous for children, especially as some apps give almost anyone permission to track their location. Many companies now use location tracking to follow you all the time, building up a profile of your habits that they can sell on to advertisers. Some people don't mind that advertisers know exactly where they are and what they are up to. But if you aren't careful with your privacy settings, advertisers will not be the only ones who can stalk you. "Checking in" at locations while running errands provides potential thieves with detailed knowledge of your daily schedule.

① The Downsides of Location Tracking
② How Does a GPS Tracking System Work?
③ GPS Tracking Devices Are Not Perfect
④ Importance of Tracking and Identity Theft Prevention

9. 밑줄 친 부분에 들어갈 말로 가장 적절한 것은?

The debates between social and cultural anthropologists concern not the differences between the concepts but the analytical priority: which should come first, the social chicken or the cultural egg? British anthropology emphasizes the social. It assumes that social institutions determine culture and that universal domains of society (such as kinship, economy, politics, and religion) are represented by specific institutions (such as the family, the British Parliament, and the Church of England) which can be compared cross-culturally. American anthropology emphasizes the cultural. It assumes that culture shapes social institutions by providing the shared beliefs, the core values, the communicative tools, and so on that make social life possible. It does not assume that there are universal social domains, preferring instead to discover domains empirically as part of each society's own classificatory scheme — in other words, its culture. And it rejects the notion that any social institution can be understood _____.

① regardless of personal preferences
② without considering its economic roots
③ in relation to its cultural origin
④ in isolation from its own context

10. 주어진 글 다음에 이어질 글의 순서로 가장 적절한 것은?

A nine-year-old Belgian boy who was on track to become the world's youngest university graduate has terminated his studies at the Dutch university of Eindhoven following a dispute over his possible graduation date.

(A) But recently, the university told Laurent and his parents that plan no longer looked feasible, considering the number of exams he still needed to finish before his birthday on December 26.

(B) After being told about the decision the boy 'dropped out' after a dispute between the university and his parents. In an Instagram post that included an email to the university examination committee, Laurent accused the university of changing the date he was due to finish after he protested about a failed oral exam.

(C) Laurent Simons made headlines around the globe last month, as he looked set to complete a bachelor's degree in electrical engineering at Eindhoven's University of Technology before the end of the year — which would have made him the world's first ever graduate under the age of 10.

① (A) – (B) – (C)   ② (A) – (C) – (B)
③ (C) – (A) – (B)   ④ (C) – (B) – (A)

Day 18

[1 ~ 3] 밑줄 친 부분에 들어갈 말로 가장 적절한 것을 고르시오.

1.
The explorer recorded every detail of his journey in order to _____ the experience for future generations.

① discredit ② ignore
③ abandon   ④ preserve

2.
The new policy has impacted not only the employees' daily routines and work schedules _____ their long-term career development and growth within the company.

① rather than ② as well as
③ but also   ④ both

3.
A: Could you give me a ride to the airport this afternoon if you are free?
B: Sure. What time do you need to get there?
A: I need to leave my house at 2:00, so I can get to the airport two hours before my flight.
B: _____
A: I have my carry-on, a purse, and a large suitcase.
B: Your stuff should all fit in my car just fine. Then, I'll pick you up at your home at 2.

① One hour would be enough to check in.
② Why don't you just take a taxi?
③ My car is too small to load all your belongings.
④ How much luggage are you bringing?

4. 밑줄 친 부분 중 어법상 옳지 않은 것은?

Birds, remarkable creatures that inhabit diverse ecosystems, display an astonishing array of adaptations that enable ① them to thrive in various environments. From the eye-catching feather of tropical species, which ② serve both as camouflage and a means of attracting mates, to the migratory patterns of others that traverse thousands of miles, their behaviors reflect the intricate balance of nature. While some birds, such as the intelligent corvids, exhibit problem-solving skills that rival ③ those of primates, ④ others rely on instinctual responses to survive.

* corvid: 까마귀

5. Office of the Narcotics Commissioner에 관한 다음 글의 내용과 일치하는 것은?

Office of the Narcotics Commissioner (ONC) Responsibilities

The ONC is the primary regulatory agency for narcotics control within the country. This organization is tasked with ensuring compliance with narcotics laws, preventing illegal drug distribution, and monitoring the proper handling of controlled substances. Additionally, the ONC provides guidance on the lawful use of narcotics in medical and research settings. It is committed to promoting a safe, lawful, and effective approach to narcotic regulation, educating healthcare providers and researchers on their responsibilities under the law. The ONC takes necessary enforcement action to prevent abuse and ensure public health and safety are upheld.

① It supervises the lawful importation and exportation of all medical drugs.
② It oversees the smooth distribution of legally controlled medications.
③ It provides guidance to healthcare providers on narcotic use compliance.
④ It enforces laws to ensure narcotics are used safely in recreational settings.

6. 다음 글의 제목으로 적절한 것은?

Perhaps the real source of anxiety about technologies which can be good or ill is not technologies themselves, but growing doubts about the ability of societies to hold the open debate, and come up with good answers. In that sense, techno-pessimism is a symptom of political pessimism. Yet there is something perversely reassuring about this: a gloomy debate is much better than no debate at all. And history still argues, on the whole, for optimism. The technological transformation since the Industrial Revolution has helped curb ancient evils, from child mortality to hunger and ignorance. Yes, the planet is warming and antibiotic resistance is spreading. But the solution to such problems calls for the deployment of more technology, not less. So as the new decade begins, put aside the gloom for a moment. To be alive in the tech-obsessed 2020s is to be among the luckiest people who have ever lived.

① How Advanced Technology Makes Us Anxious
② Why We Should Be Optimistic About Technology
③ Relationship Between Technology and Politics
④ Technological Pessimism Do Exist

[7~8] 다음 글을 읽고 물음에 답하시오.

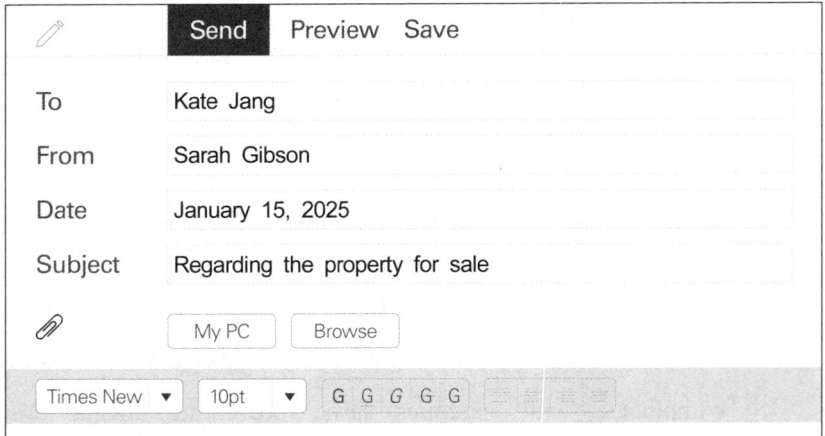

Dear Kate Jang,

Thank you for reaching out and expressing interest in one of our listings. It is always a pleasure to connect with potential residents and discuss properties that may meet their needs.

I'm pleased to provide you with more details regarding the property located at 428 Lake Street. This apartment has recently undergone renovations to offer a modern, spacious living environment. It features a large, sunlit living room, three bedrooms, and two bathrooms, designed to combine comfort with functionality. Additionally, the apartment is equipped with <u>ample</u> natural light, making it an inviting space for residents.

This property comes with designated parking for residents, ensuring convenience and ease of access. The rental terms are $2,500 per month, with a separate maintenance fee of $150 per month. Move-in is available starting from May 1, 2025.

Should you have any further questions or wish to schedule a viewing, please do not hesitate to contact me. Thank you again for your interest.

Best regards,
Sarah Gibson
Real Estate Agent

7. 윗글의 목적으로 가장 적절한 것은?
① to respond to a real estate information request
② to inquire of a real estate advertisement
③ to express intent to purchase a property
④ to promote the advantages of a property

8. 밑줄 친 "ample"의 의미와 가장 가까운 것은?
① abundant   ② limited
③ excellent   ④ bright

9. 주어진 문장이 들어갈 위치로 가장 적절한 것은?

Chinese society is rediscovering this today; *the Time* reported last week, the balance between male and female has been skewed in China.

The Chinese philosophical tradition of Taoism is founded on the idea of balance — in nature and in human relations. Its two core principles are *yang* and *yin*, symbolizing the dualities of light and dark, sky and earth, male and female. (①) Taoist texts teach that both nature and society seek balance, and that interfering with this natural arrangement can bring unhappy consequences. (②) Under Government pressure to limit families to one child each, driven by tradition that favors boys, helped by ultrasound and readily available abortions, Chinese families have been messing with Mother Nature in an effort to make sure their one child is a boy. (③) The result: a stark shortage of women of marriageable age, and a lot of lonely young men. (④) China is not the only populous country where this has happened; a similar phenomenon is occurring in India, according to United Nations figures.

10. 밑줄 친 부분에 들어갈 말로 가장 적절한 것은?

With the present plummeting demand market for office buildings, resulting in many vacant properties, we need to develop plans that will enable some future exchange between residential and commercial or office functions. This vacancy has reached a historic level; at present the major towns in the Netherlands have some five million square metres of unoccupied office space, while there is a shortage of 160,000 homes. At least a million of those square metres can be expected to stay vacant, according to the association of Dutch property developers. There is a real threat of 'ghost towns' of empty office buildings springing up around the major cities. In spite of this forecast, office building activities are continuing at full tilt, as these were planned during a period of high returns. Therefore, it is now essential that _____.

① a number of plans for office buildings be redeveloped for housing
② a new design be adopted to reduce costs for the maintenance of buildings
③ residential buildings be converted into commercial buildings
④ we design and deliver as many shops as possible

Day 19

[1~2] 밑줄 친 부분에 들어갈 말로 가장 적절한 것을 고르시오.

1.
Despite having several tasks to complete, he spent the entire afternoon being _____ and playing games on his phone.

① meticulous ② idle
③ industrious ④ arrogant

2.
Make time and play with your kids, and you will never regret _____ time with them.

① to spend ② to have spent
③ having spent ④ having been spent

3. The new DocFinder app에 관한 다음 글의 내용과 일치하지 않는 것은?

Use the new DocFinder app to locate the correct forms.

Use the DocFinder app to streamline your administrative processes. This app is specifically designed to help public officers locate the appropriate documents or forms required for various public services. With a user-friendly interface, the app allows users to search for forms by category, service type, or keyword. One of the key features is the advanced search tool, which offers suggestions based on frequently accessed forms or user preferences. The app also notifies users when forms are updated or replaced, ensuring accuracy and compliance. Public officers can access DocFinder through mobile devices, desktop applications, or the official website, which provides flexibility for various work environments. For those new to the app, a tutorial feature guides them through its functions to maximize efficiency.

① It enables users to look up forms using categories or keywords.
② It allows users to access frequently used forms automatically.
③ It notifies users about changes in form availability or content.
④ It offers features to enhance the efficiency of experienced users.

4. 밑줄 친 부분 중 어법상 옳지 않은 것은?

Success and happiness aren't always ① <u>as straightforward as</u> they seem. Many people believe ② <u>what</u> achieving their goals will automatically lead to contentment, but that's not necessarily the case. Life is full of complexities, and even when things go right, there can still be challenges ③ <u>that</u> make us question our path. Sometimes, the things we desire most aren't what we truly need. It's important ④ <u>to recognize</u> that fulfillment often comes from unexpected places and experiences.

5. 밑줄 친 부분에 들어갈 말로 가장 적절한 것은?

Sophie Kim: Hi, I'm planning to make natural skincare products at home. Do you have essential oils? 10:42

Nature's Bliss Shop: Yes, we have essential oils, carrier oils, and other ingredients. 10:42

Sophie Kim: Do you also provide containers for storing the products? 10:43

Nature's Bliss Shop: Yes, we have a selection of glass jars and bottles. 10:44

Sophie Kim: _____ 10:45

Nature's Bliss Shop: Yes, all our containers are reusable and eco-friendly. 10:45

Sophie Kim: That's wonderful. I'll order some today. 10:46

Nature's Bliss Shop: Great! Let us know if you need any guidance on choosing products. 10:46

① I prefer packaging made of sustainable materials.
② Natural skincare products are better for the planet.
③ Can I buy extra lids for the containers?
④ What other eco-conscious products do you sell?

[6 ~ 7] 다음 글을 읽고 물음에 답하시오.

(A)

As an outdoor enthusiast, you know the importance of keeping our trails clean and accessible for everyone. We invite you to participate in a unique event tailored to this purpose.

Join us for "Trail Stewardship Day," where volunteers will work together to repair damaged paths, clear litter, and install new trail markers. Safety instructions will be provided on-site before the event begins, along with opportunities to learn about local flora and fauna from an expert.

Event Information:
- Date: Saturday, April 22
- Time: 8:00 a.m. ‒ 1:00 p.m.
- Location: Forest Ridge Trailhead, Main Parking Area

All tools and safety gear will be provided. Volunteers should wear appropriate outdoor clothing and bring water and snacks. For more information, contact the Park Rangers Office at (555) 654-3210.

6. (A)에 들어갈 윗글의 제목으로 가장 적절한 것은?
① Preserve Our Trails Together
② Volunteer Day for Outdoor Beginners
③ Hike and Learn: Forest Plant Life
④ Trail Running for the Active Community

7. 위 안내문의 내용과 일치하지 않는 것은?
① 자원봉사자들은 안전 장비를 현장에서 제공받는다.
② 안전 교육은 행사 시작 전에 온라인으로 참여하도록 요구된다.
③ 자원봉사자들에게는 야외활동 복장이 필요하다.
④ 참가자들은 행사에서 산길을 함께 수리한다.

8. 다음 글의 요지로 가장 적절한 것은?

A popular notion with regard to creativity is that constraints hinder our creativity and the most innovative results come from people who have "unlimited" resources. Research shows, however, that creativity loves constraints. In our own agency, we did the best work when we had limited time and client resources. You had to be more creative just to make everything work better. Today, when working with startups, I am amazed at the creativity you have to have when you only have $25,000. Perhaps companies should do just the opposite to the common idea — intentionally apply limits to take advantage of the creative potential of their people.

① 성과를 강조하는 기업 문화는 구성원의 창의성을 억압한다.
② 창의성은 성공적인 마케팅을 위한 필수 요소이다.
③ 조직 내 활발한 소통이 창의적인 결과를 낳는다.
④ 사용할 수 있는 자원이 제한적일 때 창의성이 더 잘 발현된다.

9. 주어진 글 다음에 이어질 글의 순서로 가장 적절한 것은?

Briefly consider a metaphor that plays a significant role in how we live our daily lives: Time Is Money.

(A) We often speak of time as if it were money — for example, in everyday expressions such as "You're wasting my time," "This device will save you hours of work," "How will you spend your weekend?" and "I've invested a lot of time in this relationship."

(B) Every metaphor brokers what is made visible or invisible; these statements highlight how time is like money and obscures ways it is not. Time thus becomes something that we can waste or lose, and something that diminishes as we grow older. It is abstracted in a very linear, orderly fashion.

(C) This metaphor, however, fails to disclose important phenomenological aspects of time, such as how it may speed up or slow down, depending on our engagement with what we are doing. We may instead conceive of time as quite fluid — as a stream, for example — though we lose sight of this as we have adopted the worldview of Time Is Money.

*obscure: 모호하게 하다

① (A) ‒ (B) ‒ (C) ② (A) ‒ (C) ‒ (B)
③ (B) ‒ (A) ‒ (C) ④ (C) ‒ (B) ‒ (A)

10. 밑줄 친 부분에 들어갈 말로 가장 적절한 것은?

Scientists are constantly making new discoveries about the relationship between food and cancer. Some studies found that the frequent consumption of very hot food could increase the risk of esophageal cancer. Other studies have warned about consuming red meat, which has been associated with an increased risk of colorectal cancer. Even _____ can have major implications for our health. For a long time, scientists have wondered whether consuming acrylamide — a chemical found in burned, charred, and toasted food — negatively affects human health. Foods that are fried, baked, or roasted at high temperatures undergo a process called a Maillard reaction. This reaction can form acrylamide in small doses. Because acrylamide was discovered in food somewhat recently, we don't have any concrete answers about whether it causes cancer, but recent studies have brought us closer to understanding the potential risk.

*esophageal: 식도의

① the amount we take in hot food and red meat
② the length we are exposed to the chemical
③ the way we use to prepare food
④ the cooker we use for making foods

Day 20

1~3] 밑줄 친 부분에 들어갈 말로 가장 적절한 것을 고르시오.

1. Given the high cost of gasoline, many commuters are exploring _____ modes of transportation, such as biking or using electric scooters, to save money and reduce their carbon footprint.

   ① decisive　　　　② alternative
   ③ customary　　　④ subordinate

2. The teacher asked the students to write about _____ they had learned from the project.

   ① that　　　② which
   ③ what　　　④ where

3. A: Vicky, you look down. What's the matter?
   B: It's nothing.
   A: Come on. What is it?
   B: Well, you know I participated in the national speech contest last weekend.
   A: Right. You spent a lot of time preparing for it.
   B: I checked the results on the website this morning and found I failed to win the prize.
   A: Oh, how could that happen?
   B: I thought it was almost perfect. I only made a few mistakes in the speech.
   A: I understand how you feel. Don't be so frustrated. There'll be another chance.
   B: I guess I'm losing confidence. I'm afraid to try something new.
   A: _____

   ① Forget it. I can handle it by myself.
   ② Congratulations! You'll jump to the next round.
   ③ No problem. I'll send you a text message.
   ④ Cheer up! You can make it next time.

4. 밑줄 친 부분 중 어법상 옳지 않은 것은?

Digital marketing enables businesses ① to reach a broader audience than traditional methods. By using data-driven insights, companies are able to ② more accurately target potential customers. This technology helps marketers ③ creating effective campaigns that appeal to specific demographics. Consequently, this makes them achieve better engagement rates, ④ leading to more efficient resource use and improved business outcomes.

5. 다음 글의 목적으로 가장 적절한 것은?

To: Residents of Greystone
From: Lila Montgomery
Date: January 3, 2025
Subject: Important Information

Dear Residents,

As the congressional election approaches, we want to ensure you have all the information you need to participate in this important event. Early voting is a great way to make your voice heard without the rush on Election Day. Here's what you need to know about early voting:

- Voting Period: February 1, 2025 – February 8, 2025
- Hours: 8 AM – 6 PM
- Locations: White Creek Community Center or Cedar Hill Public Library(For more locations, visit www.yourcityvotes.org.)
- Eligibility: Registered voters in our area.
  Bring valid ID (e.g., driver's license, state ID).

For any questions, contact the election office at (555) 923-4027.

Thank you for participating in our democracy!

Best Regards,
Lila Montgomery
Greystone City Hall

① To inform residents of election candidates
② To inform residents of voter rights
③ To inform residents of early voting details
④ To inform residents of delay in the voting schedule

6. 다음 글의 제목으로 가장 적절한 것은?

Simply providing students with complex texts is not enough for learning to happen. Assigning students to independently read, think about, and then write about a complex text is not enough, either. Quality questions are one way that teachers can check students' understanding of the text. Questions can also promote students' search for evidence and their need to return to the text to deepen their understanding. Teachers take an active role in developing and deepening students' comprehension by asking questions that cause them to read the text again, which results in multiple readings of the same text. In other words, these text-based questions provide students with a purpose for rereading, which is critical for understanding complex texts

① Too Many Tests Make Students Tired
② Questions That Science Can't Answer Yet
③ Too Much Homework Is Harmful
④ Questioning for Better Comprehension

[7~8] 다음 글을 읽고 물음에 답하시오.

Medical Association's Rights

Role
We advocate for the protection of medical professionals' rights by promoting safe working conditions and fair compensation for all practitioners. We also collaborate with healthcare institutions to ensure their compliance with national labor standards.

Principles
We prioritize ethical practice in medicine by ensuring transparency in healthcare policies and collaborating closely with law enforcement in cases of discrimination or harassment involving physicians.

Vision
Our aim is to create an equitable healthcare system where medical professionals can <u>thrive</u>, patients receive the best care, and trust is fostered among stakeholders in the industry.

7. Medical Association's Rights에 관한 윗글의 내용과 일치하는 것은?
① It works to ensure healthcare facilities comply with legal standards.
② It strives to create an environment that protects patients' rights.
③ It builds a fair system fostering trust among medical professionals.
④ It investigates cases of discrimination against physicians independently.

8. 밑줄 친 "thrive"의 의미와 가장 가까운 것은?
① survive ② regulate
③ bloom   ④ negotiate

9. 주어진 글에 이어질 글의 순서가 바른 것은?

Suppose that the price of frozen yoghurt falls. The law of demand says that you will buy more frozen yoghurt. At the same time, you will probably buy less ice-cream. Because ice-cream and frozen yoghurt are both cold, sweet, creamy desserts, they satisfy similar desires.

(A) When a fall in the price of one product reduces the demand for another product, the two products are called substitutes. Substitutes are often pairs of products that are used in place of each other, such as hot dogs and hamburgers, butter and margarine, and cinema tickets and Netflix.

(B) Now suppose that the price of chocolate topping falls. According to the law of demand, you will buy more chocolate topping. Yet, in this case, you will likely buy more ice-cream as well, since ice-cream and topping are often used together.

(C) When a fall in the price of one product raises the demand for another product, the two products are called complements. Complements are often pairs of products that are used together, such as petrol and cars, computers and software, and skis and ski-lift tickets.

① (A) − (B) − (C)   ② (A) − (C) − (B)
③ (B) − (A) − (C)   ④ (B) − (C) − (A)

10. 밑줄 친 부분에 들어갈 말로 가장 적절한 것은?

People exercise their bodies daily, yet they neglect to exercise their feelings and emotions. Young men are taught to hide and deny emotions. Women are reluctant to seek help in coping with their depression, anxiety, or distressed relationship. The same fitness fanatic who exercises daily, eats right and has two physicals a year will neglect the mind until a crisis is reached. Emotional problems don't just happen, but are cumulative and they can be avoided at times with the same daily fitness and annual physical approach we use when caring for our bodies. Just like it's better to maintain a healthy heart than recover from a heart attack, _____.

① it is better to hide emotions than make them known
② people need to be aware of the development of disease
③ exercising regularly is more important than seeing the doctor
④ dealing with emotional issues is easier before a crisis breaks

Day 21

[1 ~ 2] 밑줄 친 부분에 들어갈 말로 가장 적절한 것을 고르시오.

1.
| Despite his excellent performance, the critic's harsh review left him feeling _____ and questioning his abilities. |

① empowered ② elated
③ humiliated ④ reassured

2.
| If your meter is fully functioning, it's not mandatory _____ it replaced with a smart meter. |

① of you to have   ② of you to having
③ for you to have ④ for you to having

3. 밑줄 친 부분 중 어법상 옳지 않은 것은?

| We ① have been driving an ambitious agenda focused on sustainability for over two decades. Yet, in the face of ever-growing economic, environmental and social challenges, we are evolving our approach. Ringing the alarm and setting long-term ambitions isn't ② enough good anymore to drive real change. Now is the time ③ to focus on generating meaningful outcomes by making sustainability progress integral to business performance. We are determined ④ to face this reality and to transform our business to achieve our sustainability goals. |

4. "Find and Fetch" Library Service에 관한 다음 글의 내용과 일치하지 않는 것은?

Launch of the "Find and Fetch" Library Service

On May 1, 2024, the National Library Service (NLS) introduced a new program, the "Find and Fetch" service. This program allows users to search for books across the country's public libraries and have them delivered to their designated local library for pickup. The service aims to enhance access to rare books in smaller library branches and foster nationwide resource sharing. Requests can be made via the NLS mobile app or website, and books are typically delivered within 5-7 business days. There is no additional fee for the service, but overdue fines will apply as per the lending library's policy. The service is currently available in 70% of libraries nationwide, with plans for full implementation by December 2025.

① Users can search for books nationwide through this service.
② The service requires users to pay additional fees.
③ Requested books are delivered to the selected library within 5-7 days.
④ Currently, about 70% of libraries support the service.

5. 밑줄 친 부분에 들어갈 말로 가장 적절한 것은?

Ben Carter: Hi, I'm looking for running shoes in size 10. Do you have the new model in stock? 10:42

Sports Gear Store: Yes, we do have the new model in size 10. 10:42

Ben Carter: That's great. Do you offer the shoes in different colors? 10:43

Sports Gear Store: Yes, they come in black, blue, and white. 10:44

Ben Carter: _____ 10:45

Sports Gear Store: Yes, you can try them on when you visit the store. 10:45

Ben Carter: Perfect. I'll come by this afternoon. 10:46

Sports Gear Store: We'll hold a pair in your size until then. 10:46

① I hope I can try them on first.
② Are these shoes comfortable for running long distances?
③ Why don't you try running with these shoes?
④ Do I need to reserve a pair in advance?

6. 주어진 문장이 들어갈 위치로 가장 적절한 것은?

| If a larger animal, such as a dog or a cat, seems too much hassle or expensive, consider having a tiny, cheaper alternative, like fish, snails, or insects. |

When human contact is unavailable, enjoying a pet's presence can be beneficial. (①) Studies show owning a dog reduces loneliness and premature death risk, especially for those living alone. (②) Pet owners often have better social skills and engage more in community activities. (③) Pets encourage them to have physical activity and social interaction, like walking them or visiting the vet. (④) A 2016 study found that older adults caring for crickets became less depressed and improved cognitively within 8 weeks.

[7~8] 다음 글을 읽고 물음에 답하시오.

(A)

With the colder months approaching, it's the perfect time to enhance your culinary skills and warm up with delicious food. Join us for a unique cooking event that celebrates the art of soup-making.

Our program will guide participants in creating a variety of health-focused soups that utilize local, in-season ingredients known for their immune-boosting properties. This workshop will also cover the nutritional science behind these ingredients and practical tips for cooking efficiently at home. Participants will work in pairs, adding a collaborative experience to the session.

Workshop Details:
- Date: Sunday, November 5
- Time: 3:00 p.m. – 6:00 p.m.
- Location: Hans Culinary School, Room 201

Participants will receive a gift set of local spices used in the recipes. Please bring an apron and a small container if you'd like to take leftovers home.

For reservations, visit www.hansculinary.com or call (555) 876-5432.

---

7. (A)에 들어갈 윗글의 제목으로 가장 적절한 것은?

① Savor the Flavors of Winter
② Mastering Immune-Boosting Cooking
③ Warm Up with Seasonal Soup Dishes
④ Gourmet Skills for Home Cooks

8. 위 안내문의 내용과 일치하지 않는 것은?
① 참가자들은 다양한 수프 요리법을 배우게 된다.
② 참가자들은 현장에서 향신료 선물 세트를 받는다.
③ 참가자들은 직접 만든 음식을 포장해 가져갈 수 있다.
④ 참가자들은 단독으로 요리 과정을 진행한다.

9. 다음 글의 제목으로 가장 적절한 것은?

Ultimate happiness is an elusive dream, always hanging just around the corner with promising smiles and wiles. In fact, happiness does not come from a state, but from a change of state. In other words, happiness does not come from the prize, but in the process of attaining that prize. Once that end goal is achieved, the satisfaction quickly degrades until we're left looking for the next high. You might be thinking — but WHY? This condition is either extremely depressing or exhilarating depending on your perspective. I see this condition as what keeps humanity pushing on to new heights! Without the game of hard-to-get we would be content doing nothing at all, stagnant in time. Even better — if you can appreciate each passing moment as a blissful step towards your next plateau, lasting happiness is yours. The secret lies in being able to remain content with each passing moment while keeping our eyes on the next. If you can live comfortably within this paradox, you live in heaven on Earth.

① Why Ultimate Happiness Transcends Human Limitations
② Understanding the True Nature of Happiness
③ Paradox of Happiness: the Harder to Get, the Better to Have
④ Never Sacrifice Your Happiness for Achievement

10. 밑줄 친 (A), (B)에 들어갈 말로 가장 적절한 것은?

"Leisure" refers to "unobligated" time wherein we are free from work or maintenance responsibilities. ___(A)___, a teacher who brings home his or her students' assignments to grade at home is not engaged in a leisure activity. Also mowing the lawn and shopping for groceries are not leisure pursuits because they are necessary maintenance tasks. ___(B)___, attending a ball game, window shopping at the mall, going to the movies, and feeding the ducks at a pond are leisure activities because we are not obligated to do these things.

(A)	(B)
① Otherwise	On the other hand
② Otherwise	For instance
③ Thus	In a similar vein
④ Thus	On the other hand

Day 22

[1 ~ 2] 밑줄 친 부분에 들어갈 말로 가장 적절한 것을 고르시오.

1.
The CEO was _____ after learning of the major financial discrepancies in the company's quarterly report, which jeopardized the upcoming merger.

① furious
② impeccable
③ ecstatic
④ intrinsic

2.
A: The surgery went well. You should avoid putting too much strain on your knee for the next two weeks.
B: I understand. When can I start physical therapy?
A: After three weeks, but try to avoid overexerting yourself until then.
B: Okay. How should I take care of the wound?
A: Keep the wound clean and dry, and avoid getting it wet.
B: _____?
A: Yes, but only when necessary.
B: Thank you.

① Can I wash the wound with water
② When will the pain go away
③ Is physical therapy really necessary
④ Do I have to push myself

3. 밑줄 친 (A), (B), (C)에 들어갈 말로 가장 적절한 것은?

In their native land, fire ants form discrete colonies with just one or a few queen ants at the center of each. This is how most ants live, but something very __(A)__ happened to the fire ants soon after they reached America. They gave up founding colonies by the traditional method of sending off flights of virgin queens, and instead __(B)__ producing many small queens, which spread the colony rather in the way an amoeba spreads, by establishing extensions of the original body. Astonishingly, at the same time the ants ceased to defend colony boundaries against other fire ants. With territorial boundaries __(C)__, local populations now merge into a unified group of coexisting ants spread across the inhabited landscape.

	(A)	(B)	(C)
①	strange	began	erasing
②	strange	began	erased
③	strangely	beginning	erasing
④	strangely	beginning	erased

4. 밑줄 친 부분 중 어법상 옳지 않은 것은?

Modern advances in genetics, particularly through breakthroughs such as CRISPR-Cas9, which allows for precise gene editing, ① have not only revolutionized medical science but also ② transformed fields like agriculture and biotechnology, where genetic modifications are now used to ③ enhancing crop resistance, optimize yields, and mitigate environmental impacts. In medicine, the rise of personalized therapies, which are tailored to an individual's unique genetic profile, has shown promise in treating diseases that were once considered ④ as incurable.

5. 다음 글의 내용과 일치하지 않는 것은?

The Blue Horizon Art Studio offers various workshops and classes in painting, pottery, and sculpture for people of all ages. The studio is open Tuesday through Sunday, from 10:00 a.m. to 8:00 p.m., and is closed on Mondays. Participants must register in advance for all classes, and materials are included in the class fees.

Private lessons are available upon request and must be scheduled at least a week in advance. A gallery inside the studio displays artwork created by students, which is open to the public during studio hours. Admission to the gallery is free, though donations are appreciated to support studio maintenance and materials.

Free parking is available in the lot adjacent to the studio.

For more information, visit bluehorizonstudio.com or call (555) 115-4748.

① The art studio is open six days a week.
② Materials are provided at no additional cost.
③ The studio's gallery exhibits artwork of the students.
④ Private lessons can be provided on the spot.

6. 글의 흐름상 가장 어색한 것은?

Young people who viewed their parents as more successful were more likely to be educated, have a successful job and have fewer mental health problems. A research team studied 2,232 same-sex twins born in the UK. The participants were quizzed about their family's social ranking when they were 12 and then again at the age of 18. ① Although no link was seen at 12 years old, by the time the child was 18 a link had emerged between their views on their family and their own success in life. ② A twin with a higher estimation of their family's social status was more likely to have a job than their sibling, the study showed. ③ In fact, all teenagers have difficulty separating from their families and finding and establishing a separate identity. ④ Siblings had equal access to resources but differed in how they ranked their family's status, which influenced their success. Researchers added that helping children to see their own families in a more positive light could help them overcome inequality.

[7~8] 다음 글을 읽고 물음에 답하시오.

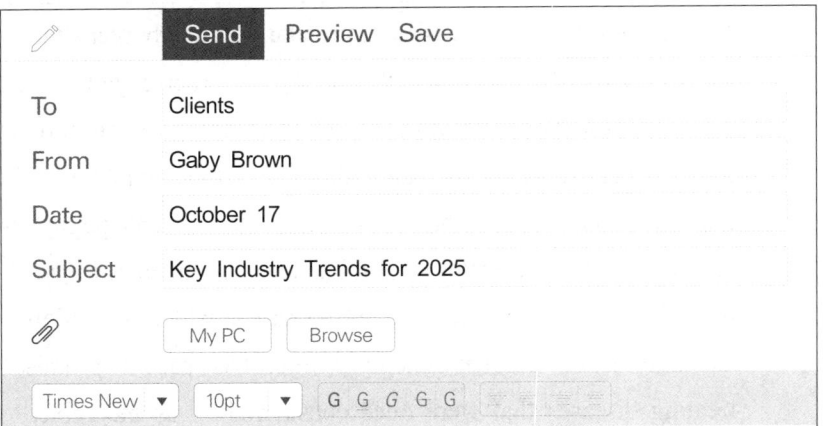

Dear Valued Client,

At TechWave Solutions, we are constantly observing shifts in the technology sector. As we look forward to 2025, here are some key trends to watch:

AI and Automation: AI and automation are transforming industries by improving efficiency and accuracy. Significant growth in these areas is expected in the coming year.

Sustainability Initiatives: Companies are adopting eco-friendly practices, such as energy-efficient data centers and carbon-neutral cloud computing, to align with new regulations and meet consumer expectations.

Personalization and Customer Experience: The demand for personalized experiences is growing. Data analytics and machine learning are increasingly used to offer <u>tailored</u> services and enhance customer satisfaction.

Understanding these trends will be crucial for staying competitive. We hope this information helps you navigate the upcoming changes effectively. If you have any questions or need further assistance, feel free to reach out.

Best regards,
Gaby Brown
Customer Success Manager
TechWave Solutions

7. 윗글의 목적으로 가장 적절한 것은?
① 고객이 경제적으로 앞서 나갈 수 있도록 장려하려고
② 고객에게 기술 변화 탐색을 위한 지원을 제공하려고
③ 고객이 AI 분야의 신흥 시장을 이해하도록 도우려고
④ 고객에게 산업의 주요 동향에 대한 통찰력을 제공하려고

8. 밑줄 친 "tailored"의 의미와 가장 가까운 것은?
① facilitated
② customized
③ supplemented
④ tangled

9. 밑줄 친 부분에 들어갈 말로 가장 적절한 것은?

Risk management professionals look to the past for information on the so-called worst-case scenario and use it to estimate future risks — this method is called "stress testing." They take the worst historical recession, the worst war, or the worst point in unemployment as a precise estimate for the worst future outcome. But they never notice the following inconsistency: this so-called worst-case event, when it happened, exceeded the worst case at the time. I have called this mental defect *the Lucretius problem*, after the Latin poetic philosopher who wrote that the fool believes that the tallest mountain in the world will be equal to the tallest one he has observed. The same can be seen in the Fukushima nuclear reactor, which experienced a huge failure in 2011 when a tsunami struck. It had been built to endure the worst past historical earthquake, with the builders not imagining much worse – and not thinking that the worst past event had to be a surprise, as it _____.

① came earlier than expected
② had no precedent
③ led to better preparation
④ repeated itself over time

10. 주어진 문장 다음에 이어질 글의 순서로 가장 적절한 것은?

As cars are becoming less dependent on people, the means and circumstances in which the product is used by consumers are also likely to undergo significant changes, with higher rates of participation in car sharing and short-term leasing programs.

(A) In the not-too-distant future, a driverless car could come to you when you need it, and when you are done with it, it could then drive away without any need for a parking space. Increases in car sharing and short-term leasing are also likely to be associated with a corresponding decrease in the importance of exterior car design.

(B) As a result, the symbolic meanings derived from cars and their relationship to consumer self-identity and status are likely to change accordingly.

(C) Rather than serving as a medium for personalization and self-identity, car exteriors might increasingly come to represent a channel for advertising and other promotional activities, including brand ambassador programs, such as those offered by Free Car Media.

① (A) – (C) – (B)
② (B) – (C) – (A)
③ (C) – (A) – (B)
④ (C) – (B) – (A)

Day 23

[1 ~ 3] 밑줄 친 부분에 들어갈 말로 가장 적절한 것을 고르시오.

1. Without proper preservation methods, historical artifacts may _____ over time, losing their cultural and historical value.

① flourish
② perish
③ expand
④ prevail

2. _____ the instructions carefully, you would not have encountered so many issues with the device.

① Had you followed
② If you would follow
③ If you followed
④ Have you followed

3. [Chat conversation]

Laura Smith: Hi, I'm interested in reserving a hiking trail online. Is that possible? (10:42)

Trail Reserve Office: Yes, you can book most of our trails online through our website. (10:42)

Laura Smith: How far in advance can I make a reservation? (10:43)

Trail Reserve Office: You can reserve up to two months ahead. (10:44)

Laura Smith: _____ (10:45)

Trail Reserve Office: No, reservations are free, but you'll need to confirm within 48 hours of your booking. (10:45)

Laura Smith: Thank you for the information. (10:46)

Trail Reserve Office: We hope you enjoy your hike! (10:46)

① Do I need to call to confirm my reservation?
② I wonder if there's a deposit required.
③ Am I free to go without making a reservation?
④ Is there a fee for making a reservation?

4. 밑줄 친 부분 중 어법상 옳지 않은 것은?

We found no significant difference between the two groups with regard to the level of trust in other SNS users. Interestingly, trust in SNS users ① was quite low. An additional finding is ② that the adolescent respondents were ③ little concerned about their online privacy than ④ were the adult respondents.

[5 ~ 6] 다음 글을 읽고 물음에 답하시오.

Civil Service English Assessment Bureau

Mission
We design and administer assessments to help civil servants effectively use English in their work. Each evaluation item is tailored to the practical administrative and work-related situations civil servants encounter, providing actionable feedback that allows them to improve their English proficiency for on-the-job applications.

Vision
By delivering accurate and objective results, we aim to help each test-taker enhance their skills and confidently handle administrative tasks in a global environment. We support civil servants in providing proficient public service especially in international contexts.

Core Values
- Fairness & Integrity: We prioritize <u>utter</u> honesty in all evaluation, maintaining trust in our assessments.
- Innovation & Relevance: We continuously adopt innovative approaches to ensure that civil servants receive results they can effectively apply in their actual work.

5. 윗글에서 Civil Service English Assessment Bureau에 관한 내용과 일치하는 것은?

① It helps civil servants improve English skills for work and daily life.
② It enables test-takers to provide competent nationwide service based on results.
③ It provides feedback that public officials can apply to their actual work.
④ It adheres to traditional approaches while ensuring relevance in evaluations.

6. 밑줄 친 "utter"의 의미와 가장 가까운 것은?

① stable
② absolute
③ successful
④ popular

7. 다음 글의 내용과 일치하지 않는 것은?

Please Visit the Oceanic History Museum

The Oceanic History Museum is open from 10:00 a.m. to 6:00 p.m. daily, except for three major holidays. Visitors can explore a wide range of exhibits showcasing maritime history, including ancient shipwrecks, naval battles, and ocean exploration. Admission is $15.00 for adults and $8.00 for children. Family and group discounts are also available.

Tickets can be purchased online or at the museum's ticket office. Online buyers will receive an email confirmation, which can be presented in printed form or on a mobile device. Special tours of the museum's archives are available for an additional fee.

- CLOSED: Thanksgiving, Christmas Eve, and New Year's Day
- Location: 45 Pacific Ave, San Diego, CA

For more information, call (521) 768-5934.

① Group visitors can receive discounts at the museum.
② Visitors can buy tickets both online and at the museum.
③ Visitors can enter the museum on any day except Christmas Eve.
④ Visitors can enjoy special tours of the archives for an extra fee.

8. 다음 글의 주제로 가장 적절한 것은?

Considering the multitude of ways people benefit from insects, it is curious that insects continue to suffer from such an unfavorable reputation. Ironically, while many of us perceive insects as harmful pests — dangerous, ugly, and disease-ridden — in reality, without the service of pollination which they provide humankind might cease to exist. The promotion of negative stereotypes of insects can be largely traced to failure by Europeans to appreciate or understand the customs of the lands they colonized and their misperception that the way of life of most indigenous populations they encountered was barbaric. Many people's dislike for insects stems from a similar classist attitude that associates insects with indigenous people who lack the means to buy or grow alternate sources of food. Again this prejudice stems largely from Western cultures. In contrast, cultures of many Eastern nations such as Japan and China consider various species of insects to be great delicacies.

* pollination: 가루받이
* indigenous: 원주민의

① untapped potential of insects as a food source
② efforts to control pests using natural enemies
③ prejudices against insects based on their appearance
④ cultural reasons for people's dislike for insects

9. 주어진 문장 다음에 이어질 글의 순서로 가장 적절한 것은?

Global civil society is in one sense a separate social system growing up around international society and giving rise to regimes of its own.

(A) Even so, its emergence has far-reaching implications for the dynamics of international society because it provides a social base for nonstate actors that helps them to participate effectively in the creation and operation of international regimes, which in turn influence the character of international society.

(B) The emergence of a global civil society is partly a simple matter of material resources.

(C) The introduction of the fax machine and the dramatic growth of the World Wide Web, largely as a function of global civil society rather than international society, has allowed nonstate actors to forge effective global alliances that are not subject to national governmental control.

* regime: 체제

① (A) − (B) − (C)   ② (A) − (C) − (B)
③ (B) − (C) − (A)   ④ (B) − (A) − (C)

10. 밑줄 친 (A), (B)에 들어갈 말로 가장 적절한 것은?

Americans treasure free speech and expression. People's right to share their ideas is protected by the First Amendment. The amendment is one of 10 in the Bill of Rights, added to the Constitution in 1791. Lawmakers of the day passed the Bill of Rights because they believed that some key freedoms, including speech protection, should be part of the Constitution. ____(A)____, First Amendment experts say that the right to speak freely comes with an unwritten requirement to act responsibly. "Many Americans have an overdeveloped sense of rights and an underdeveloped sense of responsibility," says Sam Chaltain, coordinator of the First Amendment Schools project. "Our rights are spelled out in the First Amendment. ____(B)____, the amendment will work only if we guard the rights of those with whom we disagree."

	(A)	(B)
①	However	Likewise
②	However	However
③	Therefore	However
④	Therefore	For example

Day 24

[1 ~ 3] 밑줄 친 부분에 들어갈 말로 가장 적절한 것을 고르시오.

1.
   The _____ smile on the beautiful lady in the painting excites viewers' curiosity, causing them to guess at the emotions hidden behind her expression.

   ① obvious ② serene
   ③ enigmatic ④ frivolous

2.
   Even though he was overwhelmed with work, he had the project _____ by the end of the week.

   ① finish ② to finish
   ③ is finished ④ finished

3.
   A: Hey, what's with the long face?
   B: Well, there was a speech contest yesterday, and I didn't do as well as I hoped.
   A: Oh no, what happened?
   B: I got some negative feedback from the judges.
   A: Really? What did they say?
   B: They said my speech was dull because I didn't use any body language.
   A: _____
   B: Thanks for saying that, but I still feel pretty down.

   ① Well, it would be nice to get some good comments.
   ② Let's do a relaxation exercise together.
   ③ You're right. Practice makes perfect.
   ④ That's surprising, because I thought you did really well.

4. 밑줄 친 부분 중 어법상 옳지 않은 것은?

   As competition between memory companies intensifies, the race ① to bring the latest memory technologies to market continues ② to shape the industry landscape. The successful certification and shipment of the new memory chip ③ mark a crucial step in this ongoing technological evolution. With the fourth quarter ④ approached, the industry will closely monitor developments among major companies.

[5 ~ 6] 다음 글을 읽고 물음에 답하시오.

> (A)
>
> Our community's rich history deserves to be explored and celebrated. The City Historical Society is hosting a special evening at the City Museum to deepen residents' understanding of local heritage and the stories that shaped our city.
>
> At the "Museum Night Tour & History Talk," historians and museum curators will lead guided tours through exhibits on early settlers, city architecture, and key historical events. Participants will also engage in a lecture, which discusses archival preservation and methods for documenting personal histories and which offers a unique educational experience.
>
> **Event Details**:
> • Date: Friday, October 20
> • Time: 6:00 p.m. – 9:00 p.m.
> • Location: City Museum
>
> Light refreshments will be provided. Tickets are $10 for adults, $7 for teens (ages 13-17), and $5 for children under 12. All ticket sales will go toward supporting museum preservation efforts.
>
> Visit www.citymuseum.org or call (555) 678-1234 for ticket purchases and details.

5. (A)에 들어갈 윗글의 제목으로 가장 적절한 것은?
   ① Journey Through Our City's History
   ② An Evening of Cultural Experiences
   ③ Revisit the Museum with a City Tour
   ④ Enriching Our Understanding of the Past

6. 위 안내문의 내용과 일치하지 않는 것은?
   ① 가이드 투어와 역사 강연이 포함된다.
   ② 행사는 저녁 시간에 진행된다.
   ③ 입장료는 12세 이하 어린이에게 무료이다.
   ④ 입장료 수익은 박물관 보존을 위한 기금으로 사용된다.

7. 다음 글의 목적으로 가장 적절한 것은?

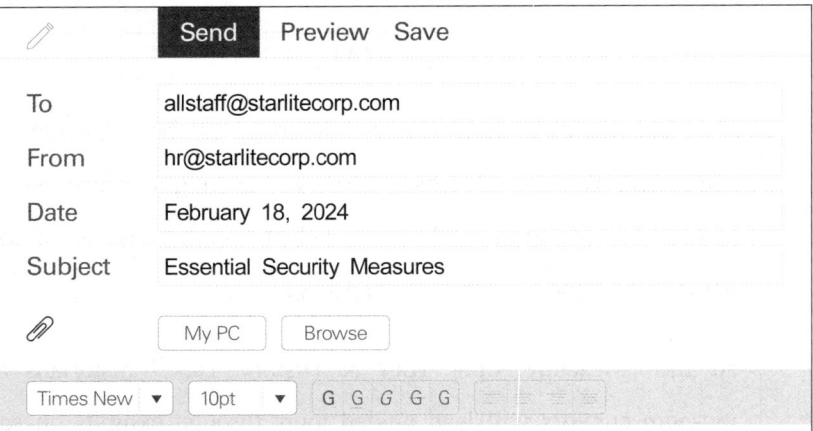

Dear All Employees,

In today's digital age, protecting our data and upholding our company's reputation is more important than ever. To strengthen our security efforts, we are implementing a required training program for all employees. This training will provide valuable skills to help you recognize potential risks and handle sensitive information safely. Please review the details below:

• Training Period: March 1 – March 10
• Format: Online modules (link to be provided)
• Completion Deadline: March 10

The program will cover key practices such as spotting phishing attempts and securely managing data. Thank you for your support in helping us maintain a secure environment for everyone.

Best regards,
HR Department

① to announce a company-wide system upgrade
② to inform staff of a mandatory cybersecurity training
③ to request volunteers for a cybersecurity project
④ to provide a cybersecurity helpline for employees

8. 다음 글의 제목으로 가장 적절한 것은?

For many young people, peers are of significant importance and can be the primary source of the norms with which they strive to conform. Peer pressure among them can affect how they drive a vehicle. Young drivers experience higher peer pressure than older drivers to commit traffic violations such as speeding, driving under the influence of alcohol and dangerous overtaking. Direct peer pressure may be exerted on a young driver's behavior through the influence of a passenger. Young drivers, both male and female, drive faster and with a shorter following distance at road junctions if they have young passengers in the car.

① A Friend in Need Is a Friend Indeed
② What Makes Young People Drive Carelessly?
③ Traffic Violations: A Sign of Self-Destruction
④ Differences Between Male and Female Drivers

9. 주어진 문장 다음에 이어질 글의 순서로 가장 적절한 것은?

When properly given, first aid can result in saving an injured person's life or preventing further damage.

(A) Since both the police and fire departments are trained to handle many emergencies, you should call them as soon as you can.
(B) In the case of animal bites and fainting, for example, incorrect treatment can cause even more damage.
(C) However, unless you are sure of what to do in a particular case, you should not give treatment.

① (A) – (B) – (C) ② (A) – (C) – (B)
③ (C) – (B) – (A) ④ (C) – (A) – (B)

10. 밑줄 친 부분에 들어갈 말로 가장 적절한 것은?

Controversy over new art-making technologies is nothing new. Many painters recoiled at the invention of the camera, which they saw as a debasement of human artistry. Charles Baudelaire, the 19th-century French poet and art critic, called photography "art's most mortal enemy." In the 20th century, digital editing tools and computer-assisted design programs were similarly dismissed by purists for requiring too little skill of their human collaborators. What makes the new breed of A.I. image generating tools different is not just that they're capable of producing beautiful works of art with minimal effort. It's how they work. These tools are built by scraping millions of images from the open web, then teaching algorithms to recognize patterns and relationships in those images and generate new ones in the same style. That means that artists who upload their works to the internet may be unwittingly _____.

*unwittingly: 자신도 모르게

① helping to train their algorithmic competitors
② sparking a debate over the ethics of A.I.-generated art
③ embracing digital technology as part of the creative process
④ acquiring the skills of utilizing internet to craft original creations

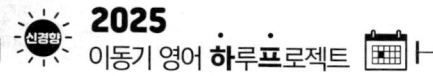

Day 25

[1~2] 밑줄 친 부분에 들어갈 말로 가장 적절한 것을 고르시오.

1. As the earthquake intensified, the buildings began to _____, which caused panic among the residents.

   ① stabilize ② illuminate
   ③ tremble ④ sacrifice

2. The company's new model is designed to be more affordable and durable _____ currently available; it is certainly the best choice for consumers.

   ① than any other device ② than all the other device
   ③ as other devices ④ like any other device

3. 밑줄 친 부분 중 어법상 옳지 않은 것은?

   The institute is not the first to strive for a more ethical, human-centered vision of AI. One prominent organization, ① initially found with the mission of providing the benefits of advanced AI to all people, has even dismantled entire safety teams. Perhaps this institute will fare better with its embrace of ② what some call "accelerationism": the idea ③ that the future is not predetermined and that humanity is therefore responsible for ④ what it brings about.

4. 밑줄 친 부분에 들어갈 말로 가장 적절한 것은?

    Rachel Weise: Did you hear about the big change in the benefits package? 10:42

    Leo Dicaprio: No, I missed it. What's new? 10:42

    Rachel Weise: They're increasing health coverage and adding more vacation days. 10:43

    Leo Dicaprio: Really? That sounds great. When will this start? 10:44

    Rachel Weise: They said by next quarter. _____? 10:45

    Leo Dicaprio: Yes, I want to take a look at the details. 10:45

   ① Are you planning to decline the conditions
   ② Did you already get the email about this
   ③ Will you attend the info session with me
   ④ Have you checked the portal for the details

[5~6] 다음 글을 읽고 물음에 답하시오.

BrightPlay Toys

About Us
BrightPlay Toys aims to inspire imagination and joy in children of all ages. We produce high-quality, safe, and educational toys that spark creativity and learning. Our team of designers and child experts is passionate about creating playful experiences that bring families together.

Products Offered
We provide a wide range of toys, including puzzles, building sets, and role-playing kits to develop problem-solving skills, motor skills, and social interaction. Our products are designed to encourage curiosity and foster lifelong learning through engaging play.

Our Approach
BrightPlay Toys is committed to nurturing creativity, learning, and connection. We use safe, sustainable materials and design toys that evolve with children's developmental stages. By collaborating with educators and families, we ensure our toys are both fun and beneficial, prompting children's growth and creating cherished memories.

5. 윗글에서 BrightPlay Toys에 관한 내용과 일치하지 않는 것은?

   ① It manufactures premium, educational items for young learners.
   ② It offers various toys like block play sets, and pretend-play kits.
   ③ It works alongside teachers and parents to support child progression.
   ④ It has an expert team devoted to studying children's developmental stages.

6. 밑줄 친 "prompting"의 의미와 가장 가까운 것은?

   ① deferring ② spurring
   ③ allowing ④ respecting

7. 다음 글의 내용과 일치하지 않는 것은?

The Everett Art Museum is pleased to announce the 2025 Leaf Festival, where visitors can fully enjoy the beauty of winter. This festival will take place from January 20 (Monday) to January 26 (Sunday), offering a variety of cultural events alongside the dazzling snowy scenery and icicles in the museum's gardens and exhibition halls. Admission to the festival is complimentary, but due to expected high visitor numbers during the festival period, advance reservations are required.

• Reserve your tickets online: www.everettartmuseum.com

During the festival, guests can enjoy serene snow-covered landscapes, cultural performances by local artists, hands-on activities themed around winter, and a special photo zone to capture precious moments. We invite everyone to participate and show interest in this event, hoping it will be a meaningful time to share the beauty of winter together.

For more information, please visit our website or contact us at (022) 659-7800.

① The Everett Art Museum hosts a festival to celebrate the snowy season.
② Visitors are welcome to attend the festival entirely free of charge.
③ Due to the expected high visitor turnout, prior reservations are necessary.
④ The festival features a workshop on catching special instants.

8. 밑줄 친 부분에 들어갈 말로 가장 적절한 것은?

A few years ago I met a man named Phil at a parent-teachers' organization meeting at my daughter's school. As soon as I met him, I remembered my wife told me "Phil is a real pain at meetings." I quickly saw what she meant. When the principal was explaining a new reading program, Phil interrupted and asked how his son would benefit from it. Later in the meeting, Phil argued with another parent. When I got home, I said to my wife, "You were right about Phil. He's rude and arrogant." My wife looked at me quizzically. "Phil isn't the one I was telling you about," she said. "That was Bill. Phil is actually a very nice guy." Sheepishly, I thought back to the meeting and realized that Phil had probably not interrupted or argued with people any more than others had. My interpretation was just that — an unconscious interpretation of a behavior that was open to many interpretations. It is well known that first impressions are powerful, even when they are based on _____.

① personal preference
② selfish motivation
③ exaggerated phrase
④ faulty information

9. 주어진 글 다음에 이어질 글의 순서로 가장 적절한 것은?

Here's a fascinating social experiment. Select one hundred people at random in New York City and ask them each to list all their friends, so you can figure out their average number of friends. Then, in turn, ask their friends how many friends they have.

(A) The explanation lies in the realization that there is a bias in the question being asked, since you are more likely to know popular people and less likely to know unpopular ones.
(B) That is also why people at your local gym tend to be fitter than you, because you do not encounter the relatively out-of-shape ones who rarely turn up.
(C) You will find that the latter's average number of friends is higher. Sociologist Scott Feld of Purdue University drew attention to this apparent paradox.

① (B) − (A) − (C)
② (B) − (C) − (A)
③ (C) − (A) − (B)
④ (C) − (B) − (A)

10. 다음 글의 주제로 가장 적절한 것은?

The rapidity of AI deployment in different fields depends on a few critical factors: retail is particularly suitable for a few reasons. The first is the ability to test and measure. With appropriate safeguards, retail giants can deploy AI and test and measure consumer response. They can also directly measure the effect on their bottom line fairly quickly. The second is the relatively small consequences of a mistake. An AI agent landing a passenger aircraft cannot afford to make a mistake because it might kill people. An AI agent deployed in retail that makes millions of decisions every day can afford to make some mistakes, as long as the overall effect is positive. Some smart robot technology is already happening in retail. But many of the most significant changes will come from deployment of AI rather than physical robots or autonomous vehicles.

① dangers of AI agent
② why retail is suited for AI
③ retail technology and hospitality
④ critical factors of AI development

Day 26

[1 ~ 3] 밑줄 친 부분에 들어갈 말로 가장 적절한 것을 고르시오.

1. If a computer system is _____, this means it continues to function even after some components fail.

   ① unstable ② resilient
   ③ inefficient ④ temporary

2. The organization _____ he has been dedicated for over a decade, supports underprivileged communities worldwide.

   ① to which ② which
   ③ to that ④ that

3. A: I'm planning a weekend getaway. Do you know any good hotels?
   B: Sure! What kind of place are you looking for?
   A: Something cozy but not too pricey.
   B: Got it. _____.
   A: That sounds perfect! I'll check it out.
   B: I think you'll love it. The reviews are amazing!

   ① I'll try looking for deals online
   ② The Lakeside Haven is a hidden gem
   ③ Most hotels are fully booked, I'm afraid
   ④ You'll probably want to avoid crowded inns

4. 밑줄 친 부분 중 어법상 옳은 것은?

   Activists and leaders in the social conservative movement are now moving to embrace his candidacy and are ① joining in the growing number of mainstream Republicans who ② appear ready to coalesce around the party's presumptive nominee. ③ In spite of their support for him is often qualified, the majority of the members in the party ④ seems to exceed their reservations at some point.

   * coalesce: 연합하다

[5 ~ 6] 다음 글을 읽고 물음에 답하시오.

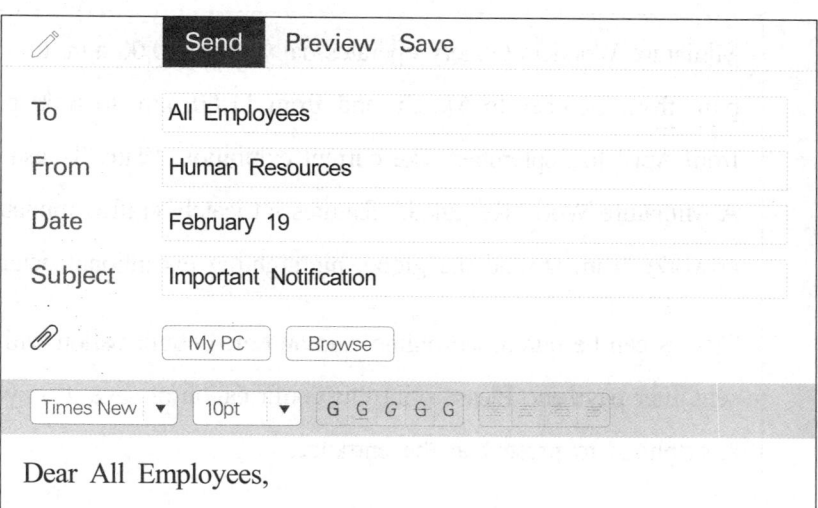

Dear All Employees,

I trust you're doing well. We would like to inform you of some important upcoming changes.

These updates cover changes to work hours, remote work policy, and vacation requests. Please review the details below for how these will affect you.

1. Work Hours Adjustment
   Previous: 9:00 AM – 6:00 PM
   New: 8:30 AM – 5:30 PM

2. Remote Work Policy
   Remote work will be allowed once a month. <u>Prior</u> approval from your team leader is required.

3. Vacation Request Procedure
   Vacation requests should be made at least 2 weeks in advance. For urgent changes, please coordinate with your team leader.

For detailed information and further specifics, please refer to the company intranet. If you have any questions, feel free to contact the Human Resources.

Thank you.

Everset Corporation
Human Resources

5. 윗글의 목적으로 가장 적절한 것은?
   ① 회사 휴무일 및 휴가 일정을 직원에게 공지하려고
   ② 사내 복지 프로그램을 직원에게 소개하려고
   ③ 근무 관련 제도 변경 사항을 직원에게 알리려고
   ④ 근무 시간 변경 및 휴가 신청 절차를 설명하려고

6. 밑줄 친 "Prior"의 의미와 가장 가까운 것은?
   ① Favorable ② Existent
   ③ Subsequent ④ Earlier

7. 다음 글의 내용과 일치하지 않는 것은?

Miniature Wonders Gallery operates daily, from 10:00 a.m. to 5:00 p.m. from October to March, and from 11:00 a.m. to 6:00 p.m. from April to September. The current exhibition, "Tiny Treasures: A Miniature World Revealed," features intricately crafted miniature artworks from around the globe, highlighting exceptional detail.

Tickets can be purchased online, and an email confirmation will be sent after payment. Please print this confirmation or save it on your smartphone to present at the entrance.

- Online Ticket Purchase: buy.miniaturewondersgallery.com/events
- Admission: Adults $15, Seniors (65+) $12, teenagers (13-18) $10, Children (6-12) $8, Children under 6 free.

Weekends include the "Family Miniature Adventure" program, where families can enjoy miniature creation and engaging missions.

For more information and reservations, please visit our website or contact us at (555) 987-6543.

① The gallery currently displays miniature artworks from around the world.
② A confirmation email is sent after purchasing a ticket online.
③ Admission is free for children under 6 years old.
④ On weekends, there is a miniature creation program only for children.

8. 다음 글의 요지로 가장 적절한 것은?

In the typical American diet, only 40 percent of total calories come from carbohydrates — a lower percentage than found in most of the world. To make matters worse, half of the carbohydrate calories consumed by the typical American come from processed foods filled with simple sugars. Experts recommend that these foods make up no more than 10 percent of our diet. Foods rich in complex carbohydrates, which provide vitamins, minerals, and dietary fiber, should make up roughly 50 percent of our daily calories.

① Americans need to eat more complex carbohydrates.
② Americans should cut down on complex carbohydrates.
③ Americans need to reduce the intake of carbohydrates.
④ Americans need to eat more processed foods.

9. 주어진 문장이 들어갈 위치로 가장 적절한 것은?

This allows the solids to carry the waves more easily and efficiently, resulting in a louder sound.

Tap your finger on the surface of a wooden table or desk, and observe the loudness of the sound you hear. Then, place your ear flat on top of the table or desk. (①) With your finger about one foot away from your ear, tap the table top and observe the loudness of the sound you hear again. (②) The volume of the sound you hear with your ear on the desk is much louder than with it off the desk. Sound waves are capable of traveling through many solid materials as well as through air. (③) Solids, like wood for example, transfer the sound waves much better than air typically does because the molecules in a solid substance are much closer and more tightly packed together than they are in air. (④) The density of the air itself also plays a determining factor in the loudness of sound waves passing through it.

10. 밑줄 친 부분에 들어갈 말로 가장 적절한 것은?

Much is now known about natural hazards and the negative impacts they have on people and their property. It would seem obvious that any logical person would avoid such potential impacts or at least modify their behavior or their property to minimize such impacts. However, humans are not always rational. Until someone has a personal experience or knows someone who has such an experience, most people subconsciously believe "It won't happen here" or "It won't happen to me." Even knowledgeable scientists who are aware of the hazards, the odds of their occurrence, and the costs of an event _____.

① refuse to remain silent
② do not always act appropriately
③ put the genetic factor at the top end
④ have difficulty in defining natural hazards

Day 27

[1 ~ 3] 밑줄 친 부분에 들어갈 말로 가장 적절한 것을 고르시오.

1. As the discussion grew heated, both sides refused to _____, which leads to a lengthy debate.

   ① yield
   ② triumph
   ③ emerge
   ④ compete

2. When she heard her name _____ out of nowhere on a deserted street, she felt goosebumps.

   ① call
   ② called
   ③ calling
   ④ to call

3.

Sam Lewis
Are you coming to the volunteer event on Saturday?
10:42

Lucy Liu
Yeah, I love these kinds of activities. What will we be doing?
10:42

Sam Lewis
Mostly helping clean up the beach. They're providing supplies, so we just need to show up.
10:43

Lucy Liu
Nice! Where are we meeting?
10:44

Sam Lewis
We're meeting in the office parking lot first. _____.
10:45

Lucy Liu
So, I don't need to drive at all.
10:45

① We need to arrange our own transport
② Then, they'll shuttle us to the beach
③ The coordinators will brief us there
④ I want you to pick me up at the parking lot

4. 밑줄 친 부분 중 어법상 옳지 않은 것은?

America's immigration policy is too flawed ① <u>to effectively manage</u> the complex issue of migration. If the government had focused more on creating humane solutions than ② <u>emphasizing</u> strict enforcement, their immigration policy ③ <u>might have been</u> advanced now, at least to some extent. The current system is more restrictive than necessary, making it harder for individuals fleeing danger to find refuge. In comparison to nations that prioritize compassion, the U.S. approach feels ④ <u>harsh and unyielding</u>.

[5 ~ 6] 다음 글을 읽고 물음에 답하시오.

(A)

Personal safety is a top priority, and knowing basic self-defense techniques can be invaluable. The local Martial Arts Academy is offering a structured workshop specifically for beginners, focusing on techniques that enhance personal safety and boost confidence in high-risk situations.

At this workshop, certified self-defense instructors will teach practical techniques for self-protection and situational awareness. You'll learn safe, simple maneuvers that are effective for real-life encounters, as well as methods to increase personal resilience and confidence.

Workshop Information:
- Date: Sunday, February 16
- Time: 1:00 p.m. − 4:00 p.m.
- Location: Martial Arts Academy, Gym A

Wear comfortable athletic clothing and bring water. All participants will receive a training certificate.

For registration, visit www.martialartsacademy.com or call (555) 789-6543.

5. (A)에 들어갈 윗글의 제목으로 가장 적절한 것은?

① Self-Defense for Confidence and Safety
② Martial Arts Basics for Beginners
③ Mastering Professional Self-Defense Techniques
④ Personal Safety and Hygiene Workshop

6. 위 안내문의 내용과 일치하지 않는 것은?

① 기본 방어 기술을 배우기 위한 워크숍이다.
② 참가자들은 운동복과 물을 지참해야 한다.
③ 참가자들은 훈련 수료증을 받게 된다.
④ 입문자와 전문가 과정이 따로 개설된다.

7. 다음 글의 요지로 가장 적절한 것은?

Forensic Investigation

Crime Scene Investigation (CSI) plays a critical role in solving criminal cases by collecting and analyzing physical evidence. Well-preserved evidence can link suspects to crimes, verify alibis, and reconstruct events, ultimately contributing to the realization of justice.

Evidence Collection Techniques

CSI teams use various techniques to gather evidence, such as fingerprint dusting, DNA swabbing, and bloodstain pattern analysis. These methods require careful attention and specialized skills, making it crucial to prevent contamination of the evidence. Through these techniques, investigators can gain a clearer picture of the case.

CSI teams use advanced technology and equipment to analyze evidence quickly and accurately and collaborate closely with forensic experts to ensure that collected evidence remains reliable for court use. By preserving evidence in its original, untainted state, crime scene investigators help ensure that justice is served fairly and accurately.

① CSI investigates all crime scenes using cutting-edge technology.
② CSI emphasizes organizing evidence for courtroom presentation.
③ CSI ensures justice by preserving and analyzing evidence accurately.
④ CSI focuses on solving cases through collaboration with forensic experts.

8. 밑줄 친 (A), (B)에 들어갈 말로 가장 적절한 것은?

Feedback is usually most effective when you offer it at the earliest opportunity, particularly if your objective is to teach someone a skill. __(A)__, if you are teaching your friend how to make your famous egg rolls, you provide a step-by-step commentary as you watch your pupil. If he makes a mistake, you don't wait until the egg rolls are finished to tell him that he left out the cabbage. He needs immediate feedback to finish the rest of the sequence successfully. Sometimes, __(B)__, if a person is already sensitive and upset about something, delaying feedback can be wise. Use your critical thinking skills to analyze when feedback will do the most good. Rather than automatically offering immediate correction, use the just-in-time approach and provide feedback just before the person might make another mistake.

	(A)	(B)
①	For example	however
②	For example	as a result
③	Similarly	therefore
④	Similarly	moreover

9. 글의 흐름상 가장 어색한 것은?

There is a widely accepted theory in social psychology known as the *pratfall effect*, which actually states that making certain kinds of mistakes makes you more likable because you are relatable in your vulnerabilities. ① This phenomenon has been tested and confirmed many times over, and remembering it can help you to feel better in times of embarrassment or shame. ② One simple example of the pratfall effect's validity is that people tend to like a person who clumsily trips on video more than one who doesn't trip in the video. ③ When we feel embarrassed, it's natural to assume that others might like us less because we like ourselves a bit less in those moments. ④ Feelings such as nervousness or anxiety can sometimes make us concentrate more on other things, which helps us forget about the mistake. But if we don't take ourselves too seriously in those moments and bear them with a smile, it can even be attractive to others.

* pratfall: (난처한) 실수
* trip: 걸려 넘어지다

10. 주어진 문장이 들어갈 위치로 가장 적절한 것은?

It might be understandable, then, for us to want to expect something similar from our machines: to know not only what they think they see but where, in particular, they are looking.

Humans, relative to most other species, have distinctly large and visible sclera — the whites of our eyes — and as a result we are uniquely exposed in how we direct our attention, or at the very least, our gaze. (①) Evolutionary biologists have argued, via the "cooperative eye hypothesis," that this must be a feature, not a bug: that it must point to the fact that cooperation has been uncommonly important in our survival as a species and to the fact that the benefits of shared attention outweigh the loss of a certain degree of privacy or discretion. (②) This idea in machine learning goes by the name of "saliency": the idea is that if a system is looking at an image and assigning it to some category, then presumably some parts of the image were more important or more influential than others in making that determination. (③) If we could see a kind of "heat map" that highlighted these critical portions of the image, we might obtain some crucial diagnostic information that we could use as a kind of sanity check to make sure the system is behaving the way we think it should be. (④)

* sclera: (눈의) 공막
* saliency: 중요점: 기계가 이미지를 보고 판단할 때 가장 주목하는 부분
* sanity check: 분별 검사: 기계가 판단한 결과가 합리적인지 확인하는 과정

Day 28

[1~2] 밑줄 친 부분에 들어갈 말로 가장 적절한 것을 고르시오.

1. During the lecture, the professor began to _____ complex theories in a simple and understandable manner.

① obscure ② clarify
③ confuse ④ complicate

2. The economic impact of the new trade policy _____ across multiple industries, influencing everything from manufacturing to technology.

① span ② spans
③ to span ④ spanning

3. 밑줄 친 부분 중 어법상 옳지 않은 것은?

Lest people ① shouldn't misunderstand his theories, Freud took great care in explaining the unconscious mind and its influence on behavior. He believed that individuals could understand ② themselves better by analyzing thoughts and dreams ③ that reveal hidden desires and conflicts. His theory, which focused on the role of childhood experiences, changed the way people viewed human psychology. Now, Freud's ideas seem ④ to have profoundly affected psychology, especially in the late 19th and early 20th centuries, when the concept of the unconscious mind sparked widespread interest.

4. 밑줄 친 부분에 들어갈 말로 가장 적절한 것은?

A: How did I do on my driving test?
B: Do you want to know the honest answer?
A: Why wouldn't I want to know?
B: You did pretty bad. I mean, you didn't pass the test.
A: Oh, no. I thought I could pass in one try. _____?
B: Sure you can, in about two and a half weeks.

① When can I try driving in the street
② Does anyone pass the test in one try
③ Will I be able to take a retest
④ When can I have my driver's license

5. 다음 글의 목적으로 가장 적절한 것은?

To: students@greenwood.edu
From: academicservices@greenwood.edu
Date: February 15, 2025
Subject: Important Notice

Dear Students,

As final exams approach, we want to remind you of the resources available to help you prepare. Our Academic Support Center offers tutoring sessions, study groups, and workshops on exam strategies. Please see below for some options:

- **Tutoring Sessions**: Available by appointment
- **Study Groups**: Check the schedule on our website
- **Workshops**: "Exam Strategies" on February 25 and March 1

Take advantage of these resources to strengthen your understanding and improve your performance. For more information, visit our website or contact our support center.

Best of luck with your studies,
Academic Support Center

① To inform students about study resources for finals
② To announce the final exam schedule for students
③ To remind students of an upcoming workshop
④ To request feedback on academic support services

6. 밑줄 친 부분에 들어갈 말로 가장 적절한 것은?

A lovely technique for helping children take the first steps towards creating their own unique story, is to ask them to _____. One story I have done this with frequently is a tale I call *Benno and the Beasts*. It is based on a story called *St. Benno and the Frog*, found in an old book by Helen Waddell. In the original, the saint meets a frog in a wetland and tells it to be quiet in case it disturbs his prayers. Later, he regrets this, in case God was enjoying listening to the sound of the frog. I invite children to think of different animals for the saint to meet and different places for him to meet them. I then tell them the story including their own ideas. It is a most effective way of involving children in the art of creating stories and they love hearing their ideas used.

① choose some books they are interested in
② help you complete a story before you tell it
③ draw a picture about their experience
④ read as many book reviews as possible

[7~8] 다음 글을 읽고 물음에 답하시오.

Bridges Beyond Borders

Mission
Bridges Beyond Borders, our cultural exchange program, aims to foster mutual understanding and appreciation of diverse cultures. We facilitate exchanges between individuals from different backgrounds to promote cultural awareness, creativity, and collaboration. Our programs encourage participants to share their traditions, languages, and experiences, enriching their perspectives and building global connections.

Vision
We envision a world where cultural diversity is celebrated, and individuals engage with one another to learn, grow, and thrive together. By breaking down cultural barriers, we strive to create inclusive communities that value the contributions of all cultures.

Core Values
- Respect & Inclusivity: We honor the unique qualities of every culture and strive to create an inclusive environment for all participants.
- Collaboration & Innovation: We support collaboration between cultures to inspire innovative ideas and solutions.
- Empowerment & Growth: We <u>reinforce</u> growth in individuals through cultural education, fostering personal and professional growth.

7. 윗글에서 Bridges Beyond Borders에 관한 내용과 일치하는 것은?
① It sets a high value on the universality and continuity of culture.
② It promotes appreciation and understanding of diverse cultures.
③ It places greater importance on one culture compared to others.
④ It deters involvement from individuals of diverse backgrounds.

8. 밑줄 친 "reinforce"의 의미와 가장 가까운 것은?
① restrict
② evaluate
③ discern
④ consolidate

9. 다음 글의 요지로 가장 적절한 것은?

If something isn't done, eco-tourism might become a victim of its own success. There seems no end to the exploitation of the trend: in the Philippines, Malaysian businessmen are already promoting an "eco-tourism casino." Even naturalists have begun to debate what exactly eco-tourism connotes. Take East Kootenay, British Columbia, for example, a 20,000-square-mile pristine wilderness area in the Canadian Rockies. The government there has granted concessions to six backcountry eco-lodges, eleven heli-skiing and heli-hiking operators, and scores of other naturalists referring to themselves as eco-tourists. A good thing, right? Tourists can get back to nature and develop an appreciation for the area's rugged beauty. Not necessarily, says Katarina Hartwig of the East Kootenay Environmental Society. She claims the local caribou populations have plummeted from 2,300 to 1,885. Rare local wolves are disappearing, too. Nobody knows where they have gone. But Hartwig suspects it's the roar of the helicopters that is wreaking chaos. "It's endangering mountain caribou," Hartwig complains.

① So-called eco-tourism could impair the eco-system.
② East Kootenay is a desirable example of eco-tourism.
③ Eco-tourism should be encouraged.
④ The number of eco-tourists has soared recently.

10. 주어진 글 다음에 이어질 글의 순서로 가장 적절한 것은?

There is a wonderful story of a group of American car executives who went to Japan to see a Japanese assembly line. At the end of the line, the doors were put on the hinges, the same as in America.

(A) But something was missing. In the United States, a line worker would take a soft hammer and tap the edges of the door to ensure that it fit perfectly. In Japan, that job didn't seem to exist.

(B) Confused, the American auto executives asked at what point they made sure the door fit perfectly. Their Japanese guide looked at them and smiled sheepishly. "We make sure it fits when we design it."

(C) In the Japanese auto plant, they didn't examine the problem and accumulate data to figure out the best solution — they engineered the outcome they wanted from the beginning. If they didn't achieve their desired outcome, they understood it was because of a decision they made at the start of the process.

① (A) - (B) - (C)
② (A) - (C) - (B)
③ (B) - (A) - (C)
④ (B) - (C) - (A)

Day 29

[1 ~ 3] 밑줄 친 부분에 들어갈 말로 가장 적절한 것을 고르시오.

1. Despite facing numerous challenges throughout the season, the team remained undefeated, and it gave their fans the impression that they were truly _____ on the field.

① invincible
② conquerable
③ aggressive
④ disruptive

2. After seeing the stunning results of his hard work, his father was very _____ at his dedication and creativity.

① amaze
② amazing
③ to amaze
④ amazed

3.
Alex Baldwin
Hey, are you joining the team dinner this Thursday?
10:42

Jamie Lee
I'm thinking about it, but I might have a prior engagement.
10:42

Alex Baldwin
You should come! It'll be a great way for everyone to bond outside of work.
10:43

Jamie Lee
That does sound fun! What time will it start?
10:44

Alex Baldwin
It starts at 6:00 PM at Downtown Grill. Just remember to confirm with the team if you're coming.
10:45

Jamie Lee
How should I do that?
10:45

Alex Baldwin
_____.
10:46

① You need to bring a plus one
② I already confirmed your attendance
③ Click the confirmation link in the email
④ You should call the restaurant to book a table

4. 밑줄 친 부분 중 어법상 옳지 않은 것은?

It is considerate ① of you to pay attention to traffic signs, as they are essential for the safety of all road users. Traffic signs are as ② important as traffic regulations, helping drivers navigate and make decisions quickly. Designed to be ③ enough clear and noticeable to catch attention even in busy areas, they help prevent confusion on the road. Regular maintenance ensures that all signs ④ are taken care of by local authorities, keeping roads safer for everyone.

[5 ~ 6] 다음 글을 읽고 물음에 답하시오.

(A)

With pet health issues on the rise, the local Animal Welfare Society is hosting an event focused on comprehensive pet healthcare and preventive wellness. This event aims to educate pet owners on maintaining optimal pet health, reducing preventable illnesses, and promoting longevity.

At this event, you'll learn essential preventive care techniques from licensed veterinarians, including nutritional advice, grooming practices, and guidance on common pet health emergencies. The event includes free health check-ups, vaccination clinics, and consultations on chronic disease management for pets.

Event Details:
- Date: Saturday, February 15
- Time: 10:00 a.m. – 2:00 p.m.
- Location: City Pet Park, Shelter Area

All services are free, but donations to the Animal Welfare Society are encouraged. Bring your pet's vaccination records for reference if available.

For more details, visit www.citypetsociety.org or call (555) 123-7890.

5. (A)에 들어갈 윗글의 제목으로 가장 적절한 것은?

① Caring for Pets: Health & Wellness Day
② Living Healthier Together: Tips for You and Your Pet
③ Common Misconceptions in Pet Health
④ A Guide to Pet Grooming & Diet

6. 위 안내문의 내용과 일치하지 않는 것은?

① 무료로 반려동물 털 손질 기술을 배울 수 있다.
② 반려동물 예방접종 기록을 준비하는 것이 좋다.
③ 예방접종 서비스는 행사에서 유료로 제공된다.
④ 후원금 기부가 권장된다.

7. 다음 글의 요지로 가장 적절한 것은?

Sugar Poisoning

The prevalent excessive sugar intake can lead to severe health complications, including metabolic disorders, which impact both individual health and healthcare costs. Addressing the dangers of sugar poisoning has been a priority for the National Health Advisory Council (NHAC).

Chronic Sugar Toxicity

Chronic sugar toxicity refers to the gradual, harmful effects of prolonged high sugar consumption. This often results in high blood pressure, increased cholesterol levels, and other issues that threaten the overall health of the population.

NHAC nutrition experts are working to provide educational resources and intervention programs focused on sugar toxicity. Investigations are triggered when reports of sugar-related health issues emerge or when health screenings reveal high sugar consumption trends within communities. These investigations are a crucial first step in quickly managing these widespread health threats.

① The NHAC strongly warns against the complications of sugar poisoning.
② The NHAC responds to public health crises caused by sugar toxicity.
③ The NHAC promotes international research on sugar's health effects.
④ The NHAC leads a campaign to prevent the causes of sugar toxicity.

8. 다음 글의 요지로 가장 적절한 것은?

One reason many people keep delaying things they should do is that they fear they will do them wrong or poorly, so they just don't do them at all. For example, one of the best ways to write a book is to write it as quickly as possible, getting your thoughts onto paper without regard to style. Then, you can go back to revise and polish your writing. If I only wrote when I knew it would be perfect, I'd still be working on my first book! Do you have a hard time relaxing if your house is a mess? Do you beat yourself up for making mistakes? I've got a simple message for you today: It's time to let go of your perfectionism. It becomes a stumbling block that keeps you from advancing.

① Frequent mistakes could lead to big mistakes.
② It is important to organize your surroundings.
③ Patience is an essential virtue for creating a masterpiece.
④ You should overcome perfectionism to make progress.

9. 다음 빈칸에 가장 적절한 것은?

Renowned investor Warren Buffett once said, "You can determine the strength of a business by the amount of agony it goes through in raising prices." He has pointed to consumer psychology as the rationale behind his famed investments in companies like See's Candies and Coca-Cola. Buffett understands that _____. For example, in the free-to-play video game business, it is standard practice for game developers to delay asking users to pay money until they have played consistently and habitually. Once the compulsion to play is in place, converting users into paying customers is much easier.

① quality is valued more than price by consumers
② habits give companies greater flexibility to increase prices
③ rational decisions are more persuasive than habits
④ companies should diversify their investments

10. 주어진 글 다음에 이어질 글의 순서로 가장 적절한 것은?

People are too seldom interested in having a genuine exchange of points of view where a desire to understand takes precedence over the desire to convince at any price.

(A) Yet conflict isn't just an unpopular source of pressure to act. There's also a lot of energy inherent to it, which can be harnessed to create positive change, or, in other words, improvements, with the help of a skillful approach. Basically, today's misery is the starting shot in the race towards a better future.

(B) An opposing opinion is quickly accompanied by devaluation, insults, or even physical confrontations. If you look at the "discussions" taking place on social media networks, you don't even have to look to such hot potatoes as the refugee crisis or terrorism to see a clear degradation in the way people exchange opinions.

(C) You probably know this from your own experience, too, when you have succeeded in finding a constructive solution to a conflict and, at the end of a tough explanation process, realize that the successful outcome has been worth all the effort.

① (B) − (A) − (C)   ② (B) − (C) − (A)
③ (C) − (A) − (B)   ④ (C) − (B) − (A)

Day 30

[1~3] 밑줄 친 부분에 들어갈 말로 가장 적절한 것을 고르시오.

1.
A strong economy relies on _____ infrastructure, such as reliable transportation systems, efficient energy grids, and effective public services, to function smoothly and support business growth.

① sterile
② feeble
③ illegitimate
④ robust

2.
The committee recommended that the proposal _____ before the final decision is made.

① revise
② revised
③ be revised
④ will revise

3.
A: Did you hear about the company's new "wellness initiative" to reduce stress?
B: What kind of things are they planning?
A: They mentioned some meditation sessions and an extra hour each week for self-care.
B: That sounds like a nice break.
A: Just be prepared, though. They're also launching a daily wellness check-in app.
B: Wait, you mean _____?
A: Yes, they'll analyze our mood trends over time to alert your manager about it.

① it will reduce our stress level that often
② our mood will be monitored every day
③ you need to track my emotions daily
④ we'll have to report our breaks regularly

4. 밑줄 친 부분 중 어법상 옳지 않은 것은?

With no important world event ① planned for the next five years concerning AIDS and with ambitious targets set at the meeting, it is a task of hard and constant effort that ② lays ahead for countries to fulfill the commitments they have made at the meeting. Five years ③ is not a long period in the global fight against AIDS but the next five will determine ④ whether 'Ending AIDS by 2030' is an achievable goal or will remain a distant dream.

5. 다음 글의 요지로 가장 적절한 것은?

Empowering the Next Generation
The importance of digital literacy in education has grown significantly in recent years. Organizations such as the National Education Technology Alliance (NETA) recognize the need for students to develop essential digital skills to succeed in today's technology-driven world. NETA is playing a key role in enhancing digital literacy among students and educators through its various programs and resources.

Empowering Educators
NETA provides training workshops for teachers to effectively integrate technology into their classrooms. These workshops help educators develop strategies for incorporating digital tools that promote interactive learning experiences. Additionally, NETA supports the creation of online resources that students can access to improve their digital skills and knowledge.

Through its efforts, NETA strives to ensure that all students are equipped with the digital competencies necessary for academic and career success.

① NETA focuses on traditional teaching methods for digital literacy.
② NETA emphasizes the importance of physical classroom resources.
③ NETA primarily provides online courses for students.
④ NETA fosters digital literacy in education through resources and programs.

6. 다음 글의 빈칸 (A), (B)에 들어갈 말로 가장 적절한 것은?

Fast food is everywhere. It's available on the main corners of a busy street and in the luxury of your own home. Effects of fast food are quickly catching up with us. The nation has become a culture of fast food eating and on-the-go living, ultimately creating "fat" America. __(A)__, fast food has some advantages in the short term: people appreciate the fact that it's fast and convenient. There is no other food that you can pick up and have ready at a moment's notice. It involves no cooking, shopping, or dishwashing. In the end, you are saving an immense amount of time. __(B)__, there seems to be a direct link in America between obesity and fast food. A typical meal from a fast-food restaurant, say a serving of fries and cheeseburger, adds up to over 1,000 calories per serving. This is about half the recommended dietary allowance for an individual per day.

	(A)	(B)
①	However	As a result
②	However	Nevertheless
③	In addition	As a result
④	In addition	Nevertheless

[7 ~ 8] 다음 글을 읽고 물음에 답하시오.

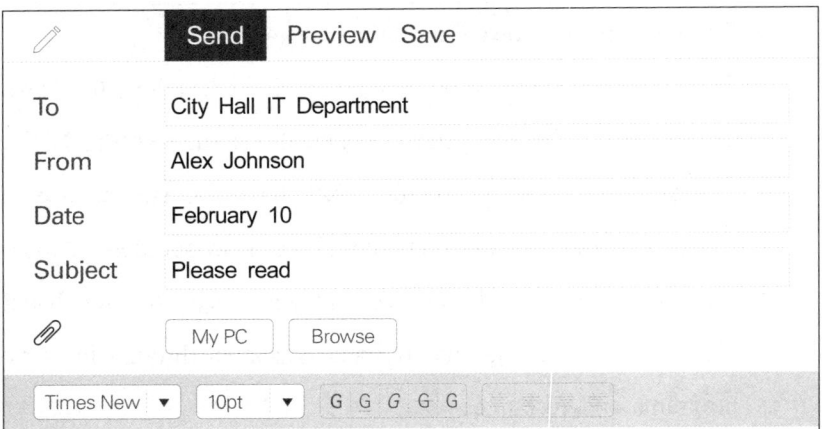

Dear City Hall IT Department,

I am reaching out to report an issue that has been affecting my ability to use a particular online service. I am encountering persistent difficulties, which seem to be related to the website's functionality.

Specifically, when I attempt to access the online building permit application, I receive an error message stating that my credentials are incorrect, despite entering them accurately. Additionally, the page frequently fails to load fully, which prevents me from completing the application process.

Could you please investigate this issue and provide assistance? If there are alternative ways to submit my application or if additional information is needed, please let me know.

Best regards,
Alex Johnson

7. 윗글의 목적으로 가장 적절한 것은?
① 웹사이트의 온라인 서비스 문제를 해결할 것을 촉구하려고
② 온라인 건축 허가 신청서의 형식 변경을 요구하려고
③ 온라인 건축 허가 신청 절차의 간소화를 요청하려고
④ 사업 허가 신청의 다른 방법이 있는지 문의하려고

8. 밑줄 친 "accurately"의 의미와 가장 가까운 것은?
① truly   ② seriously
③ precisely   ④ rapidly

9. 주어진 문장 다음에 이어질 글의 순서로 가장 적절한 것은?

There are many situations where other people try to influence our mood by changing the atmosphere of the environment; probably you have already done the same.

(A) The low-level light of the candle puts her in a relaxed spirit. And finally, the romantic music does the rest to make the wife willing to accept the husband's apology for the mistake.

(B) For example, let us imagine that a man is in the unfortunate situation where he forgot his wedding anniversary. The man tries to rescue the situation by preparing a self-cooked, candlelit dinner for his wife with romantic background music.

(C) Whether or not he is aware of it, the candlelit dinner is a fantastic way to influence a person's mood. When the man's wife enters the room, she is surprised by the delicious aroma of the outstanding dinner he has prepared.

① (A) − (C) − (B)   ② (B) − (A) − (C)
③ (B) − (C) − (A)   ④ (C) − (A) − (B)

10. 다음 글에서 필자가 주장하는 바로 가장 적절한 것은?

Breaks are necessary to revive your energy levels and recharge your mental stamina, but they shouldn't be taken carelessly. If you've planned your schedule effectively, you should already enjoy scheduled breaks at appropriate times throughout the day, so any other breaks in the midst of ongoing work hours are unnecessary. While scheduled breaks keep you on track by being strategic, re-energizing methods of self-reinforcement, unscheduled breaks throw you off track from your goal, as they offer you opportunities to procrastinate by making you feel as if you've got "free time." Taking unscheduled breaks is a sure-fire way to fall into the procrastination trap. You may rationalize that you're only getting a cup of coffee to keep yourself alert, but in reality, you're just trying to avoid having to work on a task at your desk. So to prevent procrastination, commit to having no random breaks instead.

① You should stop procrastinating to manage your work efficiently.
② You should not take unplanned breaks to prevent work delays.
③ You should relieve your work stress with scheduled breaks.
④ You should increase productivity by allocating work based on individual abilities.

실전동형모의고사 2 (Day 31~32)

[1 ~ 3] 밑줄 친 부분에 들어갈 말로 가장 적절한 것을 고르시오.

1. The new software update is designed to _____ the user experience by enhancing functionality and speed.

   ① degrade
   ② improve
   ③ complicate
   ④ hinder

2. _____ with her own work, she took the time to help her colleagues with their tasks.

   ① Busy was she
   ② Busy as was she
   ③ Busily as she was
   ④ Busy though she was

3. A: Hello, this is Dr. Kim's office calling to remind you of your appointment tomorrow at 10 a.m.
   B: Oh gosh, I completely forgot about that. Thank you for reminding me.
   A: No problem. Then, can you make it tomorrow?
   B: Sure! _____
   A: We'll send you our address and the map via text message.
   B: Thank you, I'll see you tomorrow.

   ① It doesn't make any difference to me.
   ② I didn't receive a confirmation message though.
   ③ Is it possible to put off our appointment?
   ④ Can you tell me how I can get there?

4. 밑줄 친 부분 중 어법상 옳지 않은 것은?

   Scarcely ① had the sun risen when the hikers began their journey up the mountain. They couldn't believe ② that they saw as they climbed higher; the view was breathtaking. The peak appeared ③ three times taller than they had imagined from the base. It was in that quiet, early hour ④ that the beauty of nature truly took their breath away.

[5 ~ 6] 다음 글을 읽고 물음에 답하시오.

(A)

Paper production is changing rapidly. However, traditional wood-based paper cannot remain a sustainable choice forever. Efforts to find better alternatives are actively underway. Woodfree printing paper offers an eco-friendly solution, preserving forests, while providing high-quality print media. At this exhibition, you can learn how this innovation can transform your practices and contribute to the conservation of natural resources.

A group of industry experts will be presenting their research at this special exhibition. Attend to see how this initiative could impact the market and your business. Join us in moving toward a cleaner, more sustainable future in printing.

Who wouldn't want a better tomorrow?

Sponsored by the National Sustainable Printing Association

- Location: Elmwood Conference Hall, across from Westfield Technical College
- Date: February 13, 2025
- Time: 3:00 p.m.

For more information about the exhibition, please visit our website at www.sustainableprintingexhibit.org or call our office at (555) 789-1234.

5. (A)에 들어갈 윗글의 제목으로 가장 적절한 것은?

   ① Forests on the Brink of Disappearance
   ② Beyond Trees: The Future of Print
   ③ The Artistic Potential of Paper
   ④ Eco-Friendly Printing: Its Economics

6. 위 안내문의 내용과 일치하지 않는 것은?

   ① 친환경 인쇄의 미래를 위해 전문가들이 각자의 성과를 발표한다.
   ② 참가자는 새로운 종이 기술이 시장에 미치는 영향을 알게 된다.
   ③ 전시회는 숲의 보존을 지원하는 친환경적인 종이를 제안한다.
   ④ 전통 기법의 종이는 급변하는 제지업계에서도 여전히 건재하다.

7. 다음 글의 요지로 가장 적절한 것은?

Wildlife Conservation Program

Maintaining biodiversity is essential for ecological health. The Global Wildlife Conservation Program (GWCP) focuses on the protection of endangered species to address the urgent need to preserve those at risk of extinction.

Threats to Endangered Species

Endangered species face various threats, including habitat destruction, poaching, and climate change. These factors can significantly reduce their populations, resulting in an increased risk of extinction.

The dedicated conservation team of GWCP continuously works to monitor and implement protective measures for endangered species. They collaborate with local communities and governments to raise awareness and promote sustainable practices that benefit both wildlife and people.

① GWCP prioritizes the protection of endangered species.
② GWCP aims to reduce the impact of climate change on all species.
③ GWCP conducts research on animal behavior in the wild.
④ GWCP promotes international tourism for wildlife enthusiasts.

8. 다음 글의 주제로 가장 적절한 것은?

We all worry about getting old. We all worry about getting sick. But we really worry about losing our minds. Yes, the brain at middle age has lost a step. Our problems are not imaginary, and our worries are not unreasonable. But neuroscientists have found positive aspects of the middle-aged brain. It has developed powerful systems that can decode the details of complex problems to find concrete answers. It manages emotions and information more calmly than in younger years. Indeed, one new series of fascinating studies suggests that the way our brains age may give us a broader and even more creative perspective. Older brains are also better at making connections. Yes, the old take longer to assimilate new information. But faced with information that relates to what they already know, their brains tend to work quicker and smarter, discerning patterns and jumping to the logical end point.

① ways to delay brain aging
② the problems of getting old
③ effects of exercise on creativity
④ benefits of the brain with aging

9. 다음 중 흐름상 주어진 문장이 들어갈 가장 알맞은 곳은?

Now, what do you think will happen if you connect a light bulb between the nail and the copper wire?

When you combine the lemon, the copper wire, and the nail, two chemical reactions happen: one between the lemon juice and the nail, and the other between the lemon juice and the copper wire. In the first reaction, electrons build up on the nail; in the second, electrons leave the copper wire. The nail gets too crowded with electrons, and the copper wire ends up with too few. (①) Electrons don't like to be in crowded places, so the electrons on the nail want to go over to the copper wire to even things out. (②) But the chemical reactions with the lemon juice are pushing the electrons the other way. (③) The electrons on the nail really want to get to the copper wire, so they'll take the easiest path they can find, and when this closed-loop circuit is created, they flow from the nail to the copper wire through the light bulb. (④) Recall that current is just electrons flowing in a wire; if there is enough current flowing through the light bulb, it lights up!

10. 밑줄 친 부분에 들어갈 가장 적절한 것은?

You as the parent must try to read children's crying to be able to help them. This will also help you assess your children's perception of your discipline. In many cases, when a child feels that he has been punished wrongly, it is more difficult to console him. Some may cry pathetically and others may receive the punishment in a defiant mood. _____, when a child feels guilty and he is not punished or assured of forgiveness, he is likely to feel insecure and timid. In such a case, when punished, they may cry but quickly compose themselves and seek to attract love from the parent. Children usually want the crisp and clean punishment followed by fellowship rather than living with uncertainty.

① As a result
② For example
③ In other words
④ On the other hand

11. 밑줄 친 부분 중 어법상 옳지 않은 것은?

The new policy ① has been released by the Transportation Secretary will no longer grant preference to the 10 facilities, because it recognizes that ② given the rapid increase in automated vehicle testing activities in many locations, ③ there is no need for the U.S. Department of Transportation to favor particular locations or ④ to pick winners and losers.

[12 ~ 14] 밑줄 친 부분에 들어갈 말로 가장 적절한 것을 고르시오.

12. The _____ tribe traveled across vast deserts as they relied on seasonal migrations to find new water sources and grazing land for their herds.

① complacent
② carnivorous
③ nomadic
④ sedentary

13. The collection of ancient manuscripts and artifacts, which were discovered during the recent excavation, _____ texts written in several forgotten languages.

① consist of
② consists of
③ are consisted of
④ is consisted of

14.

Alice Walker
Are you coming to the team-building event on Friday?
10:42

Ben Affleck
It depends on what the plan for it is.
10:42

Alice Walker
It's a mix of indoor and outdoor activities, followed by a lunch.
10:43

Ben Affleck
Nice! Do I need to bring anything?
10:44

Alice Walker
Nothing much, maybe a water bottle. _____.
10:45

Ben Affleck
Do you really see me as someone who's never on time?
10:45

Alice Walker
Let's just say being on time isn't your greatest strength.
10:46

① I'm expected to arrive by 9 AM at the very latest
② I heard the lunch will be served in a buffet style
③ They won't wait for latecomers, so don't be late
④ There will be a quick orientation at the start

[15 ~ 16] 다음 글을 읽고 질문에 답하시오.

(A)

In today's rapidly advancing digital landscape, many seniors face challenges when it comes to using technology. They may feel disconnected from family, friends, and important services due to a lack of familiarity with digital tools. This gap can create frustration and limit their ability to fully engage with the world around them. To help bridge this divide, we are offering a one-week program to equip seniors with essential computer and smartphone skills.

The program will cover key topics such as using social media, sending emails, making video calls, and setting up useful smartphone applications. Skilled instructors will provide hands-on assistance and personalized guidance.

- Date: February 20 – February 26
- Location: Community Center, Room 204
- Registration: Visit www.techsenior.org/register or call 987-654-3210.
- Requirements: Open to all seniors aged 60 and above

We encourage all interested seniors to join us for a week of learning and connection, making technology accessible and enjoyable for everyone. The program fee is $40, with a 50% discount available for participants aged 70 and above.

15. (A)에 들어갈 윗글의 제목으로 가장 적절한 것은?

① Building Digital Skills for the Elderly
② Understanding Advanced Technology for Seniors
③ Comprehensive Online Education for Seniors
④ Empowering Connections with Technology

16. 위 안내문의 내용과 일치하지 않는 것은?

① 노인을 위한 일주일간의 교육 프로그램이 제공된다.
② 이메일 주고받기와 화상 통화 사용법이 교육 내용에 포함된다.
③ 프로그램에서 강사들이 개인의 수준에 맞게 교육할 것이다.
④ 60세 이상의 노인들의 수강료는 50프로 할인되어 $40이다.

17. HomeDesign 앱에 관한 다음 글의 내용과 일치하지 않는 것은?

HomeDesign

Use the new HomeDesign app to decorate and remodel your home. This app helps users visually plan their spaces and explore various interior design styles. One of the key features of HomeDesign is the virtual reality tool, allowing users to simulate their homes in 3D and preview furniture arrangements. Additionally, based on user feedback, HomeDesign plans to add DIY project guides in the future. The app can be downloaded from the app store, and users can access additional resources and tips through the website.

① Users can simulate their homes in 3D.
② The DIY project guides allow users to create furniture.
③ The app can be downloaded from the app store.
④ More resources are available on the website.

18. 다음 글의 제목으로 가장 적절한 것은?

The body is like a symphony where thousands of metabolic actions are orchestrated into harmony through the constant fine-tuning of conscious (e.g. exercise) and subconscious (e.g. digestion) instructions. When the harmony is broken, the body sends us information, signals and symptoms in very direct and obvious ways. It is necessary that we pay attention to these signals instead of viewing them as burdens in our life. If we ignore or suppress health symptoms, they will become progressively louder and more extreme as the body attempts to capture our attention. When the oil light comes on in our car, do we disconnect the light, or do we take the car in for service? We usually take our car to the shop at the first sign of trouble. However, when it comes to our health, how many of us wait until the situation becomes serious before taking action?

① Less Driving, Better Health
② Don't Put Burdens on Your Mind
③ Listen to the Signals from Your Body
④ The Human Body: Art in Performance

19. 주어진 문장이 들어갈 위치로 적절한 곳은?

Another key to this rapidly changing economy of the early Industrial Revolution was a new organizational strategy to increase productivity.

The start of the American Industrial Revolution is often attributed to Samuel Slater, who opened the first industrial mill in the United States in 1790. His technology greatly increased the speed with which cotton thread could be spun into yarn. (①) While he introduced a vital new technology to the United States, the economic takeoff of the Industrial Revolution required several other elements before it would transform American life. (②) This had begun with the "outwork system" whereby small parts of a larger production process were carried out in numerous individual homes. (③) This organizational reform was especially important for shoe and boot making. (④) However, the chief organizational breakthrough of the Industrial Revolution occurred in its transition to the "Factory System," where work was performed on a large scale in a single centralized location.

20. 밑줄 친 부분에 들어갈 말로 가장 적절한 것은?

Festivals are significant cultural events that showcase tradition, heritage and community spirit globally. They serve as opportunities to celebrate diversity, with each festival reflecting unique traditions like Brazil's Carnival or India's Diwali. Festivals also commemorate historical moments, such as Independence Day in the US or Bastille Day in France. Additionally, they preserve customs and rituals that strengthen personal and cultural identity, while fostering strong community ties through shared activities. Festivals reflect societal values, promote local crafts and arts, enhance spirituality, and attract tourism, which facilitates cultural exchange and understanding. Seasonal festivals, like Holi in India, align with natural cycles, celebrating times of renewal. Ultimately, participating in festivals reinforces community and individual identity, contributing to a global narrative that _____.

① makes the participants forget their daily concerns and pains
② values diversity and encourages mutual respect and understanding
③ allows people to break the link between personal life and social life
④ keeps the festivals from determining how people think about themselves